U0794425

山东大学儒学高等研究院教授自选集

学史集

孟祥才 著

山东大学出版社
SHANDONG UNIVERSITY PRESS
·济南·

图书在版编目(CIP)数据

学史集/孟祥才著.—济南:山东大学出版社,2024.5

(山东大学儒学高等研究院教授自选集)

ISBN 978-7-5607-7722-1

Ⅰ.①学... Ⅱ.①孟... Ⅲ.①中国历史-研究-先秦时代②中国历史-研究-秦汉时代 Ⅳ.①K220.7 ②K232.07

中国版本图书馆 CIP 数据核字(2023)第 002345 号

责任编辑 肖世伟

封面设计 王秋忆

学史集

XUE SHI JI

出版发行 山东大学出版社

社　　址 山东省济南市山大南路 20 号

邮政编码 250100

发行热线 (0531)88363008

经　　销 新华书店

印　　刷 山东新华印务有限公司

规　　格 880 毫米×1230 毫米 1/32

19 印张 445 千字

版　　次 2024 年 5 月第 1 版

印　　次 2024 年 5 月第 1 次印刷

定　　价 76.00 元

版权所有 侵权必究

总 序

山东大学素以文史见长,人文学科为山东大学学术地位和学术声誉的铸就做出了极为重要的贡献。而在目前山东大学的人文学科集群中,2012年重组的儒学高等研究院当之无愧地位于第一方阵,是打造“山大学派”的一支生力军。山东大学儒学高等研究院已成为目前国内规模最大、实力突出的国学研究机构。而儒学高等研究院的前身和主体是2002年成立的文史哲研究院。如此说来,儒学高等研究院已然走过了20年的岁月,恰如一个刚刚走出懵懂、朝气蓬勃的青年。

在这20年的生命历程中,儒学高等研究院锻造形成了鲜明的学术特色,即以中国古典学术为重心,以古文、古史、古哲、古籍为主攻方向。本院学者在中国古典学术领域精耕细作,取得了一批具有时代高度的标志性成果,受到学术界广泛赞誉。这一学术特色使儒学高等研究院积极融入了当代学术主流。20世纪90年代以降,中国人文学术发展的大趋势是从西方化向本土化转型,而古典学术是实现本土化的一项重要资源。儒学高等研究院顺应时势,合理谋划,全力推进,因此成为近20年来中国古典学术研究复兴与前行的重要参与者和推动者。

儒学高等研究院的另一特色是横跨中文、历史、哲学、社会学(民俗学)四个一级学科,并致力于打破学科壁垒,在合理分工的基础上力求多学科协同融合。儒学高等研究院倡导和推行的儒学研究实质上是广义的国学,不以目前通行的单一学科为限。在这种开放多元的学术空间中,本院学者完全依据自身的兴趣和能力进行自主探索、自由创造,做到术业有专攻。目前,本院在史学理论、文献学、民俗学、先秦两汉文学、杜甫研究等若干领域创获最丰,居于海内外领先地位。今后的工作重点是在学科协同和学科整合上做进一步探索尝试,通过以问题为轴心的合作研究产生新的学术优势和学术生长点。

在20年的发展中,儒学高等研究院一方面继承前辈山大学者朴实厚重、精勤谨严的学风,一方面力图贯彻汉宋并重、考据与义理并重、沉潜与高明并重、传世文献与出土文献并重、国学与西学并重、历史与现实并重、基础研究与开发应用并重、个人兴趣与团队合作并重、埋头做大学问与形成大影响并重的科研方针,致力于塑造一种健康、合理、平衡的新学风。本院学者中,既有人沉潜于古籍文献的整理考释,也有人从事理论体系的创构发明,他们能够得到同等的尊重和支持。古典学术研究的学派或机构具有自身特色或专长无可厚非,但必须克服偏颇和极端倾向,摒弃自大排他心态。唯有兼顾各种风格、路向的平衡,才能更好地契合学术发展规律,更大限度地释放学术创造力。

当下,古典学术研究正面临五四以来百年未有的历史机缘。中央高度重视中华优秀传统文化的创造性转化、创新性发展,注重发挥传统文化在提升国家文化软实力、推动世界文明交流互鉴、为社会治理提供历史智慧等方面的独特功用。儒学高等研究院将顺势而为,与时俱进,将现有的学术优势与国家重大需求相对接,在古典文献整理研究、儒家思想理论阐释、传统文化精华推广普及等领域齐头并进,努力为古典学术研究的全面繁荣做出新的贡献。

2005年的"山东大学文史哲研究院专刊"第一辑出版说明中曾提出:"'兴灭业,继绝学,铸新知',是本院基本的科研方针;重点扶持高精尖科研项目,优先资助相关成果的出版,是本院工作的重中之重。"这是当年我们这项学术事业"筚路蓝缕,以启山林"时的初心。而今机构名称虽已更易,但初心不变。"山东大学儒学高等研究院教授自选集"即是这一事业的赓续和拓延。这套书是本院33位专家学者历年学术成果的集中盘点和展示,有的甚至是毕生心血之结晶。这同时也是对文史哲研究院成立20周年暨儒学高等研究院重组10周年的一个纪念。期待学界同行的检阅和批评。

山东大学儒学高等研究院
教授自选集编辑委员会
2022年10月

前　言

如果从1960年入大学读历史专业算起，我学习继而从事历史教学和研究已经62年了。1964—1967年师从侯外庐先生读研究生期间，我选的专业是中国思想史。之后在当时的中国科学院历史所和后来山东大学工作的近60年间，我的教学和研究集中于先秦和秦汉史领域。不过，我阅读的兴趣比较广泛，无论是文、史、哲、经、法，还是中外历史的各门类，对感兴趣的论著都愿意找来浏览一番。发现自己有所感悟的问题，就写成文章发表。如此一来，我所写的文章就显得庞杂，时间跨度自先秦至近现代，问题层面从政治、经济、军事到思想文化，都有涉猎。不过，较多的论著还是集中于历史人物的思想和事功，特别是对他们不同命运与历史必然性和历史偶然性关系的探索。随着研究历史时间的延长，随着自己年龄的增长带来的阅历的丰富，我越来越认识到，任何历史人物的活动都被限定在特定的时空中，有很多因素是个人不能也无法摆脱的。个人命运的幸与不幸，更不是个人能够完全决定的，因为构成个人命运的是历史必然性和偶然性的交汇叠加。这其中，个人在限定的时空中有时没有丝毫选择的余地：睡梦中地震突发，自己还未醒来就死于非命；战争中身处险境，一发炮弹突然砸到一群人头上，大家都命丧黄泉；一场运动袭来，你随上级或他人被莫名其妙地卷入一桩冤案，多年甚至直至寿终正寝也得不到纠正。不过，在大多数情况下人们还是有一定的选择余地，而关键时刻的关键选择往往是决定生死祸福的关键。例如，韩信在被刘邦由王降为侯放在眼皮底下监视的情况下，可以选择低眉顺眼的屈辱生活保存生命，也可以选择反抗放手一搏。被元军俘获的文天祥，可以选择投降做元朝的丞相，也可以选择拒降牺牲生命成就万古流芳的美名。生活于明清易代之际的中国人，当然无法躲开易代的巨变，但仍然可以选择吴三桂、史可法和王夫之的不同人生追求。生活于1931—1945年这一时段的中国人，也无法躲开抗日战争，但仍然可以选择做坚定的抗战派、消极的观望者还是汉奸投降派。生活于新中国成立后的知识分子，谁也躲不开反右派斗争扩大化，但仍然能够选择做放言无忌的右派、积极批斗右派的急先锋还是消极随大流的观潮者。我研究历史人物及其思想，着重探索他们为什么有不同的选择，最后导向他们预知或与预知绝然相反的命运，决定他们命运的必然性和偶然性是如何交互作用促成这个终局出现的。这次选入文集的35篇文章，涉及40余人，对他们事功的评述、思想的开掘、命运的探源，是否达到作者预设的初衷，只能留给读者评判了。

孟祥才

2022年国庆节

于山东大学兴隆山寓所

目　录

中国古代传说人物辨析

先秦人物与思想论析

秦汉人物与思想论析

杂　论

中国古代传说人物辨析

中国古代文献记载的炎帝神农其人*

明代四川著名学者杨慎曾写过如下一段文字：

> 谯周《古史考》以炎帝与神农各为一人，罗泌《路史》以轩辕与黄帝非是一帝，史皇与仓颉乃一君一臣，共工氏或以为帝或以为伯而不王，祝融氏或以为臣或以为火德之主。杨朱云三皇之事若存若亡，五帝之事若觉若梦，三王之事或隐或显，亿不识一。当身之事，或见或闻，万不识一。目前之事，或存或废，千不识一。至哉言乎！予观近日刻《国朝登科录》，洪武庚戌至甲子，不知取士之科，几开张显，花伦金璹，不知为何科大魁，况考论洪荒之世乎？①

这里，杨慎对中国古代文献记载的远古史迹的茫然无绪、歧义纷呈、互相抵牾已经倍感头痛。由于三皇五帝基本上都属于传说中的人物，即使最早记载他们的文献距离他们生活的时代也

---

* 本文原载于霍彦儒主编：《炎帝·姜炎文化与民生》，三秦出版社2010年版。收入本书时有改动，以下各篇同，不再一一注明。

① 杨慎：《升庵集》卷四七《古史考》，影印版文渊阁四库全书。

是“往事越千年”了。因此，今人要想恢复其人其事的真实面貌几乎是不可能的。所以比较科学可靠的方法，就是借助传说资料和考古资料，最大限度地摹画他们接近真实的时代特征，近似地给他们在社会发展序列中找到一个比较合理的定位。

一

中国人将自己最早的祖先说成开天辟地的盘古，紧接着就是三皇五帝。然而，对于三皇五帝的确切所指已经是众说纷纭了。清代学者，做过福建巡抚的宫梦仁在其所撰的《读书纪数略》一书中，就指出三皇有五种说法：《史记》认为是天皇、地皇、泰皇，郑玄认为是伏羲、女娲、神农，《白虎通》认为是伏羲、神农、祝融，《风俗通》认为是遂皇、戏皇、农皇，他自己则认为三皇应该是太昊伏羲氏（风姓，在位一百一十五年）、炎帝神农氏（姜姓，在位一百四十年）、黄帝轩辕氏（姬姓，在位一百年）。关于五帝，有三种说法：《史记》《大戴礼记》《孔子家语》认为是黄帝轩辕氏、颛顼高阳氏、帝喾高辛氏、帝尧陶唐氏、帝舜有虞氏；《皇王大纪》认为是包牺、神农、黄帝、尧、舜；宫梦仁则认为是少昊金天氏、颛顼高阳氏、帝喾高辛氏、帝尧陶唐氏、帝舜有虞氏。在以上各种不同的排序中，神农有时置身三皇之列，有时置身五帝之列。神农和炎帝究竟是一个人还是两个人？太阳神是神农还是祝融？神农和祝融究竟是一个人还是两个人？对以上问题同样有不同的说法。这说明古代学者在梳理中国古代历史的统绪和整理神的世界秩序时，认识是有着相当差异的。而这些差异恰恰说明，神农是传说中的人物，人们对那个时代的认识，还停留在神人不分的混沌状态。

中国古代文献中最早出现炎帝记载的是《左传》：

> 郯子来朝，公与之宴，昭子问焉，曰："少昊氏鸟名官，何故也？"郯子对曰："吾祖也，我知之。昔者黄帝氏以云纪，故为云师而云名。炎帝氏以火纪，故为火师而火名。共工氏以水纪，故为水师而水名。大昊氏以龙纪，故为龙师而龙名。"①

这里出现的炎帝只与"火纪""火师""火名"联系在一起。《孟子·滕文公上》出现了神农，"有为神农之言者许行"。这里的神农是被诸子百家中的农家奉为创始人的。其后，在《离骚》中出现炎帝，"指炎帝而直驰兮，吾将往乎南疑。览方外之荒忽兮，沛罔瀁而自浮"，这里已经隐约指出炎帝的归宿是南疑。在《管子》一书中，神农已经是农业的发明者："神农作，树五谷淇山之阳，九州之民乃知谷食，而天下化之。""神农之数（教）曰：'一谷不登，减一谷，谷之法什倍。二谷不登，减二谷，谷之法再什倍。夷疏满之，无食者予之陈，无种者贷之新，故无什倍之贾，无倍称之民。'"同时，他也是举行过封禅大典的帝王："神农封泰山，禅云云。炎帝封泰山，禅云云。"在《国语·晋语》中，炎帝开始与黄帝发生关系，二人变成了亲兄弟："昔少典取于有蟜氏，生黄帝炎帝。黄帝以姬水成，炎帝以姜水成，成而异德，故黄帝为姬，炎帝为姜，二帝用师以相济也，异德之故也。"而在庄子那里，神农就成了他寓言故事里的一个人物：

① 杨伯峻编著：《春秋左传注》，中华书局2009年版，第1386页。

“婀荷甘与神农同学于老龙吉。神农隐几阖户昼瞑。婀荷甘(日中)奓户而入曰:‘老龙死矣!’神农隐几拥杖而起,嚗然放杖而笑,曰:‘天知予僻陋慢诞,故弃予而死。已矣!夫子无所发予之狂言而死夫!’弇堈吊闻之曰:‘夫体道者,天下之君子所系焉。今于道,秋毫之端万分未得处一焉,而犹知藏其狂言而死,又况夫体道者乎!’”①显然,庄子只是借用神农和老龙吉的名字来宣扬他那个无所不在、无所不能的“道”而已。

到了汉朝,神农的事迹得到进一步丰富。陆贾《新语》记载了神农发明农业的过程:“民人食肉饮血,衣皮毛。至于神农,以为行虫走兽难以养民,乃求可食之物,尝百草之实,察酸苦之味,教民食五谷。”②《淮南子》中同时有了发明药物的记载:“古者,民茹草饮水,采树木之实,食蠃蛖之肉。时多疾病毒伤之害。于是神农乃始教民播种五谷,相土地宜燥湿肥硗高下;尝百草之滋味,水泉之甘苦,令民知所辟就。当此之时,一日而遇七十毒。”③不仅如此,神农还是“无为而治”的实践者:“昔者,神农之治天下也,神不驰于胸中,智不出于四域,怀其仁诚之心,甘雨时降,五谷蕃植,春生夏长,秋收冬藏,月省时考,岁终献功,以时尝谷,祀于明堂。明堂之制,有盖而无四方,风雨不能袭,寒暑不能伤,迁延而入之,养民以公。其民朴重端悫,不忿争而财足,不劳形而功成,因天地之资而与之和同。是故威厉而不杀,刑错而不用,法省而不烦,故其化如神。其地南

① 陈鼓应注译:《庄子今注今译》,中华书局2009年版,第617页。

② 陆贾:《新语·道基》,董治安主编:《两汉全书》第一册,山东大学出版社2009年版,第62页。

③ 何宁撰:《淮南子集释》卷十九《修务训》,中华书局1998年版,第1311—1312页。

至交阯，北至幽都，东至旸谷，西至三危，莫不听从。当此之时，法宽刑缓，囹圄空虚，而天下一俗，莫怀奸心。”①在贾谊的《新书》中，炎帝和黄帝这两个亲兄弟开始打仗：“黄帝者，炎帝之兄也。炎帝无道，黄帝伐之，涿鹿之野，血流漂杵。诛炎帝而兼其地，天下乃治。”②“炎帝者，黄帝同父母弟也，各有天下之半。黄帝行道而炎帝不听，故战涿鹿之野，血流漂杵。”③大史学家司马迁对神农没有给予特别的关注，在他梳理的中国古代史的谱系中，神农虽然是一个时代的代表，但对其史迹并没有加以细致的勾勒，许多神农的功业大都记在了黄帝的名下：

> 轩辕之时，神农氏世衰。诸侯相侵伐，暴虐百姓，而神农氏弗能征。于是轩辕乃习用干戈，以征不享，诸侯咸来宾从。而蚩尤最为暴，莫能伐。炎帝欲侵陵诸侯，诸侯咸归轩辕。轩辕乃修德振兵，治五气，蓺五种，抚万民，度四方，教熊罴貔貅貙虎，以与炎帝战于阪泉之野。三战，然后得其志。④

东汉时期，谶纬神学泛滥，出现了一大批纬书，对神农的事迹更是任意编造。如《春秋元命苞》说“神农生三辰而能言，五

---

① 何宁撰：《淮南子集释》卷九《主术训》，中华书局 1998 年版，第 609—611 页。

② 贾谊：《新书》卷一《益壤 · 事势》，董治安主编：《两汉全书》第一册，山东大学出版社 2009 年版，第 231 页。

③ 贾谊：《新书》卷二《制不定》，董治安主编：《两汉全书》第一册，山东大学出版社 2009 年版，第 235 页。

④ 《史记 · 五帝本纪》，中华书局 1959 年版，第 3 页。

日而能行，七朝而齿具，三岁而知稼穑般戏之事”；《春秋命历序》说“神农始立地形，甄度四海远近，山川林薮所至，东西九十万里，南北八十二万里”。写《汉书》的班固对神农的关注似乎超过司马迁，他在《汉书·食货志》中记载神农之教说“有石城十仞，汤池百步，带甲百万，而无粟不能守也”，说明了神农对农业的重视。《汉书·律历志》中又有如下一段记载，将此前有关炎帝的资料做了综合：

> 炎帝《易》曰：“炮牺氏没，神农氏作。”言共工伯而不王，虽有水德，非其序也。以火承木，故为炎帝。教民耕农，故天下号曰神农氏。
>
> 黄帝《易》曰：“神农氏没，黄帝氏作。”火生土，故为土德。与炎帝之后战于阪泉，遂王天下。始垂衣裳，有轩冕之服，故天下号曰轩辕氏。①

从魏晋到宋的近千年间，是对中国古代史尤其是远古的神话传说进行系统整理加工的时期。产生于魏晋南北朝时期的《帝王世纪》第一次比较系统全面地对神农的事迹进行了加工：

> 继无怀氏后，以火承木，位在南方，主夏，故谓之炎帝。都于陈，又徙鲁。又曰魁隗氏，又曰连山氏，又曰列山氏。诸侯夙沙氏叛不用命，箕文谏而杀之。炎帝退而修德，夙沙之民自攻其君而归炎帝。炎帝神农氏在位百二十年崩，葬长沙。凡八世：帝承、帝临、帝明、帝直、帝来、帝哀、帝榆

---

① 《汉书·律历志》，中华书局1962年版，第1012页。

罔。稽古农皇，生而神异，少知稼穑。起自少典，乃登帝位。当其为帝也，禅与代与所不可知。至其功被生民，泽及万世，迄于今，载在祀典，诚没世而不可泯也。民食肉衣毛，则有毒伤难给之害，为之粒食以养之，揉凿耒耜，利教农桑，夫耕妇织，则免于饥寒而享丰年乐利之休矣。民有疾病，夭札而无以疗之，则其生不遂，为之鞭草尝药，察其平毒温寒之性，以为医方，则民无沴戾灾疢而登于仁寿之域矣。衣食备而不通工易事，则未免于匮乏积滞之患，为日中之市，聚其商贾，平其物价，交易而退，各得其所，则财货通流，厚生利用，无不得其欲矣。当其时，补遂伐而武功昭，夙沙归而文德著，法不烦而民服，形不劳而功成，风雨时节，五谷蕃登，政醇民朴，天地和同，化被四极，遐迩承风。一百四十年间，虽其政治不少概见，意必有所以不疾而速，无为而成者。不然，三皇皆至德，而帝独以神称，何谓也哉？传十有六帝，或曰八帝，或曰七十世，黄帝始起而代之。其后世则在颛顼时为土正，尧时为四岳，商为阿衡，周为太师，其分封则齐、吕、申、许、州、纪、路、洛，血食数千载不绝，猗与盛哉，神农之明德远矣。①

唐朝的历史学家接续此前《帝王世纪》有关神农的资料，对其事迹进一步综合加工。其中比较典型的是司马贞在《补史记·三皇本纪》中对神农事功的叙述：

---

① 马骕著，刘晓东等点校：《绎史》卷四，齐鲁书社 2001 年版，第 22—28 页。

> 炎帝神农氏，姜姓，母曰女登，有娲氏之女，为少典妃，感神龙而生炎帝，人身牛首，长于姜水，因以为姓。火德王，故曰炎帝。以火名官，斫木为耜，揉木为耒。耒耜之用，以教万人，始教耕，故号神农氏。于是作蜡祭，以赭鞭鞭草木，始尝百草，始有医药。又作五弦之瑟，教人日中为市，交易而退，各得其所。遂重八卦为六十四爻。初都陈，后居曲阜，立一百二十年，崩，葬长沙。神农本起烈山，故《左氏》称烈山氏之子，曰柱，亦曰厉山氏。《礼》曰“厉山氏之有天下”是也。神农纳奔水氏之女曰听詙为妃，生帝哀，哀生帝克，克生帝榆罔，凡八代五百三十年，而轩辕氏与焉。①

宋朝是中国史学史上最辉煌的时代之一，出现了司马光、刘恕、胡宏、袁枢、郑樵等一大批对中国史学发展做出独特贡献的史学家，产生了以《资治通鉴》为代表的划时代的史学巨著。他们在对中国的神话传说进行加工整理的过程中，最终将其还原为貌似真实的历史。请看司马光笔下的神农氏，已经从神坛上走下来，变成了毫无神性的人间帝王：

> 炎帝神农氏，姜姓。继伏羲以火德王天下。是时民益多，禽兽益少，炎帝乃教民播种百谷，斫木为耜，揉木为耒，春耕、夏耘、秋获、冬藏，民食以充，故号神农氏。炎帝以一人所为，不足以自养，必通功易事，贸迁有无。乃教民日中为市，致天下之民，聚天下之货，交易而退，

---

① 司马贞：《补史记》，影印版文渊阁四库全书。

各得其所。①

与司马光一起编纂《资治通鉴》的刘恕利用编纂《资治通鉴》剩下的资料，编了一部《资治通鉴外纪》。在这部书中，他对神农的事迹作了比司马光更详尽的记述：

神农氏姜姓，长于姜水，以火承木，故为炎帝。古者民茹草饮水，采树木之实，食蠃蛖之肉，多疾病毒伤之害。神农以为人民众多，禽兽难以久养，乃求可食之物，相土地燥湿肥硗高下，因天之时，分地之利，教民播种五谷，作陶冶斤斧为耒耜，锄耨以垦草莽，然后五谷兴以助，果蓏实而食之。又尝百草酸咸之味，察水泉之甘苦，令民知所避就。当此之时，一日而遇七十毒，神而化之，使民宜之，天下号曰神农。本起烈山，称烈山氏，一曰连山氏、伊耆氏、大庭氏、魁隗氏。都鲁，以火纪官，其俗朴重，端悫不忿争而财足，无制令而人从，威厉而不杀，法省而不烦，列廛于国，日中为市，以聚货帛。国实民富而教化成，削桐为琴，绳丝为弦，以通神明之德，合天人之和。诸侯夙沙氏叛不用命，箕文谏而杀之。神农退而修德，夙沙之民自攻其君而来归。其地南至交址，北至幽都，东至旸谷，西至三危，莫不听从。②

---

① 欧阳修著，王亦令点校：《稽古录》卷一，中国友谊出版公司 1987 年版，第 2—3 页。

② 刘恕：《资治通鉴外纪》卷一，影印版文渊阁四库全书。

可以看得出，司马光和刘恕都是比较严肃认真的历史学家，他们在整理加工此前的神话传说资料时，尽量舍弃其中凭常识即可判断其荒诞不经的内容，将经过筛选的合乎理性的材料放置于他们认为比较真实的历史谱系中。他们笔下的神农，不管我们今天看起来与真实的历史有多大距离，都应该承认他们在其历史编纂中贯穿着可贵的人文主义传统。

南宋历史学家胡宏在司马光和刘恕著述的基础上，对中国的古代史谱系再一次进行加工整理，其中对神农的记述可以说网罗此前的所有资料并加以系统化，其丰富、细密和系统达到了登峰造极的程度：

> 炎帝神农氏，有熊之君，少典正妃有蟜氏之女曰任已之所生也。少典女登游于华山之阳，有神龙之祥，生为神农。长于姜水，为姜姓。师为悉诸，学于老龙吉……神农知天地之道，明于人之性，以有天下，更无怀氏。神农立极，先定乾坤，推五德之运，以火承木，因以纪官，号曰烈山氏，亦曰连山氏，都于曲阜。时人生益庶，殚蠃蜕之肉，穷草木之滋，或伤生而殒命。于是神农遍阅百物，着其可食者与其可疗治者，使民知所用避作。为陶冶，合土范金，制斤斧、耒耜、枷芟、枪刈、耨镈、茅蒲、襏襫。相土田燥湿肥硗，兴农桑之业，春耕、夏耘、秋获、冬藏。为台榭而居。治其丝麻为之布帛。有子曰："柱能治百谷百蔬，与民并耕而食，发教于天下，使之积粟，国富民安。故号曰神农氏，又曰伊祁氏。伊祁氏始为蜡，蜡也者，合也。岁十二月，合聚万物索飨之，主先啬而祭司啬焉，祭百种以报啬也。飨农及邮，表畷禽兽，迎猫为其食田鼠，迎虎为其食田豕，祭

坊与水，庸事也。曰土反其宅，水归其壑，昆虫毋作，草木归其泽。皮弁素服以祭，若送终也。野夫黄冠，故黄衣黄冠而祭息田夫也。”大罗氏草笠而至，致鹿与女而诏戒诸侯曰：“好田好女者，亡其国，四方年不顺成，八蜡不通，以谨民财也。顺成之方，其蜡乃通，以移民也。既蜡不兴功，而休民息已。后世王天下者，祀柱以配稷。有献羊头山嘉禾八穗者，乃作穗书，以颁时令，令曰：‘丈夫丁壮而不耕，天下有受其饥者；妇人丰盈而不织，天下有受其寒者。’”神农亲耕（籍田之礼盖始此），后亲织，以为天下先。于是四方之民丰衣足食。各执其方物，或举而不用事，或废而不举。乃命天下日中为市，致天下之民，聚天下之货，交易而退，各得其所。夙沙氏煮海为盐，行不用道，其臣箕文谏而杀之。神农修德不征，夙沙之人以其君归命。是时也，礼草昧而未制，乐湮塞而未作，燔黍为飧，捭豚为俎，玄酒大羹，污尊而杯饮，蒉桴而土鼓，截苇为籥绳丝削桐为五弦之琴，咏丰年之歌，以通神明之德，合天人之和。法省而不烦，威厉而不杀，俗朴而不争，不令而人化。南至交趾，北至幽都，东至旸谷，西至三危，莫不服从。神农居天位百有四年而殁，号曰炎帝。伯夷、叔齐曰：“神农之有天下也，时祀尽敬而不祈禧；其于人也，忠信尽治而无求焉。乐与政（阙）治，为治不以人之坏，自成也；不以人之卑，（阙）以遭时自利也。此真吾所谓道也。”①

以上我们粗线条地梳理了炎帝神农氏由神话传说中的人

① 胡宏：《皇王大纪》卷一，影印版文渊阁四库全书。

物经过一千多年的不断加工变成人文三皇之一的过程，所举资料只是具有典型性的十数种。其实，自战国以降，提到炎帝神农氏的文献资料数以千计，仅四库全书收录的文献中就有上千种。这些文献对炎帝神农氏事迹的记述，愈后出者愈丰富，愈完备，愈系统，而且是神性、荒诞性愈少，人性、社会性愈多，完全证实了顾颉刚提出的“层累地构成的中国古史说”这一著名观点是一种科学的抽象。

二

在中国现存的历史文献中，炎帝神农氏不仅晚出于尧、舜、禹等传说中的圣帝明王，而且晚出于正史中夏、商、西周三代的任何历史人物，在《尚书》和《诗经》中根本见不到他的影子，只是到了春秋晚期，才在郯子的一次谈话中首次被提及，以后陆续在《国语》《孟子》《庄子》《管子》等书中出现。司马迁《史记》所梳理的中国古代史的谱系中，虽然也提到这位炎帝神农氏，但却不将其排入他视为中国历史开端的三皇五帝之列。就是被列为五帝之首的黄帝，司马迁对其所传事迹的真实性也持一种非常谨慎的态度：

> 学者多称五帝，尚矣。然《尚书》独载尧以来；而百家言黄帝，其文不雅驯，荐绅先生难言之。孔子所传宰予问《五帝德》及《帝系姓》，儒者或不传。余尝西至空峒，北过涿鹿，东渐于海，南浮江淮矣，至长老皆各往往称黄帝、尧、舜之处，风教固殊焉，总之不离古文者近是。予观《春秋》

《国语》，其发明《五帝德》《帝系姓》章矣，顾弟弗深考，其所表见皆不虚。《书》缺有间矣，其轶乃时时见于他说。非好学深思，心知其意，固难为浅见寡闻道也。余并论次，择其言尤雅者，故著为本纪书首。①

然而，随着历史的发展，在中国古代的历史文献中，炎帝神农氏的事迹不仅越来越丰富，而且堂而皇之地进入三皇五帝的谱系，成为黄帝之前一个非常重要的时代代表人物。你看，在愈来愈丰富的文献记载中，这位神人合一的炎帝神农氏不仅是与黄帝齐名的中华民族的人文始祖，而且是中国古代文明的最重要开拓者和创造者。他“为耒耨之利以教天下”（方闻《大易粹言》卷六九），推行“日中为市，致天下之民，聚天下之货，交易而退，各得其所”（王符《潜夫论》），是中国农业文明和商贸事业的开创者。他发明了“钻火之术”（董斯张《广博物志》卷五〇），使百姓开始吃上熟食，是中国饮食文化的开拓者。他是被中国和世界视为不朽经典《易》的创作者之一，“庖牺氏作八卦，神农重之为六十四卦”（胡居仁《易像钞》卷一五），又是排入“五德之运”的最早帝王，苏东坡为之正名说：“以五德王天下，所从来尚矣。黄帝以土，故曰黄；炎帝以火，故曰炎；禹以治水得天下，故从水而尚黑；殷人始以兵王，故从金而尚白；周人有流火之祥，故从火而尚赤。”（《书传》卷五）他“观民设教”，“顺时作历，创立制度”（王樵《尚书日记》卷一），是中国历法和各种制度的创始人。他是中国药物学的奠基人，“民有疾病，未知要石，神农氏始味草木之滋，察寒暑平热之性，君臣

① 《史记·五帝本纪》，中华书局1959年版，第46页。

佐使之义,作方书以疗民疾”(陈大章《诗传名物集览》卷十),以永垂千古的《神农本草经》树起了中医药物学的第一块纪念碑。他是文字和书法艺术的发明者之一,“庖牺氏获景龙作龙书,炎帝因嘉禾作穗书,仓颉变古文写鸟迹,作鸟迹篆,少昊作鸾凤书,取似古文,高阳作科斗书”(罗愿《尔雅翼》卷三〇)。他发明了乐器,“琴瑟也,神农所作,洞越练朱五弦”(《说文》)。他的孙子岐伯制作了钟,是中国古代音乐的奠基人。还有的文献说他是中国兵器制造的始祖,因为他“冶铜为器”,其中自然包括各种器物和兵器,“兵盖始于炎帝”(陈元龙《格致镜原》卷四一),等等。可以肯定,以上这些发明创造,放在中国历史发展进程中考察,每一项都具有里程碑式的意义。一个人只要是其中一项的发明者或创造者,都足以永垂不朽,故集此诸多发明创造于一身的炎帝神农氏被推尊为中华民族的祖先自然是当之无愧。由于炎帝和黄帝是中国古代文明曙光初现时期两个最重要的代表人物,他们连在一起就成为中华民族公认的人文始祖。后来,三代至春秋战国时期的许多封国和古代中国的不少少数民族,都认炎帝和黄帝为自己的祖先。《路史》卷二四开列的炎帝后姜姓国就有近70个,它们是伊、耆、厉(列赖)、姜、封、逄(庞)、北齐、殳、江水、吕(甫)、申、谢、汲、齐、许、焦、析、艾、隰、柯、丙、高(高氏)、棠、檀、若、井、剧、甗、崔、卢、章、高堂、闾丘、廪丘、梁丘、虞丘、移、氐人、狄历、厝咎、皋落、玄氐、杨柜、赤狄、露、路、隗氏、潞、甲氏、留吁、舟、骀、淳、戏、怡、孤竹、向、州、薄、甘、纪、随、鄘、纪鄣、黑齿、阪泉、小颢。南北朝时期建立北周的鲜卑人宇文氏,北宋时期建立辽国的契丹人,都将自己的世系追溯到炎帝那里。而在黄河上下、大江南北,几乎到处都有炎帝和黄帝的遗迹。这里显示的是中华民族历史悠久的祖宗认同意识。

问题在于这个集如此众多的发明创造于一身的炎帝神农氏,作为单个的具体的人是否存在?答案应该是显而易见的,这样的一个人不可能存在。然而,为什么中国古代的历史文献硬是生生地塑造出这么一个人呢?原因很简单,这是中国古代历史学建立中国远古历史谱系的需要和创造。人类进入文明社会以后,即不断地对自然界、人类社会和人自身进行探索,于是就有了盘古开天辟地和女娲抟土造人的传说。夏、商、周三代以降,中国已经有了文字记载的历史,历史学家就要追索三代以前的历史,于是就有了三皇五帝的系统。秦汉大一统后,中国自古就是一个统一的国家的观念日益深入人心,于是历史学家就以统一的理念,对已有文献记载和口头流传的神话传说进行加工整理,由于参与加工整理的是一代又一代的历史学家,就是同时代的历史学家也是各自进行自己的创造,这就出现了不同的三皇五帝系统。不过,因为司马迁已经在他影响深远的《史记·五帝本纪》中建立了黄帝轩辕氏、颛顼高阳氏、帝喾高辛氏、帝尧陶唐氏、帝舜有虞氏这样的有《尚书》等文献支持的五帝系统,后来的历史学家就将他们创造的思维聚焦于黄帝以前的历史,而炎帝神农氏恰恰是为这一创造思维提供广阔空间的一个符号。如果说黄帝是中国进入文明社会的标志,那么,炎帝神农氏的时代就是由野蛮到文明的过渡时期。在真实的历史上,这应该是一个很长的发展过程,起码上千年或数千年。正是在这个过渡时期,中国的农业文明获得了长足进步,物资交换的商贸活动将从事农业、手工业和其他生产活动的人们联系在一起,而为之服务的历法因而被发明和应用。由于治疗疾病的需要有了医药卫生的萌芽,由于交流和记事的需要有了文字的发明,由于感情表达和娱悦身心的需要有了音乐的发明。由于社会分工的发展和贫富分化的出现,人们的利益分配需要有各种制度的规定,于是有了“创制立度”的制度建设。由于部落之间有了争夺生存空间的战争行动,制作兵器自然提上了议事日程。所有这一切与文明相联系的创造发明,绝不是一人之力在很短时间内能够完成的,它们只能是中国的先民在相当长的历史时期内,经过数代甚至数十代人的不断努力完成的。三代以后的人们在享受这些文明成果时,已经无法考究这些文明成果的发明者和创造者了,于是他们就一厢情愿地将这些文明成果的发明和创造集中到一个或几个他们心中的圣帝明王身上,有点史影的炎帝神农氏就有幸成了他们理想的英雄。显然,后世历史学家笔下那个集诸多发明于一身的炎帝神农氏并不是一个人,而是一个时代,他是历史学家为了梳理中国远古的历史谱系而经过诸多努力创造出来的。但他的活动却闪动着真实历史的影子,他是一个符号,一个时代众多英雄领袖人物的复合体。可以这样说,历史上即使真的存在炎帝神农氏这样一个真实的人,他与后世历史学家笔下的那个炎帝神农氏也不能画等号。不过,后世历史学家笔下的那个炎帝神农氏所代表的时代应该真实地存在过。

从文献释炎黄*

自古以来，中国史学就有信古、疑古和释古的不同派别。其实，严格说来，绝对的信古和疑古是不存在的。信中有疑，疑中见信，应该是一种常态，而信和疑的目的都是释古，即恢复历史的本来面目。然而，由于历史的不可重复性，绝对恢复历史的本来面目是不可能的，没有直接文献记载的原始社会历史真相的恢复就更加困难。不过，后现代派断定所有历史真相都不能恢复的观点显然太绝对化。历史学家的任务，是通过对有关文献、文物、考古资料的梳理和研究，最大限度地接近历史的真实。

炎帝神农氏和黄帝轩辕氏是传说中的两位中国古代圣王。在关于三皇的五种说法中，有三种说法将炎帝神农氏排列其中，一种说法将黄帝轩辕氏排列其中。在关于五帝的三种说法中，有一种说法将炎帝神农氏排列其中，两种说法将黄帝轩辕氏排列其中。而在炎帝和黄帝都存在的谱系中，他们是前后相续、紧密连在一起的。由于炎帝和黄帝在传说资料中较三皇五帝中的其他人出现的频率较高，事迹也远比其他人丰富，所以他们就成为中华民族约定成俗的人文始祖，在全世界的华人中

---

* 本文原载于《“2019 年清明节祭黄帝陵与弘扬中华优秀传统文化”学术论坛论文集》，西北大学出版社 2019 年版。

形成共识。

问题在于，直到现在，我们还没有炎帝和黄帝时代直接的文献资料，也没有与他们确切对应的考古发现。我们对他们时代社会历史状况的描摹，还只能靠记载传说的文献和推定的考古遗迹，因此，我们对这个时代的历史的认识，可能距真相还有相当大的距离。笔者仅以传说的文献为依据，对这一时代的历史作一猜测性的还原。

一

在拙文《中国古代文献记载的炎帝神农其人》中，我曾就炎帝神农氏的定位写下这样一段话：

> 显然，后世历史学家笔下那个集诸多发明于一身的炎帝神农氏并不是一个人，而是一个时代，他是历史学家为了梳理中国远古的历史谱系而经过许多人的努力创造出来的。但他的活动却闪动着真实历史的影子，他是一个符号，一个时代众多英雄领袖人物的复合体。可以这样说，历史上即使真的存在炎帝神农氏这样一个真实的人，他与后世历史学家笔下的那个炎帝神农氏也不能划等号。不过，后世历史学家笔下的那个炎帝神农氏所代表的一个时代应该真实地存在过。①

① 霍彦儒主编：《炎帝·姜炎文化与民生》，三秦出版社2010年版，第39—40页。

我想，对黄帝轩辕氏似乎也应作如是观。

与炎帝一样，黄帝在中国古代文献中出现得也比较晚，《诗经》和《尚书》中还没有他的影子。《左传·僖公二十五年》中有“遇黄帝战于阪泉之兆”的记载，《国语·鲁语上》中有“黄帝能成命百物，以明民共财”的记载，《战国策·秦策一》中有“黄帝伐涿鹿而禽蚩尤”的记载。其后在《管子》《六韬》《孙子》《商君书》《庄子》《韩非子》《尉缭子》《鹖冠子》《公孙龙子》《吕氏春秋》等先秦典籍和《新语》《新书》《淮南子》等汉初典籍中，黄帝的身影不断闪现。司马迁整合前人的零星记载，写下《史记》开篇第一章《五帝本纪》，作为中华文明史的开端。而黄帝就作为五帝之首，赫然灿然地被推尊为中华文明的开山之祖：

> 黄帝者，少典之子，姓公孙，名曰轩辕。生而神灵，弱而能言，幼而徇齐，长而敦敏，成而聪明。
>
> 轩辕之时，神农氏世衰。诸侯相侵伐，暴虐百姓，而神农氏弗能征。于是轩辕乃习用干戈，以征不享，诸侯咸来宾从。而蚩尤最为暴，莫能伐。炎帝欲侵陵诸侯，诸侯咸归轩辕。轩辕乃修德振兵，治五气，蓺五种，抚万民，度四方，教熊罴貔貅貙虎，以与炎帝战于阪泉之野。三战，然后得其志。蚩尤作乱，不用帝命。于是黄帝乃征师诸侯，与蚩尤战于涿鹿之野，遂禽杀蚩尤。而诸侯咸尊轩辕为天子，代神农氏，是为黄帝。天下有不顺者，黄帝从而征之，平者去之，披山通道，未尝宁居。
>
> 东至于海，登丸山，及岱宗。西至于空桐，登鸡头。南至于江，登熊、湘。北逐荤粥，合符釜山，而邑于涿鹿之阿。

> 迁徙往来无常处，以师兵为营卫。官名皆以云命，为云师。置左右大监，监于万国。万国和，而鬼神山川封禅与为多焉。获宝鼎，迎日推策。举风后、力牧、常先、大鸿以治民。顺天地之纪，幽明之占，死生之说，存亡之难。时播百谷草木，淳化鸟兽虫蛾，旁罗日月星辰水波土石金玉，劳勤心力耳目，节用水火材物。有土德之瑞，故号黄帝。
>
> 黄帝二十五子，其得姓者十四人。
>
> 黄帝居轩辕之丘，而娶于西陵之女，是为嫘祖。嫘祖为黄帝正妃，生二子，其后皆有天下：其一曰玄嚣，是为青阳，青阳降居江水；其二曰昌意，降居若水。昌意娶蜀山氏女，曰昌仆，生高阳，高阳有圣德焉。①

《五帝本纪》中的这段文字，成为后来所有关于黄帝事迹生发的母本。其后的不少文献不断记述黄帝的事迹，同时按照自己的意愿进行改铸。如南朝的葛洪在《抱朴子》一书中，就将黄帝描绘成博采百家、"升龙以高跻"的神人：

> 昔黄帝生而能言，役使百灵，可谓天授自然之体者也，犹复不能端坐而得道。故陟王屋而受丹经，到鼎湖而飞流珠，登崆峒而问广成，之具茨而事大隗，适东岱而奉中黄，入金谷而谘滑子，论道养则资玄素二女，精推步则访山稽力牧，讲占候则询风后，著休诊则授雷岐，审攻战则纳五音之策，穷神奸则记白泽之辞，相地理则述青鸟之说，救伤残则缀金冶之术。故能毕该秘要，穷道尽真，遂升龙以高跻，

① 《史记·五帝本纪》，中华书局1959年版，第1、3、6、9—10页。

与天地乎罔极也。[①]

到了宋代,关于黄帝传说的文献记录基本趋于完备。司马光的《稽古录》,尤其是刘恕的《资治通鉴外纪》,在保留《史记·五帝本纪》基本资料的基础上,又综合西汉以来的新材料,对黄帝的事迹进行了再一次比较全面的梳理和整合,使其作为一位功德盖世的人文始祖的形象牢固地嵌刻在了中华民族的心坎上。

二

黄帝之所以被尊为中华民族的人文始祖,是因为他是传说中中国物质文明、精神文明和制度文明的创始人。他是无数物质文明的创造者:“黄帝穿井”[②],发明耒耜,“斫木为耜,揉木为耒”[③],他的田官叔均“始作牛耕”[④]。作舟车,“昔在黄帝,作舟车以济不通,旁行天下”[⑤]。造指南车,“黄帝与蚩尤作,大雾,一军昏惑,黄帝乃法斗机,作指南车以别四方”[⑥]。作明堂,“明堂,王者之堂也。其制始于黄帝之合宫,有虞谓之总

---

① 葛洪:《抱朴子·内篇》卷十三,影印版文渊阁四库全书。
② 王弼:《周易注疏》卷八,影印版文渊阁四库全书。
③ 胡瑗:《周易口义·系辞下》,影印版文渊阁四库全书。
④ 王夫之:《诗经稗疏》卷二,影印版文渊阁四库全书。
⑤ 傅寅:《禹贡说断》卷一,影印版文渊阁四库全书。
⑥ 蔡卞集解:《毛诗名物解》卷二《志林》,影印版文渊阁四库全书。

章,夏谓之世室,商谓之重屋,周谓之明堂,以为听政之所耳”[①]。制造炊具,发明熟食,“黄帝始造釜甑,火食之道就矣”,“黄帝始蒸谷为饭,烹谷为粥”,“黄帝作竈(灶),死竈(灶)神”[②]。建造宫室,“《白虎通》云,黄帝作宫室,以避寒湿”[③]。发明衣服,“黄帝黼黻衣大带”,“冕服起于黄帝”;他的夫人发明养蚕术,“黄帝元妃西陵氏始蚕”[④],为制作衣被提供重要原料。

他还是兵器的发明者,“黄帝采首山之铜,始铸为刀”[⑤],“弧矢之作,始于黄帝……黄帝第五子青阳生挥为弓正,观弧星始制弓矢”[⑥]。又是“量”等度量工具的发明者,“黄帝设五量”[⑦]。黄帝同时也是商业文化的创始人:“又聚天下之民财以交易之,为之市。”[⑧]他更是各种制度文明的创造者:他首次将中国的版图划为九州,同时建立起从中央到地方的行政体制,“黄帝受命风后,受图割地布九州”[⑨],“方制万里,画壄分州,得百里之国万区。以分星次,经土设井以塞争端,立步制亩以防不足,使八家为井……井一为邻,邻三为朋,朋三为里,里五为

---

① 范处义:《诗补传》卷二六,影印版文渊阁四库全书。

② 冯复京:《六家诗名物疏》卷六、卷一九、卷四一,影印版文渊阁四库全书。

③ 冯复京:《六家诗名物疏》卷一五,影印版文渊阁四库全书。

④ 冯复京:《六家诗名物疏》卷一七、卷二九、卷四六,影印版文渊阁四库全书。

⑤ 冯复京:《六家诗名物疏》卷一七,影印版文渊阁四库全书。

⑥ 冯复京:《六家诗名物疏》卷二〇,影印版文渊阁四库全书。

⑦ 冯复京:《六家诗名物疏》卷二〇,影印版文渊阁四库全书。

⑧ 胡瑗:《周易口义·系辞下》,影印版文渊阁四库全书。

⑨ 毛晃:《禹贡指南》卷二,影印版文渊阁四库全书。

邑,邑十为都,都十为师,师十为州"①。他建立起官吏制度,"黄帝立左右监之官,以监观万国,监诸侯之长也"②,"以云纪官,举风后、力牧、太山、稽、常先、大鸿,得六相,而天地治,神明至。风后明乎天道,故为当时。太常察乎地利,故为禀者。奢龙辨乎东方,故为土师。祝融辨乎南方,故为司徒。大封辨乎西方,故为司马。后土辨乎北方,故为李"。最后,黄帝是一切精神文明的创造者,诸凡文字、历法、算学、乐器和乐曲,无不出自黄帝及其臣工:

> 史官仓颉造文字。帝受河图,见日月星辰之象,始有星官之书。其师大挠,探五行之情,占斗刚所建,始作甲子、甲乙,谓之干;子丑谓之枝,枝干相配以名日。命容成造历,隶首作数。伶伦自大夏之西,阮隃之阴,取竹于嶰溪之谷,以生空窍厚钧者,断两节间,长三寸九分,而吹之以为黄钟之宫。制十二筒以听凤凰之鸣,而别十二律。其雄鸣为六,雌鸣亦六,以比黄钟之宫生六律六吕。候气之应以立宫商之声,治阴阳之气,节四时之度,推律历之数,起消息,正闰余,作五声,以正五钟五官,以正人位。又命伶伦与荣猨,铸十二钟以和五音,以仲春之月,乙卯之日,日在奎始奏之,命曰咸池。③

并且,"礼名起于黄帝"④,军礼创始于黄帝与蚩尤作战之时,而

① 刘恕:《资治通鉴外纪》卷一,影印版文渊阁四库全书。
② 时澜:《增修东莱书说》卷二一,影印版文渊阁四库全书。
③ 刘恕:《资治通鉴外纪》卷一,影印版文渊阁四库全书。
④ 孙穀编:《古微书》卷一七,影印版文渊阁四库全书。

封禅之礼也是他所首创:“黄帝封泰山,禅亭亭……黄帝作宝鼎三,象天地人。”①他还有著作传世:“伏牺、神农、黄帝之书,谓之三坟是也。”②更有大量的医学、针灸著作也都归到他的名下,除《灵枢》《素问》外,仅载于《隋书·经籍志》中托于黄帝名下的医学著作就不下十五种。如此多的发明创造集中到一个人身上,这显然是不可能的。所以,我们也只能将他看作由野蛮到文明过渡时代的符号,看作中华民族集体口述历史的一个篇章。事实上,所有这些创造都是我们的祖先在数以千年的悠长岁月里逐步完成的,由于这些创造中的每一项很可能都是经过了几代人的努力,具体的发明者根本不可能留下名字,他们也不可能意识到需要留下名字。而当我们的祖先意识到这些发明创造的里程碑意义,深感需要为这些发明者留下名字的时候,他们的名字早已湮灭。因为黄帝作为那个时代的氏族酋长或部落联盟的首领,曾经领导先民进行过艰苦卓绝的斗争和一系列的改革,由是凝聚成为抹不掉的民族记忆,成为传说的重点加工对象,于是这些发明创造便顺理成章地集中到黄帝的名下。

在所有的传说中,炎帝神农氏和黄帝轩辕氏都是前后相续的两位圣帝明王。虽然炎帝是姜姓,黄帝是姬姓,可他们的母亲又都是有蟜氏之女,《国语》还记载他们是一母所生的亲兄弟:“少典娶有蟜氏之女,生黄帝、炎帝。”显然这两个人代表的氏族或部落具有密切的亲缘关系。历史上,他们应该有着亲密合作的时期,也有着兵戎相见的岁月。他们之间发生过大的战

---

① 《汉书·郊祀志》,中华书局1962年版,第1197页。

② 孔颖达:《周易正义·序》,《十三经注疏》,中华书局1980年版,第9页。

争，即黄帝与炎帝战于阪泉之野。宋刘恕《资治通鉴外纪》卷一对此有较详细的记载：

> 神农氏世衰，诸侯相侵伐，暴虐百姓而弗能征。轩辕习用干戈，以征不享，诸侯咸来宾从。蚩尤最为暴，莫能伐。炎帝欲侵陵诸侯，诸侯咸归轩辕。轩辕修德振兵，治五气，蓺五种，抚万民，度四方，教熊罴貔貅貙虎，与炎帝战于阪泉之野，三战然后得志。

这些记载纵然难以绝对确切地反映事实真相，但一定有着真实历史的影子。这两个氏族或部落在分分合合中不断融合着周围的氏族和部落，不断扩大着占地广阔的部落共同体，共同铸造着未来的华夏族，从而在黄河长江中下游的肥田沃野上将中国的历史推进到文明之域。

最为有趣的是，炎帝和黄帝都是集诸多创造发明于一身的人物，而且很多创造发明是重叠的。例如，他们同为中国农业文明和商贸事业的开创者、耒耜的制造者、市场交易的首创者；同是熟食的发明者、饮食文化的开拓者；同是不朽经典《易》的创作者之一；同是各种制度、历法、文字、音乐、医药、兵器等的创造者；等等。这说明，他们基本上属于同一个时代，在我国历史由野蛮时期进入文明时期的进程中，前后接力般地推进了历史的发展，为迎接文明社会第一缕阳光的初照做出了不可磨灭的贡献。

从文献中爬梳清理“兵主”蚩尤*

蚩尤在历史上被推尊为“战神”“兵主”,作为一个传说中的人物,他的事迹是逐步丰富和发展起来的。如果我们依据文献跟踪他“成长”的步伐,或许能够大体上厘清他的基本面貌。

如果我们承认《尚书》是中国现存最早的历史文献,那么,其中的《吕刑》篇就应该被认作最早记载蚩尤事迹的宝典。其中对蚩尤是这样记述的:

> 王曰:若古有训,蚩尤惟始作乱,延及于平民。罔不寇贼鸱义,奸宄夺攘矫虔。苗民弗用灵,制以刑。惟作五虐之刑,曰法。①

对此,西汉孔安国的“传”,将其释为“九黎之君,号曰蚩尤”,同时又将其与三苗联系起来,“三苗之君,习蚩尤之恶”。东汉的郑玄在《易纬是类谋》的注中,也说“昔蚩尤为无道,作五虐之刑,黄帝起而诛之”。

《逸周书·尝麦解》关于蚩尤的记载与《尚书》稍异而

---

* 本文原载于《孙子研究》2016 年第 3 期。

① 《尚书·吕刑》,《十三经注疏》,中华书局 1980 年版,第 247 页。

大同：

蚩尤于宇，少昊以临四方，司上天末成之庆。蚩尤乃逐帝，争于涿鹿之河，九隅无遗。赤帝大慑，乃说于黄帝，执蚩尤杀之于中。

《史记 · 五帝本纪》对蚩尤的记载基本上沿着这个路子下来：

轩辕之时，神农氏世衰。诸侯相侵伐，暴虐百姓，而神农氏弗能征。于是轩辕乃习用干戈，以征不享，诸侯咸来宾从。而蚩尤最为暴，莫能伐。炎帝欲侵陵诸侯，诸侯咸归轩辕。轩辕乃修德振兵，治五气，蓺五种，抚万民，度四方，教熊罴貔貅貙虎，以与炎帝战于阪泉之野。三战，然后得其志。蚩尤作乱，不用帝命。于是黄帝乃征师诸侯，与蚩尤战于涿鹿之野，遂禽杀蚩尤。而诸侯咸尊轩辕为天子，代神农氏，是为黄帝。①

梁朝的沈约在所作《竹书纪年》的注中，记述了黄帝命应龙对蚩尤的进击：“应龙攻蚩尤战，虎豹熊罴四兽之力，以女魃止淫雨。天下既定，圣德光被，群瑞毕臻。”宋代史学较前代空前发达，相当多的史学著作涉及蚩尤。刘恕的《资治通鉴外纪》卷一《黄帝》比较详细地综合了前代的资料，丰富了《史记 · 五帝本纪》关于蚩尤的内容：

---

① 《史记 · 五帝本纪》，中华书局 1959 年版，第 3 页。

黄帝有熊国君,少典之子,姓公孙名轩辕,生于寿丘,长于姬水,改姓姬。神农氏世衰,诸侯相侵伐,暴虐百姓而弗能征。轩辕习用干戈,以征不享,诸侯咸来宾从。蚩尤最为暴,莫能伐。炎帝欲侵陵诸侯,诸侯咸归轩辕。轩辕修德振兵,治五气,蓺五种,抚万民,度四方,教熊罴貔貅貙虎,与炎帝战于阪泉之野,三战然后得志。蚩尤作乱,不用命,轩辕征师,与蚩尤战于涿鹿之野,蚩尤为大雾,军士昏迷,轩辕作指南车以示四方,遂禽蚩尤,戮于中冀,名其地曰绝辔之野。诸侯咸尊轩辕,代神农氏为天子,是为黄帝。①

胡宏的《皇王大纪》卷二《五帝纪·轩辕黄帝氏》对蚩尤事迹的记载与《资治通鉴外纪》大同小异:

神农氏之臣蚩尤,起九冶,始作铠戟戈矛,以贼乱为政,平民化之,罔不寇贼,鸱义奸宄,夺攘矫虔,轩辕征之。值天雾晦冥军行迷,乃作指南车,载之以旌,前朱雀而后玄武,左青龙而右白虎,招摇在上,进退有度,左右有局,各司其局,进击蚩尤,杀之于涿鹿之阿,徙其徒于有北。天下有不道,从而征之,凡五十三征,奄有中区。②

流传至今的宋代注释经书的著作很多,其中也有不少涉及蚩尤的内容,如方闻一编注的《大易粹言》卷二十九就有“黄帝垂衣

① 刘恕:《通鉴外纪》卷一,影印版文渊阁四库全书。
② 胡宏:《皇王大纪》卷一,影印版文渊阁四库全书。

裳而天下治，七十二战而禽灭蚩尤”。苏轼撰《书传》卷十九《周书·吕刑》记有“炎帝世衰，蚩尤作乱，黄帝诛之。自蚩尤以前，未有以兵强天下者”。陈旸撰《乐书》卷一百三十记有“蚩尤氏率魑魅与黄帝战于涿鹿之野，黄帝乃命吹角为龙吟以御之”。同书卷一百八十六《蚩尤戏》记有“蚩尤氏头有角，与黄帝斗，以角抵人。今冀州有乐名蚩尤戏，其民两两载牛角而相抵”。罗愿撰《尔雅翼》卷十一记有“旧说云黄帝杀蚩尤于黎山之上，掷其械于大荒之中，朱山之上，化为枫木之林”。卫湜撰《礼记集说》卷八记有“古称黄帝以车战，蚩尤以骑战”，陈经撰《尚书详解》卷四十七《吕刑》这样诠释蚩尤：

> 蚩尤，九黎之君也，即与黄帝战于阪泉者也。上古之时，风气未开，淳朴未散，民知耕食凿饮而已，安知所谓乱。惟蚩尤创为不义之事，民皆从而化，以鸱为义，如鸱枭搏击者，为恶于内，为恶于外，而为奸为宄者。夺攘以劫掠人者，矫虔以诈取，而至于虔刘杀戮者。凡此数者，皆是平民始初为恶，出自蚩尤。①

元代梁益撰《诗传旁通》卷六这样记述蚩尤：

> 蚩尤阪泉氏，姜姓炎帝之裔也。炎帝参卢曰榆冈，居空桑，命蚩尤居小颢，以临四方。蚩尤作乱，伐空桑，逐榆冈，居涿鹿。涿鹿一云浊鹿。自以为炎帝之后，纂号炎帝，参卢遂委命于有熊氏，有熊于是暨力牧神皇率风后邓伯温

---

① 陈经：《尚书详解》卷四七，影印版文渊阁四库全书。

> 之徒。及蚩尤战于涿鹿山，执蚩尤于中冀而诛之，身首异处。蚩尤封域有盐池之利，今河东解池是也。《皇览·冢墓》记蚩尤冢在寿张县阚乡城中，高七丈。中冀，冀州也。蚩尤正冢在寿张，肩髀冢在山阳郡巨野县，故云身首异处。①

这些自古相沿而逐步丰富记述的蚩尤事迹，虽然大同中不乏小异，但基本上将他定位为一个邪恶之人：他或是邪恶的九黎族的首领，或是炎帝之裔，生活于炎帝之末和黄帝之世，不仅是众多兵器铠、戟、戈、矛的发明制造者，而且也是最早使用骑兵作战的人。他"无道，作五虐之刑"，引导万民趋于邪恶。他形体怪异，头上长角，"并兽身人语铜头铁额，食沙石子"。他会播云布雾，还能驱动魍魉至战场效力。他"篡号炎帝"，与黄帝作对，最后被黄帝斩杀于涿鹿之野。

然而，有关蚩尤的事迹，古代文献中也有与以上记载不同甚至绝异的记述。如《管子·五行》记载：

> 昔者黄帝得蚩尤而明于天道，得大常而察于地利，得奢龙而辩于东方，得祝融而辩于南方，得大封而辩于西方，得后土而辩于北方。黄帝得六相而天地治，神明至。蚩尤明乎天道，故使为当时。②

---

① 梁益：《诗传旁通》卷六，影印版文渊阁四库全书。

② 戴望：《管子校正·五行》，《诸子集成》5，上海书店 1986 年版，第 242 页。

《管子·地数》记载：

> 修教十年，而葛卢之山发而出水，金从之，蚩尤受而制之，以为剑铠矛戟。是岁相兼者诸侯九。雍狐之山发而出水，金从之，蚩尤受而制之，以为雍狐之戟芮戈，是岁相兼者诸侯十二。故天下之君，顿戟一怒，伏尸满野，此见戈之本也。①

《韩非子·十过》记载：

> 昔者黄帝合鬼神于西泰山之上，驾象车而六蛟龙，毕方并辖，蚩尤居前，风伯进扫，雨师洒道，虎狼在前，鬼神在后，腾蛇伏地，凤皇覆上，大合鬼神，作为清角。②

这些文献中出现的蚩尤，已经是黄帝不可或缺的辅佐，是功德显赫、神力无边的“六相”之一，为黄帝统一和治理天下立下无可替代的功勋。这里出现的蚩尤完全是正面形象，与邪恶彻底切割开来。

再后，明朝的孙瑴编撰的《古微书》卷三十四又将蚩尤描绘成先与黄帝为敌，继而为黄帝在“天遣玄女”的帮助下所制服，最后为黄帝主兵“以威天下”，死后画像犹能使“方万邦皆为弭伏”。它记述的蚩尤及其故事已经彻底神化，而黄帝与蚩尤的斗法也是靠神灵的佑助取得胜利：

---

① 戴望：《管子校正》，《诸子集成》5，上海书店 1986 年版，第 382 页。

② 王先慎撰：《韩非子集解》，中华书局 2013 年版，第 69—70 页。

> 黄帝摄政时有蚩尤，兄弟八十一人，并兽身人语，铜头铁额，食沙石子，造立兵杖刀戟大弩，威振天下，诛杀无道，不仁不慈，万民欲令黄帝行天子事，黄帝仁义，不能禁止蚩尤，遂不敌。黄帝仰天而叹，天遣玄女下，授黄帝兵信神符，制伏蚩尤。帝因使之主兵，以制八方。蚩尤没后，天下复扰乱不宁，黄帝遂画蚩尤形象，以威天下，天下咸谓蚩尤不死，八方万邦皆为弭伏。①

如果说蚩尤是一个真实存在的历史人物，那么，为什么对他的记载出现如此大的差异？这其中隐藏着怎样的历史密码？梳理以上文献，可否得出如下结论：真实的历史似应是，蚩尤是炎、黄之际东夷族部落联盟的首领，这个部落由 81 个氏族组成。在原始社会末期，蚩尤部落人丁兴旺，生产发展，最早发明冶炼，制造兵器，成为武力强大的部落之一。在各部落为争夺生存空间的斗争中，它一度与西方的炎帝部落，继而与中原的黄帝部落发生过激烈的冲突，进行过残酷的战争。尽管开始互有胜负，但最终结果是蚩尤部落战败，而战败的蚩尤部落降服于黄帝部落，承认了黄帝作为部落联盟首领的尊位，并且在稳定这一部落联盟的秩序和正常运行中起着举足轻重的作用，更在衔黄帝之命征伐其他与黄帝部落对抗部落的战争中立下不世之功。黄帝以后，颛顼、帝喾、尧、舜、禹相继担任权力越来越大的部落联盟首领，而国家的职能也在逐步地替代古老的原始的习俗和规则，使部落联盟的议事和管理机构逐步蜕化为国家权力机构。如此一来，在旧瓶不断装新酒的润物细无声的演变

---

① 孙毅：《古微书》卷三四，影印版文渊阁四库全书。

中,中国由原始社会进入奴隶社会,其里程碑式的标志就是“禹传子,家天下”。然而,正如侯外庐先生所指出,由于中国远古社会的变革走的是“维新路径”,“死的拖住活的”,许多古老的氏族部落在进入阶级社会以后还长期保存下来。所以,在夏、商、西周以至春秋时期,还有数以百计的从原有氏族部落发展而来的小国在诸侯大国争战的夹缝中艰难地生存延续。具有远古氏族部落背景的不同地域的人群,以传说编撰着他们各自的历史。黄帝的嫡系后裔肯定编撰的是黄帝部落从胜利走向胜利的历史,曾经与黄帝对战的蚩尤就成了邪恶势力的代表而不断被丑化、妖魔化;东夷人的后裔,尤其是蚩尤部落的后裔肯定将他们的祖先塑造成英雄和伟人,他不仅没有被杀掉和“身首异处”,而且还成为黄帝统治天下的最强力的辅佐,甚至连画像都能发挥使“八方万邦皆为弭伏”的神力。再后来,当统一成为中国历史的常态,“天下一家”的观念成为普遍的民族心理,蚩尤的历史就实现了以上两种截然相反叙述模式的综合:先为恶,与黄帝作对,彼此兵戎相见;继而为善,被黄帝征服后成为他的得力辅佐,出将入相,成为威力无比的“战神”和“兵主”。如此一来,蚩尤的形象就负载了中国从原始社会到奴隶社会,从封国林立到实现一统的历史。显然,蚩尤形象的塑造,正是传说这一民族的口述历史对远古时代不断再创造的一个典型。在这些近乎荒诞的故事中,闪现着某些真实历史的影子,经过认真淘洗,也可以发现不少历史的真相。关键就靠历史学家一双洞穿迷雾的慧眼。

天下尧陵何处寻？*

在中国，传说中的帝王陵墓较多，伏羲、神农（即/或炎帝）、颛顼、帝喾、尧、舜等，文献记载的出生之地与死葬之地都不是唯一而无可争辩的。究竟哪些是真的？历史上一直聚讼纷纭，莫衷一是。改革开放以来，随着地域文化研究的风生水起，这些圣帝明王的生地、死所、陵墓真伪之争更是不时掀起阵阵波浪。作为一种社会文化现象，自是渊源有自，其中最重要的一点是历史文化作为一种厚重的资源愈来愈被更多的人认识和重视。

这里只说尧陵。迄今为止，文献记载的尧陵至少有以下多处。

《墨子·节葬下》曰："昔者尧北教乎八狄，道死，葬蛩山之阴，衣衾三领，榖木之棺，葛衣缄之，既泌而后哭，满埳无封，已葬，而牛马乘之。"①从"满埳无封，已葬，而牛马乘之"的记载看，这个尧陵显然无坟头可寻。按照当时东夷、西戎、北狄、南蛮的地理分布，"八狄"之"蛩山之阴"的方位似乎只能在中国的偏北方，如今之河北、山西、陕西的北部和内蒙古。

---

* 本文原载于《海岱学刊（2016 年第 1 辑）》，齐鲁书社 2016 年版。

① 吴毓江撰：《墨子校注》，中华书局 2006 年版，第 261 页。

《吕氏春秋·孟冬纪第十·安死》："尧葬于谷林，通树之（通林以为树也。《传》曰：尧葬成阳，此云谷林，成阳山下有古林）。"①这里的谷林究竟在何处，《传》释谷林在成阳。

《论衡》卷四《书虚》："尧葬于冀州，或言葬于崇山。"这里出现的崇山，一般认为是近代河南的嵩山。

《山海经》卷六《海外南经》记载，帝尧葬于狄山之阳，而注中说："今阳城县西、东阿县城次乡中、赭阳县湘亭南，皆有尧冢。"这里出现阳城县西、东阿县城次乡中、赭阳县湘亭南三处尧冢。

《帝王世纪》："尧崩，葬于济阳之成阳西北，是为谷林。"

《水经注》卷二十四《瓠子河》："《地理志》曰，成阳有尧冢灵台，今成阳城西二里有尧陵，陵南一里有尧母庆都陵，于城为西南，称曰灵都乡，号崇仁邑，号修义，皆立庙，四周列水潭而不流，水泽通泉，泉不耗竭，至丰鱼笋，不敢采捕。前并列数碑，栝柏数株，檀马成林。二陵南北列驰道径通，皆以砖砌之，尚修整。尧陵东，城西五十余步，中山夫人祠，尧妃也。石壁阶墀仍旧，南西北三面长栎连荫，扶疏里余。"②这里出现了与尧陵配套的尧母庆都陵、尧妃中山夫人祠。《山海经》《帝王世纪》《水经注》的记载接近《吕氏春秋》，可能是抄自该书而稍作变异。

《明一统志》卷二十三《兖州府》："尧陵在东平州东北三十里，本朝洪武四年建祠陵前，命有司春秋致祭，三岁一遣使祭飨，有事则遣廷臣祭告。"③这里记载尧陵在东平。

---

① 许维遹：《吕氏春秋集释》，中华书局2016年版，第195页。

② 郦道元：《水经注》卷二四，影印版文渊阁四库全书。

③ 《明一统志》卷二三，影印版文渊阁四库全书。

《钦定大清一统志》卷九十九《平阳府》:“尧陵在临汾县东七十里,皇甫《盐城冢记》俗谓之神林,又曰神陵,陵高一百五十尺,广二百余步。《通志》:陶唐氏陵旁皆山石,惟此地为平土,深丈余,有金泰和二年碑记。明初访历代帝王陵墓,山东东平州有以尧陵闻者,至今载在祀典,而临汾者阙如。《县志》:明嘉靖间立守冢道士五,置守冢户十,取陵旁间田给焉。按《汉书》刘向疏,尧葬济阴,邱垄皆小,葬具甚微。《括地志》:尧陵在濮州雷泽县西三里。《述征记》城阳县东有尧冢。宋《皇览》尧冢在济阳城。《文献通考》唐尧葬城阳谷林。又《曹州志》有尧陵。《东平州志》有尧陵。诸书多载尧陵在山东,惟《城冢记》载在平阳,而非唐宋前书,难于征信。然尧都平阳,在位七十载而殂落,陵似宜在平阳,姑存之。”①这里记载的尧陵在今之山西临汾县。

《山西通志》卷一百六十五:“平遥县帝尧庙在北门外高丘上,尧年十有三,佐帝挚封植,受封于陶。宋熙宁元年七月,知濮州韩铎言尧陵在本州雷泽县谷陵山,陵南有尧母庆都灵台庙,请敕本州春秋致祭。”②这里记载的尧陵在今之山西平遥县。

《山西通志》卷一百七十二《陵墓一》又记载,古尧陵在该省浮山县,并说“相传在县西北三十五里杨村,陵前有碑,记临汾春秋二祭”。

以上记载的尧陵方位超过十处,主要集中在今之山东和山西,而现存文献中,记载尧活动区域最多的地方也是山东和山

① 《钦定大清一统志》卷九九,影印版文渊阁四库全书。

② 《山西通志》卷一六五,影印版文渊阁四库全书。

西。其中指向最多最早的是位于今山东菏泽的汉代成阳城，所以今人较多地将尧陵方位定于阳城似乎顺理成章。

然而，关于尧陵方位之确处，由于历史记载的歧异，学术界从来就没有达成共识。一些学者企图通过自己严密的考据将方位坐实。宋代罗泌《路史》卷三十六有《辩帝尧冢》一文，认定成阳尧陵为真，其他地方的尧陵皆是“仪墓”：

> 古今之事绪无穷，而地理之差尤为难于究竟。尧之冢在济阴成阳，尧母灵台在南。汉章帝元和二年，使奉大牢祠尧于成阳灵台，是其处也。今皆在濮之雷泽东南，而王充乃云葬崇山，墨子则谓北教八狄，道死南已之市，而葬蛩山之荫，盖仪墓尔(《论衡》曰尧葬冀州，或云葬崇山，仪墓如汉世远郡园陵与苍梧舜墓之类，非实葬所。《山海经》云尧葬狄山之阳，郦善长以为非，亦此类)。按欧阳文忠公《集古录》言灵台碑，以为《史记·地志》《水经》诸书皆无尧母葬处，粤稽《地志》及范冢志，则云成阳有尧冢灵台，而此碑云尧母葬兹，欲人莫知名曰灵台。又郭缘生之《述征记》，成阳城东南九里有尧陵，陵东有中山夫人祠，在城南二里，盖尧妃也。东南六里有庆都冢，上有祠庙。而《水经注》言成阳城西二里有尧陵，陵南一里有庆都陵，于城为西南，称曰灵台乡，曰崇仁邑，号修义，其葬处明白若此，恶得云无言邪？①

《钦定大清一统志》卷一百四十四在“曹州府”项下记述尧陵，

---

① 罗泌：《路史》卷三六，影印版文渊阁四库全书。

也认定在成阳的“尧陵有确据”：

> 唐尧陵，在荷泽县东北五十里旧雷泽城，西与濮州接界，高四丈五尺，广二十余丈，上有庙。《吕氏春秋》：尧冢谷陵。《汉书·地理志》：成阳有尧冢陵台。刘向曰尧冢济阴邱陵。后汉元和二年，东巡狩，遣使祀尧于成阳灵台。又延光三年，复使使者祀焉。《皇览》云尧冢在济阴成阳。皇甫谧云谷林即成阳也。《水经注》：成阳城西二里有尧陵，陵南一里有尧母陵，皆立庙，四周列水潭而不流，水泽通泉，泉不耗竭，至丰鱼笋，不敢采捕。前并列数碑、柏数株，檀槚成林。二陵南北列驰道径通，皆以砖砌之。尧陵东，城西五十余步，中山夫人祠，尧妃也。石壁阶墀仍旧。南西北三面，长栎连荫扶疏里余。自汉迄晋，二千石丞尉多刊石述叙。《元和志》：陵在雷泽县西三里，《文献通考》：曹州东北有尧冢。欧阳修《集古录》载，后汉济陵尧母灵台庙，请敕本州岛致祭，置守陵五户。自金末河决，其祀移于东平州芦泉山之阳。然尧陵自在曹濮之间，不在东平也。宋神宗熙宁元年，知濮州韩铎言尧陵在本州岛雷泽县东谷林山，陵南有尧母灵台庙，请敕本州岛致祭，置守陵户，俾奉洒扫，诏给守陵五户，则尧陵有确据矣。①

《山东通志》卷二十一《秩祀志》有一篇文章《附尧陵考》，历数历史上尧陵在成阳的文献记载，极力论定成阳尧陵的真实性：

---

① 《钦定大清一统志》卷一三四，影印版文渊阁四库全书。

谨按《山海经》：狄山，帝尧葬于阳，帝喾葬于阴。郭璞注云，帝喾冢在顿邱城南台荫野中。《吕氏春秋》：尧葬谷林，今成阳县西。由此观之，狄山之阴为顿邱台荫，其阳则成阳谷林也。《史记》：尧葬谷林。皇甫谧曰：谷林即成阳。刘向曰：尧冢济阴。《皇览》：尧冢在济阴成阳。《帝王世纪》：尧葬于济阴之成阳西北，是为谷林。考之《前汉书·志》：济阴郡领县九，其五曰成阳。注云有尧冢灵台。《禹贡》：雷泽在西北。《后汉书·志》：济阴郡领县十一，其三曰成阳。亦云有尧冢灵台，有雷泽。《晋书·志》济阳郡领县九，其九曰成阳，注云尧冢在西，有明征矣。《括地志》：尧陵在濮州雷泽县。《太平寰宇记》：尧陵在雷泽城西三十里。按《隋书·志》：东平郡有雷泽县，盖后齐废成阳，隋置雷泽县，在成阳之东，金降温镇，改属郓州。元濮州属东平路。又《十道志》：尧冢在曹州界。盖雷泽在濮之东南，实曹之东北云。考《水经注》，雷泽之东南，即成阳县城西二里，有尧陵，陵南一里有尧母庆都陵，于城为西南，称曰灵都乡，曰崇仁邑，号修义，皆立庙，四周列水潭而不流，水泽通泉，泉不耗竭，至丰鱼笋，不敢采捕。前并列数碑，栝柏数株，檀马成林。二陵南北列驰道径通。皆以砖砌之，尚修整。尧陵东，城西五十余步中山夫人祠，尧妃也，石壁阶墀仍旧，南西北三面长栎联荫扶疏里余。按郭缘生《述征记》：自汉迄晋，二千石及丞尉多刊石述叙尧即位。至永嘉三年二千七百二十有一载记于碑。郦道元去古未远，述之倍详。其见于古碑者，汉延熹中，济阴太守孟郁闻尧陵在成阳，遣曹掾具中牢祠之。十年，宣诏行县祠尧,得膏雨,修治殿阁。永康元年立碑。又建宁中,廷尉仲定以汉为尧之苗裔,奏请修复祠庙,有成阳灵台碑。熹平四年,济阴太守张龙追慕圣烈,致祠立坛,有碑。光和中,颍川唐扶为成阳,命依陵宅庙造立校堂。十年,邑人立石颂之。各碑虽历久剥毁,而遗文犹约略可纪。至于历朝祀典,按熹平碑,云圣汉龙兴,缵尧之绩,祀以上牺。暨于亡新,礼祠遂绝。是西汉初已有成阳之祀矣。后汉元和二年,章帝东巡狩,遣使者奉一太牢,祠帝尧于济阴。延光三年,安帝遣使者祠唐尧于成阳。灵帝时从廷尉仲定之请,修祠复旧,岁以春秋奉太牢祀,见灵台碑。又《寰宇记》:尧陵在雷泽,唐贞观十年,诏禁刍牧,及春秋祭酬。又《文献通考》:宋乾德四年,诏先代帝王陵寝各给守陵五户,长吏春秋奉祀。其尧陵下注在成阳谷林。熙宁元年,知濮州韩铎言尧陵在本州岛雷泽县东谷林山,陵南有尧母庆都灵台,请敕本州岛春秋致祭,置守陵户,免其租税,俾奉洒扫,诏给守陵五户。政和三年,定五礼新仪,乃享陶唐氏于濮州,以司徒契配。合而观之,前代之祀尧陵者,未有不于谷林者也。然有以帝都为重者,后魏太和十六年诏曰:"帝尧树则天之功,兴巍巍之治,可祀于平阳。"此后则唐显庆三年、天宝六载、宋乾德元年,皆祀尧于平阳。至四年诏给守陵,则于濮州之谷林也。是以徽宗径祭濮州陵庙合享。宋既南迁,金元举祀仍属平阳,而濮州之祀遂废。惟存元徐世雄书帝尧墓一碑而已。明洪武四年,太祖诏祀先代陵庙,乃祀尧于东平州,祭文曰:"考君陵墓在此,特遣官奠祀修陵。"是年遣编修葛守诚赴东平葺陵建祠,着为祀典。今按陵在州城东北二十里芦泉山阳,乃古无盐县地,历稽往籍，未有传闻，不知当日何所依据，岂以雷泽在隋属东平郡，金属郓州，元属东平路而误以属之东平耶？弘治七年，礼部尚书耿裕令濮州学正濮琰上状，将辨正其祀，而耿旋转吏部，事不果行。嘉靖初，巡抚陈凤梧檄知州张寰修建尧庙，置祀田一顷二十亩。今尧陵在旧成阳城西，高四丈五尺，广二十余丈，大圣灵域，岿然尚存而将享久湮，历四百余年而不能复。今奉诏修葺先圣陵寝，正厘正明因禋之时。谨备载之，以资礼官之考证云。①

不过，在肯定尧陵在成阳的看似压倒多数的意见之外，也有认定尧陵在平阳的理由更充分的表述，这就是大名鼎鼎的顾炎武在《日知录》卷二十二《尧冢灵台》中的表述：

《汉书·地理志》："济阴成阳有尧冢灵台。"《后汉书·章帝纪》："元和二年八月，东巡狩，使使者祠唐尧于成阳灵台。"《安帝纪》："延光三年二月庚寅，使使者祠唐尧于成阳。"《皇览》云："尧冢在济阴成阳。"皇甫谧《帝王世纪》云："尧葬济阴成阳西北四十里，是为谷林。"《水经注》："城阳西二里有尧陵，陵南一里有尧母庆都陵，于城为西南，称曰灵台，乡曰崇仁，邑号修义，皆立庙，四周列水潭而不流。水泽通泉，泉不耗竭，至丰鱼笋，不敢采捕。庙前并列数碑，栝柏成林。二陵南北列，驰道径通，皆以砖砌之，尚修整。尧陵东城西五十余步。中山夫人祠，尧妃也。石壁阶墀仍旧，南、西、北三面长栎联荫，扶疏里余。中山

① 《山东通志》卷二一，影印版文渊阁四库全书。

夫人祠南有仲山甫冢,冢西有石庙、羊虎,破碎略尽。于城为西南,在灵台之东北。"《宋史》:"神宗熙宁元年七月己卯,知濮州韩铎言:'尧陵在雷泽县东谷林山,陵南有尧母庆都灵台庙。请敕本州岛春秋致祭,置守陵五户,免其租,奉洒扫'从之。"而《集古录》有汉尧祠及尧母祠碑,是庙与碑宋时犹在也。然开宝之诏,帝尧之祠乃在郓州。意者自石晋开运之初,黄河决于曹、濮,尧陵为水所浸,乃移之高地乎?而后代因之,不复考正矣。舜"陟方乃死",见于《书》。禹会诸侯于涂山,见于《传》。惟尧不闻有巡狩之事。《墨子》曰:"尧北教乎八狄,道死,葬蛩山之阴。舜西教乎七戎,道死,葬南已之市。禹东教乎九夷,道死,葬会稽之山。"此战国时人之说也。自此以后,《吕氏春秋》则曰"尧葬于谷林",太史公则曰"尧作游成阳",刘向则曰"尧葬济阴",《竹书纪年》则曰"帝尧八十九年作游宫于陶,九十年帝游居于陶,一百年帝陟于陶。"《说文》:"陶,再成丘也。在济阴有尧城,尧尝所居,故尧号陶唐氏。"而尧之冢始定于成阳矣。但尧都平阳,相去甚远,耄期之年,禅位之后,岂复有巡游之事哉?囚尧偃朱之说,并出于《竹书》,而鄄城之迹,亦复相近。《诗》、《书》所不载,千世之远,其安能信之?《山海经·海外南经》:"狄山,帝尧葬于阳。"注:"《吕氏春秋》曰:'尧葬谷林。'今成阳县西,东阿县城次乡中,赭阳县湘亭南,皆有尧冢。"《临汾县志》曰:"尧陵在城东七十里,俗谓之神林。高一百五十尺,广二百余步,旁皆山石,惟此地为平土,深丈余。其庙正殿三间,庑十间。山后有河一道。有金泰和二年碑记。窃考舜陟方乃死,其陵在九疑;禹会诸侯于江南,计功而崩,其陵在会稽。惟尧之巡狩不见经传,而此其国都之地,则此陵为尧陵无疑也。"按志所论,似为近理。但自汉以来,皆云尧葬济阴成阳,未敢以后人之言为信。①

顾炎武认为尧陵在临汾更合乎情理,应该说这也是一种比较切中肯綮的意见,因为从现有文献记载和晋南众多与尧有关的考古遗迹看,尧的活动较多集中在这一地区,死后葬此也就顺理成章。

在较全面地梳理了前人的不同记载和不同的学术观点之后,我们能够依据现有资料确认尧陵的真实位置吗?依我看来,仍然十分困难。原因有四:其一,五帝以及比他们更早的伏羲、神农等,基本上都是传说中的人物。传说作为一个民族的口述历史,尽管不乏真实历史的影子,但还不能直接认定为真实的历史,原因在于传说形成的过程中不断加进不少后人一厢情愿的东西。再说,他们去世的时候,当时还没有为之建陵的观念和制度,所以他们死后究竟葬在何处,就成为可能永远难以破解的历史之谜。洪迈在其所著《容斋续随笔》卷十二《古迹不可考》中就指出:"郡县山川之古迹,朝代变更,陵谷推迁,盖已不可复识。如尧山、历山,所在多有之,皆指为尧、舜时事,编之《图经》。会稽禹墓,尚云居高丘之巅,至于禹穴则强名一罅,不能容指,不知司马子长若之何可探也?"②其二,夏朝以后,尤其是商朝以后,为帝王建陵的制度才逐渐建立和完善,而

---

① 顾炎武著,黄汝成集释:《日知录集释》卷二二,上海古籍出版社2006年版,第1265—1268页。

② 洪迈:《容斋续随笔》卷一二,影印版文渊阁四库全书。

直到春秋战国时期，一些文献才逐渐记述这些圣帝明王的葬地。其随意性是显而易见的。由于他们真实的葬地已经难以稽考，而记述又是多头并存，所以出现歧异就是很自然的。更由于他们作为华夏民族的祖先被愈来愈多的人认可，所以不同地方的人群就把这些葬地拉到自己居地就近处，以便建陵立庙，进行祭祀。当然，他们在那里建陵，也不是没有一点根据，一般总是在文献记载的他们经常活动的地区。其三，这些陵庙基本上都是在汉代及以后的时段建立起来的，哪里建得最早，后来哪里的认可度就最高。至于是不是真的陵墓，人们基本上都心知肚明，不会太较真。其四，可以大体断定，包括伏羲、神农、五帝、蚩尤甚至大禹的这些陵墓，绝大多数都是象征性的，用宋代学者罗泌的话说，就是“仪墓”，即人们为了祭祀的方便而设置的纪念物。其中如神农、黄帝、舜、禹的陵墓，都是自然形成的一座山，没有人工开凿的痕迹。某座山可能是长期流传的某圣帝明王的陵墓，后来某个朝代在山前树碑立庙，进行祭祀，而后被历代认可，其祭祀上升为国家行为，历时既久，这座山也就成了公认的某圣帝明王的陵墓了。由于以后陆续出现了另一个或几个同一圣帝明王的陵墓，自然也就出现了真假的争议。其实，几乎所有这些陵墓都不过是“仪墓”，即都是假墓。你看，据《湖南通志》《九嶷山志》等书记载，舜帝陵最早叫零陵，也就是散而无定之陵。九嶷山因九峰相似，座座像陵，望而疑之，又难辨哪一座是舜陵，所以就有了九嶷山之名，而被通指为舜陵。先秦时在太阳溪白鹤观前祭祀，秦汉时期移至玉琯岩，毛泽东写的“九嶷山上白云飞”的那个九嶷山即指此山。唐宋时期，都在玉琯岩前立庙祭祀。明洪武四年(1371)，鉴于去玉琯岩的道路曲折遥远，祭祀不太方便，又将舜庙迁于舜源峰下，从此舜源峰就成为舜陵。舜陵的变迁，说明所有传说中的圣帝明王的所谓陵墓，都是“仪墓”，是后人为祭祀的方便设定的。特别应该指出的是，直到春秋时期，中原地区的葬俗还是“不封不树”，当年孔子葬母时已经不知道父亲的确切葬地，所以才有孔子在五父之衢跪求知情者指认父亲葬地之事，而孔子自己的葬地显然也与今日的坟墓有距离。“文化大革命”中，北京师范大学谭厚兰率领的“讨孔”大军扒开孔子墓，掘地及泉，不是连一抔骨屑也没有挖到么！如果较真的话，可以肯定，那些传说帝王的陵墓都不是真墓，不信你发掘看看！但是，这些陵墓都有存在的价值，它们作为中华民族人文始祖的象征，作为“慎终追远”的一种精神寄托，具有凝聚共识、同结命运共同体的强固向心力，其积极作用是值得永远珍视的。

那么，如何看待位于今之山东菏泽的汉时成阳尧陵呢？应该说，这个尧陵尽管难以确定就是尧真实的葬地，但可以肯定的是它乃中国历史上最早建置的尧的“仪墓”，是历代国家级的尧的祭祀之地，其历史价值和文物价值都是不容置疑的。

中国古代文献中的大舜其人*

近代以来,我国学术界研究虞舜的文章数以百计,但依据的文献资料却并不丰富。这里,仅将记载舜事迹的主要资料检视一番,看看这些文献勾勒出的大舜其人究竟是怎样的形象。

一

如果对所有提到舜的名字的文献加以检索,数量将十分惊人。但是,如果想从中挑出具有实际意义的资料,数量又少得可怜,因为大量提到舜的名字的文献,几乎都不怎么记载舜的事迹,而仅仅是将其作为圣帝明王的代表符号而已。真正具有史料价值的资料不过是先秦的经书和子书,再加一部《史记》,其他文献资料所记载的舜的事迹,基本上都是从上述文献中抄袭而来,很难说有多少史料价值。

我认为,记载舜事迹的资料首推《尚书》中的《虞书》和《夏书》。尽管对古文《尚书》真伪的争论至今聚讼纷纭,但我认定

---

* 本文原载于张福秀、许传平主编:《诸城大舜研究——2009 年中国(诸城)大舜文化学术研讨会论文集》,人民出版社 2010 年版。

它与今文《尚书》具有同等价值。

在《尚书·虞书·尧典》中，舜首次出现，是被众人推荐给尧作为帝位继承人的人选。推荐的理由是“父顽母嚚象傲；克谐以孝，烝烝乂，不格奸”。意思是，父亲顽固，后母愚蠢不讲理，弟弟象又十分傲慢，但他却能以孝行使家庭和睦，使他们不至于做出奸恶的事情。尧于是决定考验他，将两个女儿嫁给他，观察他治理家室的法度，结果尧十分满意。在《尚书·虞书·舜典》中，记载舜与尧和谐相处，他品格高尚，“睿哲文明，温恭允塞”。尧让他试任各种职务：掌管教化，他能宣扬父义、母慈、兄友、弟恭、子孝这“五常之教”，使人乐于遵行；承担各项职务，他能如期使工作走上正轨；管理四门，迎送宾客，四门都和和气气；去深山丛林，遇上狂风暴雨，他也不迷失方向。尧对他非常满意，决定将帝位交给他，他谦虚不受。直到第四年，他才摄行政事，检查天文仪器，祭告天地四时、名山大川、各路神祇。然后，东南西北四处巡视，封禅泰山，修正历法，统一音律和度量衡，修订吉、凶、军、宾、嘉五礼，划一弓矢、殳、矛、戈、戟五种兵器的规格，规定帝五年内巡狩一次，各邦君来朝四次。又划分天下为十二州，制定各种法律制度，惩办“四凶”：流放共工到幽州、欢兜到崇山，驱逐三苗到三危，拘囚鲧于羽山。28年后，尧死去，舜正式即位为天子。他广泛征求四岳的意见，大开四门，招纳贤哲，了解下情，倾听四方呼声。他与十二牧商讨农业和重用贤德之人以及怀柔四夷等问题，使四夷相率归服；经与四岳研究，他任命禹为司空，平治水土；任命弃为后稷，管理农业；任命契为司徒，掌管礼仪教化；任命皋陶为士官，掌管法律刑罚；任命垂为共工，管理百工事务；任命伯益为虞官，管理山林湖沼；任命伯夷为秩宗，主持天地人三种礼仪；任命夔作典乐，教习歌乐；任命龙为纳言官，下传上达，收集各方面意见。最后，他要求手下22个大臣兢兢业业，恪尽职守，佐天立功。舜对这些大臣全面考绩，贤明者晋升，昏庸者罢斥，因而政治清明，各项事业兴旺发达。经过分化瓦解，彻底粉碎三苗的反抗，天下太平。舜30岁被征用，居帝位30年，被征用50年的时候，在巡狩南方途中死去。

在《尚书·虞书·大禹谟》中，舜赞扬禹和皋陶协助他治理天下的功绩，决定将帝位禅让给禹。在历数禹的优秀品格后，他讲了被宋代大儒朱熹在《中庸章句序》中称为"十六字心传"的四句话："人心惟危，道心惟微，惟精惟一，允执其中。"意思是，人心是危险难安的，道心却微妙难明，唯有精心体察，专心守住，才能坚持一条不偏不倚的正确路线。接着，舜又讲了几句传世的名言："无稽之言勿听，弗询之谋勿庸。可爱非君，可畏非民。众非元后何戴？后非众罔与守邦……四海困穷，天禄永终。"意思是，没有事实根据的言语不要听，没有征询群众意见的主意不要用。可爱的不是君而是民，可畏的不是民而是君失其道。民众没有大君他们又爱戴谁呢？大君没有民众就无人跟他守邦了……如果四海百姓都穷困不堪，那你做大君的天禄也就永远终结了。当禹谦让不接受帝位，要求以占卜解决帝位继承人问题时，舜说："官占惟先蔽志，昆命于元龟。朕志先定，询谋佥同，鬼神其依，龟筮协从，卜不习吉。"意思是，我们占卜公事，是先由于心有疑难掩蔽，然后才去问大龟的。现在我的意志早已先定，经征询众人意见也一致赞同，相信鬼神必定依从，龟筮也必定是吉了。占卜是不会重复出现吉兆的，用不着再占卜了。最后，舜要求禹去征伐还没有臣服的三苗，战事进行了30天，苗民仍然负隅顽抗。这时，伯益以舜的德行劝禹说，只有道德的力量才能感动天地，再远的地方也能达到。满招损，谦受益，常常就是天道。帝舜早年受父母虐待，一个人在历山耕田，苦不堪言。但他日日号哭涕泣，仍然呼喊苍天，呼喊父母。总是诚心自责，把罪过全部承担，从不怨天怨父母。有事去见瞽叟的时候，总是端端正正，战战兢兢。在这种时候，连顽固的瞽叟也真能通情达理了。常言至诚感神，何况有苗？禹被说服，“班师振旅”，舜也接受伯益和禹的建议，“诞敷文德，舞干羽于两阶”。70天后，有苗自动前来归附。在《尚书·虞书·益稷》中，舜与禹对话，认为臣是自己的“股肱耳目”，应该帮助自己改正过失，同时对进谗言者予以惩罚，还要采诗纳谏，接受臣民的一切合理化建议。在与夔议论音乐的作用时，舜兴奋地作了一首歌：“股肱喜哉，元首起哉，百工熙哉！元首明哉，股肱良哉，庶事康哉！元首丛脞哉，股肱惰哉，万事堕哉！”意思是，股肱欢喜，元首奋起，百工有成绩！元首英明，股肱贤良，诸事得安康！元首委琐，股肱怠惰，万事都废堕！①

应该说，《尚书》以上篇章对舜事迹的记载可以被看作舜的最早的、最基本的也是最可靠的文献资料。这些资料所展现出来的舜是中国从原始社会向奴隶社会过渡时期的一位伟大人物。

第一，舜来自民间一个不幸的家庭，“父顽母嚚象傲”，但他以自己的孝心和智慧感化了父母和兄弟，从而使这个家庭变成了一个和睦的家庭。他也由此闻名遐迩，得以被众人推荐给尧作为帝位继承人。

第二，舜被尧选为帝位继承人以后，以无与伦比的聪明才

① 《尚书·益稷》，《十三经注疏》，中华书局1980年版，第144页。

智通过了试用期的考验，进一步得到了尧和其他权势人物的肯定，从而顺利地以禅让方式取得帝位，成为继尧之后中原地区部落联盟的首领。

第三，舜在居帝位即部落联盟首领的30年中，选贤任能，建立制度，在政治、经济、军事和文化等诸多方面推进了中国原始社会向文明社会转化的步伐，对历史的发展进步做出了不可磨灭的贡献。

第四，舜在思想文化上有着划时代的创造，对君民关系、君臣关系、民族关系等问题提出了很有价值的理念。对卜筮的理解透出强烈的唯物论倾向。他的思想对后世中国传统思想文化尤其是对儒家学说的形成产生了巨大而深远的影响。

第五，舜品格高尚，以磁石般的人格魅力将当时的精英人才吸引在自己周围，从而成就了空前辉煌的功业。

第六，舜多才多艺，在诗歌创作方面留下了《南风之歌》。在音乐创作方面留下了让孔夫子如醉如痴的《韶乐》。

后来出现在其他文献中的有关舜的事迹记载，或者沿袭这些资料，或者议论这些资料，或者从这些资料中衍生出一些新的资料。就史料价值而言，后来的资料是无法与《虞书》和《夏书》相比的。

二

在《尚书》以后的文献中，舜的名字屡屡出现。如《易传·系辞下》将舜与黄帝和尧并提，说明他们是笃信“穷则变，变则通，通则久”的“垂衣裳而天下治”的圣人。《礼记·中庸》赞扬孔子“祖述尧舜，宪章文武”，借孔子之口，赞扬舜为“大知（智）”之人，说他“好问而察迩言，隐恶而扬善，执其两端，用其中于民”。《礼记·祭义》说他“贵德而尚齿”。《礼记·表记》又说“虞夏之道，寡怨于民”。《礼记·祭法》认定“有虞氏禘黄帝而郊喾，祖颛顼而宗尧”。《礼记·内则》认定养老“有虞氏以燕礼”。《礼记·乐记》认定“舜作五弦之琴，以歌南风”。《礼记·王制》认定“有虞氏皇而祭，深衣而养老”。《大戴礼记·五帝德》记述孔子回答宰我问舜时的话，是孔子依据《尚书》的资料对舜事迹的简要概括：

> 乔牛之孙，瞽叟之子也，曰有虞。舜孝友闻于四方，陶渔事亲，宽裕而温良，敦敏而知时，畏天而爱民，恤远而亲近。承受大命，依于二女。睿明智通，为天下帝，命二十二臣，率尧归职，恭己而已。天平地成，巡狩四海，五载一始。三十年在位，嗣帝五十载，陟方岳，死于苍梧之野而葬焉。①

《左传·文公十八年》记载了舜举“八恺”“八元”的事迹：

> 昔高阳氏有才子八人，……天下之民，谓之“八恺”；高辛氏有才子八人……天下之民，谓之“八元”。此十六族者，世济其美，不陨其名。以至于尧，尧不能举。舜臣尧，举八恺，使主后土，以揆百事，莫不时序，地平天成。举八元，使布五教于四方，父义，母慈，兄友，弟恭，子孝，内外

① 《大戴礼记·五帝德》，影印版文渊阁四库全书。

平成。①

《战国策·秦策》讲时势与成功的关系，举尧、舜、汤、武为例：

> 舜虽贤，不遇尧也，不得为天子；汤、武虽贤，不当桀、纣，不王。故以舜、汤、武之贤，不遭时不得为王。②

在先秦汉魏诸子中，一方面舜作为圣人备受颂扬，另一方面舜变成了一个符号，经过他们的任意改铸，为其思想理念提供理论或事实的支撑。在《论语》中，孔子对舜赞誉有加。他认为《韶》乐尽善尽美，在齐"闻《韶》，三月不知肉味"（《述而》）。赞扬"舜有臣五人而天下治"，舜"举皋陶，不仁者远"（《颜渊》），更赞扬舜的"无为而治"，认为他"恭己正南面"就天下太平了。总之，孔子将舜定位为践履仁德政治的圣人。《墨子》一书往往将尧、舜、禹、汤、文、武并提，把他们打扮成墨子"尚同""尚贤""兼爱""非攻""明天""事鬼""节用""节葬"等理念的倡导者和实践者。他说："尚欲祖述尧、舜、禹、汤之道，将不可以不尚贤。夫尚贤者，政之本也。"又说："故昔三代圣王尧、舜、禹、汤、文、武所以王天下、正诸侯者，此亦其法已。"从尚贤的理念出发，圣王对治国人才的选拔就不能看其是否是王公大人的"骨肉之亲"或"面目美好者"，而是看其是

① 《春秋左传正义》，《十三经注疏》，中华书局1980年版，第1861—1862页。

② 刘向：《战国策》，上海古籍出版社1985年版，第171页。

否是一个真正的贤者:“是故昔者,舜耕于历山,陶于河滨,渔于雷泽,灰于常阳,尧得之服泽之阳,立为天子,使接天下之政,而治天下之民。”(《尚贤》)墨子提倡“节葬”,于是尧、舜、禹都成为节葬的典型:“舜西教乎七戎,道死,葬南己之市。衣衾三领,縠木之棺,葛以缄之。已葬,而市人乘之。”(《节葬》)《管子》一书,讲求法度,认为上下尊卑不可废:“舜之有天下也,禹为司空,皋陶为理,后稷为田,此四士者,天下之贤人也,犹尚精一德以事君。”兵亦不可废:“黄帝、唐、虞,帝之隆也,资有天下,制在一人。当此之时也,兵不废。今德不及三帝,天下不顺,而求废兵,不亦难乎?”(《管子·法法》)管子主张虚心听取臣民百姓的呼声,赞扬舜设“告善之旌”,希望君主做不利于己而利于他人的事,认为舜是这样的光辉典型:“凡所谓能以所不利利人者,舜是也。舜耕历山,陶河滨,渔雷泽,不取其利,以教百姓,百姓举利之。此所谓能以所不利利人者也。”(《管子·版法解》)《庄子》一书中有大量寓言故事,其中舜的形象,有时是作为道家的对立面出现,有时又是作为深昧道家理念的人物出现。与历史上真实的舜已经拉开了很大的距离。例如,《齐物论》中尧与舜有这样一段对话:

> 昔者尧问于舜曰:“我欲伐宗、脍、胥敖,南面而不释然,其何故也?”舜曰:“夫三子者,犹存乎蓬艾之间。若不释然,何哉?昔者十日并出,万物皆照,而况德之进乎日者乎?”①

---

① 陈鼓应注译:《庄子今注今译》,中华书局2009年版,第88页。

此处的舜显然是一个道德感化主义者。而《应帝王》中有蒲衣子的这样一段话：

> 有虞氏不及泰氏。有虞氏，犹藏仁义以要人；亦得人矣，而未始出于非人。泰氏，其卧徐徐，其觉于于；一以己为马，一以己为牛；其知情信，其德甚真，而未始入于非人。①

这里，庄子借蒲衣子之口，让舜与他杜撰的泰氏相比较，说明舜是一个还没有摆脱外务牵累的俗人。《骈拇》对舜提倡仁义道德大肆诋毁：

> 虞氏招仁义以挠天下也，天下莫不奔命于仁义，是非以仁义易其性与？②

《天地》：

> 季彻曰："大圣之治天下也，摇荡民心，使之成教易俗，举灭其贼心而皆进其独志，若性之自为，而民不知其所由然。若然者，岂兄尧舜之教民，溟涬然弟之哉？欲同乎德而心居矣。"③

---

① 陈鼓应注译：《庄子今注今译》，中华书局2009年版，第231页。
② 陈鼓应注译：《庄子今注今译》，中华书局2009年版，第262页。
③ 陈鼓应注译：《庄子今注今译》，中华书局2009年版，第341页。

这里庄子肯定了大圣的“自然之德”，否定了尧舜的教化之德。《天道》又说：

夫虚静恬淡寂漠无为者，万物之本也。明此以南乡，尧之为君也；明此以北面，舜之为臣也。以此处上，帝王天子之德也；以此处下，玄圣素王之道也。以此退居而闲游，则江海山林之士服；以此进为而抚世，则功大名显而天下一也。静而圣，动而王，无为也而尊，朴素而天下莫能与之争美。

昔者舜问于尧曰：“天王之用心何如？”尧曰：“吾不敖无告，不废穷民，苦死者，嘉孺子而哀妇人。此吾所以用心已。”舜曰：“美则美矣，而未大也。”尧曰：“然则何如？”舜曰：“天德而土宁，日月照而四时行，若昼夜之有经，云行而雨施矣。”尧曰：“胶胶扰扰乎！子，天之合也；我，人之合也。”夫天地者，古之所大也，而黄帝、尧、舜之所共美也。故古之王天下者，奚为哉？天地而已矣。①

在这里，尧与舜似乎又都成了顺应天地自然的大彻大悟的道家圣人。《让王》记载了尧、舜让天下的故事：

尧以天下让许由，许由不受。又让于子州支父，子州支父曰：“以我为天子，犹之可也。虽然，我适有幽忧之病，方且治之，未暇治天下也。”夫天下至重也，而不以害

---

① 陈鼓应注译：《庄子今注今译》，中华书局 2009 年版，第 364、372—373 页。

其生，又况他物乎！唯无以天下为者，可以托天下也。

舜让天下于子州支伯，子州支伯曰："予适有幽忧之病，方且治之，未暇治天下也。"故天下大器也，而不以易生，此有道者之所以异乎俗者也。

舜以天下让善卷，善卷曰："余立于宇宙之中，冬日衣皮毛，夏日衣葛絺，春耕种，形足以劳动；秋收敛，身足以休食，日出而作，日入而息，逍遥于天地之间而心意自得。吾何以天下为哉！悲夫，子之不知余也！"遂不受。于是去而入深山，莫知其处。

舜以天下让其友石户之农，石户之农曰："卷卷乎后之为人，葆力之士也！"以舜之德为未至也，于是负妻戴，携子入于海，终身不反也。①

舜以天下让其友北人无择，北人无择曰："异哉后之为人也，居于畎亩之中而游尧之门！不若是而已，又欲以其辱行漫我，吾羞见之。"因自投清冷之渊。②

在这些故事中，尧、舜都以道家对立面的形象出现，都还受世俗功利的牵累，远不如让天下而不受的许由、子州支伯、善卷和石户之农潇洒自在。

比较而言，在先秦诸子文集中，《孟子》一书是记载舜的事迹和思想最多的一部典籍。它明确指出舜的里籍和归宿："舜生于诸冯，迁于负夏，卒于鸣条，东夷之人也。"（《离娄下》）除

① 陈鼓应注译：《庄子今注今译》，中华书局 2009 年版，第 792—793 页。

② 陈鼓应注译：《庄子今注今译》，中华书局 2009 年版，第 817 页。

了《尚书》记载的那些舜的事迹外,《孟子·万章上》对尧禅帝位于舜做了新的解释:

> 万章曰:"尧以天下与舜,有诸?"孟子曰:"否。天子不能以天下与人。""然则舜有天下也,孰与之?"曰:"天与之。""天与之者,谆谆然命之乎?"曰:"否。天不言,以行与事示之而已矣。"曰:"以行与事示之者,如之何?"曰:"天子能荐人于天,不能使天与之天下。诸侯能荐人于天子,不能使天子与之诸侯。大夫能荐人于诸侯,不能使诸侯与之大夫。昔者,尧荐舜于天而天受之,暴之于民而民受之。故曰:天不言,以行与事示之而已矣。"曰:"敢问荐之于天而天受之,暴之于民而民受之,如何?"曰:"使之主祭,而百神享之,是天受之;使之主事而事治,百姓安之,是民受之也。天与之,人与之,故曰天子不能以天下与人。舜相尧二十有八载,非人之所能为也,天也。尧崩,三年之丧毕,舜避尧之子于南河之南,天下诸侯朝觐者,不之尧之子而之舜;讼狱者,不之尧之子而之舜;讴歌者,不讴歌尧之子而讴歌舜;故曰天也。夫然后之中国,践天子位焉。而居尧之宫,逼尧之子,是篡也,非天与也。《太誓》曰:'天视自我民视,天听自我民听,此之谓也。'"①

这里,孟子的解释最值得注意的是,他将舜从尧那里取得天下的原因归结为得到天的认可与百姓的拥护,而归根结底是百姓

---

① 《孟子·万章上》,《十三经注疏》,中华书局1980年版,第2737页。

的拥护。其中显示的是孟子思想中最可宝贵的民本主义。同时,孟子又将尧禅位于舜说成“尊贤”:“尧之于舜也,使其子九男事之,二女女焉,百官牛羊仓廪备,以养舜于畎亩之中,后举而加诸上位,故曰王公之尊贤者也。”(《万章上》)在《孟子》书中,大量的内容是表彰舜的超越常人的德行和品格的。如“乐取于人以为善”的不倦的好学精神:

大舜有大焉,善与人同,舍己从人,乐取于人以为善。自耕稼、陶、渔以至为帝,无非取于人者。取诸人以为善,是与人为善者也。故君子莫大乎与人为善。①

孟子曰:“舜之居深山之中,与木石居,与鹿豕游。其所以异于深山之野人者几希。及其闻一善言,见一善行,若决江河,沛然莫之能御也。”

孟子曰:“鸡鸣而起,孳孳为善者,舜之徒也。鸡鸣而起,孳孳为利者,跖之徒也。欲知舜与跖之分,无他,利与善之间也。”②

孟子赞扬舜的仁义之行:

孟子曰:“规矩,方圆之至也;圣人,人伦之至也。欲为君,尽君道;欲为臣,尽臣道。二者皆法尧、舜而已矣。不以舜之所以事尧事君,不敬其君者;也不以尧之所以治

---

① 《孟子·公孙丑上》,《十三经注疏》,中华书局 1980 年版,第 2691 页。

② 《孟子·尽心上》,《十三经注疏》,中华书局 1980 年版,第 2765、2768 页。

民治民，贼其民者也。”孔子曰：“道二，仁与不仁而已。”①

孟子曰：“人之所以异于禽兽者几希，庶民去之，君子存之。舜明于庶物，察于人伦，由仁义行，非行仁义也。”②

进而赞扬舜的“大孝”品格：

孟子曰：“不孝有三，无后为大。舜不告而娶，为无后也，君子以为犹告也。”

孟子曰：“天下大悦而将归己，视天下悦而归己犹草芥也，惟舜为然。不得乎亲，不可以为人。不顺乎亲，不可以为子。舜尽事亲之道而瞽瞍厎豫，瞽瞍厎豫而天下化，瞽瞍厎豫而天下之为父子者定，此之谓大孝。”③

再进而赞扬舜的爱亲爱贤：

孟子曰：“知者无不知也，当务之为急；仁者无不爱也，急亲贤之为务。尧、舜之知而不遍物，急先务也；尧、舜之仁不偏爱人，急亲贤也。”④

---

① 《孟子·离娄上》，《十三经注疏》，中华书局 1980 年版，第 2718 页。

② 《孟子·离娄下》，《十三经注疏》，中华书局 1980 年版，第 2727 页。

③ 《孟子·离娄上》，《十三经注疏》，中华书局 1980 年版，第 2723 页。

④ 《孟子·尽心上》，《十三经注疏》，中华书局 1980 年版，第 2771 页。

荀子是孟子之后影响最大的儒学大师之一,又是援法入儒的代表人物,所以在荀子笔下,舜就成了既重仁义道德又重兵和法的圣王:

> 案然修仁义,伉隆高,正法则,选贤良,养百姓,为是之日,而名声剸天下之美矣。权者重之,兵者劲之,名声者美之。夫尧、舜者,一天下也,不能加毫末于是矣。①
>
> 陈嚣问孙卿子曰:“先生议兵,常以仁义为本。仁者爱人,义者循理,然则又何以兵为?凡所为有兵者,为争夺也。”孙卿子曰:“非女所知也。彼仁者爱人,爱人,故恶人之害之也;义者循理,循理,故恶人之乱之也。彼兵者,所以禁暴除害也,非争夺也。故仁人之兵,所存者神,所过者化,若时雨之降,莫不说喜。是以尧伐驩兜,舜伐有苗,禹伐共工,汤伐有夏,文王伐崇,武王伐纣,此二帝四王,皆以仁义之兵行于天下也。故近者亲其善,远方慕其德,兵不血刃,远迩来服,德盛于此,施及四极。”②

对于《尚书》记载的尧舜“禅让”之事,荀子在《正论》中也给予了新的解释:

> 世俗之为说者曰:“尧、舜擅让。”是不然。天子者,势位至尊,无敌于天下,夫有谁与让矣?道德纯备,智慧甚明,南面而听天下,生民之属莫不振动从服以化顺之,天下

---

① 王先谦撰:《荀子集解》,中华书局 2013 年版,第 203—204 页。

② 王先谦撰:《荀子集解》,中华书局 2013 年版,第 330—331 页。

无隐士，无遗善，同焉者是也，异焉者非也，夫有恶擅天下矣？

接着，他又驳斥了所谓“死而擅之”和“老而擅之”的说法。最后，他的结论是：

“尧、舜擅让”，是虚言也，是浅者之传，陋者之说也，不知逆顺之理，小大，至不至之变也，未可与及天下之大理者也。①

这就从根本上否定了“禅让”制度的存在。由于荀子是一个性恶论者，为了给自己的理论增强说服力，他把舜也打扮成自己的同道，即一个认定人性趋恶的思想家：

尧问于舜曰：“人情何如？”舜对曰：“人情甚不美，又何问焉！妻子具而孝衰于亲，嗜欲得而信衰于友，爵禄盈而忠衰于君。人之情乎！人之情乎！甚不美，又何问焉？”②

韩非是荀子的学生，他沿着荀子援法入儒的方向继续前进，成为先秦法家思想的集大成者，并且成为儒家思想最激烈的批判者。在他笔下，舜又成了一个彻底主张法制的人物：

昔者舜使吏决鸿水，先令有功而舜杀之；禹朝诸侯之

① 王先谦撰：《荀子集解》，中华书局2013年版，第391、397页。
② 王先谦撰：《荀子集解》，中华书局2013年版，第525页。

> 君会稽之上，防风之君后至而禹斩之。以此观之，先令者杀，后令者斩，则古者先贵如令矣。①

但在论述他的法、术、势理论的重要性时，韩非又往往以尧、舜的“德化”作为对立面加以批判。《尚书》中记载的尧任舜以贤以及舜以才能卓越行政的内容，到了韩非那里，却变成了他借以论证法制的事实：

> 历山之农者侵畔，舜往耕焉，期年，甽亩正。河滨之渔者争坻，舜往渔焉，期年而让长。东夷之陶者器苦窳，舜往陶焉，期年而器牢。仲尼叹曰：“耕渔与陶，非舜官也，而舜往为之者，所以救败也。舜其信仁乎！乃躬藉处苦而民从之，故曰：‘圣人之德化乎！’或问儒者曰：‘方此时也，尧安在？’其人曰：‘尧为天子。’然则仲尼之圣尧奈何？圣人明察在上位，将使天下无奸也。今耕渔不争，陶器不窳，舜又何德而化？舜之救败也，则是尧有失也；贤舜则去尧之明察，圣尧则去舜之德化，不可两得也……今尧、舜之不可两誉，矛盾之说也。且舜救败，期年已一过，三年已三过，舜有尽，寿有尽，天下过无已者，以有尽逐无已，所止者寡矣。赏罚使天下必行之，令曰：‘中程者赏，弗中程者诛。’令朝至暮变，暮至朝变，十日而海内毕矣，奚待期年？舜犹不以此说尧令从己，乃躬亲，不亦无术乎？且夫以身为苦而后化民者，尧舜之所难也；处势而令下者，庸主之所易也。将治天下，释庸主之所易，道尧、舜之所难，未可与为

① 王先慎撰：《韩非子集解》，中华书局2013年版，第134—135页。

政也。”①

在《难势》中，韩非认定贤与德都不足恃，只有“势”即权力和尊位最可靠：“夫尧、舜生而在上位，虽有十桀、纣不能乱者，则势治也；桀、纣亦生而在上位，虽有十尧、舜而亦不能治者，则势乱也。”在《说疑》中，他比其老师荀子更进一步，不仅不承认“尧舜禅让”，而且认定他们的帝位继承实际上是“篡弑”：

舜逼尧，禹逼舜，汤放桀，武王伐纣，此四王者，人臣弑其君者也，而天下誉之。察四王之情，贪得人之意也；度其行，暴乱之兵也。然四王自广措也，而天下称大焉；自显名也，而天下称明焉。则威足以临天下，利足以盖世，天下从之。②

再进一步，韩非全盘否定了舜忠于尧、孝于父母的优秀品格，将其说成其恶无比的坏人：

瞽瞍为舜父而舜放之，象为舜弟而舜杀之。放父杀弟，不可谓仁；妻帝二女而取天下，不可谓义；仁义无有，不可谓明。③ （《忠孝》）

显然，韩非为了论证自己的那一套法治理论，已经置基本的历

① 王先谦撰：《荀子集解》，中华书局 2013 年版，第 379—382 页。
② 王先谦撰：《荀子集解》，中华书局 2013 年版，第 443—444 页。
③ 王先谦撰：《荀子集解》，中华书局 2013 年版，第 511 页。

史事实于不顾，随心所欲地改铸了舜的事迹和形象。

《吕氏春秋》是杂家的代表作，其中提到舜的篇章相当多，所涉及的舜的事迹绝大部分沿袭《尚书》等文献，个别事迹是该书第一次记载，如舜在音乐方面的贡献：

> 舜立，命延，乃拌瞽叟之所为瑟，益之八弦，以为二十三弦之瑟。帝舜乃令质修《九招》《六列》《六英》，以明帝德。①

又如，其在《孝行览第二·慎人》中将《诗·小雅·北山》中的"普天之下，莫非王土；率土之滨，莫非王臣"的著作权也给了舜。其他基本上是对舜的事功的颂扬。

贾谊的《新书》是西汉初年儒家的代表作之一，该书涉及舜的篇章不多，而且所涉及者都是颂扬之词。只有一处所引舜的话不见以前的文献记载：

> 帝舜曰："吾尽吾敬以事吾上，故见谓忠焉。吾尽吾敬以接吾敌，故见谓信焉。吾尽吾敬以使吾下，故见谓仁焉。是以见爱亲于天下之人，而归乐于天下之民，而见贵信于天下之君。故吾详取之以敬也。吾得之以敬也。故欲明道而谕教，唯以敬者为忠，必服之。"②

---

① 许维遹：《吕氏春秋集解》，中华书局2016年版，第106页。

② 贾谊：《新书》，董治安主编：《两汉全书》第1册，山东大学出版社2009年版，第326页。

这里贾谊将舜的优秀品格突出为一个“敬”字,展示了舜处理各种人际关系所遵循的基本原则。

《淮南子》一书是西汉初年新道家即黄老学派的代表作之一。该书的许多篇章涉及舜,基本上没有增添新的史迹。不过它依据此前的文献,将舜打扮成了黄老学派最重要的理念——顺应自然、“无为而治”的代表。请看下面几段话:

> 由此观之,得在时,不在争,治在道,不在圣。土处下,不在高,故安而不危;水在流,不争先,故疾而不迟。昔舜耕于历山,期年而田者争处硗埆,以封壤肥饶相让;钓于河滨,期年而渔者争处湍濑,以曲隈深潭相予。当此之时,口不设言,手不指麾,执玄德于心,而化驰若神。使舜无其志,虽口辩而户说之,不能化一人。是故不道之道,莽乎大哉!夫能理三苗,朝羽民,徙裸国,纳肃慎,未发号施生而移风易俗者,其唯心行者乎?法度刑罚何足以致之也!是故圣人内修其本,而不外饰其末,保其精神,偃其智故。漠然无为而无不为也,淡然无治而无不治也。所谓无为者,不先物为也;所谓无不为者,因物之所为。所谓无治者,不易自然也;所谓无不治者,因物之相然也。①
>
> 圣人守其所以有,不求其所未得。求其所无,则所有者亡矣;修其所有,则所欲者至。故用兵者,先为不可胜,以待敌之可胜也;治国者,先为不可夺,以待敌之可夺也。舜修之历山而海内从化,文王修之岐周而天下移风。使舜趋天下之利,而忘修己之道,身犹弗能保,何尺地之有!

---

① 何宁撰:《淮南子集释》,中华书局2015年版,第46—48页。

> 舜弹五弦之琴，而歌《南风》之诗，以治天下。①

这里的舜俨然是一个黄老思想的大师！

《列子》一书，一般认为是晋人所著，但应该承认其中保存了先秦道家的一些资料，如《杨朱》篇就保存了杨朱其人较多的资料。杨朱是先秦道家学派中最为珍视生命的一派的代表，他保存在《孟子》中的名言是“拔一毛利天下而不为”。《列子》中的杨朱形象就集中反映了他这方面的思想。由此出发，他自然对尧、舜等圣帝明王刻苦自励、为国为民的奉献精神持坚决否定的态度：

> 杨朱曰：“万物所异者生也，所同者死也。生则有贤愚、贵贱，是所异也；死则有臭腐、消灭，是所同也。虽然，贤愚、贵贱，非所能也，臭腐、消灭，亦非所能也。故生非所生，死非所死，贤非所贤，愚非所愚，贵非所贵，贱非所贱。然而万物齐生齐死，齐贤齐愚，齐贵齐贱。十年亦死，百年亦死，仁圣亦死，凶愚亦死。生则尧舜，死则腐骨；生则桀纣，死则腐骨。腐骨一矣，孰知其异？且趣当生，奚遑死后？”

> 杨朱曰：“天下之美归之舜、禹、周、孔，天下之恶归之桀、纣。然而舜耕于河阳，陶于雷泽，四体不得暂安，口腹不得美厚，父母之所不爱，弟妹之所不亲。行年三十，不告而娶。及受尧之禅，年已长，智已衰。商均不才，禅位于

① 何宁撰：《淮南子集释》，中华书局2015年版，第1002、1029页。

> 禹,戚戚然以至于死;此天人之穷毒者也。”①

这些年发现的简牍,如《马王堆汉墓帛书》《郭店楚简》《上博简》中也有一些舜的资料,主要内容是对舜的事功和品格的赞扬。其中,《郭店楚简·唐虞之道》最具代表性:

> 唐虞之道,禅而不传。尧舜之王,利天下而弗利也。禅而不传,圣之盛也。利天下而弗利也,仁之至也。
>
> 尧舜之行,爱亲尊贤。爱亲故孝,尊贤故禅……忠事帝尧……爱亲尊贤。
>
> 夫古者舜居于草茅之中而不忧,升为天子而不骄。不流也。居于草茅之中而不忧,知命也。升为天子而不骄,不流也……不禅而能化民者,自生民未之有也,如此也。②

另外,纬书中也有不少舜的资料,但大都荒诞不经,除了作为纬书思想史的资料有些用处外,对舜本身的研究没有多少价值。

三

《史记》《汉书》《后汉书》《三国志》等史书中也有不少舜

① 张湛:《列子》,《诸子集成》3,上海书店 1986 年影印版,第 78、83 页。

② 刘钊:《郭店竹简·唐虞之道》,福建人民出版社 2005 年版,第 148—149 页。此据释文简化。

的资料，其中《史记·五帝本纪》《史记·夏本纪》中的资料更为集中。这些资料，基本上是对先秦有关资料特别是《尚书》《左传》和诸子的有关资料进行梳理加工的结果。不过，关于舜的事迹如里籍等也有不同于以前文献的记载，如《史记·五帝本纪》记载："舜，冀州之人也。舜耕历山，渔雷泽，陶河滨，作什器于寿丘，就时于负夏。"有些事迹虽然沿袭《尚书》等先秦资料，但更加具体，增添了不少故事性很强的细节。如尧、舜禅让的经过，"父顽母嚚象傲"是舜被虐待的情节，"四凶"之恶及其被流放的情节，对禹、皋陶、契、后稷、伯夷夔、龙、垂、益、彭祖等任命和分职的情节等，内容较前丰富多了。可能是司马迁受秦汉大一统意识的影响，他对五帝作了世系同元的整理，将他们一律说成是黄帝的直系子孙，其实漏洞百出，经不起推敲。仅以舜和禹为例，据所有文献记载，舜禅让于禹是一个铁定的事实。然而，按照《史记·五帝本纪》排出的世系，禹是黄帝的五世孙（黄帝—昌意—颛顼—鲧—禹），舜是黄帝的九世孙（黄帝—昌意—颛顼—穷蝉—敬康—句望—桥牛—瞽叟—舜），第九代传给第五代，这是难以破解的一个矛盾。再如，尧的两个女儿，按辈分是舜的老祖姑奶奶，他们怎么可以婚配呢？

检视有关记载舜的文献资料，似乎可以得出如下几个结论。

第一，随着时间的推移，记载舜的文献资料越积越厚，时间愈后资料愈多。顾颉刚先生关于古史辨的重要理论"层累地构成的中国古史说"，用以检视文献资料显然是正确的。

第二，如果确定最早出现的《尚书》中的《虞书》《夏书》就是对舜历史的最早记载，那么，能否得出结论：后出文献资料对舜历史增益的记载就是假的、不可靠的？恐怕不能简单得出这样的结论。这是因为,我们现在只知道《尚书》中的《虞书》《夏书》是现存最早的记载舜的历史资料,但我们却不知道与这些资料同时是否还存在其他记载舜的历史资料,特别是我们不知道与《尚书》中的《虞书》《夏书》是否同时还存在其他有关舜的口碑传说,所以我们也就无法确定后来增益的资料的来源:哪些是有所本的,哪些是作者的胡编乱造。一般说来,有所本者,可能接近史实;无所本者,就可能是作者的任意杜撰。

第三,对后来增益的资料的真伪和价值的判断必须小心谨慎。可否这样说,凡是被后来考古发现证明的就是可信的;虽然未经考古发现证明,但根据已有资料推断具有存在的合理性,也应该认定是可信的。应该承认,有关舜的资料,最为丰富和系统的是《史记·五帝本纪》和《史记·夏本纪》,尽管晚出,但其记载大部分有所本,即使无所本者,大部分也具有存在的合理性,所以基本上可以作为信史看待。

禹之功述论*

——以文献记载为据

禹是中国历史上传统记载的三代夏、商、周中的第一代王朝的开创者，所谓“禹传子，家天下”。以此为标志，中国历史完成了由原始社会向奴隶社会的过渡，迈进文明时代，正式开始了阶级社会的历史。这表明，禹是一个划时代的里程碑式的人物。然而，由于这一时代的文字记载大都晚出，其中不少记载是传说的资料，因而互相抵牾之处甚多。这些记载所描绘的禹的形象，也是半人半神，半真半假，半是真实的倩影，半是编造的神话，扑朔迷离，混沌莫辨。不经过一番爬梳剔抉的工夫，就难以还原其历史真相。

中国文献中，记载禹事迹的典籍可谓多矣。仅马骕在《绎史·禹平水土》和《绎史·夏禹受禅》两卷中征引的就有《大戴礼记》《史记》《汉书》《吴越春秋》《帝王世纪》《尚书》《越绝书》《山海经》《盐铁论》《尸子》《吕氏春秋》《墨子》《淮南子》《新书》《说文》《尚书大传》《韩诗外传》《鬻子》《荀子》《说苑》《庄子》《列女传》，共 22 种。这还仅仅是先秦和两汉的

---

* 本文原载于《五帝问题研讨会论文集》，山东大舜文化研究会，2016 年。

文献,如果算上辛亥革命以前所有记载禹的文献,可能不下数百种。马骕之所以没有征引汉以后的文献,大概是由于汉以后的文献大都由汉以前的文献辗转转化而来。就是依据两汉以前的文献,经过仔细辨析,我们已经可以大体勾勒出禹的不世之功。

一

《史记·夏本纪》记载禹是黄帝的五世孙:

> 夏禹,名曰文命。禹之父曰鲧,鲧之父曰帝颛顼,颛顼之父曰昌意,昌意之父曰黄帝。
>
> 禹者,黄帝之玄孙而帝颛顼之孙也。禹之曾大父昌意及父鲧皆不得在帝位,为人臣。①

《史记》中的《五帝本纪》以及夏、商、周三代本纪,根据其以前的资料,梳理出一个五帝和夏、商、周三代同祖的谱系,即都是黄帝的子孙,这显然是从大一统观念出发的对传说资料的有意识的改铸,实在不足为凭。但五帝三代同祖同源说至少表明,中国上古时代那些共创文明的氏族部落,彼此间尽管有着数不尽的恩怨情仇,但更多的是割不断的亲缘关系。

禹的降生充满神异色彩。如《吴越春秋》卷四《越王无余

---

① 《史记·夏本纪》,中华书局 1959 年版,第 49 页。

外传》记载：

> 鲧娶于有莘氏之女，名曰女嬉，年壮未孳，嬉于砥山，得薏苡而吞之，意若为人所感，因而妊孕，剖胁而产高密。家于西羌地曰石纽。石纽在蜀西川也。①

《绎史》卷十一《帝王世纪》记载：

> 伯禹夏后氏，姒姓也。父鲧妻修己见流星贯昴，梦接意感，又吞神珠薏苡，胸拆而生禹于石坳。虎鼻大口，两耳参漏，首戴钩钤，胸有玉斗，足文履已，故名文命，字高密。身长九尺二寸，长于西羌，西羌夷人也。②

《说郛》卷五上《尚书帝命期》记载：

> 禹白帝精，以星感。修己山行，见流星，意感栗然，生姒戎文禹。

类似记载大同小异。这些记载至少说明两点：(1)禹所处的时代已经进入父系氏族社会，但母系氏族社会的传统在某些方面也还强固地存在，“得薏苡而吞之”“见流星贯昴，梦接意感”，正是母系氏族社会族外婚配遗存的象征。(2)对禹的神化主

---

① 赵晔：《吴越春秋》，董治安主编：《两汉全书》第16册，山东大学出版社2009年版，第9479页。

② 马骕著，刘晓东等点校：《绎史》卷一一，齐鲁书社2001年版，第114页。

要是在夏朝或更晚的时期进行的，因为在《尚书》等较早的文献中，神怪的东西反而不多。这显然是传说资料在流传过程中不断被后世加工改铸的结果。

二

在当时中国先民对自然的斗争中，禹的最大功绩是领导他们战胜洪水。

如果说古文《尚书》所有篇章都是真实的，或者说至少反映了历史的真实影子，那么，其中《虞书》中的《尧典》《舜典》《益稷》就是“大禹治水”的最早记载。《尧典》记载尧命鲧治水，九年无成。《舜典》记载舜命禹为司空“平治水土”。《益稷》则记载了禹领导百姓治水的具体活动：

> 禹曰：“洪水滔天，浩浩怀山襄陵，下民昏垫。予乘四载，随山刊木，暨益奏庶鲜食。予决九川，距四海，浚畎浍距川，暨稷播，奏庶艰食鲜食，懋迁有无，化居，烝民乃粒，万邦作乂。”①

这是禹在舜和皋陶面前对自己领导治水的简单回顾。意思是，当年我奉命治水的时候，浩浩荡荡的洪水包山上陵，天下百姓被吓得晕头转向。我毅然挑起领导治水之责，水路乘船，旱路乘车，遇到沼泽地就在上面搭木板过去，遇到悬崖峭

① 《尚书·益稷》，《十三经注疏》，中华书局1980年版，第141页。

壁就互相用绳索牵引攀登上去。在山区,我们随山砍树,开通道路,跟益配合,向民众进言,教他们上山猎取鸟兽来充饥。在平原我们动员和组织当地人民决开九条大川,让它们畅通入海,又疏浚田间畎浍沟渠,让它们畅通入川,并与后稷配合教民种五谷,向他们进言,谷食不够吃就下水捉鱼鳖。在所有地方,我们都鼓励民众互通有无,大水退后就从山上迁居平地,以便耕种。这样,人民渐渐有了饭吃,万邦也就开始治理起来了。

后来的文献关于大禹治水的记载,基本可以肯定抄自《虞书》,但又做了不少演绎,增加了不少新的内容。如《史记·夏本纪》,司马迁根据所看到的史料,在记述时做了最人文化的处理:

> 当帝尧之时,鸿水滔天,浩浩怀山襄陵,下民其忧。尧求能治水者,群臣四岳皆曰鲧可。尧曰:“鲧为人负命毁族,不可。”四岳曰:“等之未有贤于鲧者,愿帝试之。”于是尧听四岳,用鲧治水。九年而水不息,功用不成。于是帝尧乃求人,更得舜,舜登用,摄行天子之政,巡狩。行视鲧之治水无状,乃殛鲧于羽山以死。天下皆以舜之诛为是。于是舜举鲧子禹,而使续鲧之业……
>
> 禹乃遂与益、后稷奉帝命,命诸侯百姓兴人徒傅传土,行山表木,定高山大川。禹伤先人父鲧功之不成受诛,乃劳身焦思,居外十三年,过家门不敢入。薄衣食,致孝于鬼神。卑宫室,致费于沟淢。陆行乘车,水行乘船,泥行乘橇,山行乘檋。左准绳,右规矩,载四时,以开九州,通九道,陂九泽,度九山。令益予众庶稻,可种卑湿。命后稷予

众庶难得之食。食少，调有余相给，以均诸侯。[①]

但司马迁前后的一些文献中，就添加了不少神奇怪异的内容。如《左传·昭公七年》中加入了鲧化黄熊的内容："昔尧殛鲧于羽山，其神化为黄熊，以入于羽渊，实为夏郊，三代祭之。"在《国语·周语下》中加入了鲧"称遂共工之过"的内容："其在有虞，有崇伯鲧，播其淫心，称遂共工之过，尧用殛之于羽山。"在《山海经》卷十八《海内经》中，加入了"鲧窃帝之息壤"而被诛杀的内容："洪水滔天，鲧窃帝之息壤以堙洪水，不待帝命。帝令祝融杀鲧于羽郊。鲧复生禹，帝乃命禹卒布土定九州。"《绎史》卷十一《帝王世纪》中，又记载鲧未被杀，仅仅是"降在匹庶"，且"有圣德"：

禹其父既放，降在匹庶，有圣德。梦自洗于河，而四岳师举之，舜进之尧。尧命以为司空，继鲧治水。乃劳身涉勤，不重径尺之璧而爱日之寸阴，手足胼胝，故世传禹病偏枯，足不相过，至今巫称禹步是也。[②]

在《吕氏春秋》《淮南子》《吴越春秋》等著作中，禹治水的事迹越来越丰富、具体，禹的形象也越来越丰满，后人添加的东西也越来越多。但这些文献记载的基本史实还应该是真实的，那就是在尧、舜、禹的时代，有一段洪水长期泛滥的岁月。禹的

---

① 《史记·夏本纪》，中华书局 1959 年版，第 50—51 页。

② 马骕著，刘晓东等点校：《绎史》卷一一，齐鲁书社 2001 年版，第 116 页。

父亲鲧曾奉尧之命治理洪水，他用堵即筑堤防水的办法，以求将洪水约束于河道中。可能由于下雨持续时间太长，洪水持续上涨，河道容纳不下，没有取得预期效果，鲧因此被诛杀或被“降在匹庶”。禹在关键时刻接替父亲领导治水，他采取疏导的办法，即清除河道中妨碍流水顺畅通过的障碍，并顺着水的自然流向开凿新的水道，从而加快了洪水下泄的速度。经过十余年再接再厉、坚韧不拔的奋斗，终于战胜了洪水，给百姓创造了一个生产和生活的良好环境。治水的成功，特别是禹在治水的过程中显示的艰苦卓绝的服务大众的精神和超越群伦的智慧，使禹获得了远远超过其他部落酋长的威望，从而使舜将帝位（部落联盟首领）禅让给他具有了众望所归的民心基础。

三

正是因为禹治水之功空前，舜将帝位禅让给他就成为毫无悬念的一次顺利的权力交接。《尚书·大禹谟》记载：

> 帝（舜）曰：“来，禹！降水儆予，成允成功，惟汝贤；克勤于邦，克俭于家，不自满假，惟汝贤。汝惟不矜，天下莫与汝争能；汝惟不伐，天下莫与汝争功。予懋乃德，嘉乃丕绩。天之历数在汝躬，汝终陟元后。人心惟危，道心惟微，惟精惟一，允执厥中。无稽之言勿听，弗询之谋勿庸。可爱非君，可畏非民。众非元后何戴？后非众罔与守邦。钦哉！慎乃有位，敬修其可愿。四海困穷，天禄永终。惟口出好兴戎。朕言不再。”……正月朔旦，受命于神宗，率百

官若帝之初。①

如果禅让就是实现部落联盟首领交替的军事民主制度的话，那么，舜之禅让于禹，就是中国军事民主制度的最后一次实践，同时也是这一制度的谢幕。

获得部落联盟首领的禹出台了那些举措以巩固他的地位和权力呢？

首先，确定九州或十二州行政区划。《尚书·夏书·禹贡》曰："禹敷土，随山刊木，奠高山大川。"《书序》曰："禹别九州，随山浚川，任土作贡。"尽管对此时是否确定九州的行政区划，以及九州地域的确切方位，学者们的认识还有相当大的差距，存在不小的争议，但有一点似乎可以达成共识：中国历史发展到尧、舜、禹的时代，以部落联盟的形式实现对黄河、长江中下游广大地区的管理，可能已经力不从心了。为了在更广大的地域实现有效的行政管理，制度的变更自然提上日程。以地域区划而不是以血缘联系进行对民众的管理，至少萌芽于此时。虽然此后中国源于血缘纽带的宗法制度长期强固存在，但行政管理的威权却是一直高居于宗法关系之上，并且其触角日益深入穷乡僻壤。

其次，初步建立起税收制度。《说文》曰："昔禹收九牧之金，铸九鼎荆山之下。"《尚书·夏书·禹贡》和《史记·夏本纪》都详细记载了九州的税收等级和贡物名称。如冀州"赋上上错，田中中"。兖州"田中下，赋贞，作十有三年乃同。其贡

---

① 《尚书·大禹谟》，《十三经注疏》，中华书局1980年版，第136页。

漆丝”。青州“田上下,赋中上。厥贡盐絺”。徐州“其田上中,赋中中。贡维土五色”。扬州“田下下,赋下上上,贡金三品”。荆州“田下中,赋上下。贡羽、旄、齿、革,金三品”。豫州“田中上,赋杂上中。贡漆、丝、絺、纻、其篚纤絮,锡贡磬错”。梁州“田下上,赋下中三错。贡璆、铁、银、镂、砮、磬,熊、罴、狐、狸、织皮”。雍州“田上上,赋中下。贡璆、琳、琅玕”。这些记载尽管遭到不少学者的质疑,但应该承认,其中不乏真实历史的影子。

《史记·夏本纪》记载:

> 令天子之国以外五百里甸服:百里赋纳緫,二百里纳铚,三百里纳秸服,四百里粟,五百里米。甸服外五百里侯服:百里采,二百里任国,三百里诸侯。侯服外五百里绥服:三百里揆文教,二百里奋武卫。绥服外五百里要服:三百里夷,二百里蔡。要服外五百里荒服:三百里蛮,二百里流。①

此一记载显然出于后人理想化的安排,但也透出以行政权力规制地域和税收的内容。《孟子·滕文公上》记载:“夏后氏五十而贡,殷人七十而助,周人百亩而彻,其实皆什一也。”以上这些记载不见得完全反映当时的历史真实,但至少能够表明禹建立了最初的税收制度。税收是国家权力的象征,而正是税收支撑着国家行政权力的运作。

再次,平息有苗的反抗。有苗是今之苗族的祖先,居于长

---

① 《史记·夏本纪》,中华书局 1959 年版,第 75 页。

江以南的今之湘、黔地区。据《尚书·大禹谟》记载，是舜的仁德使其宾服：

帝曰："咨！禹，惟时有苗弗率，汝徂征。"禹乃会群后，誓于师，曰："济济有众，咸听朕命。蠢兹有苗，昏迷不恭，侮慢自贤，反道败德，君子在野，小人在位，民弃不保，天降之咎。肆予以尔众士，奉辞伐罪。尔尚一乃心力，其克有勋。"三旬，苗民逆命，益赞于禹曰："惟德动天，无远弗届。满招损，谦受益，时乃天道。帝初于历山，往于田，日号泣于旻天，于父母负罪引慝，祇载见瞽瞍，夔夔齐慄，瞽亦允若。至诚感神，矧兹有苗！"禹拜昌言曰："俞！班师振旅。"帝乃诞敷文德，舞干羽于两阶。七旬，有苗格。①

《吕氏春秋》和《韩诗外传》有大体相同的记载。但《墨子》和《随巢子》却有不同的说法，肯定有苗是被禹以武力征服的。《随巢子》记载：

昔三苗大乱，天命殛之。夏后受于元宫，大神人面鸟身降而辅之。司禄益食而民不饥，司金益富而国家实，司命益年而民不夭。禹乃克三苗而神不违。②

平息有苗之乱，可能是武力与怀柔手段并用。对有苗的征伐是

① 《尚书·大禹谟》，《十三经注疏》，中华书局 1980 年版，第 137 页。

② 李锴：《尚史》卷三，影印版文渊阁四库全书。

禹指挥进行的。由于有苗的宾服,舜晚期直接控制的地域可能已经到达黄河和长江中下游的广袤原野。战争的胜利最容易显示指挥者的才能和增加指挥者的权威。征服有苗的胜利无疑使禹在权力的路上登上一个新台阶。

最后,禹在舜禅让帝位即部落联盟的首领给自己之后,"旧瓶装新酒","爵有德,封有功",将部落联盟的办事机构逐步改造成一个高居于社会之上的政府。那位在舜为帝时已经"作士以理民"的皋陶,继续做总理国政的行政首脑:"帝禹立而举皋陶,荐之且授政焉。"(《史记·夏本纪》)另一个名叫太岳的人也成为"禹心吕之臣"。禹更进一步制定法律,严肃刑政,大张旗鼓地四处巡视,不断强化自己和政府的权威。《吴越春秋》卷四《越王无余外传》记载:

> 三载考功,五年政定。周行天下,归还大越。登茅山,以朝四方群臣,观示中国诸侯。防风后至,斩以示众。示天下悉属禹也。①

你看,这时的禹对属下的群臣已经具有了生杀予夺之权,他再也不是氏族社会中与众庶平等的一员了。至此,不管当时的人们是否意识到,禹的举措都使中国社会的历史达到一个新的临界点:以社会分裂为阶级、财富集中于少数人和国家机器强制百姓服从为特征的文明时代降临赤县神州。在先秦诸子中,最早对这一变化进行描述的是庄子,他通过一个寓言故事巧妙地

① 赵晔:《吴越春秋》,董治安主编:《两汉全书》第16册,山东大学出版社2009年版,第9482页。

揭示了禹之政与尧、舜之政的区别：

> 尧治天下，伯成子高立为诸侯。尧授舜，舜授禹，伯成子高辞为诸侯而耕。禹往见之，则耕在野。禹趋就下风，立而问焉，曰："昔尧治天下，吾子立为诸侯。尧授舜，舜授予，吾子辞为诸侯而耕，敢问其故何也？"子高曰："昔尧治天下，不赏而民劝，不罚而民畏。今子赏罚而民且不仁，德自此衰，刑自此立，后世之乱自此始矣。夫子盍行邪？无落吾事。"俋俋乎耕而不顾。[①]

当然，禹似乎也不完全通过杀伐的手段树立自己的权威，《帝王世纪》记载，他对诸侯和臣民也施德示惠、礼贤下士："禹纳礼贤人，一沐三握发，一食三起。"不少文献渲染他这方面的事迹。如《淮南子・原道训》曰：

> 昔者夏鲧作三仞之城，诸侯背之，海外有狡心。禹知天下之叛也，乃坏城平池，散财物，焚甲兵，施之以德，海外宾服，四夷纳职，合诸侯于涂山，执玉帛者万国。[②]

其他如《荀子・大略》篇，赞扬"禹见耕者耦，立而式，过十室之邑必下"。如《说苑・君道》曰：

> 禹出见罪人，下车问而泣之。左右曰："夫罪人不顺

---

① 陈鼓应注译：《庄子今注今译》，中华书局 2009 年版，第 334 页。
② 何宁撰：《淮南子集释》，中华书局 2015 年版，第 29—30 页。

> 道，故使然焉。君王何为痛之至于此也？”禹曰：“尧舜之人，皆以尧舜之心为心。今寡人为君也，百姓各自以其心为心，是以痛之也。”①

这些有关禹德惠仁礼之行的记载，不少地方显露出后世儒家学者编撰的痕迹，字里行间渗透着他们的愿望与希冀，但也应该承认，此时禹的举措中尽管还保留着原始社会道德和风俗的遗存，可是不管怎么说，禹的接掌帝位，应该成为中国历史野蛮和文明的界标。他的所有举措，彰显的都是挣脱野蛮的高瞻远瞩的努力。所以，后来孔子谈到禹之功德时做了理想化的总结，《大戴礼记·五帝德》引述了宰我与孔子的对话：

> 宰我曰：“请问禹。”孔子曰：“高阳之孙，鲧之子也，曰夏后。敏给克齐，其德不爽，其仁可亲，其言可信。声为律，身为度，亹亹穆穆，为纪为纲。其功为百神之主，其惠为民父母。左准绳，右规矩，履四时，据四海。任皋陶、伯益以赞其治，兴六师以征不序，四极之民，莫敢不服。”②

四

禹以渐进的方式悄悄地在改组部落联盟办事机构的同时

① 刘向：《说苑·君道》，影印版文渊阁四库全书。
② 《大戴礼记·五帝德》，影印版文渊阁四库全书。

也改变了它的性质,建立起一套凌驾于社会之上的国家机器。这个国家统治的阶级基础是最先抢占了权力和财富的奴隶主贵族,他们之所以需要和容忍这个有时可以对自己进行惩罚的机构的存在,是因为只有这样的机构才能维护他们的权力和财富并使之得到传承。历史在考验禹的勇气和决断能力,他敢于更改禅让的传统,将帝位传给自己的儿子吗?因为现在的帝位已经今非昔比,它再也不是一个像部落酋长那样服务大众的只尽义务的岗位,而是一个掌握权力和享用财富的显赫之职。正因为如此,当禹年老的时候,与他地位相当或接近的民族酋长们都眼巴巴地等着依照禅让的传统来继承他的位子。这时的禹,既意识到禅让传统的无比张力,更明白摒弃这一传统以传子代替禅让给自己儿孙和家族带来的利益。权衡再三,禹决定做第一个吃螃蟹的人,毅然将帝位传给了自己的儿子。由于此举不仅违背了尧、舜、禹三代两次禅让的传统,而且有损于禹作为大圣人的形象,所以直到孟子的时代,依然有人对禹的品格提出质疑。《孟子·万章上》记载:

万章问曰:“人有言,‘至于禹而德衰,不传于贤,而传于子。’有诸?”孟子曰:“否,不然也:天与贤,则与贤;天与子,则与子。昔者舜荐禹于天,十有七年,舜崩,三年之丧毕,禹避舜之子于阳城,天下之民从之,若尧崩之后不从尧之子而从舜也。禹荐益于天,七年,禹崩,三年之丧毕,益避禹之子于箕山之阴。朝觐讼狱者不之益而之启,曰,‘吾君之子也。’讴歌者不讴歌益而讴歌启,曰,‘吾君之子也。’丹朱之不肖,舜之子亦不肖。舜之相尧,禹之相舜也,历年多,施泽于民久。启贤,能敬承继禹之道。益之相禹也，历年少，施泽于民未久。舜、禹、益相去久远，其子之贤不肖，皆天也，非人之所能为也。莫之为而为者，天也；莫之致而至者，命也。”①

显然，由于在孟子心目中禹是与尧、舜、商汤、周文王、周武王、周公并肩齐名的大圣人，所以他坚决不承认禹传子是什么“德衰”，而是理直气壮地杜撰出上面那一通“天与之”的堂皇理由。孟子对禹传子的解释明显影响了司马迁，他在《史记·夏本纪》中就采纳了孟子的意见：

十年，帝禹东巡狩，至于会稽而崩，以天下授益。三年之丧毕，益让帝禹之子启，而避居箕山之阳。禹子启贤，天下属意焉。及禹崩，虽授益，益之佐禹日浅，天下未洽，故诸侯皆去益而朝启，曰：“吾君，帝禹之子也。”于是启遂即天子之位，是为夏后帝启。②

其实，孟子、司马迁等的解释都是苍白无力的。禹之亵渎禅让的传统而毅然将尊位传子，恐怕只能是私心占了上风。他之所以敢于这样做，一是因为这样做的诱惑力实在太大，二是因为他估计自己的余威和儿子的能力足以战胜那些对此事持疑义的反叛者。果然，启继位伊始，就招来有扈氏的反抗。有扈氏的反抗自然也不是出于维护禅让传统的“公心”，而是因为禹

---

① 《孟子·万章上》，《十三经注疏》，中华书局 1980 年版，第 2737—2738 页。

② 《史记·夏本纪》，中华书局 1959 年版，第 83 页。

传子断绝了其享有的通过禅让继承权力和财富的机会。对于有扈氏的反抗，启毫不犹豫地以武力镇压，于是就有了我们今天看到的《尚书·甘誓》：

> 大战于甘，乃召六卿。王曰："嗟！六事之人！予誓告汝，有扈氏威侮五行，怠弃三正，天用剿绝其命。今予惟恭行天之罚。左不攻于左，汝不恭命；右不攻于右，汝不恭命；御非其马之正，汝不恭命。用命赏于祖，弗用命戮于社，予则孥戮汝！"①

启以"恭行天之罚"的堂皇理由对有扈氏大打出手，平息了他们的反抗，宣告了传子对禅让的胜利。但是，传子代替禅让作为制度上带有根本性的变革，既很难在很短时间内被社会上多数人所接受，也很难在观念上很快被社会上多数人所认可，所以在启之后就出现了后羿、寒浞相继"篡政"的混乱局面，直到大禹的五世孙少康中兴，才算稳住了形势。此后，以传子延续家天下的观念才得到社会的普遍认可，异姓篡政也就成了背叛君臣之义的天字第一号的大逆不道。"正是人的恶劣的情欲——贪欲和权势欲成了历史发展的杠杆。"②正是在贪欲和权势欲的驱动下，禹敢于冒天下之大不韪，毅然摒弃禅让的古老传统，以"禹传子，家天下"的形式，使中国历史来了一次"华丽转身"，将中华民族引进文明时代。他作为历史的不自觉的工具，完成了一个划时代的使命，从而成就了无与伦比的空前

① 《尚书·甘誓》，《十三经注疏》，中华书局 1980 年版，第 155 页。
② 《马克思恩格斯选集》第 4 卷，人民出版社 2012 年版，第 240 页。

伟业。然而,历史吊诡的是,禹的功业是以人剥削人代替共同劳动、共同享受,以不平等置换平等,以尔虞我诈驱除忠实诚信,以血腥的杀戮取代和谐协商为代价的。看来,为了使人类脱离野蛮状态,只能使用野蛮的手段了。虽然如此,这丝毫不意味着对禹进行否定的评价,因为他走的是历史辩证法支配的必由之路。恩格斯在《反杜林论》中的一段话或许可以帮助我们理解禹的功业:

> 只有奴隶制才使农业和工业之间的更大规模的分工成为可能,从而使古代世界的繁荣,使希腊文化成为可能。没有奴隶制,就没有希腊国家,就没有希腊的艺术和科学;没有奴隶制,就没有罗马帝国。没有希腊文化和罗马帝国所奠定的基础,也就没有现代的欧洲。我们永远不应该忘记,我们的全部经济、政治和智力的发展,是以奴隶制既成为必要、又得到公认这种状况为前提的。在这个意义上,我们有理由说:没有古希腊罗马的奴隶制,就没有现代的社会主义。①

---

① 《马克思恩格斯选集》第3卷,人民出版社2012年版,第560—561页。

先秦人物与思想论析

伊尹形象的历史呈现*

现代主义的鼻祖、意大利著名历史学家克罗齐有一个人人耳熟能详的观点:一切历史都是现代史。英国历史学家柯林伍德则说:一切历史都是思想史。这一观点很为一些历史学家所诟病。不过,从历史文本的呈现角度而言,他们的观点还有可取之处。近代中国著名历史学家、古史辨派的领军人物顾颉刚有一个“层累地构成的中国古史说”,也颇为时人所诟病。但从历史文本的呈现角度而言,他的观点也还有可取之处。因为一个基本的事实是,所有的历史只能通过文本呈现,而最好的文本也只能最近似地再现历史的真实,却永远不可能使历史的真实再次像原始状态那样再现。当我们高呼着“把颠倒的历史再颠倒过来”的时候,我们制作的那些文本,究竟更接近历史真实,还是更远离历史真实呢?这只能交给一代又一代的历史学家去评判了。

下面,让我们从历史文本出发,观察一下伊尹在漫长的中国古代社会是以怎样的形象呈现于世人面前的。

---

* 本文原载于《海岱学刊》2017年第1期。

一

最早记载伊尹的史料，当推《尚书》的《伊训》、《太甲》上中下和《咸有一德》，这里呈现的伊尹，是一个敢作敢为的宰辅权臣和智谋超群的政治家、深谋远虑的思想家。他作为第一谋主，在协助商汤伐桀灭夏后，建立起比夏朝疆域更广阔、文明程度更先进的商朝。汤死之后，他作为五朝元老继续辅佐了外丙、中壬、太甲和沃丁四位帝君。特别值得一提的是，他留下了《伊训》、《太甲》上中下和《咸有一德》五篇闪耀着智慧和理性之光的传世文献，也是他给自己留下的永世不灭的纪念碑。

这五篇文献实际上是伊尹的政治遗嘱，是他留给后世商王的帝王教科书，是他治国行政理念的集中体现。

在这五篇文献中，他要求君王敬畏天命，时时想到自己头上有一个主宰万物、明察秋毫、赏善罚恶的昊天上帝，这个上帝既能保佑你获得天下，更能使你转瞬之间丧失万里江山。《伊训》认定"惟上帝不常，作善降之百祥，作不善降之百殃"。《咸有一德》肯定"天难谌，命靡常……皇天弗保，监于万方"。而在《汤誓》中，商汤也明确指出，夏王就是因为不敬天命，"于其子孙弗率"，所以"皇天降灾，假手于我有命……造功自鸣条"。《太甲》中则进一步肯定，自己的先王就是因为敬畏天命，"先王顾諟天之明命，以承上下神祇。社稷宗庙，罔不祗肃。天监厥德，用集大命，抚绥万方"，才使"皇天眷佑有商，俾嗣王克终厥德，实万世无疆之休"。

那么，使昊天上帝护佑你稳坐君王宝座的条件是什么呢？

就是你必须有德：

> 非天私我有商，惟天佑于一德。非商求于下民，惟民归于一德。德惟一，动罔不吉；德二三，动罔不凶。惟吉凶不僭在人，惟天降灾祥在德。①

伊尹讲的“德”包含着十分丰富的内容。首先是加强自身的道德修养。因为“天无亲”“天位艰”“天作孽，犹可违；自作孽，不可逭”（《太甲中》），“德惟治，否德乱。与治同道，罔不兴；与乱同事，罔不亡”（《太甲下》），所以必须加强自身道德修养以获得天的眷顾或免遭天的惩罚。这就要求君王切戒“三风十愆”：

> 敢有恒舞于宫，酣歌于室，时谓巫风。敢有殉于货色，恒于游畋，时谓淫风。敢有侮圣言，逆忠直，远耆德，比顽童，时谓乱风。惟兹三风十愆，卿士有一于身，家必丧；邦君有一于身，国必亡。②

修德就要节制自己的欲望，不可放纵自己的行为，因为“欲败度，纵败礼”。

君王的修德，还应该体现在坚持正确的行政理念和执政措施。如立爱敬长，“立爱惟亲，立敬惟长，始于家邦，终于四海”

---

① 《尚书·咸有一德》，《十三经注疏》，中华书局 1980 年版，第 165—166 页。

② 《尚书·伊训》，《十三经注疏》，中华书局 1980 年版，第 163 页。

(《伊训》);如虚心纳谏,任用贤良,严于律己,宽以待人,孝敬长上,谦恭下人,“从谏弗咈”,“居上克明,为下克忠。与人不求备,检身若不及……敷求哲人……制官刑,儆于有位”(《伊训》),“旁求俊彦启迪后人”(《太甲上》),“奉先思孝,接下思恭,视远惟明,听德惟聪”(《太甲中》),“有言逆于汝心,必求诸道。有言逊于汝志,必求诸非道”(《太甲下》),如必须重民,爱民,为民,“代虐以宽”,“无轻民事”,“臣为上为德,为下为民”,“德无常师,主善为师”,“永厎烝民之生”(《咸有一德》)。如此等等。

这样,伊尹就在中国历史上创设了政治学的基本原则:君王必须敬天法祖,加强自身道德修养,推行贤人政治,从民本出发执行重民、爱民、为民的政策。这些基本原则后来被周公和儒家做了创造性的发挥,形成了一套“德治”“民本”的理论体系,在中国历史上产生了深巨的影响。

二

三代之后,伊尹与周公旦、太公姜尚等一起,逐渐成了忠臣贤相的楷模,作为一种符号,以极高的频率出现于中国社会的话语系统中。例如,在《四库全书》中,伊尹二字就在 5490 卷中出现了 12837 次。在二十四史、《新元史》、《清史稿》等正史中,哪一部也少不了他的名字。在几乎所有著名政治家、思想家、文学家和历史学家的著作中,他更是频频出现的角色,非唯如此,这些著作不仅重复来自《尚书》的资料,而且不断增加着许多新的资料,从而使伊尹的事迹越来越丰富,形象越来越丰满。

先秦诸子是丰富伊尹事迹的第一拨推手。

《论语》只在《颜渊》中提到伊尹："舜有天下，选于众，举皋陶，不仁者远矣。汤有天下，选于众，举伊尹，不仁者远矣。"孔子显然没有给伊尹增加新资料，他以伊尹作例证，目的是说明举贤的重要。《庄子》只在两个地方提到伊尹，一是《庚桑楚》："是故汤以胞人笼伊尹，秦穆公以五羊之皮笼百里奚，是故非以其所好笼之而可得者，无有也。"这里的伊尹是一个能够烹调出美食的庖人。一是《外物》："汤曰：'伊尹何如？'（务光）曰：'强力忍垢，吾不知其他也。'汤遂与伊尹谋，伐桀克之。"这里的伊尹已经具有道家的风骨了。

《墨子》提及伊尹较多，目的都是证明他的"尚贤"理论。如《所染》："国亦有染，舜染于许由、伯阳，禹染于皋陶、伯益，汤染于伊尹、仲虺，武王染于太公、周公，此四王者所染当，故王天下，立为天子，功名蔽天地。"在《尚贤》中，墨子将伊尹安排为"庖厨"和"莘氏女师仆"。在《贵义》中，墨子推出了一个关于伊尹的生动故事：

> 昔者汤将往见伊尹，令彭氏之子御，彭氏之子半道而问曰："君将何之？"汤曰："将往见伊尹。"彭氏之子曰："伊尹，天下之贱人也。君若欲见之，亦令召问焉，彼受赐矣。"汤曰："非女所知也。今有药于此，食之则耳加聪、目加明，则吾必说而强食之。今伊尹之于我国也，譬之良医善药也，而子不欲我见伊尹，是子不欲吾善也。"因下彭氏之子，不使御。①

① 吴毓江撰：《墨子校注》，中华书局2006年版，第670页。

这个故事以汤对伊尹的重视反衬他具有超人的“良医善药”般的才干，进而彰显求贤的重要价值和意义。

《孟子》一书谈及伊尹超过《墨子》，孟子给伊尹的事迹增加了不少新内容。他将伊尹定位为“圣之任者”，首次提出伊尹是四朝元老：

> 伊尹相汤，以王于天下，汤崩，太丁未立，外丙二年，仲壬四年，太甲颠覆汤之典刑，伊尹放之于桐。三年，太甲悔过，自怨自艾，于桐处仁迁义；三年，以听伊尹之训己也，复归于亳。①

孟子赞扬伊尹是“大有为之君”，汤所尊奉学习的“不召之臣”（《孟子·公孙丑下》），“五就汤，五就桀”（《孟子·告子下》），他对仕进的态度是“何事非君，何使非民；治亦进，乱亦进”（《孟子·告子下》），进而将“先知先觉”的发明权送给了伊尹：

> 伊尹曰：“何事非君，何使非民？”治亦进，乱亦进，曰：“天之生斯民也，使先知觉后知，使先觉觉后觉。予，天民之先觉者也；予将以此道觉此民也。”思天下之民匹夫匹妇有不与被尧舜之泽者，若已推而内之沟中，其自任以天下之重也。②

---

① 《孟子·万章上》，《十三经注疏》，中华书局1980年版，第2738页。

② 《孟子·万章下》，《十三经注疏》，中华书局1980年版，第2740页。

由于此时忠君观念已经被认为是天经地义的，所以公孙丑就对伊尹“放太甲于桐”提出疑义：“贤者之为人臣也，其君不贤，则固可放与?”对此，孟子的回答是：“有伊尹之志则可，无伊尹之志则篡也。”(《孟子·告子下》)

显然，孟子不仅丰富了伊尹的事迹，而且进一步提升了他的思想水准和道德水准，使之成为儒家圣君贤相谱系中的重要人物之一。

荀子似乎对伊尹没有给予特别的关注，只是重复孟子的观点，誉其为“圣臣”。荀子的学生韩非誉其为“至智”，而这个“至智”最重要的表现是顺时而变政：“伊尹毋变殷，太公毋变周，则汤武不王矣。”(《韩非子·南面》)韩非完全从功利的角度出发解释“仁义”，并将伊尹作为实践他这种“仁义”的典型代表：

> 夫仁义者，忧天下之害，趋一国之患，不避卑辱，谓之仁义。故伊尹以中国为乱，道为宰于汤；百里奚以秦为乱，道为虏于穆公。皆忧天下之害，趋一国之患，不辞卑辱，故谓之仁义。①

他进而又从君主专制独裁的理念出发，反对儒家的“民心”论，同时又将伊尹推尊为否定“民心”“民智”的典型代表：

> 今不知治者，必曰：“得民之心。”欲得民之心而可以

① 王先慎撰：《韩非子集解》，中华书局2013年版，第387页。

> 为治，则是伊尹、管仲无所用也，将听民而已矣。民智之不可用，犹婴儿之心也。①

不难看出，经过韩非的改铸，伊尹已经凛然成为笃信和实行法家理论与政策的政治家了。

《吕氏春秋》是先秦诸子中杂家的代表，也是先秦百科全书式的学术著作。其中涉及伊尹的内容超过其他诸子之书。如说他生于空桑，是作为有侁氏的陪嫁之媵送给汤的，还说他为汤作《大濩歌》《晨露》《修九》《招六》等乐曲。最妙的是，因为《吕氏春秋》总体上道家倾向较浓，所以伊尹也就被引推为高唱“无为”之论的道家先驱：

> 汤问于伊尹曰：“欲取天下，若何？”伊尹对曰：“欲取天下，天下不可取。可取，身将先取。”凡事之本，必先治身。啬其大宝。用其新，弃其陈，腠理遂通，精气日新，邪气尽去，及其天年，此之谓真人。昔者先圣王，成其身而天下成，治其身而天下治。故善响者不于响于声，善影者不于影于形，为天下者不于天下于身。诗曰：“淑人君子，其仪不忒，其仪不忒，正是四国。”言正诸身也。故反其道而身善矣；行义则人善矣；乐备君道而百官已治矣，万民已利矣。三者之成也在于无为。无为之道曰胜天，义曰利身，君曰勿身。勿身督听，利身平静，胜天顺性。顺性则聪明寿长，平静则业进乐乡，督听则奸塞不皇。故上失其道则边侵于敌，内失其行，名声堕于外。是故百仞之松，本伤于

---

① 王先慎撰：《韩非子集解》，中华书局2013年版，第506—507页。

下而末槁于上。①

另外，在先秦典籍中，《国语》将伊尹与妹喜连在一起，“妹喜有宠，于是乎与伊尹比而亡夏”（《国语·晋语一》）。《战国策》则将伊尹说成因进美食而得到汤的宠信，“伊尹负鼎俎而干汤，姓名未著而授三公”（《战国策·赵四》）。而春秋晚期出现的《孙子》，从军事学的角度又将伊尹认定为中国最早的间谍：

昔者殷之兴也，伊挚在夏；周之兴也，吕牙在殷。故惟明君贤将，能以上智为间者，必成大功。此兵之要，三军之所恃而动也。②

汉代的学者和文士继续丰富着伊尹的事迹，《韩诗外传》中出现了关于伊尹的活灵活现的故事：

昔者桀为酒池糟隄，纵靡靡之乐，而牛饮者三千。群臣皆相持而歌：江水沛兮，舟楫败兮，我王废兮，趋归于亳，亳亦大兮。又曰：乐兮乐兮，四牡骄兮，六辔沃兮，去不善兮，善何不乐兮？伊尹知大命之将去，举觞造桀曰：“君王不听臣言，大命去矣，亡无日矣。”桀相然而抃，嗑然而笑，曰：“子又妖言矣！吾有天下，犹天之有日也。日有亡乎？

① 许维遹撰：《吕氏春秋》，中华书局 2016 年版，第 56—57 页。

② 《十家孙子注·用间》，《诸子集成》6，上海书店 1986 年影印版，第 238 页。

日亡吾亦亡也。”于是伊尹接履而趋,遂适于汤,汤以为相。可谓适彼乐土,爰得其所矣。①

有殷之时,谷生汤之廷,三日而大拱。汤问伊尹曰:“何物?”对曰:“谷树也。”汤问:“何为而生于此?”伊尹曰:“谷之出泽,野物也。今生天子之庭,殆不吉也。”汤曰:“奈何?”伊尹曰:“臣闻妖者祸之先,祥者福之先。见妖而为善,则祸不至;见祥而为不善,则福不臻。”汤乃齐戒静处,夙兴夜寐,吊死问疾,赦过赈穷,七日而谷亡,妖孽不见而国昌。②

司马迁写《史记》的时候,显然是综合了流传至汉代的所有文献资料,加以取舍,断以己意,在数篇《纪》《传》中提及伊尹,最集中而翔实的就是《殷本纪》:

伊尹名阿衡。阿衡欲奸汤而无由,乃为有莘氏媵臣,负鼎俎,以滋味说汤,致于王道。或曰,伊尹处士,汤使人聘迎之,五反然后肯往从汤,言素王及九主之事。汤举任以国政。伊尹去汤适夏。既丑有夏,复归于亳。入自北门,遇女鸠、女房,作《女鸠》《女房》。

当是时,夏桀为虐政淫荒,而诸侯昆吾氏为乱。汤乃兴师率诸侯,伊尹从汤,汤自把钺以伐昆吾,遂伐桀……汤乃践天子位,平定海内……汤……作《汤诰》……伊尹作《咸有一德》。

---

① 韩婴:《韩诗外传》卷二,影印版文渊阁四库全书。
② 韩婴:《韩诗外传》卷三,影印版文渊阁四库全书。

> 汤崩，太子太丁未立而卒，于是乃立太丁之弟外丙，是为帝外丙。帝外丙即位二年，崩，立外丙之弟中壬，是为帝中壬。帝中壬即位四年，崩，伊尹乃立太丁之子太甲。太甲，成汤嫡长孙也，是为帝太甲。帝太甲元年，伊尹作《伊训》，作《肆命》，作《徂后》。
>
> 帝太甲既立三年，不明，暴虐，不遵汤法，乱德，于是伊尹放之于桐宫。三年，伊尹摄行政当国，以朝诸侯。
>
> 帝太甲居桐宫三年，悔过自责，反善，于是伊尹乃迎帝太甲而授之政。帝太甲修德，诸侯咸归殷，百姓以宁。伊尹嘉之，乃作《太甲训》三篇，褒帝太甲，称太宗。
>
> 太宗崩，子沃丁立，帝沃丁之时，伊尹卒。既葬伊尹于亳，咎单遂训伊尹事，作《沃丁》。①

《汉书·东方朔传》记载“伊尹为少府”，所以他能够“负鼎俎，和五味以干汤”。

汉代以降，学者和文士给予伊尹的负载越来越多，如《汉书·艺文志》记载他留下属于道家的著作《伊尹》五十一篇，属于小说家的《伊尹说》二十七篇。如《农桑辑要》和《证类本草》都将他誉为农业专家：“汤有旱灾，伊尹作为区田，教民粪种，负水浇稼。”（《农桑辑要·先贤务农》）“后稷、伊尹播厥百谷，惠被群生。”（《证类本草·梁陶隐居序》）不少医学典籍又将他说成是医药医术的发明人：“夫医家神农、轩岐、伊尹及秦越人、张仲景之书，万世所宗，不可易也。”（《玉机微义·原序》）“神农尝百草，立九候以正阴阳之变化，以救性命之昏札，

---

① 《史记·殷本纪》，中华书局 1959 年版，第 94—99 页。

以为万世法，既简且要。殷之伊尹宗之，倍于神农，得立法之要则。”（《汤液本草·原序》）“伊尹以亚圣之才，撰用《神农本草》以为汤液。”（《针灸甲乙经·序》）《鹖冠子》说他是“酒保”，《中华古今注》则说他发明了以草做麻鞋的技术。

宋朝是中国史学最发达的朝代，也是将伊尹的事迹编排得最丰满的时期。司马光的《稽古录》、刘恕的《资治通鉴外纪》、胡宏的《皇王大纪》、罗泌的《路史》等，都以相当大的篇幅记述了伊尹的事迹。综合这些著作，一个至圣至贤、睿智忠贞、果敢坚毅、潇洒从容，集政治家、军事家、思想家和发明家于一身的伟人形象，作为中国历史天幕上光芒四射的星座，活脱脱展现在人们面前。然而，是这个伊尹的形象，还是《尚书》中出现的伊尹形象更接近历史的真实呢？

三

随着伊尹事迹的愈益丰富，对他的评价也越来越多地牵动着人们的思索。特别是随着忠君观念的日益普及和深入人心，“臣罪当诛兮天王圣明”的思维定式使学者们必须直面伊尹政治生涯中的两件大事：一是他曾经事桀而又协助商汤伐桀，一是他“放太甲于桐”而自己践天子位。如果不能对伊尹的这两个“软肋”做出圆满的解释，他忠臣贤相的桂冠就很难戴稳了。

对伊尹的忠臣贤相定位提出尖锐质疑的是一个少数民族的领袖人物，即后燕的君主慕容盛，《册府元龟》卷二二〇《职识》记载：

后燕慕容盛……又谓常忠曰："伊尹、周公孰贤？"忠曰："伊尹非有周公之亲，而功济一代。太甲乱德，放于桐宫，思愆改善，然后复之。使主无怨言，臣无流谤，道存社稷，美溢来今。臣谓伊尹之勋有高周旦。"盛曰："伊尹以旧臣之重，显阿衡之任，太甲嗣位，君道未洽，不能竭忠辅导而放黜桐宫，事同夷羿，何周公之可拟乎？"郎敷曰："伊尹处人臣之位，不能辅制其君，恐成汤之道坠而莫就，是以居之桐宫，与小人从事，使知稼穑之艰难，然后返天位，此其忠也。"盛曰："伊尹能废而立之，何不能辅之，以至于善乎？若太甲性同桀纣，则三载之间未应便成贤，后如其性，本休明义，心易发，当务尽规赞之理，以弼成君德，安有人臣幽主而据其位哉？且臣之事君，惟力是视，奈何挟智藏仁以成君恶？夫太甲之事，朕已鉴之矣。太甲至贤之主也，以伊尹历奉三朝，绩无异称，将失显祖委授之功，故匿其日月之明，受伊尹之黜，所以济其忠贞之美。夫非常之人，然后能立非常之事。非常人之所见也，亦犹泰伯之三让人无得而称焉。"敷曰："泰伯三以天下让，至仲尼而后显其至德，太甲受谤于天下，遭陛下乃申其美。"①

这个慕容盛，大概因为较少受中国传统文化的影响，所以敢于否定伊尹的圣人定位。而其他汉族的学者文人，则很少有这种胆量，绝大多数是挖空心思为伊尹辩护。唐朝的柳宗元写了《伊尹五就桀赞》：

① 《册府元龟》卷二二〇，影印版文渊阁四库全书。

伊尹五就桀，或疑曰："汤之仁闻且见矣，桀之不仁闻且见矣，夫何去就之亟也？"柳子曰："恶，是吾所以见伊尹之大者也。彼伊尹，圣人也。圣人出于天下，不夏、商其心，心乎生民而已。曰：'孰能由吾言？由吾言者为尧、舜，而吾生人尧、舜人矣。'退而思曰：'汤诚仁，其功迟；桀诚不仁。'朝吾从而暮及于天下可也。于是就桀，桀果不可得，反而从汤。既而又思曰：'尚可十一乎，使斯人蚤被其泽也。'又往就桀，桀不可，而又从汤。以至于百一、千一、万一，卒不可，乃相汤伐桀。俾汤为尧、舜，而人为尧、舜之人，是吾所以见伊尹之大者也。仁至于汤矣，四去之；不仁至于桀矣，五就之。大人之欲速其功如此。不然，汤、桀之辨，一恒人尽之矣，又奚以憧憧圣人之足观乎？吾观圣人之急生人，莫若伊尹；伊尹之大，莫若于五就桀。"作《伊尹五就桀赞》。①

柳宗元的辩护词写得比较高明。他不纠缠忠君的理念，只说伊尹以天下为己任，心系生民安危，既然五就桀而无法使他改恶从善，那助汤伐桀就没有丝毫的道德亏欠了。宋朝的徐铉撰《伊尹论》，对伊尹放太甲之事做了如下辩护：

伊尹放太甲，论者多惑其臣节，请试论之。太甲在谅阴，百官听于伊尹。太甲不明者，盖居丧之礼有阙，修身之行不周，伊尹训之。因虑其不堪继统，故徙于成汤之墓，使

① 郭预衡主编：《唐宋八大家散文总集》卷一，河北人民出版社 1995 年版，第 867 页。

其亲见松柏，切感慕之心，追思王业，知艰难之迹。三年之制才终，伊尹乃迎归于亳，非谓绝其天位，幽于别宫也。古之言质，故与放逐同文，亦犹君臣交相称朕，下告上亦为诏也。霍光忧昌邑王淫乱而不敢有异谋，田延年盛称伊尹废太甲以决大事，宗社之故不得已也。本非如霍光之废昌邑也。圣人举至公于前，奸雄蹑迹于后，自古而然，非圣过也。魏晋之后，更相倾夺，皆引尧舜揖让为辞，亦当不可罪尧舜矣。禹让天下于益，知天下归启，故不敢当。苟天下归益，益则为王而无愧也。如令太甲遂失德，天下归伊尹，伊尹复何辞哉？今天下未忘成汤，故伊尹复奉太甲，无伤于至公也。夫古之有天下者，一身处其忧责，亿兆蒙其富寿，天下既理则辞之，巢由是也。天下不理则受之，汤武是也。后之人役天下以奉其私，故比于骑兽不可下，步骤之相远如此，岂可一概而论哉？①

徐铉的辩护词写得比柳宗元更高明，他意识到夏商之际去古未远，禅让的传统还没有完全退出人们的视野，作为权臣的伊尹完全可以援引尧舜禅让的旧例代太甲就君位，而他最后仍然迎回太甲，“复子明辟”，更证明他的高风亮节。苏轼也写了《伊尹论》，评论伊尹放太甲之事，只是扯得太远，不着边际的话太多，反而不如徐铉之文来得有力。不过，其中有几句话还是很得体的：“夫太甲之废，天下未尝有是，而伊尹始行之，天下不以为惊。以臣放君，天下不以为僭。既放而复立，太甲不

① 徐铉：《骑省集》卷二四，影印版文渊阁四库全书。

以为专。何则？其素所不屑者，足以取信于天下也。”[1]（《东坡全集》卷四二）宋朝的张九成连写了《伊训论》《太甲论》《咸有一德论》，对伊尹颂扬备至：

> 呜呼，伊尹其巧妙哉！其亦不幸矣哉！首相汤以放桀，终摄位而逐君，使其有一毫奸心，天下其肯帖首妥尾以听其所欲为而无异辞乎？古之人其过人远矣，此余所以三叹而不能自已矣。……伊尹拳拳之意，真可为臣子之法。[2]

更有一批学者，干脆否认伊尹的废立之事，宋朝的罗泌是这一观点的代表：

> 摄王之事，周公之所无；而废立之事，伊尹之所无也。……所可议者，以舜禹君臣之义概之，则有愧尔。虽然，尹之迹为有愧而心无愧。后世为尹事者，心迹俱可以唾去矣。曰：然则尹之事其终不可言欤？曰：有孟轲之志识则可，无孟轲之志识则乱而已矣，奚以尚。[3]

在所有这些评论中，以徐铉的观点最接近腠理。夏、商两朝，中国奴隶社会正处于数以百计的方国联盟时代，作为盟主的夏、商君主，对其他方国并不具有后世专制皇朝对地方州郡

---

① 郭预衡主编：《唐宋八大家散文总集》卷六，河北人民出版社 1995 年版，第 4513 页。

② 张九成：《横浦集》卷七，影印版文渊阁四库全书。

③ 罗泌：《路史》卷三三《伊尹无废立事》，影印版文渊阁四库全书。

那样的权威。由于禅让的遗风还没有完全消失,原始的民主遗存还残留在贵族和平民的记忆里,所以其他方国首领对中央之国君主之位的觊觎仍有合理性。夏朝初年的君位之争、西周平民驱逐厉王的行动,就是这种合理性的体现。伊尹作为有莘氏的成员,因智能卓越而被汤选为辅佐。当其时,他事桀事汤都是合理选择,他擅自废立也不具有后世的篡政之意,所以丝毫不存在道德亏欠。后世学者和文士以后来逐步形成的凝固的君臣观念评价伊尹的活动,只能是强古人之所难了。

周公思想简论*

鲁学的创始人是周公，他姓姬名旦，是文王的第三个儿子（也有人认为他行四），武王姬发的弟弟。他曾协助武王兴兵伐纣，为周王朝的建立立下汗马功劳。周朝建立第二年，武王去世，成王幼小，周公摄政。此时，他肩负的是治理这个新建王朝的千斤重担，面对的是十分严峻的政治形势：主少国疑，贵族内部矛盾重重，一些人怀着贪婪的野心觊觎他手中的权力；被推翻的殷朝残余在东方还有强大的潜在势力，他们不甘失败，伺机蠢动；周朝由偏在西方一隅的小国骤然代殷而成为整个中原的主宰，百废待兴，百事待理，真正立下牢固的基础还必须解决许多棘手的问题。果然，武王死后不久，周贵族"三监"就与纣王之子武庚勾结起来，发动了武装叛乱。一时烽烟滚滚，整个东方非复周朝所有。面对这种形势，周公沉毅果决，举兵东征，血战三年，克殷践奄，消除了对周朝最大的武力威胁。之后，他营建东都洛邑，大力推行分封政策，在比殷朝更大的范围内巩固了周朝的统治。进而，他损益殷礼，"制礼作乐"，完善了周朝的各种制度和典则。他损益殷人的天命思想，提出了

---

* 本文原载于《中国哲学史研究集刊》第 2 辑，上海人民出版社 1982 年版。

“敬德保民”“明赏慎罚”的新的统治思想。七年之中,他驾驶着周王朝这只奴隶主贵族的航船,溯激流,越险滩,冲破道道阻障,战胜重重困难,将其引入顺利发展的坦途。七年之后,周公又毅然“复子明辟”,南面称臣,把权柄交给已经成年的成王姬诵,表现出奴隶主贵族的“大公”和气度。在他的治理下,周初的“成康之治”以中国古代著名的“盛世”载入了史册,周公也被戴上中国古代大“圣人”的桂冠,同时作为儒家“道统”的重要传人,享受后世绵延不绝的颂扬。

周公的思想是在损益殷人思想的基础上有所创新而形成的。周公是一个天命论者,他的天命思想是从殷人那里继承来的。“殷人尊神,率民以事神。先鬼而后礼,先罚而后赏。”①在殷人那里,“帝”既是至上神,又是宗祖神,因而敬帝和尊祖就合二为一了。殷王认为自己是上帝的儿子,他的使命是代上帝行使其在人间的统治权。所以,只要得到上帝的认可,就什么事情都可以做。大量出土的殷墟卜辞向人们展示了殷朝统治者的思想面貌:他们凡事问卜,把卜兆作为自己活动的重要依据。例如,问年成的丰歉:“帝令雨足年,帝令雨弗其足年?”②问战争的胜负:“伐方,帝受(授)我又(佑)?”③问筑城的吉凶:“王作邑,帝若(诺)。”④等等。因而,沟通人神关系的巫、祝、卜、史在殷朝也就成为权力显赫的官员。殷朝统治者不太讲究怀柔政策,他们用棍棒和斧钺驱赶奴隶从事非人的劳动,以及把他们像牲畜一样地赶上神圣的祭坛和埋入墓坑。由于经常

① 孙希旦撰:《礼记集解》,中华书局1989年版,第1310页。
② 罗振玉:《殷墟书契前编》,大东书局1913年版。
③ [日]林泰辅:《龟甲兽骨文字》,西东书房1918年版。
④ 罗振玉:《殷墟书契后编》,大东书局1916年版。

征战保证了奴隶的来源,在殷人那里的确看不到从任何角度出发的对奴隶的爱护。到纣王统治时期,阶级矛盾已激化到极点,“小民方兴,相为敌仇,今殷其沦丧,若涉大水,其无津涯”①。连微子启之类的殷贵族都预感到殷王朝末日的来临,劝纣王收敛一下自己的凶暴和贪残。但纣王以“我生不有命在天”为根据,我行我素,作恶如故。这表明,纣王直到走上断头台的前夕,还保持着对上帝的笃信,把上帝看成自己权力的守护神。在他看来,上帝既然昔日把统治人间的权力交给了殷贵族,今天自然也会保护自己渡过任何难关,使殷人的统治亿万斯年地持续下去。周公从殷人那里继承了对至上神的崇拜。这个至上神,殷人一直称帝,周人则更多地称天。在周公眼里,天依然是有意志、有感情、君临人间、明察秋毫、赏善罚恶的人格神,自然界的风晴阴雨、电闪雷鸣,地上王朝的兴衰更迭,个人的生死祸福,都被天主宰着。周公并没有对天的神力产生怀疑。无论对殷顽民、方国首领,还是对周贵族,他都大讲天的威力,称颂祖宗的神灵,献上虔诚的颂歌。如在武王率兵渡河攻殷时,“祥瑞”屡现,周公欣喜若狂地大叫:“茂哉!茂哉!天之见此,以劝之也。”②武王生病时,他偷偷跑到祖宗的灵前哀告,愿以身代武王死,并说:“予仁若考,能多才多艺,能事鬼神。”③其后,在大量的文告中,周公一而再再而三、不厌其烦地向殷遗民、周贵族和方国首领说明,夏、殷两朝的灭亡是由于“天命不易”,周王朝的兴起更是“受天明命”,一切都是上天的无情

① 《尚书·微子》,《十三经注疏》,中华书局1980年版,第177页。
② 《尚书大传》,影印版文渊阁四库全书。
③ 《尚书·金縢》,《十三经注疏》,中华书局1980年版,第196页。

安排：

> 天惟时求民主，乃大降显休命于成汤，刑殄有夏。①
>
> 天乃大命文王，殪戎殷，诞受天命。②

显然，周公作为一个真诚的天命论者，他对天的威灵是笃信不疑的。他并不是像有些学者所论断得那样，在殷人面前是天命论者，在周人面前就怀疑天命的存在。因为在周公所处的时代，上天的威灵还禁锢着所有人的头脑，无神论产生的条件还不具备。与周公同时的人物中，找不出一个无神论者。“没有人能够真正地超出他的时代，正如没有人能够超出他的皮肤。”③即使周公这样杰出的思想家，也无法摆脱历史条件的限制。不过，周公的天命论与殷人相比又有明显的不同。第一，他把殷人上帝与宗祖神合一的一元神论改造成上天与宗祖分开的二元神论；第二，他用“以德配天”说首创天人感应论。尽管这些区别还没有突破宗教神学体系，但与殷人的天命论相比却是一个不小的进步。这是因为，周公的上天宗祖二元神论在事实上疏远了人间和上帝的关系。周公把上天打扮成一个对任何人都一视同仁的“公正”之神，“皇天无亲，惟德是辅”。当权的统治者使上天满意的唯一办法，不在于祭祀的准时和祭礼的隆重，而在于能够“敬德保民”“明赏慎罚”，把地上治理得有条不紊：贵族内部融洽和睦，被奴役的小民也安于奴隶的地位

---

① 《尚书·多方》，《十三经注疏》，中华书局1980年版，第228页。

② 《尚书·康诰》，《十三经注疏》，中华书局1980年版，第38页。

③ ［德］黑格尔：《哲学史讲演录》第1卷，贺麟、王太庆译，商务印书馆1981年版，“导言”，第57页。

不进行反抗。周公的上天、宗祖二元神论虽然还不是无神论，但他引导人们把注意力集中到人事方面来，把事神的虔诚与事人的兢兢业业结合起来，无疑能够缩小天命鬼神的传统领地，客观上是向无神论靠拢。

周公还用“以德配天”说在中国历史上首创了“天人感应”论。殷人虽然凡事问卜，以卜决疑，但仅此并不能构成“天人感应”论，因为卜兆的吉凶与殷王的德行和作为没有直接关系。在殷人看来，上帝和宗祖对他们的钟爱完全是无条件的，所以天人之间也就不存在彼此“感”和“应”的关系。在周公发明“以德配天”说之后，“天人感应”才算正式成立。他第一次将天的好恶与地上人的行为联系起来，倡导“修人事以应天命”。他一方面承认天是监临下民、赏善伐恶、公正无私的人格神：“敬之！敬之！天维显思，命不易哉！无曰高高在上，陟降厥土，日临在兹。”①另一方面又认为天不是喜怒无常地随意降下幸福或灾祸。人间帝王敬德保民，天便降下福风惠雨，保佑国泰民安，五谷丰登；人间帝王背德虐民，天便降下水旱灾异，收回他的统治权力，更易新主。天的意志通过“祥瑞”或“谴告”下示人间。人间帝王亦可通过祭祀向上天申述己意，通过实际活动表示自己的赤诚。如此天人交感，构成人间的历史运动。在《尚书·多方》中，周公正是用“天人感应”解释了夏、商、周三朝的更替：

有夏诞厥逸，不肯戚言于民，乃大淫昏，不克终日劝于帝之迪，乃尔攸闻。厥图帝之命，不克开于民之丽。乃大

① 《诗经·周颂》，《十三经注疏》，中华书局1980年版，第598页。

降罚，崇乱有夏……非天庸释有夏，非天庸释有殷，乃惟尔辟，以尔多方，大淫图天之命，屑有辞。乃惟有夏，图厥政，不集于享。天降时丧，有邦间之。乃惟尔商后王，逸厥逸，图厥政，不蠲烝，天惟降时丧……惟我周王，灵承于旅，克堪用德，惟典神天。天惟式教我用休，简畀殷命，尹尔多方。

按照周公的“天人感应”论，天命对人事的左右并不是绝对不可移易的，人在天命面前也不是全然无能无力的。这实际上等于承认了人可以有条件地掌握自己的命运。这样一来，周公就在殷人僵死的天命论体系上打开了第一个缺口，给人的主观能动性争得了一个活动的空间。对于统治者来说，其主观能动性的发挥就是通过“敬德保民”使上天认可和保佑自己在地上的统治权力。显然，周公是用“敬德”改造了殷人的天命论。以周公为代表的周朝统治者从殷亡周兴的现实变革中认识到，昊天上帝并不是将它的钟爱一劳永逸地倾注给某个家族。“天棐忱”①，“天畏棐忱”②，“天不可信”③，“天难忱斯，不易为王”④，这些话虽然还不能说周公已经怀疑天的威灵，却表明他已经意识到不能无所作为地靠上帝的恩赐过日子。为了使上天永远将爱倾注于周邦，就必须以“敬德”讨它的欢心。周公认为，有德是取得天帝对地上统治权认可的最重要条件。殷人前期和中期的统治之所以比较稳固，就是因为殷的明王成汤、

① 《尚书·大诰》，《十三经注疏》，中华书局 1980 年版，第 199 页。
② 《尚书·康诰》，《十三经注疏》，中华书局 1980 年版，第 203 页。
③ 《尚书·君奭》，《十三经注疏》，中华书局 1980 年版，第 223 页。
④ 《诗经·大雅》，《十三经注疏》，中华书局 1980 年版，第 506 页。

盘庚、武丁等德行高尚，使远者来、近者悦，上帝赐福，神人共庆。周人能代殷而王，关键是“丕显文王”德行醇厚，结果是上帝钟爱，小民敬畏：

在昔殷先哲王，迪畏天显小民，经德秉哲。①

惟乃丕显考文王，克明调慎罚，不敢侮鳏寡，庸庸祗祗，威威显民，用肇造我区夏，越我一二邦，以修我西土。②

相反，夏殷之所以丧失政权，主要原因就是夏桀和商纣“失德”，“有殷受天命，惟有历年……不其延，惟不敬厥德，乃早坠厥命”③。在周公眼里，有德和天命永远是连在一起的，在形式上，天命虽然还是至高无上，但实际上，有德却成为天命的依据和前提。如此，法力无边的天命在事实上遇到了限制。为了使周的统治永远继续下去，周公几乎在每个场合都宣扬“以德配天”的理论，并以此谆谆告诫他的侄子成王，兄弟康叔、召公以及百官、殷后和各方国的首领。“敬德”实在是周公天命思想的重要内容。

从“敬德”出发，周公要求周贵族时时以夏殷“失德而亡”为鉴戒，“如临深渊，如履薄冰”，兢兢业业，小心翼翼地操持自己的权柄，要“永念天威”，对上天怀着真诚的崇敬心情；要“迪惟前人光”，永远牢记祖宗创业的艰难，做克肖祖宗的孝子贤孙，发扬光大前人不朽的勋业。为此，就必须时刻抑制自己的

① 《尚书·酒诰》，《十三经注疏》，中华书局 1980 年版，第 94—95 页。

② 《尚书·康诰》，《十三经注疏》，中华书局 1980 年版，第 91 页。

③ 《尚书·召诰》，《十三经注疏》，中华书局 1980 年版，第 213 页。

欲望，像文王那样“克自抑畏”，那样“卑服，即康功田功”，“自朝至于日中昃，不遑暇食，用咸和万民”。要“以万民惟正之供，无皇曰今日耽乐”①。不要贪图安逸，不要大兴游观，不要无休止地田猎，更不要聚徒狂欢。周公这种要求以天子为首的周贵族克制自己的欲望、加强修养、在道德上做万民表率的思想，比之殷贵族那种凶横残暴、肆无忌惮的嗜杀纵欲来，是有进步意义的。事实上，在周公的大力提倡下，更由于当时阶级斗争条件的制约，周初的几代统治者都比较注意抑制自己的欲望以缓和阶级矛盾。“成康之治”与统治阶级相对不太荒唐是有直接关系的。从“敬德”出发，周公在中国历史上较早地提出了“任人唯贤”的主张。要求“继自今立政”，必须坚决摒弃无德无才的“人”，选取“克明俊德”、智能卓著的“吉士”“常人”，从而达到“劢相我国家”“以觐文王之耿光，以扬武王之大烈”②的目的。从“敬德”出发，周公还提出“保民”和“慎刑”的主张，要求统治者了解广大奴隶和平民的处境，“闻小人之依”“知稼穑之艰难”③，关心他们的疾苦，使他们维持最低限度的温饱。要“庶狱庶慎”，有条件地运用“刑杀”，使其与怀柔政策相辅相成。

“曰命曰天，曰民曰德，四者一以贯之。”④周公在中国思想史上比他的前辈贡献了许多新的东西。他第一次在殷人无所不包的天命思想体系上打开了一个缺口，给先秦天道观发展史

---

① 《尚书·无逸》，《十三经注疏》，中华书局 1980 年版，第 222 页。

② 《尚书·立政》，《十三经注疏》，中华书局 1980 年版，第 232 页。

③ 《尚书·无逸》，《十三经注疏》，中华书局 1980 年版，第 221 页。

④ 王国维：《殷周制度论》，王国维：《观堂集林（外二种）》，河北教育出版社 2001 年版，第 243 页。

带来了有意义的转折;他第一个发现了人的主观能动性的作用,提出了“以德配天”的理论;他第一个看到了奴隶和平民的伟大力量,提出了影响深远的“敬德保民”思想。在中国奴隶社会还处在蒸蒸日上的发展时期,周公作为朝气勃勃的奴隶主阶级的代表人物,以他巨大的政治建树和卓越的思想创造,促进了这个社会的发展。他无疑应该是一个值得肯定的历史人物。

由周公所开启的鲁学比较全面地移植了周朝的礼乐文化,它极力维护宗周文化的纯洁性,特别重视道德名节和传统文献阐发的宗法伦理观念。正是这样的文化传统和文化氛围,孕育了儒家学派和它的伟大创始人孔子。

扑朔迷离的老子和《道德经》*

一

在中国古代浩如烟海的文献中，有一部只有五千言的《道德经》，又名《老子》，被誉为先秦道家学派的开山之作。在它产生后的两千多年间，学术界对它的关注经久不衰。自汉朝开始，直到今天，学者对它的注释不下百家，对书中所展示的思想意蕴的研究、争论也一直没有停息，原因在哪里呢？

一是因为《道德经》的作者老子是一个非常神秘的人物，历代对他的真实性、时代性和他与《道德经》关系的争论不断，聚讼纷纭，至今也难以达成共识。可以说，罩在老子头上的那一层神秘兮兮的纱幕一直没有彻底揭开，使他长期无法脱离“朦胧”状态，人们对他的认识也始终如雾里看花。二是因为五千言《道德经》是一篇充满哲理、言简意赅的“朦胧”的诗体散文，后人几乎对其中的每一章、每一句话甚至每一个字的解释都歧义纷呈。从学术上看，这种情况是完全正常的。不过，话又说回来，尽管学术上对老子这个人和他那部书的认识分歧很大，但共识还是有一些，这就是公认他是伟大的思想家，他博

---

* 本文原载于《休闲读品》2016 年第 4 期。

大精深的思想内涵,尤其是其中的辩证意识,代表了当时中华民族思维发展的最高水平。

虽然学术界对老子的姓氏、里籍、生平事迹有多种多样的看法,但是,我认为还是应该承认,司马迁在《史记·老子韩非列传》中对他的记载基本上是可信的。

司马迁的记载告诉我们,老子这个人是真实存在的。他生当春秋晚期,比孔子略早一点。他是楚国苦县(今河南鹿邑东)厉乡曲仁里人,姓李,名耳,字聃,做过周王室的守藏室之史,即国家图书馆馆长和博物馆馆长。正是由于担任这一职务,他才有条件阅读周王室珍藏的历代典籍,能够见识大量的珍宝器物,成为当时学识最渊博的人。据《庄子》一书的记载,孔子30多岁到洛阳时,曾经登门拜访老子,向他请教有关礼的问题。《史记·老子韩非列传》也抄录了这一段记载。据说孔子辞别老子时,老子对他讲了一段意味深长的话:“我听说,富贵之人拿钱财送人,仁德之人拿有益的话送人。我不是富贵之人,就冒充仁德之人,送给你几句话作为临别赠言:聪明深察的人接近死亡,因为他喜欢议论是非;雄辩博学的人危害自身,因为他喜欢揭发别人的短处。所以,做人的儿子心中不要有自己,做人的臣子也不要有自己。”又说:“君子遇到明主就驾车侍奉他,不遇明主就像飘蓬一样随风流转,刮到哪里就在哪里。我听说,优秀的商人将财富深藏不露,似乎一无所有。德行高尚的君子,看起来好像很愚笨。去掉你的骄气和奢望,去掉你姿态的容色和淫逸的志向,因为这些对你自身都是无益的。我所能告诉你的,也就是这些了。”离开老子后,孔子一直绞尽脑汁体味他那段话的深意。后来,孔子对弟子们讲了他对老子的看法:“鸟儿,我知道它能在天上飞;鱼儿,我知道它能在水里游;野兽,我知道它能在地上跑。在地上跑的,能够用网把它逮住;在水中游的,能够用线把它钓出来;在天上飞的,能够用弓箭把它射下来。只有龙,我不知道它怎样驭风驾云遨游青天,我见到的这位老子,大概就和龙一样吧!"这里,孔子眼中的老子,尽管还未脱去神秘的面纱,但基本反映了他的真貌。

老子任周王室的守藏室之史多年,眼见周室一天天无可挽回地衰落下去,自己又无力回天,于是毅然辞职,离开洛阳西行。经过函谷关(一说散关)时,关令尹喜对他说:"夫子您要隐居了,请勉为其难,将您的著作写出来,留给后人吧。"老子于是在关城写出了《道德经》上下篇五千言后,就出关西去。他究竟到了什么地方,最后的结局怎样,就没有什么记载了。鲁迅后来写了一篇小说《出关》,用勾勒漫画的手法,塑造了一个鼓吹"无为",实际上什么都不能做的老子形象。

由于确切记载的老子事迹实在太少,而仅有的记载在时间标记上又十分模糊,特别是流传至西汉时期的《道德经》文本还显露出不少战国时代的色彩,这就使为老子作传的司马迁对他生活的时间定位也产生了不少困惑,司马迁于是不得不记下当时有关老子的各种说法。如说老子就是隐居蒙山之阳的老莱子,与孔子同时。又说老子就是孔子死后一百二十九年见秦献公的周太史儋,活了一百六十多岁或二百多岁。

因为司马迁记载的老子略早于孔子,而在《道德经》中不少地方又展现出战国的时代色彩,后世学者对老子的时代定位就产生了较大的歧义。主张老子为春秋中叶、战国中叶和战国后期者都不乏其人。20 世纪 20 年代,在北京大学的讲堂上,老师胡适和学生顾颉刚就为此发生了激烈的争论。胡适主张春秋中叶说,顾颉刚主张战国中叶说,师生互不服气,谁也不退让，最后逼得胡适敲着桌子声音提高八度，但又不失幽默地说："老子就是老子，反正不是我的老子！"郭沫若基本上认同胡适的观点，认为老子略早于孔子或与孔子同时，是孔子的老师一辈人。《道德经》是老子的著作，是道家学派的主要经典。它之所以饱含战国时代的色彩，是道家后学弟子不断润色的结果。该书定稿应在战国中期，可能完成于楚人环渊之手。① 郭沫若关于老子和《道德经》一书的解释道理比较充分，在学术上有相当强的说服力。20 世纪 90 年代在湖北发现的郭店楚墓竹简《老子》，被不少学者认定为是迄今为止发现的最早的文本，它虽与马王堆汉墓出土的帛书《道德经》和后世流传的《老子》有较大差异，但核心内容则一脉相承，证实了胡适和郭沫若的论断是符合事实的。

二

老子是中国历史上道家学派的创始人，在《道德经》中 13 次提到"道"。他第一次将"道"这个字提到哲学的高度，并赋予它极其丰富的内涵。他认为"道"是万物的本源，而这个"道"就是"无"：

《道德经·一章》②曰：

---

① 《郭沫若全集·历史编》(1)，人民出版社 1982 年版，第 545 页。

② 本文所引《老子》皆出自魏源：《老子本义》，《诸子集成》3，上海书店 1986 年影印版。下文不再一一注明。

> 无,名天地之始;有,名万物之母。

《道德经·四十章》曰:

> 天下万物生于"有","有"生于"无"。

《道德经·四十二章》曰:

> 道生一,一生二,二生三,三生万物。

《道德经·五十一章》曰:

> 道生之,德畜之,物形之,势成之。是以万物莫不尊道而贵德。

显然,在老子看来,"道"是世界的造物主,具有无穷的潜在力和创造力,它创造了物质世界,创造了人和人类社会,甚至天、地、鬼、神也是它的创造。它法力无边,不受时间和空间的限制,具有超越一切的特性。这个"道""视之不见","听之不闻","搏之不得",因而是"无",可是它又无所不在,世界的丰富性、多样性和连续性,就是"道"的显现。这个"道"实在也不像物质性的实体,更多地倒像永恒存在的万能的精神本体。由此看来,老子的世界观更多地接近客观唯心论。

老子的认识论,不提倡在实践中广泛地接触自然界和人类社会,以便通过感性认识上升到理性认识,而是强调通过心灵的感悟直接体认和把握"道"的本体。《道德经·四十七章》曰：

> 不出户，知天下；不窥牖，见天道。其出弥远，其知弥少。是以圣人不行而知，不见而名，无为而成。

《道德经·十六章》曰：

> 致虚极，守静笃。万物并作，吾以观复。

不唯如此，老子甚至要求“绝圣弃智”，即弃置圣明和学识，因为在他看来，学习认识的东西越多，对“道”来说失掉的也越多。这种认识论，唯心主义的成分显然多一些。

三

老子思想中最值得珍视的是他的朴素辩证法。作为一个学识渊博、避开政治旋涡、冷眼观察自然界的发展和人类社会翻云覆雨的无穷斗争的学者，他逐渐体悟并总结出自然界和人类社会不少发展演化的规律。

老子认识到，自然界和人类社会的一切事物都处在永恒的发展运动变化之中。“道”就是“独立而不改，周行而不殆”，即一直运行，周而复始，永远不停止。“天地尚不能久，而况于人乎？”（《道德经·二十三章》）意思是说，天地也不能长久存在，人的生命更是短暂。他还举例说，摇天撼地的飓风不会持续一早晨，倾盆大雨也不会整天下个不停。一切都在发展、变化，新生和死亡相伴而生,青春和迟暮相续而行。

老子认识到,世界上的任何事物都存在与自己矛盾着的对立面,每一个事物都与自己的对立面相联系而存在,即都以对立面的存在作为自己存在的根据,二者是互相依存的。他举出美丑、难易、长短、高下、前后、有无、刚柔、强弱、祸福、荣辱、智愚、巧拙、大小、生死、攻守、胜负、远近、轻重等,认为一方离开了另一方,自己就不存在。他说:

> 有无相生,难易相成,长短相形,高下相倾,声音相和,前后相随。(《道德经·二章》)
>
> 贵以贱为本,高以下为基。(《道德经·三十九章》)
>
> 祸兮,福之所倚;福兮,祸之所伏。(《道德经·五十八章》)

老子还认识到事物无不向它的对立面转化的规律。他认为"反者道之动",即向相反方向转化是道的运动。穷变富,败转胜,生变为死,坏事转化为好事,"正复为奇,善复为妖"(《道德经·五十八章》),即正常转化为反常、善良转化为妖孽等,是时刻都在发生和进行的变化。

老子也意识到事物在发展变化中遵循着量变到质变的规律。《道德经·四十六章》中有一段十分精彩的描绘:

> 合抱之木,生于毫末;九层之台,起于累土;千里之行,始于足下。

这生动形象的话语中,蕴含着永恒的真理。

尽管老子对事物运动的辩证法及其规律有着许多接近真理的猜测,但他的辩证思想与马克思主义的唯物辩证法却有着本质的区别。例如,老子虽然看到所有事物都处在不停的发展变化中,但在动与静的关系上,却认为动的最后归宿是静,运动变化也只是停留在循环往复的形式中。又如,他虽然猜测到事物向对立面的转化运动,但却又认为这种转化是无条件的、绝对的。在人类社会、个人命运方面,转化不以个人的意志、个人的主观努力为转移,认定贫穷必然转化为富裕,富裕必然转化为贫穷,失败必然转化为胜利,胜利必然转化为失败。而在这种转化中,个人的主观努力是无能为力、不起任何作用的。这种观点显然是错误的。事实上,自然界万物的转化都需要一定的条件,如水转化为冰或转化为气体,都需要有温度等条件的变化。人类社会的变化、个人命运的变化更需要许多条件,其中人的主观能动性更是起着至关重要的作用。

应该承认,老子发现事物向对立面转化的规律是中国古代思维发展史上具有重要意义的一次飞跃。然而,老子对转化所持的态度却是比较消极的。他看到植物由生到死的转化经历了由柔弱的幼苗到欣欣向荣的壮大,再由壮大到枯萎直至死亡的过程,认为壮大接近死亡,因而不应该成为追求的目标。他说,草木活着时柔弱,死了以后就干枯。所以,坚强的东西属于死亡的一类,柔软的东西却与生存联系在一起。与其经过强壮走向死亡,还不如保持柔软的地位维持生命。他认为“物壮则老,是谓不道,不道则已”(《道德经·三十章》),即万物超过壮年就会衰老,这是因为不再适合“道”。不能适合“道”,就会很快死掉。由此得出结论:有意造成事物的强大,就违反“道”的原则。因此,为了避免走向死亡的结局,最好一直处于软弱的地位。他说“柔弱胜刚强”(《道德经·三十六章》),以水为例,“天下莫柔弱于水,而攻坚强者莫之能胜”(《道德经·七十八章》)。他认为水尽管是世界上最柔弱的东西,而攻克坚强的东西却谁也比不了它。水之所以如此坚强,是因为它便利万物却不和它们相争,因而是最高的善,天下也就没有什么东西能与水竞争。将“柔弱胜刚强”的原则运用到指导社会生活,就要“知其雄,守其雌”;“知其荣,守其辱”;“知其白,守其黑”(《道德经·二十八章》)。即知道什么是雄强,却守住柔雌;知道什么是光彩,却守住暗昧。老子看到战争中逐弱小战胜强大的不少事实,认为创造一些看起来有利于敌人的条件恰恰有利于最后战胜它:“将欲弱之,必固强之;将欲废之,必固兴之;将欲夺之,必固予之。”(《道德经·三十六章》)这段话的意思是说,要想削弱它,必须暂且增强它;要想废毁它,必须暂且兴起它;要想夺取它,必须暂且给予它。这些思想作为一种战胜敌人的原则,在战争实践中敌对双方都千方百计地加以运用。由于老子排除人的主观能动性在社会矛盾转化中的作用,因而在祸福、得失问题上就显得十分被动和消极。他认为,既然“有为”必然招致失败,就不如“无为”;既然“多藏”(积累财富)必然招致“厚亡”(重大损失),那就不如“少藏”或“不藏”;既然强大必然导向死亡,那就不要过于强大。在老子看来,由于刚强带来挫折,那就选择柔弱;由于抢先导致落后,那就宁肯一直居于后边;由于争荣誉会招致耻辱,那就干脆不要荣誉。老子生当春秋后期,他看到飞速的社会变迁使人的命运变得不可捉摸,一些不可一世的诸侯国君死于非命,不少显赫一时的诸侯国覆社灭宗,还有更多的贵族降为平民百姓,凄凄惶惶地四处奔走。与之相反,一些处在社会下层的人,如贵族中的士阶层、平民和奴隶，在社会大变革中地位倒是有所提升，至少是保住了原有的卑贱地位。这些社会现实使老子悟出了一个道理："坚强者死之徒，柔弱者生之徒。"(《道德经·七十六章》)为了保住自己原有的地位不丧失，最好能"去甚、去奢、去泰"(《道德经·二十九章》)，即抛弃偏激，抛弃奢侈，抛弃过分的苛求，安于现状，过着自给自足、自满自足的生活。为此，必须知足。他说："罪莫大于可欲，祸莫大于不知足，咎莫大于欲得。故知足之足，常足矣。"(《道德经·四十六章》)意思是，罪过没有大过贪欲的，祸患没有大过不知足的，过错没有大过想掠夺的。因此，知道满足的满足，就是永远的满足了。这种思想状态，使老子在社会大变革面前消极等待、逆来顺受，显然是不可取的，当然也是不应该提倡的。

四

老子生活的春秋时代，是中国奴隶社会向封建社会的过渡时期。奴隶主与奴隶，贵族与平民，奴隶主与封建主，封建主与农民，诸侯国与周王室，诸侯国与诸侯国，各种阶级和社会矛盾交织，构成了复杂多变的乱世图景。在这一过渡时期，各级统治者的贪得无厌、荒淫奢侈，劳动人民在战争、剥削、灾荒等人祸天灾袭扰下的悲惨处境，都一一进入老子的视野，这使他愤怒、悲叹、忧愁、伤情。他猛烈批判统治者的奢靡生活给人民造成的苦难：

> 大道甚夷，而人好径。朝甚除，田甚芜，仓甚虚；服文

彩，带利剑，厌饮食，财货有余，是谓盗夸。非道也哉。（《道德经·五十三章》）

进而又以对比的手法，说明统治者是造成人民灾难的罪魁祸首。《道德经·七十一章》曰：

民之饥，以其上食税之多，是以饥。民之难治，以其上之有为，是以难治。民之轻死，以其上求生之厚，是以轻死。

显然，老子是中国历史上较早看到剥削制度的不合理并对这一制度发出抗议的思想家。与此同时，他还对人类文明发展产生的负面影响进行了较早且较深入的思考。老子认识到，人类文明的发展必然带来价值观念的更新，许多古老的美好的伦理观念被抛弃，人们的私有观念越来越强烈，对财富的追求越来越迫切，越来越肆无忌惮，越来越不择手段。仁、义、礼、智、信之类道德信条的广泛宣传，不是人们道德水准提高的表现，恰恰是道德日趋堕落的表现。他愤怒地说："大道废，有仁义；智慧出，有大伪；六亲不和，有孝慈；国家混乱，有忠臣。"（《道德经·七十一章》）认为提倡仁义是因为大道废弃，严重的虚伪是因为智慧的出现，宣扬孝德是因为六亲不和，表彰忠臣是因为国家处于混乱之中。老子的观点不能说没有一点道理，但他的出发点是向后看而不是向前看。他只是看到历史前进运动中的负面影响，而没有看到历史前进运动的积极影响在一般情况下总是大于负面影响。换句话说，文明进步虽然要付出必要的代价，但文明进步的成果总是大大超出付出的代价，并且文明进步中出现的许多消极的、丑恶的东西,也只能在新的文明进步中加以克服。

老子生活的时代,战争几乎每天都在进行。尽管是冷兵器的打斗,但它给社会带来的混乱,给人民生命财产造成的损失仍然是非常巨大的。一座城池被长期围困,城内军民粮食吃光,柴草烧光,以致出现"析骨而炊,易子而食"的惨绝人寰的景象。当时的不少政治家与思想家都发出了反对战争的呼声,老子是当时坚决反对战争的思想家之一。在《道德经·三十一章》中,他讲述了自己对战争的态度:

> 夫兵者,不祥之器也。物或恶之,故有道者不处……兵者不祥之器,非君子之器,不得已而用之,恬淡为上。胜而不美,而美之者,是乐杀人。夫乐杀人者,则不可以得志于天下矣。

老子反对战争的观点,不仅反映了当时深受战争之害的广大劳动人民的愿望,也反映了统治阶层中一部分希望社会安定和平的人的要求。在列国争霸战争如火如荼地进行的时候,宋国有一个叫向戎的贵族就发起了一场影响较大的"弭兵"(停止战争)运动,得到部分列国国君的响应,一时出现了短暂的和平局面。不过,应该看到,尽管老子等很多人发出了反对战争、要求和平的呼声,但战争依然在进行,而且规模越来越大,战况越来越惨烈。原因在于,在私有制社会里,战争的存在具有必然性。非但如此,战争不仅有它破坏性的一面,而且也能发挥不可替代的促进历史发展的作用。春秋战国时代的战争就发挥了巨大的推动历史前进的作用。它扫除了一批又一批的旧的奴隶主贵族,促进了新兴的地主阶级的成长;它使林立的小国一个个从地图上消失,在区域性统一的基础上实现了全国性的统一。令人遗憾的是,老子只看到战争消极的一面,战争的进步作用始终未能进入他的视野。

在春秋后期复杂多变的阶级关系中,老子究竟站在哪个阶级的立场上,他的思想反映了哪个阶级的利益和要求呢?对此,学术界有着不同的认识。

有的学者认为他代表了没落的奴隶主贵族的利益,根据是他对社会变革持消极保守的态度,希望社会倒退而不是前进。有的学者认为他代表小生产者或破产的农村公社成员的利益,根据是他反对剥削,有绝对平均主义的思想倾向。还有学者认为他代表刚从原始社会进入阶级社会的氏族公社成员的利益,根据是他对理想化的"小国寡民"的向往。老子究竟代表什么阶级的利益,主要应该看他心目中的理想社会的蓝图是什么。

老子的确提出了反对剥削的思想。他说:"天之道,其犹张弓与?高者抑之,下者举之;有余者损之,不足者补之。天之道,损有余而补不足。人之道则不然,损不足以奉有余。"(《道德经·七十七章》)意思是,天道就好像一张拉开的弓,高了就压低,低了就举起,多余的就减少,不足的就补充。天道的规律就是减损有余,补充不足。可如今,人间的做法却与天道相反,是让不足的奉献给有余的。老子认为人间这种"损不足以奉有余"的做法,即富人剥削穷人的做法是极其不合理的,他认为人间应该学习"天之道",把多余的拿来供给天下不足的人。这种思想显然带有一种平均主义的色彩。老子认为他所处的社会充满贫富不均,一方面是统治者和富人骄奢淫逸,残酷剥削人民;另一方面是广大劳动人民啼饥号寒,痛不欲生。这种

社会实在是不合理、要不得的。老子有自己的理想社会,他对这个社会做了这样的描绘:

> 小国寡民。使有什伯之器而不用;使民重死而不远徙。虽有舟舆,无所乘之。虽有兵甲,无所陈之。使民复结绳而用之。甘其食,美其服,安其居,乐其俗。邻国相望,鸡犬之声相闻,民至老死,不相往来。(《道德经·八十章》)

你看,老子心目中的理想国,国土小,人民少,没有战争,人民安居乐业。纵有十夫长、百夫长那样的统兵人才,也无用武之地。人民都看重自己的生命,不愿迁徙到遥远的地方。所以,尽管有船只和车辆,也没有人去乘坐;虽然有坚甲利兵,也没有机会陈列出来,更不用说使用了。由于生活单纯,事务简单,人民于是又恢复了结绳记事的方法。由于人民生活简朴,容易满足,大家都对简单朴素的生活十分满意,都觉着饮食香甜,欣赏衣服漂亮,满足于房屋的安适,喜爱风俗的美好。由于四周小国林立,邻国间靠得很近,彼此可以看得见,鸡鸣狗吠的声音可以听得见。但因为彼此都安于自己的生活,邻国间的人民直到老死也不相往来。显然,老子对他的理想国充满了激情和向往,因为这里有永久的和平而没有战争,有简单质朴的生活而没有奢华和竞争,国家小而封闭,人民少而安宁。这样的理想国只能是原始社会刚刚向奴隶社会过渡时出现的部落奴隶制国家。在这里,阶级分化还不明显,贫富差距也没有拉开,原始社会淳朴和谐的社会风气也还浓浓地存在。老子的时代距离远古时期并不遥远,许多关于那个时代的美好传说还在社会上广为流传。面对当时社会上血雨腥风的战争和贫富分化造成的人与人之间的极端不公平,人们越怀念那个已经消失的时代,并在回忆中对那个时代进行理想化的加工。正是在这样的背景下,老子推出了他的理想国蓝图,在与现实的对比映照中,向人们展示它诱人的一面。然而,这个理想的社会蓝图只存在于老子的头脑中,实际上不过是心造的幻影。老子只想到小国林立还保留着许多原始社会良风美俗与奴隶社会初始阶段美好的一面,他不知道,在那个生产力十分低下的社会里,物质财富非常贫乏,人们的生存实际上是极其艰苦的,饥饿和死亡是挥之不去的伴侣,哪里有什么甘食和美服?

在老子的理想国中,统治者还是存在的,但这个统治者对被统治的人民实行的是"无为而治",就像天道对万物那样:"生之畜之,生而不有,为而不恃,长而不宰。"(《道德经·十章》)即生长保育万物,使万物生但不占有它,为万物养但不炫耀恩德,作万物之长但不宰制它。对人民的生产与生活不要过多地干预,让他们依照自己的意愿生活,也像万物依自然规律生长发育一样。他说:"我无为,而民自化;我好静,而民自正;我无事,而民自富;我无欲,而民自朴。"(《道德经·五十七章》)意思是,我无为则人民自然归化,我好静则人民自然端正,我无事则人民自然致富,我无欲则人民自然纯朴。一切都是自然而然,人民几乎感觉不到统治者的存在。这样坚持"无为而治"的统治者,尽管处在领导管理民众的地位,但人民并不感到他是负担和障碍,并且真心竭诚拥护他。"圣人处上而民不重,处前而民不害。是以天下乐推而不厌。"(《道德经·六十六章》)也就是说,圣人在上,人民并不感到负担沉重,圣人在前面,人民并不认为是妨碍,因此天下人民都乐意拥戴他而不厌恶。老子在中国历史上第一次提出了“无为而治”的思想,要求统治者像顺应自然一样对人民采取放任的统治政策,在遵守国家法制的前提下,让人民比较自由地安排自己的生产和生活,国家和政府尽量不干预或少干预。这种统治思想和统治政策在老子以后的中国封建社会里产生了较大影响。在一个又一个新建王朝的恢复发展经济时期,这种思想和政策多次被提出来并加以实行,一般取都得了较好的效果。

老子夸大了人类文明进步带来的负面影响,他认为文明的发展开启了民智,物质财富的丰富刺激了人们的贪欲,而这一切恰恰是社会道德不断滑坡的主要原因。他煽惑说:

> 五色令人目盲,五音令人耳聋,无味令人口爽,驰骋畋猎令人心发狂,难得之货令人行妨。(《道德经・十六章》)

既然文明带来如此不堪的后果,为了使社会回归淳朴,为了使人民不被财货物欲引诱,就必须从头做起:“绝圣弃智,民利百倍;绝仁弃义,民复慈孝;绝巧弃利,盗贼无有。”(《道德经・十九章》)在老子看来,只要灭绝聪明,抛弃智慧,人民的利益就会增加百倍;只要灭绝仁,抛弃义,人民就会慈孝;只要灭绝奇巧,抛弃财利,盗贼就会绝迹。因此,为了国家的安宁和社会的稳定,就应该实行愚民政策。他说,古时候善于行道的人,不是开启民智,而是推行愚民政策。人民之所以难治,就是因为他们智巧太多。所以,用智巧治国,就是对国家的损害;不用智巧治国,才是国家的福祚。只有推行愚民政策,将人民都训育成头脑愚昧、四肢发达之人,才能使国家和社会稳定安宁。《道德经・三十六章》中有这样一段文字:

不尚贤,使民不争;不贵难得之货,使民不为盗;不见可欲,使民不乱。

是以圣人之治,虚其心,实其腹,弱其志,强其骨。常使民无知无欲,使夫智者不敢为也。为无为,则无不治也。

你看,至此,老子不是已经走到反对文明、反对文化、反对社会进步的落后保守的路上去了吗?

由以上分析可以看出,老子代表的阶级属性是比较复杂的。就他反对当权统治者的横征暴敛、骄奢淫逸,同情劳动人民的悲惨处境而言,他代表了劳动人民的愿望和要求。就他反对社会进步,鼓吹愚民政策而言,他又反映了没落奴隶主贵族被推出历史舞台的无奈和悲哀。

五

老子是我国历史上道家学派的创始人,在他死后的战国时代,这个学派的思想经杨朱、庄子等人的弘扬和发展,成为与儒、墨、法等家并肩而立的强大思想流派,更以其任自然、重生命的理念和“无为无不为”的生存智慧对以后中国历史尤其是思想文化的发展产生了极其巨大的影响。在西汉武帝实行“罢黜百家,独尊儒术”的政策以后,道家是唯一长期存在并且与儒学相颉颃的学派。有的学者认为,中国古代社会的主流思想就是“儒道互补”的思想。魏晋南北朝时期,来自印度的佛教得到广泛发展,思想界出现多元并存的局面,《道德经》成为玄学的主要经典。这一时期,中国土生土长的宗教道教在佛教的刺激下迅速发展,《道德经》又成为道教的主要经典。老子本人也被推尊为道教的太上老君,在数以千万计的道观中,老子的塑像威严地端坐其中,接受无数道众的礼拜,享受着绵绵不绝的香火。唐朝时期,李氏皇帝为了找一个名人神人做祖宗,满身神秘灵光的老子又成为最合适的人选,被追尊为"太上玄元皇帝"。至此,老子的形象就离春秋时代那个愤世嫉俗、悲戚无奈的哲人相当遥远了。当然,老子身后发生的事情,多数与他本人是没有关系的。

《道德经》一书,作为中国古代的智慧宝典,具有永久的魅力。其中蕴含的精湛的思想、精粹的话语,永远能够给后人以感悟和启迪。

齐鲁文化为何能由地域文化跃升为主流文化？*

在中华文明一体多元的发展格局中，首先发展起来的是同中有异、异中见同，多姿多彩，争奇斗艳的地域文化。如从三代到战国，在广袤的中华大地上就形成了燕赵文化、三晋文化、中原文化、三秦文化、甘陇文化、巴蜀文化、楚文化、岭南文化、吴越文化等。在这些地域文化中，只有齐鲁文化在秦汉时期完成了由地域文化向主流文化的跃升，其他地域文化只是作为文化的因子融入了主流文化。从秦汉开始，山东地区的思想文化就作为主流文化的一部分存在和发展，同时又具有同其他地方不同的地域特点，在各个历史时期为主流思想文化的丰富和发展作出了独特的贡献。

一

齐鲁文化发轫于东夷文化。这个文化的创造者首先是50

---

* 本文原载于陈江风主编：《汉文化研究》，河南大学出版社2004年版。

万年前从原始森林中勇敢地走出来的沂源人。从原始社会至夏商时期，齐鲁的东夷人逐渐形成了两个文化中心：泰山以北，以今之淄博为中心，是爽鸠氏、蒲姑氏等活动的地域；泰山以南，以今之曲阜为中心，是少昊、蚩尤、颛顼、后羿、奄等部落和方国的居地。与之相对应的考古文化是龙山文化和大汶口文化。随着生产力的提高和社会分工的发展，东夷人中产生了专门从事文化活动的巫觋、巫史、祭司、医生、天文学家和艺术家。大汶口与龙山文化的遗址中都出土了占卜用的龟甲。相传颛顼氏任命的“绝地天通”的重黎就属于巫史之类。少昊部落中担任“历正”的凤鸟氏与尧时代的羲、和等，显然是天文学家，他们能够观象授时，并且知道四季的划分。与此同时，作为记录工具的文字也被发明出来，大汶口和凌阳河出土的陶文应是中国较早的象形文字，还可能是甲骨文与金文的前身。大量的考古资料表明，在原始社会时期，东夷文化是当时中国境内较先进的文化之一。但是，夏朝建立以后，东夷文化由于缺乏强有力的经济政治力量的支撑而逐步丧失了其优越地位。在强大的夏文化冲击下，东夷文化开始变异，其表现是对夏文化的吸收和向夏文化靠拢，其对应的文化遗存是岳石文化。商朝建立后，东夷文化则进一步向它靠拢并与之融合。商人本是东夷人的一支，在文化上二者是同源的。在夏商时期的千年历程中，东夷文化虽然不够张扬和辉煌，但由于它对夏商文化的广泛吸收，大大增强了与中原文化的联系，形成了蒲姑与商奄两大文明中心。西周以后，正是从这里生发出光耀千古的齐鲁文化。

西周初年，通过大分封在今山东地区建立了齐、鲁两大诸侯国，标志着齐鲁文化区域的初步建立。西周时期的齐鲁文化是一种以周文化为主导，融合了夏商文化与东夷文化的个性鲜明的地域文化。这一文化系统是由齐文化和鲁文化两个亚文化系统组成的。

齐国的建立者是周朝的异姓贵族姜尚。他所在的氏族本是东夷人的一支，因而极易与东夷人找到文化上的认同。他在齐国奉行“因其俗，简其礼”和“举贤尚功”的治国方针，铸就了齐文化重实效、崇功利、举贤才、尚法治、扬兵学、倡开放的文化品格。春秋时期，管仲相桓公，高举“尊王攘夷”的旗帜，“九合诸侯，一匡天下”，将齐桓公推上五霸之首的尊位。同时，继续弘扬齐学的优长。他以“水本原论”展示唯物论的自然观，以“顺民心”和“上功富民”展示民本意识，以“礼义廉耻国之四维”展示礼治和伦理观念。此外，他在法律、军事和外交思想方面也有许多创见，大大拓展了齐文化的领域，深化了它的内容。管仲之后百余年，齐国又出现了一位影响很大的政论家和思想家晏婴。他崇尚节俭，深自谦抑，提倡礼制，强调德化，要求维护君臣父子兄弟夫妇以及各色人之间的等级秩序，同时要求关心百姓疾苦，减轻对他们的剥削。在哲学上，他主张“和而不同”，批判神道迷信，显示出浓重的人文主义倾向。他的思想进一步丰富了齐学的内容。

在齐文化迅速发展并向四方传播之时，泰山之阳的鲁国孕育发展了颇具特色的礼乐文化。鲁国是周武王之弟周公旦的封国，而正是周公旦为周王室“制礼作乐”。这样，鲁国就成为周文化在东方最大的继承者和传播者。鲁国是各诸侯国中唯一可使用天子礼乐的国家。它从周王室那里得到了“祝宗卜史”等专职文化官员和相关的礼器与文物典册，所以春秋时期吴国季札访鲁时才有“周礼尽在鲁矣”的慨叹。鲁文化极力维护周文化的纯正性，特别讲究道德名节，注重研究传统文化和阐发宗法伦理观念。正是这样的文化传统与文化氛围，孕育了儒家学说和它的伟大创始人孔子。

春秋时期，随着周王室的衰微、公室沦落和贵族间斗争的日趋激烈，出现了“礼崩乐坏”和文化下移的历史趋势。这就促成了私学的勃兴和文化成果的传播。这种形势为孔子这样的思想文化领袖的脱颖而出创造了条件。孔子使仁学与礼学交融互补，作为他政治思想的核心内容。他一方面大力提倡以重礼乐、倡教化、明等级为主要内容的礼学，另一方面又极力弘扬以血缘亲情为基础的“爱人”“立人”“达人”的人文精神，强调人的道德自觉和主动求善的内动自律，追求很高的道德境界与人格理想。而他的天命观和鬼神论则充满了昂扬向上的主观能动精神。他整理“五经”不仅为保存中国古代文化典籍立下不世之功，而且为儒家学派选定了最基本的思想资料，加上他创办私学，吸引了一大批志同道合的弟子，这一切就使他顺理成章地成为儒家学派的创始人。他广收门徒，周游列国，广泛传播儒家思想，加上其后学的努力，既使儒学日益成为引人注目的显学，也为战国百家争鸣思潮的勃兴起了“金鸡一鸣天下晓”的作用。特别是鲁文化与齐文化一开始就进行频繁的交流，加强了相互之间的渗透与融会，展示了两种具有紧密亲缘关系的亚文化之间异质互补的特征。由于孔子站在前所未有的理论高度将传统的政治与道德思想提升到一个新的境界，因而给齐鲁文化注入了新的灵魂。有了儒家学说，齐鲁文化才真正具有了民族、地域的超越性，才真正能够担负起领导中国文化的历史使命。

二

战国时代是齐鲁文化的发皇期。这一时期，田氏代齐，标志着封建制取代了奴隶制。齐威王厉行改革，使齐国成为经济和军事力量举足轻重的东方大国。齐威王、齐宣王建立和扩大稷下学宫，礼贤下士，吸引大批列国学者前来讲学和研究，使齐国一时成为整个中国的思想文化中心。百家争鸣中不少顶尖的学者，如孟子、荀子、宋钘、尹文、淳于髡、彭蒙、慎到、田季真、接予、环渊、邹衍、儿说、田巴等，都曾为稷下学派的繁荣做出了创造性的贡献。与此同时，日趋衰微的鲁国也在思想文化上创造了骄人业绩，出现了墨子、子思、孟子等思想巨人。战国时期齐鲁文化的最大成就是催生了墨家学派，儒家的思孟学派、荀子学派，黄老稷下学派，邹衍的阴阳五行学派以及接续孙武兵学的孙膑兵学，并以比春秋时期更大的规模和更快的速度向全国播扬。

墨翟创立墨家学派。他代表“农与工肆之人”，主张“兼爱”“尚同”“尚贤”“非命”“非乐”“节用”“节葬”“尊天”“事鬼”，提出了著名的“三表法”。他的思想为汉代董仲舒构筑新儒学提供了一些思想资料。

子思和孟子创立了影响深远的思孟学派。子思是联系孔子和孟子的桥梁，他创建了“天道性命”“正心诚意”以及从“正身”“导民”到“修身、齐家、治国、平天下”的全套理论。孟子宣扬“性善”，倡导“仁政”，主张“民贵君轻”，要求“制民恒产”，他还鼓吹“富贵不能淫，贫贱不能移，威武不能屈”的大丈夫精神，对中国人的价值观念产生了重大影响。荀子创立的孙氏之儒虽然与孟氏之儒隐隐对立，但对礼教与德化的认识基本一致。荀子的“天论”集先秦唯物论之大成，“礼论”集先秦礼学之大成。他以舟水喻君民关系，援法入儒，主张礼法兼容，德刑并用，大大拓展了儒学的施政空间。孟子和荀子不仅大大丰富了儒学的内容，完善了儒学的体系，而且在更大的范围内传播了儒学和扩大了这一学派的影响。黄老学派是不同于老庄学派的新道家，其思想主要体现在《管子》一书中。它主张“君道无为”、德刑兼用，减轻剥削，为百姓创造一个宽松的生产和生活环境，后来被汉初统治者选为统治思想。

稷下学派的邹衍创立了阴阳学派。他将商周以来阴阳五行（金木水火土）学说加以改造，将“五行相生相胜”的理念引入社会历史领域，以五德之运诠释王朝的更替。他还创造了大小九州的概念，扩大了中国人关于世界的视野。另外，在稷下学者中，还有法、名、兵等学派的代表人物，他们为丰富和发展齐鲁文化做出了自己的贡献。特别应该指出，此时期齐文化和鲁文化的发展、交流、融会、整合以比春秋时期更快的速度进行，从而为汉代齐鲁文化跃升为主流文化打下了坚实的基础。

短命的秦王朝推行“以法为教，以吏为师”的文化专制政策，窒息了百家争鸣思潮，又以“焚书坑儒”将知识分子推向自己的对立面，加速了灭亡的步伐。汉初推行黄老政治，虽然对经济的恢复发展起了积极作用，但也产生诸侯王坐大和豪强肆虐横行等弊端。于是汉武帝与董仲舒联手，将儒学推上了统治思想的宝座。

秦朝统一以后，由于“百家争鸣”的结束，齐鲁之学面临全新的形势，每个学术流派为了自己的生存都在进行整合与改造。经过秦到汉初80余年几代儒家学者的努力，齐鲁儒学发展为当时势力最大、最具生机的学派，展示了较其他任何学派都无法比拟的优势：

第一，它拥有一批经过整理的稳定的思想资料，如“五经”和《论语》《孟子》《荀子》等。

第二，它拥有一批学识渊博、声望卓著的学者，他们或做官从政，或聚徒讲学，在政界和学界大大扩展了儒学的影响。

第三，经过自春秋至汉初数百年的传播，齐鲁儒学早已突破地域界线，在黄河上下、大江南北的广大地区播扬，影响日益扩大。

第四，经过数代儒家学者的不断改造创新，特别是经过非齐鲁学者董仲舒的精心整合，儒学将齐学与鲁学的优长融为一体，以全新的面貌赢得了汉武帝的青睐。这样，汉武帝与董仲舒联手，“罢黜百家，独尊儒术”，将儒学推上了主流意识的殿堂。其中，太学的建立，经学官学地位的确立，从儒生中选取官吏制度的推行，使儒学的主流意识地位日益巩固。在此后两千多年的封建社会里，儒学作为主流意识的地位始终没有动摇。

经过董仲舒改造的儒学，对稳固大一统的中央集权的统治起了重要作用，对于形成以汉族为主体的中华民族的心理结构产生了不可估量的积极影响。它既获得了统治者的青睐，又得到被统治者的认可，是中国宗法农业社会最适宜的意识形态。

第一，儒学倡导大一统，鼓吹“内诸夏而外夷狄”，反映了中华各民族人民对祖国的认同，蕴含着深厚的爱国主义，形成了强大的民族凝聚力。

第二，它倡导尊君爱民，鼓吹等级秩序，“说忠孝，道中庸，与民言服从，与君言仁政”，找到了统治者与被统治者利益的结合点。

第三，具有丰富的伦理道德遗产——忠、孝、节、义、仁、礼、智、信，这些都是当时的核心价值观。它提倡的三纲五常的伦理学说，给封建社会的人际关系罩上一层温情脉脉的纱幕，反映了君、臣、百姓对伦理道德的认同。

第四，儒学具有强烈的民本主义的政治文化意识和博大深广的人道主义精神，蕴含着建立和谐社会的理念。肯定“汤武革命”，提倡“好皇帝”和“清官”意识，既要求对百姓实行“仁政”“德治”，又提倡“仁爱”“立人”“达人”“推己及人”，鼓吹以“爱心”和“亲情”建立和谐的人际关系，达到天人和谐、人人和谐、自我和谐。

第五，它倡导“尽人力而听天命”“知其不可而为之”的积极进取的人生态度、独立不移的大丈夫精神和操守重于生命的品格意识。“富贵不能淫，贫贱不能移，威武不能屈”，“三军可夺帅也，匹夫不可夺志”。

第六，一贯重视教育和中华优秀文化的传承。得天下英才而教育之是人生一大乐事。

第七，儒学具有开放的学术品格，能够不断从“夷狄”等异质文化中吸纳知识与智慧，以丰富、充实和发展自己。它不是一个自满自足、僵化封闭的体系，而是一个具有海纳百川的博大胸怀、与时俱进的奋发进取意识的开放性的学派，因而能够在历史的前进运动中不断增强对社会和人生需求的适应能力。

第八，儒学具有实践性和普及性的品格。它没有故作高深的玄理，也不用晦涩难解的文字，其政治经济思想、伦理道德情操、人生价值理念，都是用比较贴近百姓的语言和司空见惯的事物表述的，因而能够润物细无声般地渗透到人们的心田之中，融化到人们的血液里，变成民族的文化基因。

反观先秦时期那些与儒学并峙而立的学派，尽管各有优长，但本身都存在明显的缺失。如墨家的“简而难尊”，法家的“刻薄寡恩”“有术易以兴，无术易以亡”，道家的“无为”“为我”“出世”，阴阳家的“使人拘而多畏”，名家的“苛察徼绕”“专决于名而失人情”，农家的平均空想等，使它们不能满足不断变化的社会对主流文化的诉求。只有经过董仲舒改造的新儒学，既保留了原始儒学博大精深的内涵，又有选择地吸收了其他学派的理论和方法，并且基本上消除了原始儒学“博而寡要，劳而少功”的弊端，成为内容最丰富，涉及政治、哲学、经济、伦理、教育等涵盖深广的学说，因而成为中国封建社会主流文化的核心和主要组成部分，为中华帝国的长期存在、发展和几度辉煌提供了有力的思想文化支撑。尽管两千多年来，斗转星移，世事变迁，外来文化数度冲击，但由于儒学有着很强的因应能力，它的地位一直稳如磐石，没有丝毫动摇。直到近代，在以民主和科学为旗帜的西学冲击下，儒学的颓势才显现出来。这一情况表明，中国古老的封建制度和与它相适应的文化已经面临全面的变革。

论范蠡*

公元前522年(周景王二十三年,鲁昭公二十年),楚国贵族公子伍员(字子胥)在父兄被平王诛杀的惨剧中,机智地逃往吴国,开始了攻楚复仇的积极谋划。楚国为了对付吴国,极力支持越国与吴国为敌。于是,在长江中下游广阔的平原湖网和山林中,吴、楚、越三国展开了空前剧烈的赌国家命运的争霸战争。一批命世之杰阖闾、夫差、孙武、伍员、申包胥、勾践、范蠡、文种,在这场长达五十余年的激烈复杂、曲折血腥、惊心动魄、高潮迭起的政治、军事和外交斗争中,作了出神入化、精彩纷呈的表演,充分展示了自己的政治智慧、军事谋略和外交才干。其中的大部分人在建树了辉煌的功业后悲惨地死于非命,只有范蠡功成身退,辞官经商,财源滚滚,优游岁月,得以寿终正寝。当公元前473年(周元王三年)吴王夫差在越王勾践的胁迫下自杀身亡、勾践以自己登上霸主的宝座顾盼自雄的时候,春秋时期威武雄壮的大国争霸活剧也接近落幕。

在吴、越争霸的生死搏斗中,实际上是四个韬略超群的人物斗智斗力,他们是吴王阖闾、夫差的谋主伍员、孙武与越王勾践的谋主范蠡、文种。当伍员、文种等人一一惨死在他们为之

---

* 本文原载于《烟台大学学报》(哲学社会科学版)1998年第1期。

立下不朽功业的君王之前的时候，范蠡却悄然离去，自由自在地从事着他钟爱的种植与商贸事业，他是在这场血雨腥风的斗争中唯一一个不曾失败的英雄。他的事功、思想、情操以及对后世的影响，理应引起人们的兴趣与关注。

一

范蠡的事迹散见于《国语》中的《越语》《吴语》，《史记》中的《吴太伯世家》《越王勾践世家》《货殖列传》以及《吴越春秋》《越绝书》等史籍。范蠡是楚国宛城（今河南南阳）三户（今淅川）人。史籍所记载的他的形象，是一个高瞻远瞩的政治家、勇敢坚毅的军事家、多谋善断的谋略家、纵横捭阖的外交家、才气超群的思想家、独具只眼的天文学家和亿则屡中的大商人，从其对君主的忠贞、对国家的责任感，他颇似儒家；从其鼓吹顺天地自然而求人事之成功，他接近道家；从其机智权变，巧于应付，他类似纵横家；从其对敌人的残酷无情、不假辞色，他又酷似法家。春秋末期，文化下移，思想界正酝酿着一次辉煌的超越，当孔子在北方的鲁国创立儒家学说，为子学勃兴而“金鸡一鸣天下晓”之时，范蠡则以其流光溢彩的思想在遥远的东南水乡做出有力的回应。

范蠡的政治智慧、军事才干和权谋韬略，突出表现在他襄赞越王勾践雪会稽之耻、翦灭吴国的全过程。

公元前494年（周敬王二十六年，鲁哀公元年），越王勾践在其即位的第三年，就按捺不住扩张的野心，准备征伐吴国。范蠡深知越国同吴国开战的时机与条件均不成熟，不具备取胜的希望，劝他切勿冒险犯难。范蠡的规劝是极富哲理的语言：

> 持盈者与天，定倾者与人，节事者与地。……天道盈而不溢，威而不骄，劳而不矜其功。夫圣人随时以行，是谓守时。天时不作，弗为人客；人事不起，弗为之始。今君王未盈而溢，未威而骄，不劳而矜其功，天时不作而先为人客，人事不起而创为之始，此逆于天而不和于人。王若行之，将妨于国家，靡王躬身。①

然而，此时的勾践已经陶醉于自己幻化的胜利前景忘乎所以了，对范蠡的逆耳之言怎么也听不进去，决心一意孤行，实施征吴的计划。范蠡眼看勾践即将给越国招来一场严重灾难，于是毫不犹豫地再次进谏："夫勇者，逆德也；兵者，凶器也；争者，事之末也。阴谋逆德，好用凶器，始于人者，人之所卒也；淫佚之事，上帝之禁也，失此者，不利。"②不管范蠡如何言之谆谆，但勾践却听之藐藐。他决心已定，伐吴之事，犹如在弦之箭，不可抑止。而此时的吴王夫差，在伍员、孙武的辅佐下，正为报杀父之仇而秣马厉兵。吴军准备充分，士气高昂，正严阵以待，迎击越军。越军发动进攻，双方激战于五湖（今太湖），结果越军一败涂地，狼狈逃回越国。吴军乘胜直追，连战皆捷。勾践最后只剩下五千疲惫之卒，退保会稽山。眼看亡国在即，社稷难保，勾践只得向范蠡求教摆脱危机的方略。范蠡明白，事到如

---

① 《国语·越语下》，上海古籍出版社 2015 年版，第 423 页。

② 《国语·越语下》，上海古籍出版社 2015 年版，第 423 页。

今，只有对吴国低首下心，委屈求和，以待时来运转。他教给勾践的方针是："卑辞尊礼，玩好女乐，尊之以名，如此不已，又身与之市。"①勾践此时总算省悟，立即遣大夫文种至吴军求和，卑辞厚礼，通过贿赂吴国权臣伯嚭，终于说通夫差答应保留越国。之后，范蠡建议由文种留守越国，行政抚民，自己则陪伴勾践夫妇一起到吴国，为吴王做了三年服役的奴隶。由于勾践与范蠡在夫差面前装得特别恭顺，骗取了夫差的信任。三年之后，夫差恩准勾践与范蠡一同返国，范蠡在越国最危难时刻的表现赢得了勾践的绝对信任。返越后，勾践又请教范蠡如何刷新政治，安定民生，富国强兵。范蠡要求勾践"节事者与地"，即效法大地，顺时养生，抚民保教，力图振兴，以待可乘之机。他说：

> 惟地能包万物以为一，其事不失。生万物，容蓄禽兽，然后受其名而兼其利。美恶皆成，以美其生。时不至，不可强生；事不究，不可强成。自若以处，以度天下，待其来者而正之，因时之所宜而定之。同男女之功，除民之害，以避天殃。田野开辟，府仓实，民众殷。无旷其众，以为乱梯。时将有反，事将有间，必有以知天地之恒制，乃可以有天下之成利。事无间，时无反，则抚民保教以须之。②

显然，范蠡这段寓意深长的话定下了此后越国生聚教训、自力更生、发愤图强、报仇雪耻的总战略和总政策。勾践真诚地愿

① 《国语·越语下》，上海古籍出版社 2015 年版，第 423—424 页。
② 《国语·越语下》，上海古籍出版社 2015 年版，第 424 页。

将整个越国托付给范蠡，要他全盘秉持国政，率意而行。但是，范蠡认为在行政理民方面文种比他更内行，建议由文种主内，由他专注对外事务，即根据形势的变化决定战守与和平。他颇为自负地说道："四封之外，敌国之制，立断之事，因阴阳之恒，顺天地之常，柔而不屈，强而不刚，德虐之行，因以为常；死生因天地之形，天因人，圣人因天；人自生之，天地形之，圣人因而成之。是故战胜而不报，取地而不反，兵胜于外，福生于内，用力甚少而名声章明。种亦不如蠡也。"①此后，勾践依照范蠡谋划的总方针，卧薪尝胆，励精图治，采取了一系列安定民生、奖励生育、发展生产、繁荣经济的政策。勾践以身作则，与臣民攻苦食啖，全国士农工商同仇敌忾，决心一战而雪会稽之耻。返国后的勾践复仇心切，期望早日实施伐吴的计划。返越的第四年（公元前 486 年，周敬王三十四年，鲁宪公九年），勾践就伐吴的问题征求范蠡的意见。范蠡告诉他，天时未到，不能轻举妄动："上帝不考，时反是守，强索者不祥。得时不成，反受其殃，失德不名，流走死亡。有夺，有予，有不予，王无蚤图。"②下一年，勾践见吴王奢侈无度，"乱民功，逆天时，信谗喜优，憎辅远弼"，认为伐吴的时机已到，再次征求范蠡的意见，范蠡仍以"天时未至"作答。公元前 484 年（周敬王三十六年，鲁哀公十一年），也就是勾践返国的第六个年头，吴国君臣反目，极力主张灭掉越国的伍员被勒令自杀。勾践认为伐吴的时机应该成熟了，再次征求范蠡的意见。范蠡再次以"天地未形"对之，不同意立即发动伐吴的战争。第二年，吴国蟹食稻，农业歉收，百

---

① 《国语·越语下》，上海古籍出版社 2015 年版，第 424 页。
② 《国语·越语下》，上海古籍出版社 2015 年版，第 428 页。

姓饥贫。勾践认为天时人事均对越国有利，于是再次征询范蠡对伐吴的意见，范蠡仍然不同意，理由是“天应至矣，人事未尽”。这次，勾践被深深地激怒了，他怀疑范蠡故意拖延伐吴的时日，气愤地质问说：“道固然乎？忘其欺不谷邪？吾与子言事，子应我以天时；今天应至矣，子应我以人事。何也？”范蠡平心静气地劝慰勾践，此时伐吴时机之所以尚未成熟，原因是天时、地利、人事三者还未相参，因而不仅仍须耐心等待，而且自己还应制造荒淫奢侈的假象来麻痹吴国君臣，使之放松警惕，诱导他们向最荒唐的方向发展，以便进一步造成伐吴的最佳条件：

> 夫人事必将与天地相参，然后乃可以成功。今其祸新民恐，其君臣上下，皆知其资财之不足以支长久也，彼将同其力，致其死，犹尚殆。王其且驰骋弋猎，无至禽荒；宫中之乐，无至酒荒；肆与大夫觞饮，无忘国常。被其上将薄其德，民将尽其力，又使之望而不得食，乃可以致天地之殛。①

公元前475年（周元王二年，鲁哀公二十年）伐吴的条件终于成熟：一方面，越国经过近二十年的准备，国力强大，君臣同心，民气昂扬；另一方面，夫差倾全国之力，北上中原争霸，使国力严重消耗，后方空虚，“吴王北会诸侯于黄池，吴国精兵从王，惟独老弱与太子留守”②，且国内君臣、君民之间矛盾重重，

---

① 《国语·越语下》，上海古籍出版社2015年版，第430页。

② 《史记·越王勾践世家》，中华书局1959年版，第1744页。

不能组织有效的抵抗。于是范蠡建议勾践立即兴兵伐吴。越国“乃发习流二千人,教士四万人,君子六千人,诸御千人”①,奇袭攻至五湖。吴国仓促应战,太子被杀。夫差急忙自黄池回军,双方在吴都对峙。吴军复仇心切,反复向越军挑战。范蠡审时度势,主张对吴军采取长期围困的策略,对吴军的挑战不予理会。他对勾践说:

> 臣闻古之善用兵者,赢缩以为常,四时以为纪,吴过天极,究数而止。天道皇皇,日月以为常,明者以为法,微者则是行。阳至而阴,阴至而阳;日困而还,月盈而匡。古之善用兵者,因天地之常,与之俱行。后则用阴,先则用阳;近则用柔,远则用刚。后无阴蔽,先无阳察,用人无艺,往从其所。刚强以御,阳节不尽,不死其野,彼来从我,固守勿与,若将与之,必因天地之灾,又观其民之饥饱劳逸以参之。尽其阳节、盈吾阴节而夺之。宜为人客,刚强而力疾;阳节不尽,轻而不可取。宜为人主,安徐而重固;阳节不尽,柔而不可追。凡陈之道,设右以为牝,益左以为牡,蚤晏无失,必顺天道,周旋无究。今其来也,刚强而力疾,王姑待之。②

上面一席话,突出表现了范蠡深厚的军事素养和高超的智谋韬略。他深谙吴国的国势军力,知道它已是强弩之末,经不起长久对峙的消耗,只要不理会其挑战,对吴军采取围而不战

---

① 《史记·越王勾践世家》,中华书局1959年版,第1744页。

② 《国语·越语下》,上海古籍出版社2015年版,第431页。

的策略，必然不断增加其心理压力，消耗其战争资源，就会导致其最后的崩溃，达到“不战而屈人之兵”的目的。公元前473年（周元王三年，鲁哀公二十二年），吴军全线崩溃，首都没有经过大的战斗即被越军攻克。吴王夫差带领他的嫔妃、大臣，携带大量珍宝，在一支敢死队的保护下，逃到姑苏台固守，同时派出使者向勾践乞和，企望勾践也能像他二十年前一样宽容，允许保留吴国，而自己也会像当年的勾践一样为之服役。看着吴国君臣乞哀告怜的样子，勾践的复仇心理得到极大的满足，他甚至想答应吴国的请求。但此时的范蠡却丝毫不为所动，力劝勾践拒绝吴国的求和之请：“臣闻之，圣人之功，时为之庸，得时不成，天有还形。天节不远，五年复反，小凶则近，大凶则远。先人有言曰：‘伐柯者其则不远。’今君王不断，其忘会稽之事乎？”①一席话使勾践坚定了灭吴的初衷。但是，之后由于吴国求和的“使者往而复来，辞愈卑，礼愈尊”，勾践又陷于犹豫之中。范蠡为了使勾践不再动摇，只得再一次进谏，以激烈的言辞刺激他：“孰使我蚤朝而晏罢者，非吴乎？与我争三江、五湖之利者，非吴邪？夫十年之谋，一朝而弃之，其可乎？”②勾践认为范蠡的道理讲得特别充分，就把对付吴王及其残余势力的事宜交给他全权处理。范蠡于是“左提鼓，右援枪”，以胜利者的姿态出现在吴国使者王孙雒面前，义正辞严地宣告：“昔者上天降祸于越，委制于吴，而吴不受。今将反此义以报此祸，吾王敢无听天之命，而听君主之命乎？”③王孙雒尽管为

① 《国语·越语下》，上海古籍出版社2015年版，第433页。
② 《国语·越语下》，上海古籍出版社2015年版，第433页。
③ 《国语·越语下》，上海古籍出版社2015年版，第433页。

败国之使，但毫不示弱，严厉谴责范蠡是“助天为虐”，警告他不要为“不祥”之事。范蠡不再答话，也不再向勾践请示，而是“击鼓兴师以随使者，至于姑苏之宫，不伤吴民，遂灭吴”①。

吴国灭亡，越王勾践成为春秋争霸战争最后一位执时代之牛耳的叱咤风云的英雄。在长达二十多年吴越两国的生死较量中，范蠡作为勾践的头号谋主，充分展示了自己作为军事谋略家和智谋兼备的统帅的风采。他高瞻远瞩，洞悉世事，所谋必中；他坚韧不拔，意志如钢，一旦选定目标，就坚定不移地走下去，没有丝毫的犹豫逡巡；他沉毅果决，受得住屈辱，善于选择最佳斗争时机。在伐吴条件不具备时，任凭勾践如何狂躁暴跳，他也不为所动，而是晓之以理，苦撑待变；而一旦条件成熟，他又动如脱兔，义无反顾地投入战斗，直到致敌于死命。对于敌手，他冷若冰霜，残酷无情，既不相信眼泪，也不怜悯死亡，不达目的决不罢休。在他心目中，最后的胜利高于一切。为此，可不择手段不讲信义，两面三刀，出尔反尔。在吴越搏战的二十多年中，尽管斗争无比惨烈，不时处于千钧一发的险境，但范蠡却一直能够处变不惊，应付裕如。他是“每逢大事有静气”，充满自信，胸有成竹，举重若轻，游刃有余。政治舞台上的范蠡，犹如一位高明的乐队指挥，潇洒自如地指挥着他庞大的乐队，不断奏出激越美妙的乐章。他的斗争艺术在血与火的搏战中锤炼到炉火纯青的地步。

---

① 《国语·越语下》，上海古籍出版社 2015 年版，第 434 页。

二

吴国灭亡后,勾践礼葬自杀身死的吴王夫差,诛杀吃里爬外的奸佞之辈吴国太宰伯嚭。之后,在范蠡的谋划下,勾践"北渡兵于淮以临齐、晋,号令中国,以尊周室"①,登上他梦寐以求的霸主宝座。范蠡也因功被任命为上将军,位极人臣,其政治生涯达到顶峰。依人之常情,此后的范蠡就应该心安理得地享受他应得的荣华富贵了。然而,就在这个节骨眼上,范蠡却采取了一个似乎有悖常理的惊世骇俗的行动,功成身退,对于到手的官位、权力、财富和荣誉弃之如敝履,"范蠡以为大名之下,难以久居,且勾践为人可与同患,难于处安",于是上书勾践,决定辞官去职:"臣闻主忧臣劳,主辱臣死。昔者君王辱于会稽,所以不死,为此事也。今既已雪耻,臣请从会稽之诛。"②话虽说得委婉含蓄,但去意明确。勾践览奏,出乎意料,震惊之余,威胁说:"孤将与子分国而有之,不然,将加诛于子。"勾践的态度早在范蠡的意料之中,但他去意已决,对勾践的威胁以掷地有声的六个字作答:"君行令,臣行意。""乃装其珍宝珠玉,自与其私徒属乘舟浮海以行。"③当勾践知悉其出走的消息时,范蠡已经乘风破浪航行在万顷波涛之上。勾践知道范蠡已经与自己决绝,但自己觉得还应该对他的功劳有所表

---

① 《史记·越王勾践世家》,中华书局1959年版,第1751—1752页。
② 《史记·越王勾践世家》,中华书局1959年版,第1752页。
③ 《史记·越王勾践世家》,中华书局1959年版,第1752页。

示，于是下令以会稽三百里作为范蠡的奉邑。此举当然只有象征意义，是做给其他臣子看的。范蠡到齐国后，没有忘记与他共过患难的朋友文种，他千里致书，劝文种赶快离开越国，以免遭杀身之祸。书中说："蜚鸟尽，良弓藏；狡兔死，走狗烹。越王为人长颈多喙，可与共患难，不可与共乐，子何不去？"①文种接书后，半信半疑。他一方面认为自己功劳显赫，在臣民中享有崇高的威望，勾践不见得忍心杀他；另一方面也不愿抛弃刚刚享受到的荣华富贵，因而没有当机立断，尽快离开越国。只是对勾践采取消极态度，"称病不朝"。这时有人向勾践进谗，诬陷文种"作乱"。此时的勾践已经感受不到敌国的威胁，也就不需要治世之能臣为之服务，于是残忍地赐剑给文种说："子教寡人伐吴七术，寡人用其三而败吴，其四在子，子为我从先王试之。"②文种面对绝情的勾践，悲愤莫名地伏剑自杀了。文种是与范蠡相伯仲的名臣，范蠡甚至认为其治国抚民的才具超过自己，据《越绝书·内经九术》记载，文种为越国贡献的是"灭吴九术"而非七术。其内容如下：

> 一曰尊天地，事鬼神；二曰重财币，以遗其君；三曰贵籴粟稿，以空其邦；四曰遣之好美，以为劳其志；五曰遣之巧匠，使起宫室高台，尽其财，疲其力；六曰遗其谀臣，使之易伐；七曰强其谏臣，使之自杀；八曰邦家富而备器；九曰坚甲利兵，以乘其弊。③

---

① 《史记·越王勾践世家》，中华书局 1959 年版，第 1746 页。

② 《史记·越王勾践世家》，中华书局 1959 年版，第 1746—1747 页。

③ 袁康：《越绝书》卷一二，董治安主编：《两汉全书》第 16 册，山东大学出版社 2006 年版，第 9932 页。

勾践在伐吴的过程中,的确是充分利用了文种的“九术”配以范蠡的军事和外交谋略,才取得了最后的胜利。这个九术,显示了文种过人的才智和老谋深算。然而,文种却同当时一般追逐富贵利禄的文武之士一样,陷入了“当局者迷”的误区。他只知道自己凭才干与功劳可以从君王那里市得富贵利禄,并把它作为自己最重要的人生追求,却忽视了重要的一点:君王既有权给予臣子富贵利禄,同时也有权随时收回富贵利禄,还可以牺牲那些功高震主的臣子的生命以维护自己君位的安全,正因为如此,历史上才一再上演兔死狗烹的悲剧。

伍员、文种等人,就才能和谋略而言,都是当时的出类拔萃之辈,他们的事功也的确展示了人生辉煌的一面。然而,他们在建立了不世之功以后,却都悲惨地走向了生命的尽头。他们并非不了解官场的黑暗和仕途的险恶,也并非不知道“伴君如伴虎”的古训,他们之所以最后未能摆脱悲惨的结局,一是痴迷富贵利禄不能自拔,二是自信自己的聪明才智足以摆脱任何困厄。他们真是聪明反被聪明误了。反观范蠡,尽管就才能而言与上述二人不分轩轾,各有千秋,但是他对君臣关系的洞若观火和对官位利禄的淡泊态度,上述二人却难以望其项背。范蠡身上,透出他对人生价值理想的特殊理解。尽管他不能摆脱当时的社会环境踽踽独行,但是,他却一直坚持自己的独立人格,坚持自己掌握自己的命运。在越国面临亡国危险、勾践处境最困难的时候,他坚定地留下来,与之一起受辱,一起奋斗,一起谋划艰难的崛起,终于一战而雪会稽之耻,为越国和勾践赢得了无上荣光,这也展示了范蠡对日月可表的耿耿忠心、世罕其匹的才智以及超越当时所有臣子的勇毅和果敢。作为臣子，他已经完美地履行了自己的职责，不欠勾践一分一毫，他无愧于越国和勾践。但是，范蠡又反对愚忠，反对臣子将自己像金银财宝一样一劳永逸地出卖给君主。他坚持自己是自己命运的主宰，他的生命与智慧不属于任何人，而只能属于他自己。由此出发，范蠡对勾践发出的威胁嗤之以鼻，我行我素，毫无顾忌地离开了越国。在勾践看来，生活在越国内的任何人都是他的奴才，他对之都有生杀予夺之权。但是，在范蠡的观念中，每个人都有自己独立的人格、独立的意志，都有权决定自己的进退出处，别人不应该也无权干涉。既然留在越国已经没有发挥自己才能的余地，并且连生命也时时处在危殆中，自己就完全没有必要坐以待毙。这时，毅然离开就是一种最聪明的选择。在范蠡看来，臣子对君主的忠诚不应该是绝对的、无条件的，这个君主至少自己有所作为又能知人善任，臣子在其麾下服务，立功可以不受奖，但至少不应该遭到无理诛杀。一个臣子有对君主选择的权力，这就是所谓“择木而栖”。因此，他不必要也不应该对一个喜怒无常的君主忠心到底。当君主变得暴戾恣睢、昏庸无能、刚愎自用、拒谏饰非，听不进逆耳之言，甚至滥杀无辜，变得不可救药时，臣子为什么还必须忠于他，并且以自己毫无价值的牺牲去换取忠臣孝子的美名呢！范蠡出走越国的行动之所以值得珍视，是因为此一行动体现的是人的自我意识的觉醒。在奴隶社会向封建社会过渡的时代，在人的生命、人的尊严还被统治阶级普遍漠视的情况下，范蠡身上所体现的人的自我意识的觉醒不啻报春的燕子，特别难能可贵，应该大书而特书。

三

范蠡离开越国后来到齐国,隐姓埋名,自号“鸱夷子皮”,意即盛酒的皮袋子,在海边住了下来。他自食其力,“耕于海畔,苦身戮力,父子治产,居无何,致产数十万”。可以想见他经营有方。齐国贵族知悉范蠡的真实身份以后,钦佩他的才能,就建议齐君聘请他做了齐国相。据各种情势推断,范蠡在齐国为相的时间不长,就又辞官了。他辞官的理由很简单,用他自己的话说:“居家则致千金,居官则为卿相,此布衣之极也。久受尊名,不祥。”于是交出相印,“尽散其财,以分于知友乡党”。然后悄然远行,来到陶(今山东定陶),“以为此天下之中,交易有无之路通,为生可以致富矣”①。他自号“陶朱公”,父子家人宾客,各司其职,利用“陶为天下之中”的优越地理位置,进行大规模的商贸活动,“逐什一之利,居无何,则致赀累巨万”②,“十九年之中,三致千金,再分散于贫交疏昆弟,此所谓富好行其德者也”③。他遂成为闻名天下的富商大贾,活了70多岁,得以寿终。在今日山东的定陶、枣庄、滕州和肥城,都有陶朱公的坟墓。由于范蠡后半生主要从事商贸活动,不少地方留下了他的足迹,因而一些地方附会他的古迹并不奇怪。据唐人《括地志》记载,范蠡真实的坟墓位于今日山东肥城的陶

① 《史记·越王勾践世家》,中华书局1959年版,第1752页。
② 《史记·越王勾践世家》,中华书局1959年版,第1753页。
③ 《史记·货殖列传》,中华书局1959年版,第3257页。

山，墓址选在松柏覆盖的向阳的山坡上。当年，这个地方背靠半环形的险峻山梁，面对烟波浩渺的湖水，林壑幽深，人迹罕至，比较符合范蠡不慕荣华、淡然处世的品格。

范蠡之所以成为中国人公认的商人之祖，一是因为他经商致富，三致千金，“子孙修业而息之，遂至巨万”，是一个成功的富商大贾；二是因为他总结出一套经济理论，是不亚于管仲的大经济学家。范蠡的经济思想比较丰富。他当时已经朦胧地意识到，包括经商在内的人的活动，必须顺应不以人的意志为转移的客观规律才能成功。他对急于伐吴、盲动冒险的勾践说，“人事必将与天地相参，然后乃可成功”，如果“逆于天而不和于人”，任意妄为，则必然失败。《史记·货殖列传》所引的“计然之术”比较集中地反映了范蠡的经济理论：

> 知斗则修备，时用则知物，二者形则万货之情可得而观已。故岁在金，穰；水，毁；木，饥；火，旱。旱则资舟，水则资车，物之理也。六岁穰，六岁旱，十二岁一大饥。夫粜二十病农，九十病末。末病则财不出，农病则草不辟矣。上不过八十，下不减三十，则农末俱利。平粜齐物，关市不乏，治国之道也。积著之理，务完物，无息币。以物相贸易，腐败而食之货勿留，无敢居贵。论其有余不足，则知贵贱。贵上极则反贱，贱下极反贵。贵出如粪土，贱取如珠玉，财币欲其行如流水。①

不可否认，这里范蠡对农业丰歉的认识尽管还带有形而上

① 《史记·货殖列传》，中华书局1959年版，第3256页。

学的循环论色彩，但反映了他对自然经济条件下农业生产发展规律的探索。因为农业的丰歉在很大程度上受天候的制约，掌握了天候的变化规律，也就掌握了农业丰歉的规律。这对于一个国家备战备荒、保持社会稳定，在任何艰难险峻的情况下立于不败之地具有重要意义。强调农末俱利是范蠡经济理论的一大特点。他要求既不谷贱伤农，也不要谷贵伤工商。因为经济的发展、社会的稳定，需要调动农民和工商业者两方面的积极性。他认为谷价在三十钱至八十钱之间波动是正常的，超出这一范围国家就应该以平粜的政策进行干预。“农末俱利”的观点是范蠡首次推出来的，其平粜政策为战国时期李悝和后世不少封建王朝所继承，成为一项利国利民的影响深远的政策。只是后世的传统经济思想过于强调“重本抑末”，丢掉了范蠡“农末俱利”的理论精华。

范蠡的商品经济理论丰富而深邃。如他认为商品“贵上极则反贱，贱下极反贵”，就不仅是对商品运行规律的认识，而且包含着对价值规律的朦胧猜测。正常的商品价格只能围绕商品的价值上下波动，太贵与太贱都背离价值。范蠡还认为，商业活动尽管充满风险，有其捉摸不定的一面，但毕竟有规律可循，因为商情在很大程度上是可以预测的。他主张在准确预测商情的基础上，运用“积蓄”原理，在商品流通中通过贱买贵卖的不等价交换，获取最大利润。为此，要储物以“待乏”，“旱则资舟，水则资车”，但又不能囤积居奇。物价看涨时不能惜销，必须加快货物与资金周转，并以高质量的货物赢得市场，“务完物，无息币”。物价涨到一定水平即有利可图时要毫不犹豫地抛出；相反，物价跌到一定程度时则大力收购。这就是“贵出如粪土，贱取如珠玉，财币欲其行如流水”。范蠡这些对商品运行规律的认识难能可贵。可惜在中国封建社会里,由于“重本抑末”的传统经济思想占据主导地位,范蠡的商品经济理念未能发扬光大。

综上所述,可以看出,生活于春秋末期的范蠡,无论从功业、思想、情操、品格哪一方面看,都是一个不可多得的英才。然而,他不仅在中国长期封建社会里没有受到应有的重视,而且在近代以来的学术研究中也没有获得相应的地位。在不少著作中,他甚至成为无人问津的盲点。有的学者指出形成这种局面的原因有三:一是范蠡未能忠于一君到底,违背了封建道德对臣子的要求;二是他弃官经商,选择了封建士大夫所鄙视的“贱业”;三是他带着西施出走,生活不够检点。其实,这三点恰恰是范蠡不同流俗的过人之处,正是范蠡拔出同列、独放异彩的地方。春秋战国时代是我国人才流动最好的时代之一。当时各国君主普遍礼贤下士,众多的文武之士更是不惮风尘仆仆奔走于列国之间,“择主而仕”。卿士的观念是合则留,不合则去,不必从一而终。而对一个不念恩义、对功臣宿将随意诛伐的君主,范蠡的离去不能不说是明智的选择。不要说当时还没有臣子对君王从一而终的道德要求,即使有此要求也是不合理的“愚忠”观念。范蠡敢于蔑视这一观念,正说明他具有可贵的叛逆精神。范蠡弃官经商也不应该受到谴责。第一,当时还未形成“重本抑末”的社会风气,富商大贾有着与国君分庭抗礼的崇高地位,如子贡和弦高。第二,弃官经商,发财致富,较之贪官污吏贪赃枉法、盘剥百姓不啻高尚千百倍,何况范蠡致富不忘宗族邻里乡党,轻财好施,赢得了百姓广泛的赞誉呢!至于范蠡与西施的关系,我们认为,所有西施及其故事很可能是好事之徒造出来的,因为在《国语》《史记》等严肃的历史著作中根本看不到她的影子。退一步说,即使此事确实存在,也不能影响对范蠡肯定的评价,因为当时的达官贵人大都是美女环绕,妻妾成群,我们没有必要苛求于范蠡。再说,如果范蠡与西施二人真像戏剧小说描述的那样彼此钟情,那就是一桩难得的爱情佳话,歌颂还来不及,更不应该受到谴责。

总而言之,范蠡是一个思想与性格特别鲜明的历史人物,他的有关商品经济的理论中有不少精华,认真深入地进行发掘和研究,对于发展今天的商品经济可以提供许多具有积极意义的资鉴。

孟子的“性善论”*

长期以来，人性是中国古代思想家着力探索的一个重要问题。孔子最早提出“性相近，习相远”的命题，承认社会上的每个人在其初生之时有共同的相近的人性，但由于后来的“习”——社会实践的不同，他们的品性表现出较大的差异甚至天壤之别。

孔子的“性相近，习相远”的人性理论，被后世的思想家朝不同的方向发展了。就先秦思想家而言，除告子坚持“生之谓性”，人性“无分于善与不善”（《孟子·告子上》）外，其他人基本上分为“性善”与“性恶”对立的两派。“性善”论的代表是孟子，“性恶”论的代表是荀子和他的弟子韩非。荀子把人性看作人与生俱来的生理本能，即与社会无关的、抽象的自然生物性：“今人之性，饥而欲饱，寒而欲暖，劳而欲休，此人之情性也。”“若夫目好色，耳好声，口好味，心好利，骨体肤理好愉佚，是皆生于人之情性者也，感而自然，不待事而后生之者也。”①这种生理本能如不加以节制，任其发展，其社会性就必然是恶的：“今人之性，生而有好利焉，顺是，故争夺生而辞让亡焉；生

---

* 本文原载于拙著《孟子传》，齐鲁书社 2013 年版。

① 王先谦撰：《荀子集解》，中华书局 2013 年版，第 516—517 页。

而有疾恶焉,顺是,故残贼生而忠信亡焉;生而有耳目之欲,有好声色焉,顺是,故淫乱生而礼义文理亡焉。”①既然人性都恶,那么“善”是从哪里来的呢?荀子认为是在圣人教化下学习礼义对性恶进行改造的结果,“善者伪也”。与孟子的性善论一样,荀子的性恶论也是一种抽象的人性论,并且有着不可克服的矛盾:既然人性都是恶的,圣人也不应该例外,为什么他的人性是善的并且还能以礼义对其他人进行教化呢?不过,较之孟子的性善论,性恶论有着更多的合理性。荀子似乎隐隐地感觉到,“正是人的恶劣的情欲——贪欲和权势欲成了历史发展的杠杆”②。他认识到,任何人类个体离开集体即社会都无法生存,而人类之所以异于其他动物,是因为他们组成了社会即“群”。为了使每个个体性恶的人在“群”中能够和睦相处,就必须有圣人出来对他们进行教化。荀子认为,只要社会创造一个外部良好的环境,如俗语所说,“蓬生麻中,不扶自直;白沙在涅,与之俱黑”,人人努力学习礼义法度,就可以“化性起伪”,就会被改造成具有善性的人。与此同时,还必须有一套完整的礼法制度,将每个人固定在一定的社会角色的位置上,这就是“分”。这套礼法制度是“丧祭朝聘师旅”“贵贱生杀予夺”“君君臣臣父父子子兄兄弟弟夫夫妇妇”“农农士士工工商商”。实际上指的是全部的封建的经济基础和上层建筑以及每个人的定位,而这又是永恒的:“君臣、父子、兄弟、夫妇,始则终,终则始,与天地同理,与万世同久,夫是之谓大本。”③法

① 王先谦撰:《荀子集解》,中华书局 2013 年版,第 513 页。

② 《马克思恩格斯选集》第 4 卷,人民出版社 2012 年版,第 240 页。

③ 王先谦撰:《荀子集解》,中华书局 2013 年版,第 193 页。

家代表人物韩非师承乃师的性恶论，认为人性恶不仅是绝对的，而且是不可改变的。这种“性恶”的社会表现就是对个人私利的无厌追求，而这种追求是完全合理的。所以一切仁义道德的说教统统都是骗人的鬼话，统统都应该弃之如敝屣。在他看来，规范社会上人与人关系的准则就是利害：

> 故王良爱马，越王勾践爱人，为战与驰。医善吮人之伤，含人之血，非骨肉之亲也，利所加也。故舆人成舆，则欲人之富贵，匠人成棺，则欲人之夭死也。非舆人仁而匠人贼也，人不贵则舆不售，人不死则棺不买，情非憎人也，利在人之死也。①

所以人与人之间也就根本不存在道德亲情的联系，只是建立在赤裸裸的利害关系基础上的交换和买卖关系。他将这一论断推延至所有的人与人之间的关系，认为君臣、君民甚至父母和子女之间的关系也是如此。他认为，如果说上古时代生产不发达、民风淳朴的条件下道德还起点作用的话，那么，当历史已经发展到利益至上的战国时代，仁义道德的功用就丧失净尽了：“上古竞于道德，中世逐于智谋，当今争于气力。”②法家的这种绝对功利主义的社会伦理学说，斩断了社会上本来就存在的非功利的伦理亲情的联系，将社会上所有人与人之间的关系全说成是弱肉强食的狼与羊的关系。这种理念作为真理广泛宣传，其对国家、民族和社会的危害是显而易见的。

---

① 王先慎撰：《韩非子集解》，中华书局 2013 年版，第 123 页。

② 王先慎撰：《韩非子集解》，中华书局 2013 年版，第 487 页。

孟子是儒家中对人性最感兴趣的思想家之一,《孟子》七篇中有不少章节论及人性问题,其中最集中讨论人性的是《告子》篇记载的他同告子的辩论。孟子认为人的本性是“善”的,这个善的内容就是对仁、义、礼、智等伦理道德观念的认同。而这个善发端于“人皆有不忍人之心”:

> 人皆有不忍人之心。先王有不忍人之心,斯有欲不忍人之政矣。以不忍人之心,行不忍人之政,治天下可运之掌上。所以谓人皆有不忍人之心者,今人乍见孺子将入于井,皆有怵惕恻隐之心,非所以内交于孺子之父母也,非所以要誉于乡党朋友也,非恶其声而然也。由是观之,无恻隐之心,非人也;无羞恶之心,非人也;无辞让之心,非人也;无是非之心,非人也。恻隐之心,仁之端也;羞恶之心,义之端也;辞让之心,礼之端也;是非之心,智之端也。人之有是四端也,犹其有四体也。有是四端而自谓不能者,自贼者也;谓其君不能者,贼其君者也。凡有四端于我者,知皆扩而充之矣,若火之始然,泉之始达。苟能充之,足以保四海;苟不充之,不足以事父母。①

孟子这段话的意思是:“每个人都有怜恤别人的同情心。先王因为有怜恤别人的同情心,因而就有了善于体恤下情的政治。凭着怜恤别人的同情心来实施体恤下情的政治,治理天下就可以像运转小物件于手掌上一样容易。我所以说每个人都有怜

---

① 《孟子·公孙丑上》,《十三经注疏》,中华书局 1980 年版,第 2690—2691 页。

恤别人的同情心,可以举下面的事例作为证明:譬如现在有人突然看到一个小孩子要掉到井里去了,任何人都会有惊骇怜悯的心情。这种心情的产生,既不是为着要来和这小孩的父母攀交情,也不是为着要在乡里亲朋中间博取美誉,更不是因为厌恶那小孩的哭声。由此看来,一个人如果没有恻隐之心,简直不是个人;如果没有廉耻之心,简直不是个人;如果没有谦让之心,简直不是个人;如果没有是非之心,简直不是个人。恻隐之心是仁的萌芽,廉耻之心是义的萌芽,谦让之心是礼的萌芽,是非之心是智的萌芽。人心具有这四种萌芽,正好比他有手足四肢一样,是很自然的。有这四种萌芽却认为自己不行的人,是自暴自弃的人;认为他的君主不行的人,是暴弃他君主的人。具有这四种萌芽的人,如果晓得将这种萌芽扩充起来,便犹如刚刚燃烧的火,终必不可扑灭;犹如刚刚流出的泉水,终必汇为江河。假若能继续扩充,便足以安定天下;假若不扩充,让它消灭,便连赡养父母都做不到。"孟子这里从人人都有怜恤别人的同情心引申开来,进而说人人都有恻隐之心、羞恶之心、辞让之心、是非之心,而这四心又恰恰是仁、义、礼、智的发端和萌芽,将这四端扩而充之,人人就具备了善,即仁、义、礼、智的品性。这样,孟子性善论就有了他设定的一个前提:人人具有善端。而事实上,这个前提是否存在却大成问题。

孟子与告子关于人性的辩论,进一步深化了他的理论,让我们随着他们的辩论,一一加以检视:

> 告子曰:"性犹杞柳也,义犹桮棬也;以人性为仁义,犹以杞柳为桮棬。"孟子曰:"子能顺杞柳之性而以为桮棬

乎？将戕贼杞柳而后以为桮棬也？如将戕贼杞柳而以为桮棬，则亦将戕贼人以为仁义与？率天下之人而祸仁义者，必子之言夫！”①

这里，告子首先提出问题说：“人的本性好比杞柳树，义理好比杯盘；使人的本性变得符合仁义，正好比用杞柳树来制成杯盘。”他的意思很明确：杯盘虽然是杞柳树制成的，但杞柳树和杯盘却不是一回事。也就是说，人性与仁义即善是不能画等号的。对此，孟子回敬说：“您还是顺着杞柳树的本性来制成杯盘，还是毁伤杞柳树的本性来制成杯盘呢？如果要毁伤杞柳树的本性来制成杯盘，那也要毁伤人的本性然后使之符合仁义吗？率领天下的人来损害仁义的，一定是您的这种理论！”孟子的意思是，可以顺着杞柳树的本性来制成杯盘，也就可以顺着人的本性达到仁义，所以人的本性与仁义的联系是自然而然的。在这一论题的辩论中，其实告子是对的：杞柳树虽然是制造杯盘的原料，但杞柳树并不等于杯盘；人性虽然可以为仁义，但人性却不等于仁义。

告子曰：“性犹湍水也，决诸东方则东流，决诸西方则西流，人性之无分于善不善也，犹水之无分于东西也。”孟子曰：“水信无分于东西，无分于上下乎？人性之善也，犹水之就下也。人无有不善，水无有不下。今夫水，搏而跃之，可使过颡；激而行之，可使在山：是岂水之性哉？其势

① 《孟子·告子上》，《十三经注疏》，中华书局1980年版，第2747页。

则然也。人之可使为不善,其性亦犹是也。"

孟子与告子继续辩论。告子说:"人性好比湍急的流水,从东方开一个口子便向东流,从西方开一个口子便向西流。人的本性没有善与不善的定性,就好比水没有向东流向西流的定向一样。"孟子反驳告子说:"水诚然没有向东流向西流的定向,难道也没有向上向下的定向吗?人性本善,就好像水总是向低处流。人没有不善良的,水没有不向低处流的。当然,拍水使它翻腾起来,可以高过额角;戽水使它倒流,可以引上高山。这难道是水的本性吗?是形势的改变使它如此的。就像有的人做坏事,其本性的改变也正是这样。"在后续的辩论中,告子和孟子都以水的流向做比喻:告子以水的没有东流西流的定向为喻,证明人性没有善与不善的定性。孟子以水向低处流为喻,证明人性没有不善良的。其实人性和水性是不可比的。告子以水的没有东流西流的定向证明不了人性没有善与不善的定性,孟子以水向低处流也证明不了人性没有不善良的结论。然而,他们却硬是以水的这种品性证明自己想要的结论。不过,由于孟子以击水使之向上改变水向低处流的品性来证明人性的背善不符合人的本性,实在是较告子棋高一着。再往下的辩论,孟子就将告子引入彀中。

告子曰:"生之谓性。"孟子曰:"生之谓性也,犹白之谓白与?"曰:"然。""白羽之白也,犹白雪之白;白雪之白犹白玉之白与?"曰:"然。""然则犬之性犹牛之性,牛之性犹人之性与?”①

你看,告子说,天生的资质叫作性。孟子立即问:天生的资质叫作性,好比一切东西的白色都叫作白吗?告子不知孟子的提问是陷阱,顺着说,正是如此。看到告子入彀,孟子再问:白羽毛的白就像白雪的白,白雪的白就像白玉的白吗?此时告子已经在孟子设定的陷阱里难以自拔,又顺着说正是如此。孟子于是来了一个有力的反诘:那么,狗性犹如牛性,牛性犹如人性吗?在这段辩论中,孟子是用偷换概念的办法赢了告子:告子讲“生之谓性”,说的是人的生理本能就是性,虽然不太确切,但不无道理。孟子的“生之谓性也,犹白之谓白与?”却是将“生之谓性”偷换成“白之谓白”。再后,又以“白羽之白”“白雪之白”“白玉之白”同是白色这个并不错误的论断引出“然则犬之性犹牛之性,牛之性犹人之性与”的反诘,置告子于被动的境地。这里,孟子既偷换了概念,又犯了无类比附的错误,因为犬、牛和人是三种不同的生物,它们的性显然是不能放在一个平台上比较的。孟子以自己几经转换的逻辑错误,使告子在不知不觉中跌入他布好的陷阱,将其置于无言以对的困境,显示的是自己近于诡谲的智慧。再往下,孟子和告子就辩论到仁、义这些伦理本身的问题。孟子依然坚持人性本善的观点,而告子则仍然以“生之谓性”与之颉颃:

告子曰:“食色,性也。仁,内也,非外也;义,外也,非

① 《孟子·告子上》,《十三经注疏》,中华书局1980年版,第2748页。

> 内也。”孟子曰：“何以谓仁内义外也？”曰：“彼长而我长之，非有长于我也；犹彼白而我白之，从其白于外也，故谓之外也。”曰：“异于白马之白也，无以异于白人之白也；不识长马之长也，无以异于长人之长与？且谓长者义乎？长之者义乎？”曰：“吾弟则爱之，秦人之弟则不爱也，是以我为悦者也，故谓之内。长楚人之长，亦长吾之长，是以长为悦者也，故谓之外也。”曰：“耆秦人之炙，无以异于耆吾炙，夫物则亦有然者也，然则耆炙亦有外与？”①

这里，告子说：“食欲和性欲，都是人的本性。仁是内在的东西，不是外在的东西；义是外在的东西，不是内在的东西。”他的意思是，仁属于人的内在的本性，而义则是外加的东西。告子如此将仁义分开，就犯了一个致命的错误。因为作为伦理观念，仁义是不能分内外的。孟子坚持仁义不能分内外，都是人的本性的反映。为了战胜告子，就要求他将“仁内义外”的观点再解释一下。告子解释说：“因为他年纪大，于是我去恭敬他，恭敬之心不是我原先就有；正好比外物是白的，我便认它是白色之物，这是外物具有白色而我加以认识的缘故，所以说是外在的东西。”孟子于是反诘说：“白马的白和白人的白或许没有什么不同，但不知道对老马的怜悯心和对老者的恭敬心，是不是也没有什么不同呢？而且，您说，所谓义，在于老者还是在于恭敬老者的人呢？”孟子的反诘已经将告子逼到很不利的境地，但告子还要继续坚持他的观点。他说：“是我的弟弟便爱

---

① 《孟子·告子上》，《十三经注疏》，中华书局 1980 年版，第 2748 页。

他,是秦国人的弟弟便不爱他,这是因为我自己的关系而高兴这样做的,所以说仁是内在的东西。恭敬楚国的老者,也恭敬我自己的老者,这是因为外在的老者的关系而这样做的,所以说义是外在的东西。”这毋宁说,对弟弟的爱心发自内心,而对别人的恭敬之心却是因为对象是老者引起的。也就是说,自己只有爱心而没有恭敬心。孟子抓住告子论点的矛盾进一步反驳说:“喜欢吃秦国人的烧肉和喜欢吃自己的烧肉没有什么不同,各种事物也有如此的情形,那么,难道喜欢吃烧肉的心也是外在的东西吗？那不是和您说的食欲和性欲都是本性的论点矛盾了吗?”在这一段辩论中,告子坚持饮食男女是本性并不错,错在将仁义分内外,从而使自己陷入矛盾之中。孟子坚持仁义是发自内心的本性,尽管是一个假设,但却避免了矛盾,所以也就赢得了对告子辩论的成功。

接着,公都子由转述告子和其他人关于人性的观点并向孟子发问,引来孟子对人性问题的进一步阐述:

> 公都子曰:“告子曰:‘性无善无不善也。’或曰:‘性可以为善,可以为不善;是故文武兴,则民好善;幽厉兴,则民好暴。’或曰:‘有性善,有性不善;是故以尧为君而有象;以瞽瞍为父而有舜;以纣为兄之子,且以为君,而有微子启、王子比干。’今曰‘性善’然则彼皆非与?”孟子曰:“乃若其情,则可以为善矣,乃所谓善也。若夫为不善,非才之罪也。恻隐之心,人皆有之;羞恶之心,人皆有之;恭敬之心,人皆有之;是非之心,人皆有之。恻隐之心,仁也;羞恶之心,义也;恭敬之心,礼也;是非之心,智也。仁义礼智,非由外铄我也,我固有之也,弗思耳矣。故曰:‘求则得

> 之,舍则失之。'或相倍蓰而无算者,不能尽其才者也。《诗》曰:'天生蒸民,有物有则。民之秉彝,好是懿德。'孔子曰:'为此诗者,其知道乎!故有物必有则;民之秉彝也,故好是懿德。'"①

公都子这里转述的是关于人性的三种观点。他说:"告子说,本性没有什么善良,也没有什么不善良。也有人说,本性可以使它善良,也可以使它不善良,所以周文王、武王执政时,百姓便向善乐道;周幽王、厉王在位时,百姓便趋向强横暴戾。也有人说,有些人本性善良,有些人本性不善良;所以虽有尧这样的圣人为君王,却有象这样品质恶劣的百姓;以瞽瞍这样不慈的父亲,却有舜这样孝顺的好儿子;以纣这样暴虐的侄儿,而且做了君王,却有微子启、比干这样的仁人。如今老师说本性善良,那么,他们都错了吗?"对于公都子提出的问题,孟子平心静气地做了回答:"从天生的资质看,所有人都可以使它善良,这便是我所谓的人性善良的含义。至于有些人不善良,不能归罪于他的资质。同情心,每个人都有;羞耻心,每个人都有;恭敬心,每个人都有;是非心,每个人都有。同情心属于仁,羞耻心属于义,恭敬心属于礼,是非心属于智。这仁、义、礼、智,不是有外人给予我的,而是我本来固有的。不过自己不曾思考它罢了。所以说,一经思考探求,便会得到;一旦放弃思考探求,便会失掉。人与人之间有相差一倍、五倍甚至无数倍的,就是不能充分发挥他们人性的

---

① 《孟子·告子上》,《十三经注疏》,中华书局 1980 年版,第 2749 页。

本质的缘故。《诗经·大雅·烝民》说,上天生育众民,每一样事物都有它的本质规律。百姓把握了那些固有规律,于是尊崇美好的品德。孔子说,这篇诗的作者真懂得道呀!有事物,便有它的固有规律;百姓把握了这些固有规律,所以尊崇美好的品德。”孟子这里一力坚持的,仍然是本性善的理念,而这个本性善的资质,不是“外铄”,而是我“固有”。至于有的人在现实生活中表现善,有的人在现实生活中表现恶,原因是有的人探索和发挥了本性中的善,有的人没有探索和发挥本性中的善。接下来,孟子进一步阐述说:

> 富岁,子弟多赖;凶岁,子弟多暴。非天之降才尔殊也,其所以陷溺其心者然也。今夫麰麦,播种而耰之,其地同,树之时又同,浡然而生,至于日至之时,皆熟矣。虽有不同,则地有肥硗,雨露之养,人事之不齐也。故凡同类者,举相似也,何独至于人而疑之?圣人,与我同类者。故龙子曰:“不知足而为屦,我知其不为蒉也。”屦之相似,天下之足同也。口之于味,有同耆也;易牙先得我口之所耆者也。如使口之于味也,其性与人殊,若犬马之与我不同类也,则天下何耆皆从易牙之于味也?至于味,天下期于易牙,是天下之口相似也。惟耳亦然。至于声,天下期于师旷,是天下之耳相似也。惟目亦然。至于子都,天下莫不知其姣也。不知子都之姣者,无目者也。故曰:口之于味也,有同耆焉;耳之于声也,有同听焉;目之于色也,有同美焉。至于心,独无所同然乎?心之所同然者何也?谓理也,义也。圣人先得我心之所同然耳。故理义之悦我心,

犹刍豢之悦我口。①

孟子这一段论证，意在说明人类有共同的道德意识。他说："丰收年成，少年子弟多半好吃懒做；灾荒年成，少年子弟多半强取豪夺，这不是天生资质的不同造成的，而是环境使他们心情变坏的缘故。以大麦做比喻吧，播了种，耘了地，如果地土一样，种植的时间一样，便会郁郁葱葱地生长起来，待到夏至时节，都会成熟。各地段的收成纵有所不同，那是土地的肥瘠、雨露的多少、人工的勤惰不同造成的。所以一切同类的事物，都是大体相同的，为什么一讲到人类就怀疑这个规律了呢？圣人也是我们的同类。龙子说：'即使不看清脚样去编草鞋，我知道也不会编成筐子。'草鞋的相近，是因为每个人的脚大体相同。嘴巴对于味道，也有相同的辨别标准；易牙就是掌握了这一点，所以才练就了高超的烹调技艺。假设嘴巴对于味道一人一个标准，就像狗马和我们人类本质上不相同一样，那么，凭什么天下的人都喜欢易牙烹调出的美味呢？一讲到口味，所有人都期望做到易牙那样，这就说明所有人对味道的品评有一个大体相同的标准。耳朵也如此。一讲到声音，所有人都期望做到师旷那样，这就说明了所有人的听觉有大体相同的标准。眼睛也如此。一说起子都，所有人没有不知道他潇洒俊美的。不认为子都潇洒俊美的，那就是没长眼睛的人。所以说，嘴巴对味道，有相同的嗜好；耳朵对于声音，有相同的听觉；眼睛对于容色，有相同的美感。谈到心，就独独没有相同之处吗？心的

① 《孟子·告子上》，《十三经注疏》，中华书局1980年版，第2749页。

相同之处是什么呢？就是理和义。圣人早就懂得了我们内心有着相同的理义。所以理义之使我内心爽然畅快，正像猪狗牛羊肉使我们感觉味美一样。”这里，孟子通过人的生理本能（味觉、听觉、视觉）的相似，进而论证人性，即人所秉持的伦理道德观念也应该相似。但他不了解，人的生理本能是与生俱来的，而人的伦理道德观念的养成却是后天的。将人的先天的生理本能与后天的伦理道德观念完全等同起来显然是说不通的。然而，在孟子那里，这二者却是完全相通的。请看《尽心上》一章中的论述：

> 人之所不学而能者，其良能也；所不虑而知者，其良知也。孩提之童无不知爱其亲者，及其长也，无不知敬其兄也。亲亲，仁也；敬长，义也；无他，达之天下也。①

孟子认为，人不待学习就能做到的，是良能；不待思考就会知道的，是良知。两三岁的小孩儿没有不爱他父母的，等到他长大，没有不知道恭敬兄长的。亲爱父母是仁，恭敬兄长是义，这没有其他原因，因为这两种品德可以通行于天下。这里孟子仍然是将人的伦理道德观念等同于人的先天的生理本能。在《尽心下》一章中，孟子再次强调将善的本性即良知、良能予以扩充：

> 人皆有所不忍，达之于其所忍，仁也；人皆有所不为，

① 《孟子·尽心上》，《十三经注疏》，中华书局 1980 年版，第 2765 页。

> 达之于其所为,义也。人能充无欲害人之心,而仁不可胜用也;人能充无穿踰之心,而义不可胜用也。人能充无爱尔汝之实,无所往而不为义也。①

孟子认为,每个人都有不忍心做的事,把它扩充到所忍心做的事上,便是仁;每个人都有不愿做的事,把它扩充到所愿做的事上,便是义。换句话说,人能够把不想害人的心扩而充之,仁就用不尽了;人能够把不挖洞跳墙的心扩而充之,义就用不尽了;人能够把不受轻贱的实际言行扩而充之,以至于所有言行都不遭受轻贱,那无论到哪里就都合于义了。这里强调的仍然是将"善端"扩充而成为持久的善的品质。这也是他一直坚持的"自求"精神:

> 求则得之,舍则失之,是求有益于得也,求在我者也……
>
> 万物皆备于我矣,反身而诚,乐莫大焉。强恕而行,求仁莫近焉。②

孟子的意思是,善的东西,努力探求便会得到;放弃探求便会失去。这是有益于收获的探求,因为所探求的对象是我本身固有的。因为我一切都具备了,反躬探求,自己是忠诚踏实的,便是最大的快乐。不懈地以推己及人的恕道去做,达到仁德的道路

---

① 《孟子·尽心下》,《十三经注疏》,中华书局 1980 年版,第 2778 页。

② 《孟子·尽心上》,《十三经注疏》,中华书局 1980 年版,第 2764 页。

没有比这更便捷的了。最后,孟子将心、性、天、命联系在一起,构筑起一个完整的天人合一的思想体系:

> 尽其心者,知其性也。知其性,则知天矣。存其心,养其性,所以事天也。殀寿不二,修身以俟之,所以立命也。①

在孟子看来,充分扩张善良的本心,也就是懂得了人的本性。懂得了人的本性,也就懂得了性命。保持人的本心,培养人的本性,这就是对待天命的方法。短命也好,长寿也好,我都不三心二意,只是培养身心,等待天命,这就是安身立命的方法。

至此,孟子构筑了他人性论的基本观点,这就是:

第一,所有人类都有共同的人性,这个人性可以用“善”来概括,内容包括仁、义、礼、智等当时社会公认的伦理道德信条。

第二,“善”是人类与生俱来的生理本能,这个本能就是“善端”,来源于恻隐之心、羞恶之心、辞让之心、是非之心。“善端”扩而充之,就是恒久不变的仁、义、礼、智。

第三,因为“善”是我“固有”,非“外铄”,所以道德修养的根本途径是“反身而诚”,即在不断的反躬自问中开掘、扩充和发扬光大自己具有的优良品德。

第四,“尽心”也就是“知性”,“知性”也就能知天命。培养身心,等待天命,也就是仁人君子“安身立命”的人生态度。

第五,社会上人之恶行表现是“孳孳为利”,人之所以弃善

① 《孟子·尽心上》,《十三经注疏》,中华书局 1980 年版,第 2764 页。

从恶,是由于这种人自身不能保持和发扬“善端”,“人之所以异于禽兽者几希,庶民去之,君子存之”(《孟子·离娄下》)。

不难看出,孟子人性论的缺失是明显的。由于他混淆了人的自然本性和社会本性,同时又从自然本性的相同推及社会本性的相同,从而得出人的自然本性和社会本性相同的结论。事实是,人的自然本性尽管是相同的,社会本性也有其相同的方面,但由于社会本性是人在社会生活中形成的,而社会地位的不同,谋取生活资料的方式不同,对待社会矛盾和人与人之间关系的看法不同,由此形成了不同的人性。不过,孟子的人性论也有其合理内核。首先,他意识到人之为人,不论是生物的人还是社会的人,都有其共性的一面,因而即使在道德伦理观念方面也表现出一定的共性。其次,他将道德与修养联系起来,特别强调美好的道德是持之以恒、刻苦自励、认真修养的结果,从而对中国古代君子人格的形成产生了积极的影响。

孟子的“君子人格”论*

建立一个和谐的人类社会，一直是中国古代的圣人贤人追求的目标。孔子最早提出“君子和而不同”的思想，向往“大道之行也，天下为公”和“四海之内皆兄弟”的理想社会。在春秋战国时代思想文化领域出现的“百家争鸣”思潮中，儒、墨、法、道等学派都描绘了自己的理想社会蓝图。其中，儒家的“大同”、墨家的“尚同”、道家的“至德之世”、法家的“不分贵贱亲疏一断于法”等，最具代表性。他们都有自己理解的和谐社会理想。比较而言，儒家和道家学说中和谐社会的理论最为丰富。不过，道家理想的“至德之世”虽然强调了人与自然的和谐和人自身的和谐，但由于它消极避世，逃避社会责任，负面影响较大，很难成为主流意识。儒家的和谐社会理想积极入世，强调对国家、民族和社会的责任，因而成为中国主流意识的重要组成部分。在先秦儒家学派的代表人物中，孟子上承孔子、子思，提出了较完整的和谐社会理论。其中对人的自身和谐问题的阐发，超过了同时代的任何思想家。

孟子自我和谐论的核心，是确立人在自然界和社会中的主体地位。因为人与自然界能否和谐关键在人，人与社会、人与

---

* 本文原载于《儒家思孟学派论集》，齐鲁书社 2008 年版。

人之间能否和谐关键更在人。人不仅是自然的主人,更是社会的主人。从这个意义上说,“万物皆备于我”①就不能作为一个唯心论的命题去理解了。孟子笃信人在自然和社会中的主体地位,对自己的聪明才智更是充满自信:“五百年必有王者兴,其间必有名世者。由周而来,七百有余岁矣。以其数,则过矣;以其时考之,则可矣。夫天未欲平治天下也;如欲平治天下,当今之世,舍我其谁也?吾何为不豫哉?”②他不仅自视甚高,而且对所有人都不小觑,而是充满期待,因为他深信“人皆可以为尧舜”③,只要你坚定信心,持之以恒地去做,尧舜能做到的,其他人也可以做到。这里的区别仅仅在于愿意做和不愿意做,而不在于哪个能做哪个不能做。“人皆可以为尧舜”的命题虽然不无偏颇之处,但它显示的是孟子对人的主观能动性的信心和张扬。孟子还期望每个男子汉都成为顶天立地的大丈夫。景春在与孟子谈话时大吹纵横家公孙衍、张仪等人,认为他们是自己心目中的大丈夫,因为这些人在战国时代威风八面:“一怒而诸侯惧,安居而天下熄。”④孟子对这些人的大丈夫地位坚决不予认同。他认为这些人是战国时代战乱频繁的罪魁祸首之一,他们风尘仆仆于列国之间,纵横捭阖,挑拨离间,唯力是视,唯利是视,唯恐天下不乱,一切活动都围绕着他们服务的国君的利益旋转,没有一个道德底线。这些人“以顺为正”,行的是“妾妇之道”。孟子心目中的大丈夫是据守仁义,永远不为外力所屈服,不为外物所引诱,以坚定的信念、不变的操

① 《孟子·尽心上》。

② 《孟子·公孙丑下》。

③ 《孟子·告子下》。

④ 《孟子·滕文公下》。

守,傲视天地间:“居天下之广居,立天下之正位,行天下之大道;得志,与民由之;不得志,独行其道。富贵不能淫,贫贱不能移,威武不能屈,此之谓大丈夫。”①这样的大丈夫显然不是人人都能做到的,但它显示了孟子对人之作为人的主体地位的期望,在一定意义上也是孟子的夫子自道。

人既是天地万物的主体,又是他自己的主人。那么,这个人应该以怎样的形象回应自己的主体地位呢?孟子认为,人人都应该成为君子人格的实践者。他的君子人格,其实也就是大丈夫的另一种表述,或者说是大丈夫行为规范的具体化。这个君子人格的内涵是什么呢?在孟子心目中,君子就是天地间的完人,就是所有人学习的目标和榜样。君子是天命在人间的代表,他能“尽心知性”,能“知天安命”。他的最高境界就是与天地融为一体,“赞天地之化育”:“夫君子所过者化,所存者神,上下与天地同流。”②为此,他必须充分弘扬自身从上天那里秉承的良知良能,即仁、义、礼、智、信这些天然的道德律。正因为君子具备并最大限度地弘扬了先天的道德律,所以他的行动是自由的,几乎可以随心所欲:“大人者,言不必信,行不必果,惟义所在。”③像孔夫子那样,“可以仕则仕,可以止则止,可以久则久,可以速则速。”④君子并不是不要富贵利禄,而是“君子爱财,取之有道”:“彭更问曰:‘后车数十乘,从者数百人,以传食于诸侯,不以泰乎?’孟子曰:‘非其道,则一箪食不可受与人;

---

① 《孟子·滕文公下》。
② 《孟子·尽心上》。
③ 《孟子·离娄下》。
④ 《孟子·公孙丑上》。

如其道,则舜受尧之天下,不以为泰,子以为泰乎?'"①君子生当世间,对什么事都有自己的标准,例如对取、与、死就有自己的取舍:"可以取,可以无取,取伤廉;可以与,可以无与,与伤惠;可以死,可以无死,死伤勇。"②当然,君子对自己的行为也有一个最高标准,那就是"杀身成仁""舍生取义":

> 鱼,我所欲也,熊掌亦我所欲也;二者不可得兼,舍鱼而取熊掌者也。生亦我所欲也,义亦我所欲也;二者不可得兼,舍生而取义者也。生亦我所欲,所欲有甚于生者,故不为苟得也;死亦我所恶,所恶有甚于死者,故患有所不辞也。如使人之所欲莫甚于生,则凡可以得生者,何不用也?使人之所恶莫甚于死者,则凡可以辟患者,何不为也?由是则生而有不用也,由是则可以辟患而有不为也,是故所欲有甚于生者,所恶有甚于死者。非独贤者有是心也,人皆有之,贤者能勿丧耳。③

孟子同时认为,由于每个人在社会上的地位不同,对其行为规范的要求也有不同的具体标准:"规矩,方圆之至也;圣人,人伦之至也。欲为君,尽君道;欲为臣,尽臣道。二者皆法尧舜而已矣。"④这实际上是说,每个人都要安于其本位,在本位上尽君子之道。人们虽然地位不同,所从事的活动各异,但只要按照君子的标准要求自己并达到这个标准,他也就是君子了。这

---

① 《孟子·滕文公下》。
② 《孟子·离娄下》。
③ 《孟子·告子上》。
④ 《孟子·离娄上》。

说明,孟子认为所有的人,不管身份、地位、职业有何不同,在道德上可以达到同样的水准。

君子必须守住自己行仁居义的人生理念,不自侮,不自毁,因为“人必自侮,然后人侮之;家必自毁,而后人毁之;国必自伐,而后人伐之”。不自暴,不自弃,因为“自暴者,不可与有言也;自弃者,不可与有为也”。[①] 努力守住自己的节操,“志士不忘在沟壑,勇士不忘丧其元”[②]。永远有一种正义感和耻辱心:“人不可以无耻,无耻之耻,无耻矣。”[③]无论什么时候,都应该知道什么事该做,什么事不该做。特别应该摆正内在品德与富贵利禄的关系,即“天爵”与“人爵”的关系:“有天爵者,有人爵者。仁义忠信,乐善不倦,此天爵也;公卿大夫,此人爵也。古之人修其天爵,而人爵从之。今之人修其天爵,以要人爵;既得人爵,而弃其天爵,则惑之甚者也,终亦必亡而已矣。”[④]君子不仅要修“天爵”以待“人爵”,而且随时准备以身殉道:“天下有道,以道殉身;天下无道,以身殉道。”[⑤]君子必须以博大的胸怀“仁民爱物”,爱惜万物,与大自然和谐相处,最终目的是“仁民”,使百姓在与万物的关系上各得其所。

君子立于天地间,要与各式各样的人打交道,每个人即使具有相同的信仰,在具体行事时也会有不少差异,因此,君子待人处事不要强求一律,特别不要以自己为标准要求别人,要做到“仁而不同”:“居下位,不以贤事不肖者,伯夷也;五就汤,五

① 《孟子·离娄上》。
② 《孟子·滕文公下》。
③ 《孟子·尽心上》。
④ 《孟子·告子上》。
⑤ 《孟子·尽心上》。

就桀者,伊尹也;不恶汙君,不辞小官者,柳下惠也。三子者不同道,其趋一也。一者何? 曰,仁也。君子亦而已矣,何必同?”①所以,君子必须有容人之量,对己严,对人宽,听信善言,尤其不要追求物质享受:“堂高数仞,榱题数尺,我得志,弗为也。食前方丈,侍妾数百人,我得志,弗为也。般乐饮酒,驱骋田猎,后车千乘,我得志,弗为也。”②君子当然也有自己的追求,那就是蹈仁居义的内心快乐:“尊德乐义,则可以嚣嚣矣。故士穷不失义,达不离道。穷不失义,故士得己焉;达不离道,故民不失望焉。古之人,得志,泽加于民;不得志,修身见于世。穷则独善其身,达则兼善天下。”③孟子甚至认为,君子的快乐是王天下所不可比拟的:“君子有三乐,而王天下不与存焉。父母俱存,兄弟无故,一乐也;仰不愧于天,俯不怍于人,二乐也;得天下英才而教育之,三乐也。君子有三乐。而王天下不与存焉。”“广土众民,君子欲之,所乐不存焉;中天下而立,定四海之民,君子乐之,所性不存焉。君子所性,虽大行不加焉,虽穷居不损焉,分定故也。仁义礼智根于心,其生色也睟然,见于面,盎于背,施于四体,四体不言而喻。”④

孟子的君子人格基本上涵盖了他的人生理念和理想追求,在一定程度上也是他的夫子自道。孟子一生都在追求君子人格,修炼君子人格,希望在那个物欲横流、诸侯杀人盈城与杀人盈野、智能之士为富贵奔走权势之门的恶浊的时代,正身帅人,挽狂澜于既倒,恢复社会的理性与秩序。孟子作为一个理想主

---

① 《孟子·告子下》。
② 《孟子·尽心下》。
③ 《孟子·尽心上》。
④ 《孟子·尽心上》。

义者,尽管视野宏阔,志高才大,心雄万夫,“说大人而藐之”,但是,想以在野之身,仅仅以思想的力量影响社会,改变潮流,扭转士风,是不可能的。孟子只能带着无限的遗憾走向生命的终点。不过,他倡导的大丈夫精神和君子人格,对战国以后的中国知识分子产生了广泛、巨大而深远的影响,从中涌现出了一大批具有大丈夫精神和君子人格的志士仁人。他们坚持理想,笃守正义,始终以生命和鲜血捍卫民族独立和社会正义,为百姓谋福祉,为文化增光彩,让伟大的人格展示永恒的魅力,留下了许多可歌可泣的英雄业绩,他们作为历史的脊梁永远绽放不灭的光芒。

孟子鼓吹大丈夫精神和君子人格,认为达到这一目标的标志是践履仁、义、礼、智、信这些美好的先验的道德律。这些道德信条虽然是人人从天命那里承受的“善端”,因而人人具有成为大丈夫和君子的可能性,但是,将可能性变为现实却要通过自身的坚持不懈的修养和磨炼:“仁义礼智,非由外铄我也,我固有之也,弗思耳矣。故曰:求则得之,舍则失之。”①有人坚持不断地修养和磨炼保住了“善端”并发扬光大,成为君子;有人放弃修养和磨炼保不住“善端”,成为小人。

孟子认为坚持不懈的自我修养和磨炼是达到大丈夫和君子人格境界的必由之路,因而要求人们不仅有坚定的信仰和信心,“人皆可以为尧舜”,而且必须通过持之以恒的不懈努力、艰苦的修养和磨炼不断地向这一目标前进。孟子总结了一套自我修养的方法,其荦荦大端者有以下几项。

第一,养浩然之气。孟子认为,“天下之本在国,国之本在

① 《孟子·告子上》。

家,家之本在身"[①]。因此,自身成为君子,扩而大之于家国天下,世界的一切问题都会迎刃而解。而成为君子的首途就是养"浩然之气":"其为气也,至大至刚,以直养而无害,则塞于天地之间。其为气也,配义与道;无是,馁也。是集义所生者,非义袭而取之也。"[②]这个孟子也感到难以解释清楚的至大至刚的浩然之气,实际上也就是他讲的仁义精神、刚正气质、大丈夫风骨。时刻保持并发扬这种"浩然之气",也就保住了君子人格的根本。由于孟子讲的"浩然之气"是一种与生俱来的精神,因而养"浩然之气"的方法就主要是向自己内心的追求,而不是向自身之外的开拓。为此,就要"求放心","不动心",反身而诚:"诚身有道,不明乎善,不诚其身矣。是故诚者,天之道也;思诚者,人之道也。"[③]对于孟子这一修身养性的方法,以前论者多将其归入"唯心论"。其实他讲的主要是一个人对崇高人格理想的不断的、自觉的追求,要求人们无论在任何条件下都不放弃这种追求。即使没有制度和社会制约,也使自己在"慎独"的状态下,将自己的思想和行为置于道德的约束之下。

第二,专心致志。孟子说:"虽有天下易生之物也,一日暴之,十日寒之,未有能生者也。""今夫弈之为数,小数也;不专心致志,则不得也。弈秋,通国之善弈者也。使弈秋诲二人弈,其一人专心致志,惟弈秋之为听。一人虽听之,一心以为有鸿鹄将至,思援弓缴而射之,虽与之俱学,弗若之矣。为是其智弗若与?曰:非然也。"[④]孟子这里讲的是学习的普遍规律,修养

① 《孟子·离娄上》。
② 《孟子·公孙丑上》。
③ 《孟子·离娄上》。
④ 《孟子·告子上》。

品德，磨炼性格，锻炼意志，更需要坚持不懈，持之以恒，永远不自我满足，不自我放弃，更不自我放纵，而是咬定青山不放松，盯住目标不回头，永远前进不停步。

第三，持之以恒。孟子认为，人们对君子人格的追求是持久不懈的一个过程，只有起点，没有终点。他以牛山的植被为例，由于生长抵不住砍伐，曾经林木茂密的青山就变成“濯濯”的秃岭。由此比喻可知，人们如果在君子人格的修为中不能持之以恒，就会在不断地被砍伐中日益粗卑，君子人格也就渐行渐远：

> 孟子曰：牛山之木尝美矣，以其郊于大国也，斧斤伐之，可以为美乎？是其日夜之所息，雨露之所润，非无萌蘖之生焉，牛羊又从而牧之，是以若彼濯濯也。人见其濯濯也，以为未尝有材焉，此岂山之性也哉？虽存乎人者，岂无仁义之心哉？其所以放其良心者，亦犹斧斤之于木也，旦旦而伐之，可以为美乎？其日夜之所息，平旦之气，其好恶与人相近也者几希，则其旦昼之所为，有梏亡之矣。梏之反复，则其夜气不足以存；夜气不足以存，则其违禽兽不远矣。人见其禽兽也，而以为未尝有才焉者，是岂人之情也哉。①

第四，艰苦磨炼。孟子认为，艰苦的环境、困难的条件是磨炼意志、增强才干、锻炼身体，不断走向成熟的重要条件。任何一个成就卓著的人，无论是帝王还是臣子，是大学问家还是技

---

① 《孟子·告子上》。

艺精湛之手艺人，无不经过了在艰苦环境中的长期锻炼："舜发于畎亩之中，傅说举于版筑之间，胶鬲举于鱼盐之中，管夷吾举于士，孙叔敖举于海，百里奚举于市。故天将降大任于是人也，必先苦其心志，劳其筋骨，饿其体肤，空乏其身，行拂乱其所为，所以动心忍性，曾益其所不能。"①这里孟子其实总结了人才成长的普遍规律，即人才不是在一贯风调雨顺的环境和鲜花美酒的条件下成长的。要想成为优秀人才，成为具有君子人格的卓荦之士，必须付出极大努力。只有在极其艰苦的环境和复杂多变的条件下，全身心地投入，坚持不懈地奋斗，九死一生，万苦备尝，才能脱颖而出，拔出同列，成为时代的精英。

第五，独立思考。任何人都不能选择他的时代，当他来到世界上的时候，他面对的是既定的社会现实和各种关系以及各种不同的思想观念。在这种情况下，一个人很容易为外物、外力和外来的思想观念所左右，很容易随波逐流。而这恰恰是君子所不齿的。要想成为始终保持君子人格的大丈夫，就必须每时每刻保持清醒的头脑，遇事独立思考，问个为什么。孟子是一个一生保持独立思考的人，他无论走到哪里，无论见到什么人，不管是高高在上的君王，还是大名鼎鼎的思想家，孟子都是坚持自己的观点，宣传自己的主张，既不媚俗，更不媚权，越是在君王面前，他越是侃侃而谈，顽强地维护自己的观点。在他身上，没有丝毫的奴颜和媚骨。他对于自己最崇拜的人，也不苟同。例如，孔子对齐桓、晋文等春秋五霸是赞扬的，这在《论语》中有明确的记载，但孟子却说："仲尼之徒，无道桓文之事者。"他对儒家视为神圣的经典如《尚书》就提出质疑："尽信

① 《孟子·告子下》。

《书》,则不如无《书》。吾于《武成》,取二三策而已矣。仁人无敌于天下,以至仁伐至不仁,而何其血之流杵也?"①学者多将其归入"唯心论"。其实他讲的主要是一个人对崇高人格理想的不断的、自觉的追求,要求人们无论在任何条件下都不放弃这种追求。即使没有制度和社会制约,也使自己在"慎独"的状态下,将自己的思想和行为置于道德的约束之下。

孟子的自我和谐论比较全面地论述了人的自尊、自爱、自强、自立、自省、自我加压、自找苦吃等一系列自我完善的理论,以向内的不倦追求应对外界不断变化的环境和形势。不论外界如何变化,都要保持自己的独立人格、独立见解、独立思考和行事的原则,不屈服压力,不屈服强权,不献媚流俗,苟心之所善,虽千夫所指,勇往直前。孟子的这种品格和作风,正是在战国时代思想言论自由、百无禁忌的环境中培育出来的。这几乎是那一代知识分子普遍具有的品性和行事风格,而在孟子身上得到了最集中的体现。这是中国知识分子最宝贵的品格。然而,这种品格却与后来中国封建社会的君主绝对专制不相容,而越来越多的知识分子在专制的淫威下,为了荣华富贵和趋利避祸,逐渐将孟子自我和谐、自我完善的理论和实践原则变成了揣摩、迎合君主和上司的理论和实践原则,孟子之类的人物也就只能是凤毛麟角了,这是中国知识分子的悲哀。孟子的自我和谐、自我完善的理论和实践原则虽然有其特定的时代内容,但其中蕴含的具有普世价值的真理则是永恒的。

---

① 《孟子·尽心下》。

论白起的事功和悲剧结局*

一

白起是战国后期的秦国名将，有记载说他是芈姓后裔，先世可能是楚国贵族，不知什么原因什么时候流落秦国，居于郿（今陕西岐山境）。在他之前，他的家族没有出现显赫的人物。他可能自幼从军，在秦国与其他诸侯国的争战中崭露头角，成为"善用兵"的将军。秦昭王十三年（前294年），他得到新任丞相穰侯魏冉的推荐，任左庶长，在秦国20级的爵位中是第10级，而商鞅在秦国主持变法时也是这个爵位。这说明当时获得此爵已经相当荣耀了。此后，白起进入他军事生涯的辉煌期，其职务升迁自然也进入快车道。这一年，他率军进击韩之新城（今河南伊川西南），取得胜利。第二年，他就晋升左更，为第12级爵位。同年，他率兵攻韩、魏于伊阙（今河南洛阳南），斩首二十四万，虏其将公孙喜，拔五城，迁为国尉。接着涉河取韩国安邑（今山西夏县西北）以东、北至乾河（今山西闻喜县境）的大片土地。此时他获得的国尉这个官职虽然还不能与后来汉朝的太尉相比肩，但应该是秦国军事行政方面的重

---

* 本文原载于《孙子研究》2018年第2期。

要负责人之一。秦昭王十五年(前292年),他晋升大良造,为第16级爵位,相当于卿。他督兵攻克魏国的六十一城。第二年(前291),又与客卿错合力攻克垣城(今山西垣曲东南)。秦昭王二十一年(前286年)攻赵,拔光狼城(今山西高平西)。秦昭王二十八年(前279年)攻楚,取得鄢、邓(今河南漯河境)。秦昭王二十九年(前278年)攻楚,占领楚国国都郢(今湖北沙市),烧夷陵(今湖北宜昌),兵锋东至竟陵(今湖北潜江)。楚王逃至陈(今河南淮阳)。秦在郢设南郡。白起因功封武安君。接着,再攻楚,占领大片土地,新设巫郡(今湖北、四川交界处)、黔中郡(今湖南、贵州交界处)。这次攻楚的胜利,对秦国具有里程碑意义,因为经过这次征战,秦国的势力范围扩展至长江中上游,深入今之两湖和贵州,向西与早已被征服的巴蜀连在一起。战国初年幅员最辽阔的楚国如今只剩下长江中下游的一些地方,秦国已经超过楚国成为当时疆域最大、人口最多、经济军事力量最强大的诸侯国。此后,秦国暂时放松了对楚国的攻势,转兵东进。秦昭王三十四年(前273年),白起率军攻魏,拔华阳,虏三将军,斩首十三万。继而战胜赵国将军贾偃,将俘获的两万士卒驱赶到黄河中溺毙。秦昭王四十三年(前264年),白起督兵进攻韩国的陉城(今山西曲沃西北),得手后,又连拔五城,斩首五万。转过年来,白起猛攻南阳太行道(今河南获嘉境),断绝了韩国南北领土的联络,使本来领土最促狭的韩国被拦腰斩断,面对强大的秦军从此失去了反击能力。白起趁热打铁,于秦昭王四十五年(前262年)再进攻韩国的野王(今河南沁阳),逼使韩国守将举城投降。如此一来,韩国的上党郡就孤立悬绝,成为夹在秦、赵之间的一块飞地,处境极其危殆。这时韩国的上党守冯亭明白,以自己一郡之力，根本无法抵御秦军的攻势，而乖乖地向秦国投诚，他又心有不甘，与手下谋臣计议的结果是投靠与之接壤的赵国，继续与秦国对抗。当时在位的赵国孝成王听信平原君的主张，接受了冯亭的投诚，并封其为华阳君。赵国君臣自认为讨了个大便宜，其实引来的是一场决定赵国命运的长平之战。

上党事件使秦国对韩国和赵国的愤怒变成了一连串东向进击的军事行动。秦昭王四十六年（前261年），秦攻韩国的缑氏、蔺（今河南巩、登封之间），迅速占领。第二年初，秦国决心惩罚自动归附赵国的上党郡，命王龁攻韩，经过一番并不激烈的战斗即取得上党。上党百姓纷纷逃往赵国。赵国为了遏制秦军的攻势，命老将廉颇率赵军四十余万进抵长平（今山西高平），与秦军进行上党的争夺战。廉颇开始与秦军的几场战斗失利后，洞察秦军远离秦国腹地倾巢出动，粮食与其他军需物资的供应是一个很大的问题，利于速决而不利于持久，于是决定以坚壁不战的策略拖垮秦军。这一策略显示了廉颇的老谋深算，如果此一策略得到贯彻执行，长平之战的结局至少是秦军因为拖不起而退兵，赵军纵使不能取得完胜，却不至于全盘皆输。然而，愚蠢的赵孝成王根本理解不了廉颇的战略意图，认为他年老气衰，勇毅不复当年，心生疑忌，又中了秦国的反间计，让毫无实战经验、仅能以夸夸其谈哗众取宠的赵括代替廉颇统帅赵军，这就使赵军失去了可能取胜的前景。而正在此时，秦国秘密让白起前去统帅秦军，全权指挥对赵军的战斗。赵括统帅赵军后，一改廉颇的正确策略，轻兵冒进，这正中白起下怀。白起指挥秦军一面佯败，一面派奇兵二万五千人断绝赵军后路，再以一军五千骑隔绝赵壁，这就将赵军分割为二，使之陷于完全被动挨打的困境。这时秦昭王亲临河内，“赐民爵各一级,发年十五以上悉诣长平,遮绝赵救及粮食”①,由此使长平的赵军彻底孤立无援。绝粮四十六日后,“阴相杀食”的赵军,只得“出锐卒自搏战”,结果是赵括被射杀,四十多万人成了秦军的俘虏。如何处置这四十多万俘虏,对白起来说是一大难题:白起权衡的结果是将他们全部坑杀。他给出的理由是:“前秦已拔上党,上党民不乐为秦而归赵。赵卒反复,非尽坑之,恐为乱。”②至此,白起的军事生涯达到了辉煌的巅峰,他的名字成为“虎狼之师”的同义语,使六国君臣闻之战栗。

从秦昭王十三年(前 294 年)至四十七年(前 260 年),白起统帅秦军南征北战达 34 年之久。如果再加上他自从军至任左庶长的时间,他在秦军中服务的时间应该在 40 年左右。显然,他一生伴随战争,将自己的聪明才智、雄韬伟略都贡献给了秦国的统一伟业。白起是一位不世出的军事天才,他的一生仿佛同胜利之神结了不解之缘,战胜攻取,他几乎每役都必操胜券。正如秦王嬴政时期张唐对甘罗所说:“武安君南挫强楚,北威燕、赵,战胜攻取,破城堕邑,不知其数。”③《宋史》还记载有“白起阵书(一说图)”④一部,说明他有兵学著作传世。史书没有他读《孙子兵法》等书的记载,但根据当时“藏孙、吴之书者家有之”⑤的情势推断,他很可能从其时已经流行的兵书中汲取了大量知识和智慧。白起用兵之所以保持不败,一是因为他背后有着秦国强大的经济军事力量为后盾,充分利用了战

① 《史记·白起王翦列传》,中华书局 1959 年版,第 2334 页。
② 《史记·白起王翦列传》,中华书局 1959 年版,第 2335 页。
③ 《史记·樗里子甘茂列传》,中华书局 1959 年版,第 2319 页。
④ 《宋史·艺文志》,中华书局 1995 年版,第 5277 页。
⑤ 王先慎撰:《韩非子集解·五蠹》,中华书局 2013 年版,第 494 页。

国后期秦军对东方六国的压倒优势。二是秦昭王和宣太后、穰侯等秦国当权派的全力支持和绝对信任。可能因为宣太后、穰侯等都是楚国芈姓王族，他们同白起有一种天然的亲近感，而秦昭王在长期的战争实践中认识到白起出众超群的谋略和智慧，对他自然也毫无保留地信任和支持。你看，在长平之战中，秦昭王是倾全国之力，义无反顾地为白起谋划了后勤支援和断赵军退路的军事行动。三是他用兵稳、准、刁、狠。这一特点突出表现在他指挥长平之役的运筹帷幄上。在秦国成功地运用反间计破坏了廉颇的持久策略之后，他秘密来到长平前线，接掌了秦军的指挥权。此时的白起，对于如何战胜乳臭未干的赵括已是成竹在胸。他先是引诱急躁冒失的赵括轻兵出战，秦军佯装败走，使赵军取得小胜，调起赵括的胃口，使之全力攻击秦军营垒，无暇后顾。而暗中令“秦奇兵二万五千人绝赵军后，又一军五千骑绝赵壁间，赵军分而为二，粮道绝”①，由此使赵军陷于极大的被动。接着，秦军“出轻兵击之”，将赵军打败，使赵括明白无法战胜秦军，产生畏惧心理，于是转入守势，等待援军，似乎恢复了前不久廉颇“坚壁”的策略。然而，此时的战场形势与廉颇掌军时已经大不一样，因为赵军的粮道已断，存粮无法支撑固守待援的策略，时间只能增加赵军的被动，赵括是无法坚持下去的。结果不出白起所料，46 天以后，赵军就陷入人相食的困境，致使赵括只得率疲惫之卒向秦军做孤注一掷的反击。最后，白起指挥以逸待劳的秦军轻而易举地射杀赵括，逼迫抵抗无望的赵国 40 万饥饿之师选择投降。在这场大获全胜的战役中，白起抓住了赵军的两个软肋——愚蠢的统帅

---

①　《史记·白起王翦列传》，中华书局 1959 年版，第 2334 页。

和后勤补给线,一面诱使赵括改变廉颇的策略,一面截断粮道使赵军陷于饥饿。白起在长平之役中的指挥艺术,展示了他作为将军所具备的智、勇、严的品格和素质,特别是稳、准、刁、狠的用兵风格。尽管白起在兵学上的造诣不能与孙子比肩,但其实战的经历和取得的成功已经远远超过孙子。不过,白起的弱点或者说缺陷亦非常明显:缺少信与仁的品格,他的军事生涯既伴随着一连串的胜利,更伴随着残酷无情的大量杀戮,如秦昭王十四年(前 293 年),他率兵攻韩、魏于伊阙(今河南洛阳南),一次斩首二十四万;秦昭王三十四年(前 273 年),他率军攻魏,拔华阳,虏三将军,斩首十三万。与赵军战,将俘获的两万士卒驱赶到黄河中溺毙。长平一战,竟坑杀赵军已经投诚的官兵四十多万,创造了先秦战争史上杀戮的最高纪录,这是何等的凶恶与残忍!当然,这种杀戮俘虏的行动与秦国的国策有关,与秦国深受戎狄野蛮风俗的影响有关,特别与秦国受法家思想影响深巨、讲求耕战的功利主义价值观有关,但作为"将在外君命有所不受"的战场统帅,白起也不能辞其咎。所以宋太祖赵匡胤拜谒悬挂历代武将之像的武成王庙时,就认定白起"不武",命令撤去他的画像。

尽管白起不是一个完全符合孙子兵法要求的完美无瑕的将军,但却是对秦国统一六国大业立下不朽功勋的武功第一人。他一生攻取七十余城,俘敌近百万,在秦国历史上,论军事生涯之久、争城夺地之广、俘获消灭敌人之多、谋划指挥之精明与娴熟、为秦国统一事业贡献之大,无人能与之比肩,无偶有独之唯一,非他莫属。

二

长平之战是白起军事生涯的巅峰，也是他运交华盖的起点。长平之战胜利后，秦军乘胜扩大战果。秦昭王四十八年(前259年)，秦军复定上党郡。王龁攻取皮牢(今山西河津)，司马梗定太原，河东的大片土地被秦国收入囊中，由此进一步形成了对秦国极其有利的军事态势。恰在此时，惊恐万状的赵国使苏代谋划的反间计获得成功。原来此前不久，应侯范雎说昭王成功，排除了宣太后和穰侯的势力，得以任秦国丞相。苏代至秦国直接见范雎，一番说项，使范雎改变了秦国继续进击韩、魏的军事行动：

> 苏代厚币说秦相应侯曰："武安君禽马服子乎？"曰："然。"又曰："即围邯郸乎？"曰："然。""赵亡则秦王王矣，武安君为三公。武安君所为秦战胜攻取者七十余城，南定鄢、郢、汉中，北禽赵括之军，虽周、召、吕望之功不益于此矣。今赵亡，秦王王，则武安君必为三公，君能为之下乎？虽无欲为之下，固不得已矣。秦尝攻韩，围邢丘困上党，上党之民反为赵，天下不乐为秦民之日久矣。今亡赵，北地入燕，东地入齐，南地入韩、魏，则君之所得民亡几何人。故不如因而割之，无以为武安君功也。"于是应侯言于秦王曰："秦兵劳，请许韩、赵之割地以和，且休士卒。"王听之，割韩垣雍、赵六成以和。正月，皆罢兵。武安君闻之，

由是与应侯有隙。[1]

显然，苏代以个人的富贵利禄离间了应侯与白起的关系。长于军事的白起在玩弄政治阴谋方面远不是应侯的对手，他最后悲惨地栽倒在此人的谗言中。

秦昭王四十八年(前259年)九月，秦国复发兵进攻赵国。秦将王陵挥军长驱直入，围攻邯郸，白起因生病未参与此役。不久王陵失利的消息传到秦国，恰在此时，白起病愈，秦昭王要求他代王陵统帅秦军继续攻赵，白起拒绝，讲了一通围攻邯郸难以取胜的道理："邯郸实未易攻也。且诸侯救日至，彼诸侯怨秦之日久矣。今秦虽破长平军，而秦卒死者过半，国内空。远绝河山而争人国都，赵应其内，诸侯攻其外，破秦军必矣。不可。"[2]白起对当时秦军围攻邯郸的军事形势的分析是正确的。虽然从表面上看，秦军凶焰张天，赵国危在旦夕，但实际上，连年苦战的秦军已是强弩之末，而魏、楚等受秦国威胁的诸侯国正在组织联合战线，谋划共同对付秦军，对秦国有利的军事态势正在发生逆转。但被一时的胜利冲昏头脑的秦昭王却没有觉察，仍然要求白起统帅秦军继续围攻邯郸。这就与对当时军事形势洞若观火的白起在战略与策略上发生矛盾和冲突。白起没有答应昭王的要求，昭王让应侯前去劝说，白起也没有答应。昭王为挽救邯郸城下秦军的危局，令王龁代王陵前去指挥，但也没有扭转形势。不久，楚国春申君和魏国信陵君统帅的数十万大军前往救赵，疲惫不堪的秦军无法取胜，败象日至。

① 《史记·白起王翦列传》，中华书局1959年版，第2335—2336页。
② 《史记·白起王翦列传》，中华书局1959年版，第2336—2337页。

白起了解前线的形势，有点幸灾乐祸地说："秦不听臣计，今如何矣！"这话传到昭王那里，自然引起他的震怒：君王纵有失误，那也不是臣子可以指责的。昭王再次强命他去前线统军以挽救败局，白起仍然严词拒绝，并且装病以抗拒。应侯再次去请，白起依然不为所动。白起的行动彻底激怒了昭王，他于是下令免去白起的官职和爵位，降至士伍行列，发往阴密（今宁夏泾川南）禁锢。这时白起真的病了，未能马上启程。三个月后，诸侯联军使秦军在邯郸城下一再挫败，范雎等乘机进谗，昭王气急败坏，进一步迁怒白起，下令他带病启程，离开咸阳，前往阴密。白起拖着病体，黯然神伤地出咸阳西门十里，停在杜邮（今陕西咸阳西）。这时，盛怒中的昭王召集有关臣子，议决对白起进行进一步惩罚。他们认定白起对秦王的惩罚不满，"其意尚怏怏不服，有余言"，于是决定赐剑让其自裁：

> 武安君引剑将自刭，曰："我何罪于天而至此哉？"良久，曰："我固当死。长平之战，赵卒降者数十万人，我诈而尽坑之，是足以死。"遂自杀。武安君之死也，以秦昭王五十一年十一月。死而非其罪，秦人怜之，乡邑皆祭祀焉。①

不管白起本身有多少缺陷与不足，他的死都是一桩冤案。但可悲的是，他不是死于自己的过失或罪责，而是死于自己的明断。在秦国，日益走向专制的秦王是不会认错的，为了顾全自己的颜面，他就只有以错误惩罚正确，白起也就只能因自己的正确

---

① 《史记·白起王翦列传》，中华书局1959年版，第2337页。

而付出生命的代价。这里展示的是专制制度的极端荒谬和非人道的一面。白起的死并没有给前线的秦军带来胜利，随着他的鲜血染红杜邮的土地，秦军也在邯郸城下一败涂地，残余的秦军灰头土脸地逃离邯郸，向西溃退。白起的生年文献失记，《史记》本传记载他活动于秦昭王十三年至五十一年（前294—前256年），共38年，估计他从军时应该在20岁左右，他去世时当在60—70岁。

三

白起被赐死，在当时就被秦国百姓认定为一桩冤案，所以获得广泛同情，他的墓前在当时和后世香火不断。在他身后，不少人在不同场合为之讼冤，一方面充分肯定他为秦国立下的丰功伟绩，另一方面对他的冤死表示出无限惋惜之意。如秦汉之际的陈余在致章邯的书信中就说："白起为秦将，南征鄢郢，北阬马服，攻城略地，不可胜计，而竟赐死；蒙恬为秦将，北逐戎人，开榆中地数千里，竟斩阳周。何者？功多，秦不能尽封，因以法诛之。"①这里陈余将白起的死因归结为秦王的刻薄寡恩。司马迁则认为他死于应侯的进谗："太史公曰：鄙语云'尺有所短，寸有所长'。白起料敌合变，出奇无穷，声震天下，然不能救患于应侯。"②西汉名将陈汤被治罪时，谷永为之辩护，说辞中举例，直认白起之死是冤案："昔白起为秦将，南拔郢都，北

---

① 《史记·项羽本纪》，中华书局1959年版，第308页。

② 《史记·白起王翦列传》，中华书局1959年版，第2342页。

阬赵括,以纤介之过,赐死杜邮,秦民怜之,莫不陨涕。”①东汉末年袁绍在上书中亦为白起的冤死鸣不平:“尽忠为国,翻成重愆,斯蒙恬所以悲号于边狱,白起歔欷于杜邮也。”②晋朝的孙楚以满含感情的笔触写了一篇《白起赞》,抒发了对他功业的礼赞和冤死结局的浩叹:

> 烈烈桓桓,时维武安。神机电断,气济师然。南折劲楚,走魏禽韩。北摧马服,淩川成丹。应侯无良,苏子入关。嗷嗷谗口,火燎于原。遂焚杜邮,与萧俱燔。惟其殁矣,古今所叹。③

唐德宗建中二年(781)五月,白起作为“贤臣”与张良、穰苴、孙武、吴起、乐毅、韩信、诸葛亮、李靖、李勣一起配享武成王庙。显然,封建朝廷官方是将他作为正面形象看待的。宋朝的苏辙同样对白起充满同情和惋惜,他说:

> 予读太史公《白起传》:秦之再攻邯郸也,起与范雎有怨,称病不行以亡其躯,慨然叹曰:“起以武夫,无所屈信,而困于游谈之士,使起勉强一行,兵未必败而免于死矣。”及览《战国策》,观起自陈成败之迹,乃知邯郸,法不可再攻,而起非特以怨不行,盖为之流涕也。④

---

① 《汉书·陈汤传》,中华书局1962年版,第3021页。
② 《后汉书·袁绍传》,中华书局1965年版,第2388页。
③ 《艺文类聚》卷五九,影印版文渊阁四库全书。
④ 苏辙:《古史》卷四四《白起王翦列传》,影印版文渊阁四库全书。

明朝的黄淳耀则对白起宁肯付出生命也不改变自己正确军事主张的坚持真理的精神给予充分肯定，他在《卫青论下》一文中说："秦将白起，不过一鸷忍之士耳，非其有仁义节制为之根本也。然而秦王使起攻邯郸，起真见邯郸之不可复攻也，则为之坚卧不起，至于干犯严主之怒，身首分离，而终已不悔，此无他，不胜不完，不可以冒而行之也。"①

不过，对于白起，也还有另外一种非常强烈的声音，这就是对他"不仁"即杀戮俘虏的谴责。如西汉的扬雄就说："秦将白起不仁，奚用为也。长平之战，四十万人死。蚩尤之乱，不过于此矣。"②东汉的王符亦发出强烈的谴责之声："季世之臣，以谄媚主，不思顺天，专杖杀伐。白起、蒙恬，秦以为功，天以为贼。"③北宋的李荐则第一次猛烈抨击秦国和白起的残暴，认为白起的死灭和秦朝的灭亡都是罪有应得：

> 夫白起之为将也，战必胜，攻必取，诚莫可及。以书考之，凡攻某国拔之，伐某所取之，不言斩首若干，坑卒若干者，置而勿论。论其直书斩首若干，坑卒若干而计之，凡杀敌国之兵八十四万人。然起战卒死于敌者又当几十万，总两国供军之民，其诛求裒敛因以失业而死者又当几十万矣。何晏曰：……杀降之祸大于剧战，然则兵胜未几而被戮，国强未几而为墟，良以此乎？④

① 黄淳耀：《陶庵全集》卷三，影印版文渊阁四库全书。

② 扬雄：《法言·渊骞》，《诸子集成》7，上海书店1986年影印版，第32页。

③ 范晔：《后汉书·王符传》，中华书局1965年版，第1631页。

④ 杨士奇等：《历代名臣奏议》卷二三八，影印版文渊阁四库全书。

同是宋朝人的刘克庄则认定白起之死是上天对他残杀俘虏的严惩："太息臣无罪，胡为伏剑铓？悲哉四十万，宁不诉苍苍！"①同是宋朝人的黄震在《白起王翦》一文中对白起更是表现出异乎寻常的愤怒，对白起予以全盘否定：

> 白起以穰侯荐为秦将，其斩杀之数多而载于史者凡百万，不以数载者不预焉。长平之役，秦民年十五以上皆诣之，而死者过半。以此类推，秦之死于兵者，又不可以数计也？苏代说应侯间之，起不复为秦用而赐之死。自秦而言，虽杀之非其罪；自公理而言，一死何以尽其罪哉？……王翦诸人之辅秦，盖凶德之参会，古今之极变，不可复以常事论也。太史公讥翦不能辅秦建德而偷合取容，呜呼！是何异责虎狼之不仁耶！②

虽然杨雄、王符、李荐和黄震发出同是从道德着眼的谴责，但黄震显然较其他人进了一步。他认为白起、王翦是在"古今之极变"的历史条件下出现的，所以不能停留在简单的道德谴责上，而应该从秦国的历史传统中寻找他们如此行事的背景和原因。元朝的戴表元在《史论·樗里子甘茂甘罗魏冉白起王翦列传》一文中对白起、王翦等秦国将军的成功做了进一步的分析，认为他们是借助了"秦势"形成的历史条件成就了自己的功业，就他们个人的品格和能力而言，不见得贤于廉颇、李牧：

---

① 刘克庄：《后村集》卷一四《白起》，影印版文渊阁四库全书。

② 黄震：《黄氏日抄》卷四六，影印版文渊阁四库全书。

> 战国之世,秦人以形势诈力,颉颃诸侯,故为秦者易为功,而事诸侯者难为力。樗里、二甘、魏冉之于当时,固非有过人杰出之谋;而白起、王翦虽为善战,然不过纵燎于顺风,林果于垂熟,而凡其尽锐以为取胜之道者,皆其不可再用者也。此非惟不当责以古良将之风,其视同时廉颇、李牧辈犹远愧之,而得为贤乎?盖当是时秦势八九成矣,天方假毒其手以树君中原,谋不必工所施而服,战不必良所向而克。彼诸侯之臣,固有贤于樗里、二甘、魏冉之谋,勇于白起、王翦之战,其君用之,未必能专信之,未必能决而又连栖争鸣,寇自贼。颠倒谬误,卒俱坠于彀中而后已。而数子乘时逐利,各以能名见登于好事之齿舌,彼诸国之臣,其材实过之者,国败身辱而名字因暧昧而不彰,岂非所遇者幸不幸哉?①

这里戴表元认定白起、王翦的名气之大与其成功后的宣传有关,这在一定程度上有符合实际的一面,但并非完全准确。明朝的黄淳耀在《史记评论·白起列传》中也认为白起的死灭是罪有应得:

> 白起为秦大将,连兵于外,所屠戮以百万计,杀气上干于天。虽微应侯之谗,岂得良死哉?然其于秦则可谓有大功者,秦负起,起不负秦也。方起始进,有穰侯主之于内,故得立功。及范雎扼穰侯吭而夺之位,则必以起为穰侯之

① 戴表元:《剡源文集》卷二二,影印版文渊阁四库全书。

党,日夜虑其轧己者也,不待苏代之说而杀机已发矣。[1]

显然,以上评判不少是出于以"仁义"为标准的愤激之论。不过,义愤不能代替理性的科学分析。说到底,白起之冤死是封建君主拥有绝对权力的专制制度造成的。君主专制要求所有臣子都是君王的奴才,必须绝对服从君王的意志,遵守"臣罪当诛兮天王圣明"的根本政治原则,所有的功劳只能归于君王,所有的过错必须由臣子承担。君王的错误决策,臣子也必须无条件服从;而错误决策的后果却要求由臣子承担。白起的悲剧在于他是一个傲世的军事天才,却不是一个深谙当时政治运行规则的政治家。他能决定一场战争的胜负,能为一场战争的胜利进行无懈可击的谋划和指挥,却不能规避逼近自己的危险,更不具备绕过政治漩涡中激流和险滩的能力。在军事领域,他尽管能将"诡道"玩得炉火纯青,在更需要"诡道"的政治领域,他却如盲人瞎马、夜半深池,硬是找不到一条通向坦途的小路。如此一来,不是"秀才遇见兵,有理说不清",而是将军遇奸佞,颓然败阵来。他遇到的对手范雎,是一个老谋深算的纵横家,他们的行事原则是唯利是图,唯权是视,刻薄寡恩,不设底线,阴谋诡计,翻云覆雨。范雎能玩弄秦王、宣太后、穰侯于股掌之中,更能为了保住既得的相位将对自己构成威胁的白起送上不归路。史书记载他多次应昭王之命前去劝说白起服从秦王的任命,而正是这些机会使他有了上下其手、施展阴谋的空间。其实,如果白起不执着于自己对围攻邯郸的意见,接受秦王的命令,赶赴前线指挥秦军,尽管也无法彻底挽回败局,

① 黄淳耀:《陶庵全集》卷四,影印版文渊阁四库全书。

但以其谋略智慧,仍然有条件减少秦军的损失,适时撤围而返。这样,范雎上下其手、设局排陷他的借口就少得多,秦王也不至于因白起拂逆龘生震怒而置其于死地,范雎也就难以逞其谋了。当然,如果白起这样做,白起也就不成其为白起了。自然,性格决定命运,白起的结局最后还是与他过于执傲的个性有着密切的关联,他缺乏的正是以柔克刚的韧劲。看来,缺少政治智慧的将军还不是完美的将军。在这方面,与稍后于他的王翦相比,白起就差着不止一个档次了。

论战国纵横家的“诡道”运思*

战国时期（前475—前221年）三个半世纪的悠长岁月，是在以七雄秦、楚、燕、韩、赵、魏、齐为代表的诸侯国的激烈争战中度过的。配合军事斗争的是光怪陆离的政治和外交的折冲樽俎。其中，“合纵”和“连横”的斗争成为战国中期最吸引人们眼球的剧目。当时，经过秦孝公在商鞅辅佐下二十多年的变法图强，秦国国力蒸蒸日上，其军事触角不断地向东向南延伸。东方六国越来越感受到秦国的咄咄逼人之势，都在思谋一个自保的万全之策。适应这种要求，苏秦等人提出了合六国之力共同对抗秦国的策略，称为“合纵”，又称“约纵”，简称“纵”（从）。这个策略，用韩非的话解释，就是“合众弱以攻一强”。从地理位置看，秦以外的六国都在函谷关以东，由北向南摆开，用一条纵线就可以串在一起，所以称为“纵”。为了对付六国的“合纵”，张仪为秦国提出了“连横”的策略，简称为“横”。这一策略，用韩非的话解释，就是“事一强以攻众弱”，即秦国与东方某国联合进攻其他国家。由于秦国在西部，与东方任何一国联合几乎都在东西一条横线上，因而称为“连横”。苏秦

* 本文原载于《孙子研究》2018年第4期。

的合纵之策在短期内获得了成功,“秦兵不敢窥函谷关十五年”①。原因在于,合纵抗秦在一定程度上反映了六国的共同要求,参加合纵的燕文侯、赵肃侯、韩宣王、魏襄王、齐宣王、楚威王大都是明于时势、洞悉利害关系的明智国君。他们全力支持合纵,有意识地维系六国的团结。合纵初起,声势浩大,秦国一时找不到破解之法,加之对六国合力心存畏惧,故而基本上对六国采取守势。特别是苏秦从中运筹帷幄,协调关系,化解矛盾,使六国维持了短暂的团结,合纵之策取得了暂时的成效。但是,合纵最后走向失败又是必然的,因为它违背了当时中国走向统一的历史潮流。合纵的核心是六国团结自保,以维持战国时期列国分裂割据的局面。所以合纵的策略是保守的,它不是团结六国共同进击秦国,而是消极防御秦国的进攻,因而即使纵约真正实行,也只是阻止秦国东进,也丝毫危及不到秦国的安全。最重要的是六国各自有其局部利益。他们不仅与秦国有利益上的矛盾与冲突,而且彼此之间,尤其相毗邻的国家之间,也有利益上的矛盾和冲突。由于六国与秦国关系复杂,有的国家如韩、赵、魏、楚与秦国接壤,时常遭受秦军的攻伐,因而既需纵约联兵抗秦,又易在秦国的威胁利诱下与之妥协屈服。有的国家如燕、齐,因距秦国较远,一时对秦国的威胁还无切肤之痛,它们对纵约的热情不高,极易为自身利益而背弃同盟者,甚至刀兵相见,从同盟者那里掠取土地和人口。如公元前 314 年,齐国乘燕国内乱之机出兵攻燕,直下燕都。公元前 286 年,燕昭王又纠合秦、韩、赵、魏诸国联军连下齐国七十余城,使之遭到一次重大打击。显然,由于东方六国各自利益的

① 《史记·苏秦列传》,中华书局 1959 年版,第 2262 页。

不同,他们的团结是极不牢固的,因而很容易被秦国连横的策略所打破。正如合纵之策失败是必然的一样,连横之策的胜利也有着内在的必然性。这是因为,连横为秦国的统一事业服务,而这恰恰顺应了当时的时代潮流。连横以我为主,恃我而不恃敌,把基点建立在自己力量的基础上,处处时时掌握着主动权,制人而不受制于人,因而能玩六国于股掌之上,显得从容不迫,游刃有余。同时秦国有着远较六国优越的地理条件,它地处关中,南连汉中、巴蜀,占有当时中国最富饶的财富之区,使它以雄厚的资源坚持同六国的长期斗争。特别是,黄河、华山、熊耳山,形成了秦国与六国间的天然屏障,使之进可攻,退可守,立于不败之地。而六国由于各自利益不同,不可能形成铁板一块。因而给连横的实施创造了不少可乘之机。加之张仪等人居中巧妙运筹,又以军事斗争紧密配合,连横终于战胜了合纵。正如苏东坡正确分析道:

> 且秦非能强于天下之诸侯,秦惟能自必而诸侯不能,是以天下百变而卒归于秦。诸侯之利固在从也,朝闻陈轸之说而合为合从,暮闻张仪之计而散为横。秦则不然,横人之欲为横,从人之欲为从,皆使其自择而审处之,诸侯相顾而终莫能自必,则权之在秦,不亦宜乎?①

战国中期秦惠文王元年(前337年)至秦武王末年(前307年)的30年,是纵横家最活跃的时期。以苏秦、张仪为代表的纵横策士,是当时列国间激烈的政治、军事和外交斗争的产物。他

① 苏轼:《策断上》,《东坡全集》卷四八,影印版文渊阁四库全书。

们与军事斗争相配合,穿梭于列国间,在政治外交战线上演出了一幕幕波谲云诡、变化莫测的活剧。他们与各诸侯国的国君、将相广泛接触,摇动如簧之舌,拨弄是非,挑拨离间,时而激化矛盾,时而消解冲突,谈笑间,便使和平的边界燃起烽火;一番折冲,又使双方化干戈为玉帛。他们“一怒而诸侯惧,安居而天下熄”①,仿佛这几个人左右着列国历史的走向和时代的命运。其实,从一定意义上看,他们只是历史的不自觉的工具。当时的历史趋势是,列国斗争导向统一,统一的进程在斗争中完成。这个斗争将各类政治、军事和外交精英呼唤出来,给他们提供了施展才干的广阔舞台。

纵横之士是当时政治外交精英的代表,他们洞悉列国形势,深谙每一个国家的政治、经济、军事状况以及山川民俗和社会风气,对各国国君的性格、爱好、脾气等也都了然于胸。他们善于揣摩国君的心理,反应机敏,长于辩论,口若悬河。他们为达目的不择手段,无中生有,颠倒黑白,不讲信义,反复无常,耍弄阴谋诡计,翻手为云,覆手为雨。他们的人生追求是荣华富贵,为此不惜投机钻营,卖友求荣。他们的人格是卑微的,但是作为历史的不自觉的工具,正是他们的活动推进了列国之间的斗争。战国的历史,在秦惠文王、武王时期三十多年的时间里,是在纵横家的唇枪舌剑中走过的。秦昭王即位后,他们的活动已近尾声。代之而起的主要是将帅的谋略和秦军东向进军的车辚马啸之声。

纵横家是在政治外交领域运用“诡道”的大师。《孙子兵

① 《孟子·滕文公下》,《十三经注疏》,中华书局1982年版,第2710页。

法·计篇》对“诡道”作了极其简洁而精准的概括:“兵者,诡道也。故能而示之不能,用而示之不用,近而示之远,远而示之近。利而诱之,乱而取之,实而备之,强而避之,怒而挠之,卑而骄之,佚而劳之,亲而离之。”所有统率千军万马的将帅,能否在战场上取胜,除了其他条件外,关键就在于如何将“诡道”加以精准、灵活和恰切到位的运用。人们只知道军事领域是运用“诡道”的广阔天地,其实在政治外交领域,“诡道”有着更广阔的空间,战国纵横家们的实践活动在这方面提供了许多鲜活的例证。

纵横家们诱使各诸侯国君王进入彀中的最奏效的武器是“利而诱之”,“苏秦张仪方以利为说取重于六国。为人君者非利则不闻,为人臣者非利则不谈,朝纵暮横,左计右数……朝廷之上,乡闾之间,往来游说之士,无不以此藉口,哓哓唧唧,喧宇宙而渎乾坤者,无非利而已矣。是以攘夺成风,兵戈连岁,天下之人,欲息肩而不得”①。纵横家们要做到这一点,就需要“知彼知己”,特别是揣摩透君王的心理。你看,鬼谷子的学生苏秦对各国君王怎么摇唇鼓舌,让他们如何在“利动”面前心旌摇荡。他对燕文侯说:

> 夫安乐无事,不见覆军杀将,无过燕者。大王知其所以然乎?夫燕之所以不犯寇被甲兵者,以赵之为蔽其南也。秦赵五战,秦再胜而赵三胜。秦赵相毙,而王以全燕制其后,此燕之所以不犯寇也。且夫秦之攻燕也,踰云中、九原,过代、上谷,弥地数千里,虽得燕城,秦计固不能守

---

① 张九成:《孟子传》卷一,影印版文渊阁四库全书。

也。秦之不能害燕亦明矣。今赵之攻燕也,发号出令,不至十日而数十万之军军于东垣矣。渡嘑沱,涉易水,不至四五日而距国都矣。故曰秦之攻燕也,战于千里之外;赵之攻燕也,战于百里之内。夫不忧百里之患而重千里之外,计无过于此者。是故愿大王与赵从亲,天下为一,则燕国必无患矣。①

日夜为自己弱小的国家安全焦虑的燕文侯认可了苏秦设计的这个安全阀,于是成为第一个赞成合纵之策的君王,他自愿为苏秦提供车马金帛,资助他前去游说赵国。苏秦向赵肃侯分析了列国形势,特别是指出六国都面临秦国的威胁和“事秦”的危害:

夫衡人者,皆欲割诸侯之地以予秦。秦成,则高台榭,美宫室,听竽瑟之音,前有楼阙轩辕,后有长姣美人,国被秦患而不与其忧。是故夫衡人日夜务以秦权恐愒诸侯以求割地,故愿大王孰计之也。②

在赵肃侯被说动之后,苏秦进而兜售他的合纵之策:

故窃为大王计,莫如一韩、魏、齐、楚、燕、赵以从亲,以畔秦。令天下之将相会于洹水之上,通质,刳白马而盟。要约曰:“秦攻楚,齐、魏各出锐师以佐之,韩绝其粮道,赵

① 《史记·苏秦列传》,中华书局 1959 年版,第 2244 页。
② 《史记·苏秦列传》,中华书局 1959 年版,第 2248 页。

> 涉河漳，燕守常山之北。秦攻韩魏，则楚绝其后，齐出锐师而佐之，赵涉河漳，燕守云中。秦攻齐，则楚绝其后，韩守成皋，魏塞其道，赵涉河漳、博关，燕出锐师以佐之。秦攻燕，则赵守常山，楚军武关，齐涉勃海，韩、魏皆出锐师以佐之。秦攻赵，则韩军宜阳，楚军武关，魏军河外，齐涉清河，燕出锐师以佐之。诸侯有不如约者，以五国之兵共伐之。"六国从亲以宾秦，则秦甲必不敢出于函谷以害山东矣。如此，则霸王之业成矣。①

赵肃侯又被苏秦"利动"了，于是"乃饰车百乘，黄金千溢，白璧百双，锦绣千纯，以约诸侯"。苏秦选定的下一个目标是韩宣王，而用于打动他的利器是"事秦"的危害：

> 大王事秦，秦必求宜阳、成皋。今兹效之，明年又复求割地。与则无地以给之，不与则弃前功而受后祸。且大王之地有尽而秦之求无已，以有尽之地而逆无已之求，此所谓市怨结祸者也，不战而地已削矣。臣闻鄙谚曰："宁为鸡口，无为牛后。"今西面交臂而臣事秦，何异于牛后乎？夫以大王之贤，挟强韩之兵，而有牛后之名，臣窃为大王羞之。②

一席话说得韩宣王"勃然作色"，甘愿"敬奉社稷以从"。苏秦说韩王成功后，将下一个目标锁定为魏襄王。他的说辞集中攻

① 《史记·苏秦列传》，中华书局1959年版，第2249页。

② 《史记·苏秦列传》，中华书局1959年版，第2253页。

击"事秦"之非:

> 今乃听于群臣之说而欲臣事秦。夫事秦必割地以效实,故兵未用而国已亏矣。凡群臣之言事秦者,皆奸人,非忠臣也。夫为人臣,割其主之地以求外交,偷取一时之功而不顾其后,破公家而成私门,外挟强秦之势以内劫其主,以求割地,愿大王孰察之。①

在得到魏王"敬以国从"的承诺后,苏秦又将暂时似乎远离"秦害"的齐宣王说动,加入合纵的行列。最后,苏秦来到楚国,先对楚威王大讲"事秦"之害:

> 秦之所害莫如楚,楚强则秦弱,秦强则楚弱,其势不两立。故为大王计,莫如从亲以孤秦。大王不从(亲),秦必起两军,一军出武关,一军下黔中,则鄢郢动矣……夫秦,虎狼之国也,有吞天下之心。秦,天下之仇雠也。衡人皆欲割诸侯之地以事秦,此所谓养仇而奉雠者也。夫为人臣,割其主之地以外交强虎狼之秦,以侵天下,卒有秦患,不顾其祸。夫外挟强秦之威以内劫其主,以求割地,大逆不忠,无过此者。故从亲则诸侯割地以事楚,衡合则楚割地以事秦,此两策者相去远矣,二者大王何居焉?

再讲合纵给楚国带来的极具诱惑力的好处:

---

① 《史记·苏秦列传》,中华书局1959年版,第2255页。

> 大王诚能听臣,臣请令山东之国奉四时之献,以承大王之明诏,委社稷,奉宗庙,练士厉兵,在大王之所用之。大王诚能用臣之愚计,则韩、魏、燕、赵、卫之妙音美人必充后宫,燕、代橐驼良马必实外厩。故从合则楚王,衡成则秦帝。今释霸王之业,而有事人之名,臣窃为大王不取也。①

东方六国都被苏秦描绘的合纵的动人前景深深鼓舞和陶醉,认定苏秦是他们利益的代表,心甘情愿地将相印奉送给他。六国国君都认为他们从苏秦倡导的合纵中获得了最大的利益,而苏秦则从他们那里得到巨大的富贵利禄,一时名震列国,享誉士林。

苏秦的同窗张仪从老师鬼谷子那里学到了不亚于苏秦的本领,张仪在推行连横之策时也将"利动"发挥得淋漓尽致,比苏秦有过之而无不及。张仪先来到楚国,投奔楚相门下,因被怀疑窃璧而遭毒笞,他失魂落魄回家后,对妻子说的第一句话是:"吾舌尚在不?"得到肯定的回答后,他说"足以",显然将口舌作为第一资本,把游说当成第一职业。他后来到秦国,与司马错争论伐蜀伐魏何为先的策略,结果输给司马错。秦国进军巴蜀,很快获得了一个稳定的战略后方,为秦国后来的统一战争储备了丰厚的物资。不久,张仪因说魏王事秦成功,被任命为秦相。但两年后魏背秦,秦军伐魏,两国关系极其紧张。正在此时,魏襄王死去,魏哀王继位。张仪劝说哀王转事秦,被拒。他于是一面阴告秦伐魏,在军事上造成高压态势,一面乘机劝说魏哀王事秦。他先讲魏国处境的艰难:

---

① 《史记·苏秦列传》,中华书局1959年版,第2260—2261页。

魏地方不至千里,卒不过三十万。地四平,诸侯四通辐凑,无名山大川之限。从郑至梁二百余里,车驰人走,不待力而至。梁南与楚境,西与韩境,北与赵境,东与齐境,卒戍四方,守亭鄣者不下十万。梁之地势,固战场也,梁南与楚而不与齐,则齐攻其东;东与齐而不与赵,则赵攻其北;不合于韩,则韩攻其西;不亲于楚,则楚攻其南:此所谓四分五裂之道也。①

接着讲苏秦合纵之策的缺失和难以成功的原因:

且夫诸侯之为从者,将以安社稷尊主强兵显名也。今从者一天下,约为昆弟,刑白马以盟洹水之上,以相坚也。而亲昆弟同父母,尚有争钱财,而欲恃诈伪反复苏秦之余谋,其不可成亦明矣。②

再后大谈不事秦的危害和事秦伐楚的种种好处,尤其诋毁合纵之士品格恶劣和不可信赖:

为大王计,莫如事秦。事秦则楚、韩必不敢动;无楚、韩之患,则大王高枕而卧,国必无忧矣。

且夫秦之所欲弱者莫如楚,而能弱楚者莫如梁。楚虽有富大之名而实空虚;其卒虽多,然而轻走易北,不能坚

① 《史记·张仪列传》,中华书局1959年版,第2285页。
② 《史记·张仪列传》,中华书局1959年版,第2285页。

> 战。悉梁之兵南面而伐楚胜，胜之必矣。割楚而益梁，亏楚而适秦，嫁祸安国，此善事也。大王不听臣，秦下甲士而东伐，虽欲事秦，不可得矣。
>
> 且夫从人多奋辞而少可信，说一诸侯而成封侯，是故天下之游谈士莫不日夜搤腕瞋目切齿以言从之便，以说人主。人主贤其辩而牵其说，岂得无眩哉。
>
> 臣闻之，积羽沉舟。群轻折轴，众口铄金，积毁销骨，故愿大王审定计议，且赐骸骨辟魏。①

面对"利动"，魏哀王于是堕入张仪连横之策的陷阱，答应事秦。但三年后又转而背秦，双方刀兵再起。张仪因说魏成功，再次就任秦国丞相。此时秦昭王和张仪都明白，东方六国的合纵，其核心是齐、楚两个大国的联盟。欲破合纵，关键就是拆散齐楚联盟。张仪于是前去楚国，仍然以"利动"向楚怀王下箸："大王诚能听臣，闭关绝约于齐，臣请献商於之地六百里，使秦女得为大王箕箒之妾，秦楚娶妇嫁女，长为兄弟之国，此北弱齐而西益秦也，计无便此者。"利欲熏心的楚王认定这是天上掉下来的馅饼，立即"大说而许之，群臣皆贺"，只有陈轸保持清醒的头脑，并提出万全的对应之策："以臣观之，商於之地不可得而齐秦合，齐秦合则患必至矣。"他接着解释说："夫秦之所以重楚者，以其有齐也。今闭关绝约于齐，则楚孤。秦奚贪夫孤国，而与之商於之地六百里？张仪至秦，必负王，是北绝齐交，西生患于秦也，而两国之兵必俱至。善为王计者，不若阴合而阳绝于齐，使人随张仪，苟与吾地，绝齐未晚也；不与吾地，阴

---

① 《史记·张仪列传》，中华书局1959年版，第2286—2287页。

合谋机也。”陈轸也是一个纵横策士，这里他为楚国设计的万全之策是高明的。然而，此时已经被六百里空头支票迷住双眼的楚怀王哪里听得进这忠良之言。结果与齐绝交，换来的是张仪的赖账和齐秦联军的进攻。楚国非但没有得到一寸土地，反而遭遇丹阳、蓝田的两次惨败和丹阳、汉中的失守。此次事件让楚国君臣见识了张仪“诡道”的厉害。楚怀王痛恨张仪，恨不得食其肉寝其皮。然而，就是在这种情况下，张仪却毅然代表秦国出使楚国。他之所以敢于如此冒险，一是基于秦国的强大对楚国造成的巨大威慑，二是他自信利用楚国的君臣矛盾和君王与妾妃的矛盾能够化解楚王对自己的敌意。结果完全如其所料，楚王不仅没有加害于他，而且再一次坠入他的“诡道”。其中，仍是“利动”击中了楚王的软肋。且看张仪如何在楚王面前侃侃而谈：

> 秦地半天下，兵敌四国，被险带河，四塞以为固，虎贲之士百余万，车千乘，骑万匹，积粟如丘山。法令既明，士卒安难乐死，主明以严，将智以武，虽无出甲，席卷常山之险，必折天下之脊，天下有后服者先亡。且夫为从者。无以异于驱群羊而攻猛虎，虎之与羊不格明矣。今王不与猛虎而与群羊，臣窃以为大王之计过也。
>
> 凡天下强国，非秦而楚，非楚而秦，两国交争，其势不两立。大王不与秦，秦下甲据宜阳，韩之上地不通。下河东，取成皋，韩必入臣，梁则从风而动。秦攻楚之西，韩、梁攻其北，社稷安得毋危？
>
> 且夫从者聚群弱而攻至强，不料敌而轻战，国贫而数举兵，危亡之术也。臣闻之，兵不如者勿与挑战，粟不如者

勿与持久。夫从人饰辩虚辞,高主之节,言其利不言其害,卒有秦祸,无及为已。是故愿大王之孰计之。

秦西有巴蜀,大船积粟,起于汶山,浮江已下,至楚三千余里。舫船载卒,一舫载五十人与三月之食,下水而浮,一日行三百余里,里数虽多,然而不费牛马之力,不至十日而距扞关。扞关惊,则从境以东尽城守矣,黔中、巫郡非王之有。秦举甲出武关,南面而伐,则北地绝。秦兵之攻楚也,危难在三月之内,而楚待诸侯之救,在半岁之外,此其势不相及也。夫待弱国之救,忘强秦之祸,此臣所以为大王患也。①

这里张仪反复说项的中心内容,就是秦国强大无比,楚国只有与秦结盟,才是保存自己并得以发展的安全之策。张仪特别提醒楚王,要他记住前不久与秦国开战的教训:

且夫秦之所以不出兵函谷十五年以攻齐、赵者,阴谋有合天下之心。楚尝与秦构难,战于汉中,楚人不胜,列侯执珪死者七十余人,遂亡汉中。楚王大怒,兴兵袭秦,战于蓝田。此所谓两虎相搏者也。夫秦楚相敝而韩魏以全制其后,计无危于此者矣。愿大王孰计之。②

接下来,张仪再次论证合纵不会成功,而与秦国结盟则是保国存社稷最佳之良策:

① 《史记·张仪列传》,中华书局1959年版,第2289—2291页。
② 《史记·张仪列传》,中华书局1959年版,第2291页。

> 今秦与楚接境壤界,固形亲之国也。大王诚能听臣,臣请使秦太子入质于楚,楚太子入质于秦,请以秦女为大王箕箒之妾,效万室之都以为汤沐之邑,长为昆弟之国,终身无相攻伐。臣以为计无便于此者。①

就这样,张仪通过一番滔滔的雄辩,不仅保住了自己的性命,还使楚怀王乖乖地进入他的连横套路中。此后,他又连去韩国、齐国、赵国、燕国,以同样的“利动”让他们离开合纵而入连横之域,最后被秦国各个击破。

纵横家说服各国君王的第二个策略是“卑而骄之”。他们利用各诸侯国君主的虚骄之心,当着他们的面,使用最美艳动听、无限夸饰的词语,颂扬各个诸侯国的山川之险固、物产之丰饶、民风之淳美、君王之英名,使君王们在洋洋盈耳的颂声中昏昏然飘飘然,从而对他们产生好感和信任。将此一策略运用得特别得心应手的是苏秦。他针对不同的对象,使用最切合这个人物心理和需要的语言。如对秦惠王的说辞主要颂扬山川之固、士民之众和兵法之教:

> 秦四塞之国,被山带渭,东有关河,西有汉中,南有巴蜀,北有代马,此天府也。以秦士民之众,兵法之教,可以吞天下,称帝而治。②

对燕文侯的说辞主要是赞美其地大兵强和物产之丰:

---

① 《史记·张仪列传》,中华书局1959年版,第2292页。
② 《史记·苏秦列传》,中华书局1959年版,第2242页。

> 燕东有朝鲜、辽东，北有林胡、楼烦，西有云中、九原，南有嘑沱、易水，地方二千余里，带甲数十万，车六百乘，骑六千匹，粟支数年。南有碣石、雁门之饶，北有枣栗之利，民虽不佃作而足于枣栗矣。此所谓天府者也。①

对韩宣王的说辞主要是赞颂韩国兵器之劲：

> 韩北有巩、成皋之固，西有宜阳、商阪之塞，东有宛、穰、洧水，南有陉山，地方九百余里，带甲数十万，天下之强弓劲弩皆从韩出。谿子、少府时力、距来者，皆射六百步之外。韩卒超足而射，百发不暇止，远者括蔽洞胸，近者镝弇心。韩卒之剑戟皆出于冥山、棠谿、墨阳、合赙、邓师、宛冯、龙渊、太阿，皆陆断牛马，水截鹄雁，当敌则斩坚甲铁幕，革抉㕡芮，无不毕具。以韩卒之勇，被坚甲，蹠劲弩，带利剑，一人当百，不足言也。夫以韩之劲与大王之贤，乃西面事秦，交臂而服，羞社稷而为天下笑，无大于此者矣。是故愿大王孰计之。②

对魏襄王的说辞则主要赞扬魏国人众物阜：

> 大王之地，南有鸿沟、陈、汝南、许、郾、昆阳、召陵、舞阳、新都、新郪，东有淮、颍、煑枣、无胥，西有长城之界，北有河外、卷、衍、酸枣，地方千里。地名虽小，然而田舍庐庑

① 《史记·苏秦列传》，中华书局1959年版，第2243页。
② 《史记·苏秦列传》，中华书局1959年版，第2250—2251页。

之数，曾无所刍牧。人民之众，车马之多，日夜行不绝，輷輷殷殷，若有三军之众。……魏，天下之强国也；王，天下之贤王也。今乃有意西面而事秦，称东藩，筑帝宫，受冠带，祠春秋，臣窃为大王耻之。①

对齐宣王的说辞主要是颂赞齐国地理位置之优越、国力军力之强大和国都临淄之富庶繁华：

齐南有泰山，东有琅邪，西有清河，北有勃海，此所谓四塞之国也。齐地方二千余里，带甲数十万，粟如丘山，三军之良，五家之兵，进如锋矢，战如雷霆，解如风雨。即有军役，未尝倍泰山，绝清河，涉勃海也。临菑之中七万户，臣窃度之，不下户三男子，三七二十一万，不待发于远县，而临菑之卒固已二十一万矣。临菑甚富而实，其民无不吹竽鼓瑟，弹琴击筑，斗鸡走狗，六博蹋鞠者。临菑之途，车毂击，人肩摩，连衽成帷，举袂成幕，挥汗成雨，家殷人足，志高气扬。夫以大王之贤与齐之强，天下莫能当。今乃西面而事秦，臣窃为大王羞之。②

对楚威王的说辞主要是赞颂楚国国强君贤和军力强大：

楚，天下之强国也；王，天下之贤王也。西有黔中、巫郡，东有夏州、海阳，南有洞庭、苍梧，北有陉塞、郇阳，地方

① 《史记·苏秦列传》，中华书局1959年版，第2253—2254页。
② 《史记·苏秦列传》，中华书局1959年版，第2256—2257页。

> 五千余里，带甲百万，车千乘，骑万匹，粟支十年。此霸王之资也。夫以楚之强与王之贤，天下莫能当也。今乃欲西面而事秦，则诸侯莫不西面而朝于章台之下矣。①

苏秦对东方六国的颂赞尽管言过其实，但却讨得了各国君王的欢心。这里展示了他设计说辞的匠心独运：他对各国的国情烂熟于心，顺口举出的事例真实存在，这使被说的对象认为他说的是实情，这一方面拉近了彼此的距离，另一方面取得了国君的好感，直把他认作久违的“知音”，对他故意夸饰吹涨的一些内容和溜须拍马的话语也就坦然接受，在不知不觉中认可了他的主张，甘愿奉送他相位和金钱。张仪游说的功夫似乎远逊于苏秦，这倒不是因为他不谙此道，而是由于他游说东方六国的主轴不是夸饰它们的优势而是揭示它们的短板。不过，他有时也稍稍运用吹拍的手段讨某些国君的欢心，除了对秦国的吹拍外，他也对齐湣王吹一吹法螺：“天下强国无过齐者，大臣父兄殷众富乐。”②

纵横家的第三个策略是轻诺寡信，贯穿其中的是蒙坑诈骗。他们可以随口抛出一连串根本不准备也无法兑现的承诺，诱使国君们进入他设计的套中。且看苏秦对赵肃侯承诺：“君诚能听臣，燕必致旃裘狗马之地，齐必致鱼盐之海，楚必致橘柚之园，韩、魏、中山皆可使致汤沐之奉，而贵戚父兄皆可以受封侯。”③对楚王许诺：“令山东之国奉四时之献，……韩、魏、燕、

① 《史记·苏秦列传》，中华书局1959年版，第2259页。
② 《史记·张仪列传》，中华书局1959年版，第2294页。
③ 《史记·苏秦列传》，中华书局1959年版，第2245页。

赵、卫之妙音美人必充后宫，燕、代橐驼良马必实外厩。”①能兑现吗？张仪对楚怀王许诺的“以秦女为大王箕箒之妾，效万室之都以为汤沐之邑”②，能兑现吗？而他许诺的“商於之地六百里”则纯粹是一个骗局。其他对齐、韩、赵、魏、燕等国君“全国保君”的承诺，更在在都是骗局。显然，纵横家们是一批蒙坑拐骗理直气壮、完全抛弃道德底线的人物。他们的活动将政治和外交中的“诡道”发挥得淋漓尽致：他们翻云覆雨，行奸使诈，当面郑重承诺，转身死不认账，面带迷人微笑，心怀鬼蜮伎俩，人前握手拥抱，背后使绊插刀。他们认定最终的成功就是一切，为达目的可以使用任何手段。

纵横家的第四个策略是纵横捭阖、挑拨离间，不断在列国间制造矛盾，激发事端。这在张仪尤其是拿手好戏。为了破坏东方六国的“合纵”，他总是千方百计地渲染六国间的利益冲突，将它们之间的关系形容为不可调和的矛盾。在魏国，他极力强调魏国是四战之地，处于齐、赵、韩、楚等国的包围中，怎么做也难以缓和与三国的关系，只有同秦国结盟才安全。到楚国，他硬是离间了六国合纵的核心齐楚联盟，使二者兵戎相见。到燕国，他大讲赵王“狼戾无亲”和围攻燕都的往事，成功离间了燕、赵关系。张仪最后的杰作是将秦惠王、魏哀王和齐湣王玩弄于股掌之中：

> 秦武王元年，群臣日夜恶张仪未已，而齐让又至。张仪惧诛，乃因谓秦武王曰：“仪有愚计，愿效之。”王曰：“奈

---

① 《史记·苏秦列传》，中华书局1959年版，第2260—2261页。

② 《史记·张仪列传》，中华书局1959年版，第2292页。

何?”对曰:“为秦社稷计者,东方有大变,然后王可以多割得地也。今闻齐王甚憎仪,仪之所在,必兴师伐之。故仪愿乞其不肖之身之梁,齐必兴师而伐梁。梁齐之兵连于城下而不能相去,王以其间伐韩,入三川,出兵函而毋伐,以临周,祭器必出。挟天子,按图籍,此王业也。”秦王以为然,乃具革车三十乘,入仪之梁。齐果兴师伐之。梁哀王恐。张仪曰:“王勿患也,请令罢齐兵。”乃使其舍人冯喜之楚,借使之齐,谓齐王曰:“王甚憎张仪;虽然,亦厚矣王之托仪于秦也!”齐王曰:“寡人憎仪,仪之所在,必兴师伐之,何以托仪?”对曰:“是乃王之托仪也。夫仪之出也,固与秦王约曰:‘为王计者,东方有大变,然后王可以多割得地。今齐王甚憎仪,仪之所在,必兴师伐之。故仪愿乞其不肖之身之梁,齐必兴师伐之。齐梁之兵连于城下而不能相去,王以其间伐韩,入三川,出兵函谷而无伐,以临周,祭器必出。挟天子,案图籍,此王业也。’秦王以为然,故具革车三十乘而入之梁也。今仪入梁,王果伐之,是王内罢国而外伐与国,广邻敌以内自临,而信仪于秦王也。此臣之所谓‘托仪’也。”王曰:“善。”乃使解兵。①

这里张仪将离间捏合之术运用得炉火纯青,将秦惠王、魏哀王和齐湣王一一收入彀中,一方面使自己暂时摆脱困境,另一方面使秦、魏、齐一时不动刀兵。第二年,他死于魏国,算是在生命终结前夕干了一件促成列国间和平的好事。不过,张仪一生最显著的功业是他用离间之术不断破解苏秦的“合纵”之策,

① 《史记·苏秦列传》,中华书局1959年版,第2299页。

最终助力秦国奏响了统一六国的凯歌。

纵横家的第五个策略是连环设局，环环相扣，使堕入局中者步步中招，最后达到他们设定的目标。“秦、仪学于鬼谷，其术先揣摩其如何，然后捭阖，捭阖钩其端，然后钳制之。”①最典型的是张仪诓骗楚王所设的“献商於之地六百里”的骗局：楚王因贪心中局后，张仪破除齐楚联盟的目的达到；接着，以“丰邑六里”搪塞，使楚王震怒而发兵，结果是丹阳、蓝田两战楚军惨败，秦取楚丹阳、汉中两地；再后，张仪二次入楚，利诱楚王“与秦亲”，保证连横之计继续推行。在这一进程中，张仪将“钩钳之术”运用得真是炉火纯青。

纵横家游说诸侯国，取得政治和外交上的成功，目的是以此为筹码，从君王那里猎取富贵利禄，以实现他们的人生价值。“考其所学，非阴谋诡计即纵横捭阖，驾倾河之辨，肆无稽之谈，大要以进取为功业，杀人为英雄。”②苏秦毫不讳言他的目的是“以取尊荣”，结果一时获得佩六国相印的殊荣。当他从楚国北去赵国路经自己的故乡洛阳时，真是风光无限：“车骑辎重，……疑于王者。周显王闻之恐惧，除道，使人郊劳。苏秦之昆弟妻嫂侧目不敢仰视，俯伏侍取食。”③他们没有自己固定的信仰，行事也没有道德底线。苏秦是合纵之策的首创者，可他在游说七国时首访的国家是秦国，献出的计策是让秦国“可以吞天下，称帝而治”。如果秦惠王接纳了他，他可能就是“连横”之策的首创者了。所以，戴表元认定他“利从则从，利横则

① 《二程子抄释》卷四，影印版文渊阁四库全书。

② 张九成：《孟子传》卷一二，影印版文渊阁四库全书。

③ 《史记·苏秦列传》，中华书局 1959 年版，第 2261—2262 页。

横，其区区穷谋本不专有摈秦之心，惟不得于秦而从事于诸侯耳”①。作为合纵之策的谋主，他应该千方百计维护六国的团结，然而，他在燕国私通燕易王的母亲，最后又跑到齐国为燕国做内应，“欲破敝齐而为燕”，破坏了齐、燕之间的联盟。黄震因此说他“使燕以报齐，食齐之禄而反误之，不忠孰甚焉？又岂约从之初意哉？”②张仪是连横之策的创始人，但他最后却运用自己的智慧避免了秦、魏、齐三国间的一场战争。这说明他们没有固定的政治信仰，只有利益考量，尤其是个人利益的考量。正因为如此，所以历代从仁义道德出发给予纵横家的基本都是否定的评价。孟子是苏秦、张仪的同时代人，当景春在他面前赞扬纵横家是“大丈夫”时，孟子却直斥他们是“妾妇之道”③，与大丈夫根本不沾边。稍后于孟子的荀子也将他们视为“态臣”④，即专门对君王谄媚逢迎的奸佞之臣。西汉初年的刘安直斥他们是“丑者”：“张仪、苏秦，家无常居，身无定君，约从衡之事，为倾覆之谋，浊乱天下，挠滑诸诸侯，使百姓不遑启居，或从或横，或合众弱，或辅富强，此异行而归于丑者也。”⑤宋朝以后，理学大兴，政治家和思想家特别看重人们的道德人格，所以对纵横家的评价更低。苏门四学士之一的秦观认为他

① 戴表元：《剡源文集》卷二二《苏秦传》，影印版文渊阁四库全书。

② 黄震：《黄氏日钞》卷十六《苏秦》，影印版文渊阁四库全书。

③ 《孟子·滕文公下》，《十三经注疏》，中华书局1980年版，第2710页。

④ 王先谦撰：《荀子集解·臣道》，中华书局2013年版，第192—193页。

⑤ 何宁撰：《淮南子集释·泰族训》，中华书局2015年版，第1411页。

们不过是"利口之雄",为君子所不齿:

> 所谓辩士者,必具三德、明五机,而利口者不与焉。昔苏秦、张仪、犀首、陈轸、代厉之属,尝以辩名于世矣。然三德不足而五机有余,故事求遂而不问礼之得失,功求成而不恤义之存亡,偷合苟容,取济一时而已。此其所以为利口之雄,而君子不道也。①

宋朝的张九成对纵横家们更是义愤填膺,大骂其为"民贼",认定他们一无是处:

> 苏秦得志于六国,腰佩六印,坐谋辎车,时君世主,拥彗先驱,郊迎侧行,其见礼如此。考其所学,非阴谋诡计即纵横捭阖……②
>
> 苏秦以不虞之誉以取富贵,张仪以求全之毁以取富贵,此两人者,岂有心于天下国家哉?特以口舌觅官,为饱暖之资耳。一则专以誉而悦六国,一则专以毁而恐六国,天下性命皆系两人之口舌。③
>
> 商鞅、驺忌、孙膑、苏秦、张仪、稷下诸人,立乎人之本朝,而以阴谋诡计纵横捭阖卓异荒唐为事业,或窃相位,或坐辎车,或佩六印,或据康庄,扬扬以为得计,以圣贤之道

---

① 秦观:《淮海集》卷一六《辩士》,影印版文渊阁四库全书。

② 张九成:《孟子传》卷一二,影印版文渊阁四库全书。

③ 张九成:《孟子传》卷一七,影印版文渊阁四库全书;张九成:《孟子传》卷二五,影印版文渊阁四库全书。

观之,其耻有过于此者乎?①

这种纯粹从传统道德观念出发的评论,抒发的是义愤,给出的并不是一种公允的历史评价。历史虽然不拒绝道德评价,但更侧重于从历史发展的趋势看待历史人物的客观作用。东汉王充肯定了他们的事功:

苏秦约六国为从,强秦不敢窥兵于关外;张仪为横,六国不敢同攻于关内。六国约从,则秦畏而六国强;三秦称横,则秦强而天下弱。功著效明,载纪竹帛,虽贤何以加之……仪、秦,排难之人也,处扰攘之世,行揣摩之术,当此之时,稷、契不能与之争计,禹、皋陶不能与之比效。②

有些偏离儒学正统思想的王充从事功标准出发的理性评价,较之义愤的詈骂似乎更接近真实。不过,王充也无法理解,人格看似卑微的纵横家为什么能够建立辉煌的功业,而他们并没有意识到自己成了历史发展的不自觉的工具。

① 张九成:《孟子传》卷二五,影印版文渊阁四库全书。

② 王充:《论衡·答佞》,《诸子集成》7,上海书店1986年影印版,第116页。

韩非述论[*]

一、生平和著作

公元前234年,25岁的秦王嬴政即后来的秦始皇帝已经继位13年。三年前,他果断地诛除了嫪毐和吕不韦集团,巩固和加强了国内的统治。此时,他指挥的秦军,在名将王翦、蒙骜、桓齮的统帅下,正以多路向关东六国进击。这时以中国救主顾盼自雄的嬴政,头脑中正规划着一幅庞大的统一帝国的蓝图。有一天,他读着从东方传来的《孤愤》《五蠹》等文章,其深邃犀利的思想锋芒,不禁使他拍案叫绝:"嗟乎! 寡人得见此人与之游,死不恨矣!"[①]在一旁的舍人李斯告诉他,写这些文章的人叫韩非,他现在在韩国。嬴政为了得到韩非,毅然下令伐韩。在秦军的强大攻势面前,韩国只得乖乖地交出韩非。由此嬴政得以与韩非面谈,对他的思想和学识更加钦佩。可能在言谈中韩非为韩国说了几句好话,害怕威胁自己升迁的李斯、姚贾乘机进谗言,诬陷韩非是韩国的奸细。嬴

---

* 本文原载于《中华民族杰出人物传》第三集,中国青年出版社1984年版。

① 《史记·老子韩非列传》,中华书局1959年版,第2155页。

政下令将其下狱治罪。李斯这位韩非的同学立刻进毒药,诱使韩非自杀。韩非自辩无门,仰药而死。当嬴政反悔而派人衔命去狱中赦免韩非时,看到的已经是一具发冷的尸体。先秦新兴地主阶级法制理论的最后一位大师也是战国“百家争鸣”思潮总结者的韩非,就这样悲惨地结束了自己的一生。由于历史上留下来的资料十分简单而又互相抵牾,以致对他的生平难以有完整详细的了解。我们只知道他出身于韩国贵族,“为人口吃,不能道说,而善著书”。他与李斯一起师事荀子,学问远胜李斯。他见韩国政治腐败,改革不力,在强秦进攻面前一再割地受辱,多次上书韩王,提出修明法度、求人任贤、赏罚分明等富国强兵的建议,但不为韩王所纳。韩非忿激之余,写了《孤愤》《五蠹》《内外储》《说林》《说难》等十余万言,完成了封建法制理论的系统化工作。可惜他的故国已经没有条件实行他的理论,而最有条件实行他理论的秦国却以断头台接待了这位踌躇满志的思想家。他是在没有看到自己理想实现的情况下赍志以殁的。他的卒年(前 233 年)是清楚的,而生年则众说纷纭。有人说他生于韩釐王五十五年(前 281 年)前后,寿在 40—50 岁;有人说他生于韩釐王初年,寿在 60 岁左右;也有人主张他生于韩襄王末年(前 269 年),其寿不低于 65 岁。

韩非生活于战国末期,社会正处于剧烈的变化中。是时新兴地主阶级正向奴隶主贵族发动夺权斗争,七雄为兼并对方而进行的战争正激烈展开。在此背景下,思想界也展开了激烈的斗争,百家争鸣,九流竞艳,人才辈出,群星璀璨。正如梁启超所形容的:“如春雷一声,万绿齐茁于广野;如火山乍裂,热石竟飞于天外。”①为新兴地主阶级服务的法家学说，在批判和综合道、墨、儒、名等学识派思想的基础上，需要将自己的理论系统化、完整化，韩非适逢其时，出手完成了时代赋予的这一使命。

任何思想都不是凭空产生的。除了政治和经济的条件之外，还必须有可供批判继承的思想资料。而春秋末至战国时代的思想前辈，已经为他准备了必要的思想资料。韩非主要继承的是先秦法家先驱者的理论——商鞅的“法”、申不害的“术”、慎到的“势”，都被他冶为一炉，他由此成为法家的集大成者。韩非也批判改造了老子的自然观和无为思想，发展了先秦以来的唯物论和无神论思想，为他的法制主义找到了一个坚实的自然哲学基础。所以，司马迁说他“喜刑名法术之学，而其归本于黄老”。韩非还继承和发展了荀子的唯物论、历史进化论、性恶论和隆礼重法论。事实上，正是荀子与韩非这一对师徒共同架设了一座由礼治到法治的思想过渡的桥梁。另外，韩非在形式上继承了墨家“尚同”的理念，同时也把“上同而下不比”“以名举实”和儒家“制名以指实”“叩其两端而竭焉”等合起来。事实说明，作为先秦法家学说的最后一位大师，韩非虽然批判了法家以外的几乎所有思想流派，但他并不拒绝其他思想流派中对自己有用的东西。他的思想之所以博大精深，与他善于吸收前人成果是有直接关系的。

韩非的著作《韩子》，亦称《韩非子》，现存 55 篇。尽管它是先秦古籍中窜乱较少的著作之一，但对其真伪，学术界也有几种不同的说法。有人认为所有篇章皆出自韩非本人；有人认

① 梁启超：《论中国学术思想变迁之大势》，《饮冰室合集 · 文集之七》，中华书局 1989 年版，第 11 页。

为只有《史记》记载的《孤愤》《五蠹》《内外储》等6篇以及《说林》《说难》等10篇出自韩非,其余皆窜入者。另外,还有其他数种看法。我们认为,除了《忠孝》《人主》《饬令》《心度》《制分》为法家后学著作,《初见秦》《存韩》《难言》《爱臣》为战国纵横家著作外,其余46篇,大体都出自韩非。

韩非虽然同他的前辈吴起、商鞅一样做了地主阶级进步事业的殉道者,但是他们创建的法制理论却为后来的封建统治者所笃行,在中国历史上产生了深远影响。秦王嬴政尽管误信谗言冤死了韩非,但他统一中国后的许多政策措施都是以韩非的理论为基础的。

二、唯物论的自然观

老子的思想体系虽然属于客观唯心论,但他摒弃了天地鬼神的作用,第一次以"道"作为天地的主宰。特别是他的辩证法思想丰富了人类对自然和社会的认识。韩非批判改造了老子的"天道无为"思想,提出了自己唯物论的自然观。他认为"道""与天地之剖判也俱生","天得之以高,地得之以藏,维斗得之以成其威,日月得之以恒其光"。这里的"道"显然还带着从老子那里脱胎而来的痕迹,但他又说:"道者,万物之所然也,万理之所稽也。理者,成物之文也;道者,万物之所以成也……万物各异理而道尽稽万物之理。"① 这里,韩非把"理"说成具体事物发展规律,把"道"看成宇宙万事万物的总规律。

① 王先慎撰:《韩非子集解·解老》,中华书局2013年版,第156页。

"道"含蓄着"理",是"理"的总汇。应该说,"理"这一范畴的提出,是韩非对唯物论的新贡献。韩非坚信万事万物都有自己的"理",宇宙有自己的总规律,因而也坚信事物的发展有自己的规律,这就是他所说的"定命"和"信数"。他认为天下信数有三,一是人的智慧无法实现的,二是人的勇力无法达到的,三是人在强大和威势面前无法取胜的。只有"因可势","求易道",即利用可以成事的客观条件和形势,才能"用力寡而功名立"①,取得事业的成功。他认定,贤明君主立功成名必须具备四个条件:天时、人心、技能、势位。他说,天时不利,虽有十个尧这样的圣人,也不能在严冬使禾生一穗;人心不顺,虽有贲、育这样的勇士也无法取得对敌斗争的胜利。他的结论是:"得天时则不务而自生,得人心则不趋而自劝;因技能则不急而自疾,得势位则不进而名成。"②这里,韩非从实践的角度说明办任何事情都必须遵循事物本有的客观规律。韩非虽然指出人的行动必须受制于客观必然性,但他却避免了老子强调"清静无为"而忽视人的主观能动性的缺点。他认为人既不能做违反客观规律的狂人,也不应该无所事事,一味等待自然的恩赐,而应该利用天赋的聪明睿智,在自然条件许可范围内发挥能动的作用。这一思想有着朴素唯物论和辩证法的因素。

从唯物论的自然观出发,韩非坚定地站在无神论立场上,驳斥了当时流行的鬼神可以决定吉凶、卜筮能够预测祸福的宗教迷信思想,否定了以星象变化妄测国家兴亡和战争胜负的占星术。他用历史事实揭穿卜筮的欺骗性。在《饬邪》中,他说,

---

① 王先慎撰:《韩非子集解·观行》,中华书局 2013 年版,第 212 页。

② 王先慎撰:《韩非子集解·功名》,中华书局 2013 年版,第 223 页。

赵国攻打燕国时，凿龟求卜，得兆“大吉”；燕国迎战赵国，同样凿龟求卜，得兆也是“大吉”。但两国交战的结果，燕国两次都打了败仗；赵国相信卜筮，先胜燕国，再胜齐国，但与秦国交战时却一败涂地。燕、赵交战时，难道是燕国的龟不灵而赵国的龟灵吗？赵国的龟既然灵，为什么与秦国交战时就不灵了呢？韩非又以越王勾践的故事为例，证明恃龟不如靠人：一开始，勾践恃大朋之龟，但与吴国交战时败北，自己也成了吴国的俘虏，受尽凌辱。归国以后，再也不凿龟问卜，而是“卧薪尝胆”，十年生聚，十年教训，“明法亲民以报吴”。后来，不仅灭掉吴国，雪会稽之耻，而且北上中原争霸，俨然成为一霸。韩非还讥讽那些幻想长生不老的侯王，他们的巫祝虽然天天焚香作法，预祝千秋万岁，但并不能延年益寿。燕王曾派人向传“不死之道”的仙人学习，但还未来得及学习，仙人自己却一命呜呼，燕王怪罪派去的人贻误大事而将之处以极刑。韩非对此嘲笑说：“夫信不然之物而诛无罪之臣，不察之患也。且人之所急，无如其身，不能自使其无死，安能使王长生哉？”[①]韩非又以确凿的事实，嘲弄了占星术的虚妄：魏国曾连年东向攻齐，迭克陶、卫，取得一连串胜利，后来转而西向攻秦，却连吃败仗，损兵失地。这难道是因为丰隆、五行、太一、王相、六神、岁星等吉星都在西方，因而成为魏国的守护神吗？难道又因为天缺、弧逆、刑星、荧惑、奎台等凶星都在东方，因而造成对秦国作战的不利吗？这些事实说明，天上星宿的方位，根本不能决定国家盛衰的命运。韩非的结论是：“龟筴鬼神不足举胜，左右背乡不足

---

① 王先慎撰：《韩非子集解·外储说左上》，中华书局 2013 年版，第 290—291 页。

以专战。然而恃之,愚莫大焉。”①“用时日,事鬼神,信卜筮而好祭祀者,可亡也。”②韩非还进而从唯物论自然观出发,批判了当时流行的所谓生死祸福是出自上天奖励或惩罚的天人相与论。他认为生死祸福是由人自身的行为造成的,与上天没有任何关系:“祸难生于邪心,邪心诱于可欲。可欲之类,进则教良民为奸,退则令善人有祸。”③另外,人们忧愁难耐,精神错乱,思虑不周而造成的行为过失也同样能够给人带来灾祸。而幸福的来源则是人们自己“行端正”“思虑熟”“得事理”,因而办事成功,福寿两全。这里,韩非竭力把生死祸福从天上拉回人间,从人自身的思想和行为中找原因。虽然他不可能从社会经济和阶级的分野来解释生死祸福,而把它单纯归因于个人的思想和行为,但较之那些上帝决定的神道说教,毕竟是前进了一大步。他还认定,只要政治清明,“内无痤疽瘅痔之害,而外无刑罚法诛之祸”④,人们就不会遭到无妄之灾,鬼神迷信也就没有市场了。尽管韩非在这里把消灭鬼神迷信看得过于简单,不了解鬼神迷信的产生有着深刻的社会根源和认识根源,但是,他对鬼神迷信的批判,是有着重大进步意义的。

三、“参验”的唯物主义认识论

事物是否能够认识?人有没有认识事物的能力?人的认

---

① 王先慎撰:《韩非子集解 · 饰邪》,中华书局2013年版,第131页。

② 王先慎撰:《韩非子集解 · 亡征》,中华书局2013年版,第117页。

③ 王先慎撰:《韩非子集解 · 解老》,中华书局2013年版,第154页。

④ 王先慎撰:《韩非子集解 · 解老》,中华书局2013年版,第151—152页。

识怎样反映客观实际？如何判断认识的正确与错误？对这一连串的认识论的主要问题，韩非基本上作了唯物论的回答。他认为天地万物的“所以然之道”和“所以然之理”都是客观存在的，是可以认识的。而人也是有认识事物的能力的：“聪明睿智天也，动静思虑人也。”①人类认识事物的器官是天生的，认识事物却是人的主观能动行为：“思虑熟则得事理，得事理则必成功”②。这就是说，认识事物首先靠耳、口、目、鼻等“天官”“空窍”接触事物，获得感性认识，同时也要靠“心”的思虑使认识得到深化。韩非已经接触到检验认识和行动是否正确的标准问题。他认为，判定言论、意见是否正确，要看其是否符合“形名参同”。如臣下发言、行事，言必有名，事必有形，据形验名，就是“形名参同”：“有言者自为名，有事者自为形。形名参同，君乃无事焉，归之其情。”③由此，韩非主张对当时各家学派的言论，必须根据历史和事实加以“参验”。凡是缺乏历史和事实根据的理论，就是虚妄的谬论。如按此行事，就是欺骗行为。进而，韩非认定，判断言行是否正确，归根结底是看其在实践中的“功用”：“夫言行者，以功用为之的彀者也。”④他以许多生动的故事来证明自己的理论：在齐国的稷下学宫中，有一个叫兒说的辩者持“白马非马”之说，折服了在场的所有学者。但当他乘白马过关的时候，还要按照马的毛色交过关税。韩非批评说，如果凭借虚浮言辞来辩论，口才好的人能辩胜全国的人；如果按照形象考察实际，就无法欺诈一个人。他进而批判

① 王先慎撰：《韩非子集解·解老》，中华书局2013年版，第147页。
② 王先慎撰：《韩非子集解·解老》，中华书局2013年版，第161页。
③ 王先慎撰：《韩非子集解·主道》，中华书局2013年版，第28页。
④ 王先慎撰：《韩非子集解·问辩》，中华书局2013年版，第430页。

阴阳家的“闳大不经”之谈，嘲笑他们无法验证的言论不过是一种“画鬼”的伎俩。他说，画犬马最难，画鬼魅最容易。因为谁也没有见过鬼魅，所以可以随心所欲地乱画。犬马天天可见，画不像是不行的。当然，阴阳五行思想中也包含着运动变化的朴素辩证法理念，把阴阳家全部说成画鬼惑众的骗子显然失之偏颇。韩非还讲过两个故事，说明任何事情都必须看效果：秦国国君将自己的女儿嫁给晋国的国君，同时陪送了70个漂亮的婢女，结果晋人爱其婢而贱公女。这样，秦国以嫁女维持两国友好关系的目的就没有达到。韩非批评这是“善嫁妾”而非“善嫁女”。楚人把一颗珍珠装在一只极其漂亮的盒子里，“为木兰之柜，熏以桂椒，缀以珠玉，饰以玫瑰，辑以羽翠”①，结果郑人买了盒子而退还珍珠，这就是有名的“买椟还珠”的故事。韩非认为，这些行动都没有达到预期的目的，说明行动本身是错误的。言行必须以“功用”为“的彀”的思想，隐含着以实际效果为检验言辞理论标准的科学认识。韩非还以一个“以子之矛攻子之盾”的故事，把矛盾的概念第一次引入认识领域。他认为人的思维必须符合形式逻辑的要求，不能陷入自相矛盾之中。由此引申，他认为君主应该善于听取不同意见并从各种互相对立矛盾的意见中判断哪一种符合实际，千万不要只听一种意见。如果一个君主经常听到的只是一种声音，那么这种声音即使将他引导到完全错误的道路上，他也不易发觉。最后，韩非认为，在“上有所好，下必甚焉”的社会风气中，国君更要有自知之明。他说，“故知之难，不在见人，在

① 王先慎撰：《韩非子集解·外储左上》，中华书局2013年版，第287页。

自见”,“志之难也,不在胜人,在自胜也”。[①] 这就是说,人君要保持清醒的头脑,要敢于同自己的错误做斗争。他又说,良药苦口利于病,“忠言拂于耳”[②],但聪明的君主还是要听,因为它能够使事业取得成功。他还讲了一个齐王好紫衣的故事,说明以身作则的重要性。由于齐王喜好紫衣,全国上下争相穿用,结果弄得全国紫色布匹价昂缺货。后来齐王纳谏弃紫衣,情况立即发生变化:当天,郎中不穿紫衣了;当月,国都官员百姓不穿紫衣了;当年,齐国之民无人再穿紫衣了。这个故事中隐喻的道理,至今仍然发人深思。总之,韩非的唯物论认识论强调了“参验”和“功用”,达到了当时的最高水平。

四、今胜于昔的历史进化观

在先秦诸子中,绝大部分人都把人类的黄金时代放在遥远的古代社会。以孔子、孟子为代表的儒家鼓吹尧舜和三代的理想。以墨翟为代表的墨家则讴歌大禹时代的“尚同”和“尚贤”;以老子和庄子为代表的道家更是赞扬“小国寡民”的“至德之世”。中国传说时代的圣帝明王,绝大多数都是在这一时期按不同理想编造出来的。韩非作为新兴地主阶级的代言人,相信自己阶级的力量,对未来充满信心,因而继承和发展了荀子的历史进化观,批判了儒、墨、道的历史观。

---

① 王先慎撰:《韩非子集解·喻老》,中华书局 2013 年版,第 181—182 页。

② 王先慎撰:《韩非子集解·外储左上》,中华书局 2013 年版,第 288 页。

首先，韩非认为，历史既不是一成不变的简单重复，更不是今不如昔的一代不如一代的倒退，而是一个由低级向高级的连续不断的发展过程。他将中国历史划分为四个发展阶段：上古之世、中古之世、近古之世和当今之世。上古指有巢氏构木为巢、燧人氏钻木取火的时代，中古指鲧、禹父子治水的时代，近古指汤、武征伐的时代，当今指春秋战国五霸七雄争霸兼并的时代。韩非还描绘了各个时代不同的特点和风貌。他说，上古竞于道德，中古逐于智谋，当今争于气力。时代不同，历史条件不同，治国的法术也应该不同。时代进入了中古，如果还有人提倡构木为巢、钻木取火，必然被鲧、禹所耻笑；时代进入近古，如果还有人无故决渎排水，必然被汤、武所耻笑；时代进入当今，如果还有人讴歌尧舜汤武的道德功业，也就必然为"新圣"所耻笑了。他的结论是："圣人不期修古，不法常可，论世之事，因为之备。"① 他讽刺说，儒家"法先王""行仁义"的治国方法，在当时不过是"守株待兔"和"尘饭涂羹"之类的空想而已。

其次，韩非努力排除天命、神道史观，竭力探索历史的规律和决定力量。韩非以前及其同时代的许多思想家，大力鼓吹"天生民而作之君，在之师"的神道史观，国君被誉称"天子"，自然界和人类社会的一切发展变化都被说成上天的有目的的安排。韩非上承荀子，把天神从历史领域驱除出去，将历史还原为人类自己的历史。他说："上古之世，人民少而禽兽众，人民不胜禽兽虫蛇；有圣人作，构木为巢，以避群害，而民悦之，使王天下，号之曰有巢氏。民食果蓏蚌蛤，腥臊恶臭而伤害腹胃，民多疾病；有圣人作，钻燧取火，以化腥臊，而民悦之，使王天

① 王先慎撰：《韩非子集解·五蠹》，中华书局2013年版，第484页。

下,号之曰燧人氏。”①韩非对上古进化的描绘,“确是道破了原始社会的实际”②。这里,韩非虽然把原始社会的一些重大发明与所谓“圣人”联系在一起,但他的描述,比起同时代的其他思想家,毕竟更接近历史实际。进而,他说,尧做天子的时候,吃着粗劣的食物,喝着藜藿做的羹汤,冬天穿鹿皮,夏天穿麻布衣服。今天,就是看门的小官的衣食住行也比他强多了。禹做国王管理天下的时候,手持耒叉带领人民干活,终日劳累,以致大腿上无肉,小腿上不生毛。今天,就是一般奴隶的劳动也不过如此。这样看来,古人辞去天子,不过像今天辞掉一个看门人的俸禄和抛却奴隶的辛劳罢了。因此,古代禅让天下的事是不值得过多赞扬的。可今天一个县令,即使他死后,他的子孙也可以世世代代坐马车,享受尊荣。所以就辞让而言,古人可以轻而易举地辞去天子的尊位,而今人却难以舍弃辞去一个小小的县令。这是实际利益厚薄不同的缘故。他的结论是:“是以古之易财,非仁也,财多也;今之争夺,非鄙也,财寡也。轻辞天子,非高也,势薄也;重争土橐,非下也,权重也。”③意思是说,古人之所以不争权,是因为无利可图,而今人之所以争权,是因为有财有势可图。韩非从经济生活的影响来分析道德的时代性质,正体现了他的唯物主义精神,由此他把国家盛衰、社会治乱的原因归结为社会经济问题。所以他认为必须强迫人民努力生产,大量增加社会财富,才能给社会的繁荣、美好道德的推行、国家社会的安定奠定基础。进而他激烈反对当时的文

---

① 王先慎撰:《韩非子集解·五蠹》,中华书局 2013 年版,第 483 页。
② 《郭沫若全集·历史编》(2),人民出版社 1982 年版,第 366 页。
③ 王先慎撰:《韩非子集解·五蠹》,中华书局 2013 年版,第 486 页。

学之士、言谈之士、道德之士、工商之民、游侠之士，其中一个重要原因就是这些人脱离农业生产，“用力者寡则国贫，此世之所以乱也”①。由此出发，他主张重本抑末，奖励耕战，大力发展经济。可以看出，韩非在这里继承了《管子》“仓廪实则知礼节，衣食足则知荣辱”的观点，看到了物质生活对国家治乱、道德风尚的影响，这比之儒家空谈仁义的说教，合理的因素似乎更多一点。但是，韩非为了论证以暴力为后盾的封建专制主义的进步性，却将物质与道德的关系绝对化了。在《五蠹》中，他认为人口的增长大于财富的增长，社会上人口愈多则财富愈少，财富愈少则争夺就愈激烈，而社会的动乱就是因人口的大增引起的。这里，韩非的可贵之处，在于看到了人口增长与经济发展的关系，特别是人口增长与社会财富分配之间的矛盾。但是，把社会动乱的原因单纯归结为人口的大量增加，则显然是错误的。在阶级社会里，社会动乱的根本原因是统治阶级无限制的压迫和剥削。

最后，韩非把历史的根本动力归结为人类对一己私利的无厌追求。“性恶论”是他这一理论的出发点。韩非认为，人性是随着历史的发展而变化的。远古之人无利可图，所以敦朴愚蠢；今之人有利可图，所以狡诈智慧。而所有人刻意追求的东西，不外乎名和利：“人无羽毛，不衣则犯寒。上不属天，而下不著地，以肠胃为根本，不食则不能活。是以不免于欲利之心。”②“利之所在民归之，名之所彰士死之。”③不仅一般人和

---

① 王先慎撰：《韩非子集解·五蠹》，中华书局 2013 年版，第 494 页。

② 王先慎撰：《韩非子集解·解老》，中华书局 2013 年版，第 155 页。

③ 王先慎撰：《韩非子集解·外储左上》，中华书局 2013 年版，第 283 页。

士君子追逐名利,那些拥有巨量财富和据有极大权力的贵族更是经常演出弑父杀兄、篡位逼宫之类骨肉相残的丑剧。在韩非看来,所有的社会关系都离不开名和利,如王良爱马,是为了让它驰骋疆场;勾践爱民,是为了让他们拼死鏖战,以雪会稽之耻;医生吮吸病人的伤口,并非因为他同患者有着骨肉亲情,而是为了收取高昂的酬劳;造车的工匠,希望人人富贵;做棺材的工匠,则盼着人人早死。这也并不是因为造车者仁而做棺者残忍,而是因为人不富贵车子卖不出,人不死棺材卖不掉。棺材匠并不是憎恶人,而是因为他的利益恰恰与人的死亡联系在一起。在韩非眼里,普天之下都是为私利活动的人,人与人之间的关系都是建筑在利害基础上。佣工与雇主、父亲与儿子、丈夫与妻子、同事和朋友、君主和臣子,都是以利益的锁链连在一起的。韩非撕破了儒家精心锻造的"君仁臣忠""父慈子孝""兄友弟恭""夫义妇顺"等温情脉脉的道德伦理,将其还原为争权夺利、尔虞我诈的赤裸裸的利害关系。而人类的历史,也就是在各种不同的人日日追逐名利的推动下,一步一步走过来的。所以,君主应该利用人趋利避害的本性,用严明的赏罚驱使臣子、官吏和人民为自己效力。他的法制主义理论正是奠基于这种"性恶论"。韩非"性恶论"的合理因素,在于他看到了人人都有自己的物质利益,而他的错误在于把这种对物质利益的追求绝对化,把唯利是图看成永远不变的人性,否认了超越物质利益的人类亲情和超越生死的道德情操。从一定意义上说,韩非的"性恶论"是战国时代商品经济得到较大发展的产物。然而,由于它太少伪饰,太赤裸裸,特别是太绝对化,因而对维护封建统治的长治久安不利。所以在秦朝之后,中国的封建统治者虽然在事实上接受和运用韩非的法制理论,但并不张扬他的“性恶论”,而是更多地宣扬孟子的“性善论”。因为“性善论”把人追求名利说成后天才有,不是人的本性;人的本性是由“善端”扩展而善的,所有人都可以通过修养自觉向善,回归本性。这种理论尽管并不科学,但比“性恶论”要高明得多。

总之,韩非的历史观虽然最终不能超越历史唯心论的局限,但是,由于他倡导今胜于昔的历史进化论,批驳了君权神授的宗教迷信,从人类的经济生活中寻找历史发展的动因,鼓吹“世异必变”的变革思想,这就适应了新兴地主阶级变革现实的要求,在当时的历史条件下,它的进步作用是主要的。

五、法、术、势相结合的法制思想

中国地主阶级法制思想的产生,是同土地私有制的产生和新兴地主阶级势力的成长相适应的。与此相应的法家先驱人物是李悝、吴起、商鞅、申不害、慎到等。李悝是战国初年魏文侯的老师,写过著名的《法经》,这一由盗、贼、捕、囚、杂、具等六章组成的法律文本,是我国历史上第一部较完备的法典,对后世产生了相当大的影响。

稍后于李悝的吴起,是新兴地主阶级杰出的政治家和军事家。他曾襄助魏文侯和魏武侯厉行改革,创设常备兵,使战国初期的魏国一度居于首强地位。后来吴起又相楚悼王,实行封建的变法运动,使楚国迅速强大,但不久因悼王逝世,旧贵族反扑,吴起以身殉职。后于吴起的商鞅,曾在秦国主持了战国七雄中最为彻底的变法,结果是“行之十年,秦民大悦”,“乡邑大治”。虽然后来商鞅也被旧贵族“车裂”而死,但他的改革却为秦国的迅速崛起奠定了基础。因为商鞅重视用法"齐一制度",推行政令,奖励有功,惩罚有过,并且特别强调"轻罪重罚",所以被认定为是重法的政治家。与商鞅差不多同时的申不害曾做过韩昭侯的相。他"内修政教,外应诸侯",取得了"国治兵强"的显著政绩,"申子之学本于黄老而主刑名"。①他特别提出"术"的理论,从另一个角度为封建专制政权提供了思想武器。他认为,为了加强君权必须以"术"驾驭群臣。办法是"君操其本,臣操其末。君治其要,臣行其详",以便使君主"操生杀之权,课群臣之能"。与孟子同时代的慎到是一个重"势"的法家人物。他最先意识到法与势的关系,即法与政治权力的关系。他认为无论多么完备的法制,如不凭借强大的政治权力也是无法推行的。他说,飞龙乘云翱翔,腾蛇在雾中游弋,待到云消雾散,龙蛇落到地上,和蚯蚓比也没有什么区别了。这是因为它们失掉了凭借。贤人屈从于不肖者,是因为权轻位卑;不肖者所以能使贤人屈从,是由于权重位尊。尧如果是一个匹夫,尽管他道德高尚,连三个人也管不了。夏桀纵然暴虐无道,但因为他是天子,也就可以凭借权势把天下搞得乱纷纷。由此可知势力权位的重要,而贤明和智慧却不值得羡慕。

韩非总结了以上这些法家前辈的思想,第一次明确阐述了法、术、势三者之间不可分割的联系。他认为,为了推行封建的政治变革,必须实行严酷的法制。他批判申不害只讲"术"不重法的弊端是:"不擅其法,不一其宪令,则奸多。"②但是执行

① 《史记·老子韩非列传》,中华书局1959年版,第2146页。

② 王先慎撰:《韩非子集解·定法》,中华书局2013年版,第433页。

法制的前提是掌控国家权力，即必须有“势”。但有法有势而无“术”，还不足以对付叛逆臣子擅权篡弑，极易造成大权旁落，所以人君又必须有术。他指出，法虽然可以使国家富强，“然而无术以知奸，则以其富强也资人臣而已”①。所以，术与法关系极其密切：“君无术则弊于上，臣无法则乱于下，此不可一无，皆帝王之具也。”② 法、术、势三者互为条件，互相补充，构成新兴地主阶级完整的法制思想体系。他认为，法是国家根本的规章制度，是除了人君之外所有臣民都须一体遵守的根本大法：“故明主之国，无书简之文，以法为教；无先王之语，以吏为师。”③法的特点是“明”：“编著之图籍，设之于官府，而布之于百姓者也。”④要广泛宣传，做到家喻户晓。法是赏罚的根据：“法者，宪令著于官府，刑罚必于民心，赏存乎慎法，而罚加乎奸令者也。”⑤韩非把法令叫作“名”，依据法令进行的赏罚叫作“刑”。法是赏罚的标准，“名”是“刑”的根据，“刑”必须合乎“名”。所以，韩非的法制又叫“刑名之术”。韩非还鼓吹一种类似法律面前人人平等的理念：“法不阿贵，绳不挠曲。法之所加，智者弗能辞，勇者弗敢争。刑过不避大臣，赏善不遗匹夫。”⑥这里讲的臣与民、官与百姓面前一律平等的话，目的在于破坏奴隶制世官世禄的等级制度，代之以“使法择人，不自

---

① 王先慎撰：《韩非子集解·定法》，中华书局 2013 年版，第 434 页。

② 王先慎撰：《韩非子集解·定法》，中华书局 2013 年版，第 433 页。

③ 王先慎撰：《韩非子集解·五蠹》，中华书局 2013 年版，第 494 页。

④ 王先慎撰：《韩非子集解·难三》，中华书局 2013 年版，第 415 页。

⑤ 王先慎撰：《韩非子集解·定法》，中华书局 2013 年版，第 433 页。

⑥ 王先慎撰：《韩非子集解·有度》，中华书局 2013 年版，第 41 页。

举也”[①]为原则的选取制，做到“内举不避亲，外举不避仇”[②]，经过实践考验，“论之于任，试之于事，课之于功”[③]，以便使大批出身新兴地主阶级和平民的人才得以涌现。韩非并不完全否定贤人，但却极力反对贤人政治，主张“任法不任贤”。韩非继承商鞅“以刑止刑”的观点，力主重刑厚赏：“赏莫如厚而信，使民利之；罚莫如重而必，使民畏之。”[④]这样既利于君，也利于民，奸邪者畏于刑而不敢作奸犯科，百姓因追求厚赏而甘愿身赴国难。不过韩非法制思想的着重点并不是厚赏而是重罚，它的“轻罪重罚”的原则表现了法家的“刻薄寡恩”。在实行过程中，它必然要引起劳动人民的激烈反抗。秦王朝之所以很快灭亡，与这种“重罚”的法制政策不无关系。

韩非的“术”是“藏之胸中，以偶众端而潜御群臣”[⑤]的工具。它有两个方面的内容。第一，知人善任，“因任而授官，循名而责实”，以用人之智，用人之能。虽然君主自己不见得智和贤，但只要能用正确的方法使智者贤者为我所用，就可以收到“臣有其劳，君有其成功”[⑥]的效果。君主对臣下“以其言授之事，专以事责其功。功当其事，事当其言，则赏；功不当其事，事不当其言，则罚”[⑦]。同时，还必须维持高度的中央集权，以

---

① 王先慎撰：《韩非子集解·有度》，中华书局 2013 年版，第 37 页。

② 王先慎撰：《韩非子集解·说疑》，中华书局 2013 年版，第 441—442 页。

③ 王先慎撰：《韩非子集解·难三》，中华书局 2013 年版，第 409 页。

④ 王先慎撰：《韩非子集解·五蠹》，中华书局 2013 年版，第 489 页。

⑤ 王先慎撰：《韩非子集解·难三》，中华书局 2013 年版，第 415 页。

⑥ 王先慎撰：《韩非子集解·主道》，中华书局 2013 年版，第 30 页。

⑦ 王先慎撰：《韩非子集解·二柄》，中华书局 2013 年版，第 43—44 页。

便君主提纲挈领、执简御繁，牢牢地掌控着政治中枢，这就是所谓“事在四方，要在中央。圣人执要，四方来效”[①]。第二，专讲以阴谋诡计和各种酷烈的手段制御臣子的法术。韩非从“性恶论”出发，认为人与人之间根本不存在信赖和忠诚，围绕着权力和名利钩心斗角、你争我夺。因此，君主对任何人都不能信任，而必须严加防范。他认定，人君不要期望得到人民的爱戴，而必须具有“使人不得不爱我之道”[②]，即握有使人为我所用的办法。他要求人君平时“无为无见”，不要暴露自己的思想倾向，使臣下感到神秘莫测，产生畏惧，不敢产生危害君主的念头。对于权大位尊的大臣，则要采用扣留妻子亲人做人质以及其他严加督责的办法，使之小心行事，从而保持君主威慑的形象。一旦发现臣子有异心，立即加以惩罚：或径直杀掉；或以毒药暗害；或交给他的仇人加害。对于一般臣子，则要他们互相监视，互相牵制，“以十得一”[③]。韩非认为如此一来，臣子人人自危，就谁也不敢背着君主干坏事了。韩非“术”的这一部分，突出表现了君主的极端残酷无情，也是为后代特务统治张本，显然是不足取的。

韩非继承慎到的学说，充分认识到“势”即权力的重要性，因为它不仅是实行法和术的前提，而且也是法和术服务的对象。他把“势”分成“自然之势”和“人为之势”。尧舜得势，桀纣不能乱；桀纣得势，尧舜不能治。这就是“自然之势”，不是人力所能为的。但是，如尧舜这样的贤君和桀纣这样的暴君都

---

① 王先慎撰：《韩非子集解・扬权》，中华书局2013年版，第47页。

② 王先慎撰：《韩非子集解・奸劫弑臣》，中华书局2013年版，第107页。

③ 王先慎撰：《韩非子集解・八经》，中华书局2013年版，第478页。

不过“千世而一出”，在历史上应属特例。大多数时期执政的君主，基本上都是“上不及尧舜，而下亦不为桀纣”的“中君”。他们要想取得统治的成功，则必须依着“人为之势”，即“抱法处势”：“抱法处势则治，背法去势则乱。”①这就要求君主必须牢牢地控制住政权，并运用政权的力量去行法用术。韩非进而认定，君主必须大权独揽，正像王良、造父不能共辔而御一样，君与臣也不能共权而治，因为“一家二贵，事乃无功；夫妻持政，子无适从”②。人君据势的关键在于掌握刑、赏两大权柄，以残酷的杀罚对付叛逆的臣子和人民，以重赏奖励恭顺尽力的奴才。韩非在势问题上的思想显然较慎到进了一步。

总之，韩非作为先秦时代最后一位法学大师，完成了先秦法家理论的完整化和系统化，适应了新兴地主阶级建立专制主义中央集权制的要求，为建立封建的统一王朝奠定了理论基础。他的思想，既表现了新兴地主阶级在上升时期的虎虎生气，也显示了为剥削阶级辩护的那种特有的坦率和真诚。但是完全按照韩非理论建立的秦王朝二世而亡的事实，暴露了韩非学说严重的局限性，证明仅靠严刑峻法还不足以使封建统治长治久安。鉴于秦朝的教训，后来的封建统治者大都采取“内法外儒”、镇抚兼施的统治方略。应该指出，依照韩非的理论建构的专制主义中央集权体制，在中国历史上，一方面对封建经济的发展尤其是国家的统一起到了积极的促进作用；另一方面又表现出严重的弊端，如本质上的人治传统、官本位、决策失误、腐败盛行等，特别到封建社会后期，它还严重阻碍了资本主

① 王先慎撰：《韩非子集解 · 难势》，中华书局 2013 年版，第 428 页。
② 王先慎撰：《韩非子集解 · 扬权》，中华书局 2013 年版，第 55 页。

义萌芽的成长,延缓了中国历史的发展。这一些弊端,当然不能完全由韩非负责,但作为始作俑者,他也有不可推卸的责任。当然,作为历史唯物主义者,我们更需要历史地看待韩非的思想及其学说,在先秦时期,他是同封建社会初期的历史进步连在一起的,所以他仍不失为中国古代历史上一位具有重要影响的思想家。

论吕不韦之结局*

在战国晚期的历史上，吕不韦是一位知名度相当高的传奇人物。不必说他在秦国因权倾朝野而家喻户晓，即使在东方六国，他的威权也令各国国君和重臣闻之战栗。在他任秦国丞相的十多年中，用“一怒而诸侯惧，安居而天下息”来形容他的威势则是十分恰当的。他目光远大，视野宏阔，工于心计，长于谋划，为达目的，不择手段，特别是敢于冒险，几乎是所谋必中。然而，如此一位枭雄最后却不免在达到政治上的顶峰后身死族灭。其发迹之奇和败亡之惨都耐人寻味，发人深省。

作为“阳翟大贾”（一说濮阳人），吕不韦头脑中充盈着精确计算投入和产出的生意经。正因为他善于“贩贱卖贵”，所以很快“家累千金”①，成为令各国权要竞相结交的大富豪。他深谙“耕田之利十倍”不敌“珠玉之利百倍”，而二者更不敌“立国家之主”②获利的无数倍。于是毅然弃商从政，以“珠玉之赢”的大量财富投资于政治活动。这是何等的眼光！战国时代，工商业发达，腰缠万贯的大工商业者数以千百计，而具备吕

---

* 本文原载于《史学新论：祝贺朱绍侯先生八十华诞论文集》，河南大学出版社 2005 年版。

① 《史记·吕不韦列传》，中华书局 1959 年版，第 2505 页。

② 刘向：《战国策·秦策五》，上海古籍出版社 1985 年版，第 275 页。

不韦眼光者，千不及一。

作为一个弃商从政的政坛新手，吕不韦敢于将自己的全部资产和心智毫不犹豫地投向当时并不为人看好的落难王孙异人，义无反顾地推出了一个“大子之门”①的计划，并千方百计地使之获得了成功。此一谋划既显示了他高瞻远瞩的超前意识，也展示了他谋事之睿智、办事之周密和不达目的决不罢休的执着精神。

为相十三年间，吕不韦辅佐两代国君，充分调动秦国的人力、物力，特别是军事力量，频频对东方六国用兵，两挫五国合纵之师，连取韩、赵、魏数十城，新设置三川郡、太原郡和东郡，使秦军兵锋直抵魏国首都大梁城下，充分展示了他运筹帷幄、决胜千里的智谋与才干。其间，他针对秦国文化相对东方落后的现实，广泛招徕宾客，将数以千计的有着儒、墨、名、法、道、阴阳等学派背景，经过“百家争鸣”洗礼的知识分子网罗门下，组织他们编写了百科全书式的《吕氏春秋》，“以为备天地万物古今之事”②，为未来即将统一的皇朝建构施政的理论基础。他将该书稿“布咸阳市门，悬千金其上，延诸侯游士宾客能有增一字者予千金”③。这又是何等的自信，何等的气魄！

吕不韦为异人精心设计的进取王位的策略获得了成功。原来异人是秦孝文王嬴柱的儿子。孝文王有20多个儿子，因而对太子地位的争夺是十分激烈的。异人的生母是夏姬，此时备受冷遇。异人也被派往赵国首都邯郸做人质，与其他兄弟相

① 《史记·吕不韦列传》，中华书局1959年版，第2506页。
② 《史记·吕不韦列传》，中华书局1959年版，第2510页。
③ 《史记·吕不韦列传》，中华书局1959年版，第2510页。

比，他争夺太子之位的希望是十分渺茫的。正在这时，吕不韦的出现给他的命运带来巨大转机。《史记·吕不韦列传》对此有非常生动的记载：

> 子楚，秦诸庶孽孙，质于诸侯，车乘进用不饶，居处困，不得意。吕不韦贾邯郸，见而怜之，曰"此奇货可居"。乃往见子楚，说曰："吾能大子之门。"子楚笑曰："且自大君之门，而乃大吾门！"吕不韦曰："子不知也。吾门待子门而大。"子楚心知所谓，乃引与坐，深语。吕不韦曰："秦王老矣，安国君得为太子。窃闻安国君爱幸华阳夫人，华阳夫人无子，能立嫡嗣者，独华阳夫人耳。今子兄弟二十余人，子又居中，不甚见幸，久质诸侯。即大王薨，安国君立为王，则子毋几得与长子及诸子旦暮在前者争为太子矣。"子楚曰："然。为之奈何？"吕不韦曰："子贫，客于此，非有以奉献于亲及结宾客也。不韦虽贫，请以千金为子西游，事安国君及华阳夫人，立子为嫡嗣。"子楚乃顿首曰："必如君策，请得分秦国与君共之。"
>
> 吕不韦乃以五百金与子楚，为进用，结宾客；而复以五百金买奇物玩好，自奉而西游秦，求见华阳夫人姊，而皆以其物献华阳夫人。因言子楚贤智，结诸侯宾客遍天下，常曰"楚也以夫人为天，日夜泣思太子及夫人"。夫人大喜。不韦因使其姊说夫人曰："吾闻之，以色事人者，色衰而爱弛。今夫人事太子，甚爱而无子，不以此时蚤自结于诸子中贤孝者，举立以为嫡而子之，夫在则尊重，夫百岁之后，所子者为王，终不失势，此所谓一言而万世之利也。不以繁华时树本，即色衰爱弛后，虽欲开一言，尚可得乎？今子

楚贤,而自知中男也,次不得为嫡,其母又不得幸,自附夫人,夫人诚以此时拔以为嫡,夫人则竟世有宠于秦矣。"华阳夫人以为然,承太子间,从容言子楚质于赵者绝贤,来往者皆称誉之。乃因涕泣曰:"妾幸得充后宫,不幸无子,愿得子楚立以为嫡嗣,以托妾身。"安国君许之,乃与夫人刻玉符,约以为嫡嗣。安国君及夫人因厚馈遗子楚,而请吕不韦傅之,子楚以此名誉益盛于诸侯。①

孝文王死后,异人以太子的身份即王位,即庄襄王,但他也只在位三年,即于公元前247年死去,13岁的少年嬴政于是登上了战国七雄中最强大的秦国的王位。吕不韦"大子之门"的预期变成了现实。"吾门待子门而大"自然也变成了现实,他投资政治获得了无比丰厚的回报。吕不韦不仅从庄襄王那里得到丞相的尊位、文信侯的封爵和食邑十万户的巨大财富,而且从秦王嬴政那里得到"仲父"的尊号。最关键的是,13年的丞相生涯中,他是蒸蒸日上的秦国的实际掌权者,一位虽无国王名号却有国王权力的硕大强人。当其时,只要他发出一声吼,东方六国就会惊恐不安;只要他打一个喷嚏,东方六国也会连连感冒!

志得意满的吕不韦一定感到自己的人生价值得到了圆满的实现,他家的门楣永远是光焰万丈了。然而,此时嫪毐凭借同太后的床笫之欢在他身边已经悄悄地坐大起来。这个贪得无厌的嫪毐不断夺取丞相的权力,将河西太原郡变为自己的封

① 《史记·吕不韦列传》,中华书局1959年版,第2506—2508页。

国,并开始过问国家大事,“事无大小皆决于毐”①。至迟到始皇八年(前239),嫪毐集团的势力后来居上,严重威胁到吕不韦的地位和权势。不管吕不韦原来与嫪毐是什么关系,是否对嫪毐之得幸于太后起过作用,嫪毐集团的形成和坐大都不可避免地改变了秦国的权力格局,两个集团之间的斗争也不可避免且日趋尖锐了。恰在此时,始皇九年(前238),嫪毐与太后私通的丑闻曝光,嫪毐狗急跳墙,指挥亲信发动叛乱。已经亲政的秦王嬴政毅然决然地诛灭了嫪毐集团。

嫪毐集团的覆灭肯定一时使吕不韦庆幸万分,因为他的最有力的竞争者灰飞烟灭使他大松一口气。然而,不管吕不韦意识到与否,嫪毐事件都成为他命运的转捩点,死神已经向他发出了狰狞的狂笑。嫪毐案发之际,嬴政似乎还未觉察吕不韦与嫪毐的关联。据郭沫若考证,嬴政任命的平叛统帅之一的相国“昌文君”就是吕不韦。② 可见当时嬴政对他的信任。及至抓获嫪毐,加以审讯,嫪毐就和盘托出了吕不韦与太后的关系,以及他由吕不韦舍人引入宫廷服侍太后的全部过程,其中或许有些添枝加叶,于是“事连相国吕不韦”③。郭沫若认为主要是嫪毐的“反噬”④,使吕不韦蒙受有口难辩的不白之冤。其实,不用“反噬”,只要嫪毐供出他由吕不韦舍人如何变成假宦官的真相,吕不韦也就难逃干系了。吕不韦既然被牵连进去,嬴政

① 《史记·秦始皇本纪》,中华书局1959年版,第227页。

② 参见《郭沫若全集·历史编》(2),人民出版社1982年版,第397页。

③ 《史记·吕不韦列传》,中华书局1959年版,第2512页。

④ 参见《郭沫若全集·历史编》(2),人民出版社1982年版,第396页。

也就有了惩罚他的充分理由,“王欲诛相国,为其奉先王功大,及宾客辩士为游说者众,王不忍致法”。但相国是干不成了,第二年,“免相国吕不韦,及齐人茅焦说秦王,秦王乃迎太后于雍,归复咸阳,而出文信侯就国河南”。然而,吕不韦虽然就国河南闭门思过,但他毕竟是蜚声列国的大名人,并且为秦国的强盛立下过汗马功劳,余威犹在,因而成为各诸侯国关注的焦点,也成为各诸侯国纷纷争相敦请的“奇货”:“岁余,诸侯宾客使者相望于道,请文信侯。”诸侯们没有想到,他们这样做,恰恰加速了吕不韦死亡的步伐:“秦王恐其为变,乃赐文信侯书曰:‘君何功于秦?亲封君河南,食十万户。君何亲于秦?号称仲父。其与家属徙处蜀!’吕不韦自度稍侵,恐诛,乃饮鸩而死。”①这一年是公元前235年(始皇十二年)。吕不韦死后,他的宾客无论临葬与否,都受到严厉处罚:“十二年,文信侯不韦死,窃葬。其舍人临者,晋人也逐出之;秦人六百石以上夺爵,迁;五百石以下不临,迁,勿夺爵。自今以来,操国事不道如嫪毐、不韦者籍其门,视此。”②一生轰轰烈烈、位极人臣、享尽人间荣华富贵的吕不韦,被掩埋于河南洛阳北部的大道旁。伴随他的是北邙山上的春花秋月,还有那黄河奔腾万里不息的涛声。

吕不韦是一个极富传奇色彩的人物。他虽以经商起家,但却以投资政治开始了他不平凡的生涯。他以精确的算计一步步施展自己的计划,每一步都获得了预期的成功。当他将异人、嬴政父子两代送上王位,而他本人也以相国身份执掌秦国

---

① 《史记·吕不韦列传》,中华书局1959年版,第2513页。

② 《史记·秦始皇本纪》,中华书局1959年版,第231页。

的政柄时，他大概认为权位与富贵一定会伴随自己直到寿终正寝。然而，人算不如天算。此后吕不韦的算计就开始失灵了，因为他遇到的敌对势力是他始料不及的。他低估了反对他的力量，最后被这些力量推向毁灭之路。

吕不韦面对的第一支反对力量是秦国的旧贵族。不错，秦国历史上一直有着开放的传统，不少客卿如百里奚、商鞅、张仪、甘茂、范雎、蔡泽、李斯、蒙骜蒙恬蒙毅父子等非秦国人士都受到重用。但是，秦国贵族并不甘心军政大权被外国客卿把持。他们不时抓住机会向客卿发难，或夺取，或驱逐，或诛杀，使不少客卿抱恨终天。吕不韦依恃王权荣登相位，但却忽略了在他旁边还有强大的贵族势力，他们对他握有重权并不心甘情愿，每时每刻都盼望他倒台。当吕不韦被牵进嫪毐之案时，他们必定推波助澜，为将吕不韦势力彻底驱除出朝堂而奔走呼号。

吕不韦面对的第二支反对力量是嫪毐集团。据史料记载，嫪毐不过是吕不韦的一介舍人，一个无德无才的家政服务员。但他有一身流氓无赖的品性，更凭借着漂亮的脸蛋和强健的身躯赢得了太后的宠幸，而这个角色还是吕不韦为他安排的。照理他应该感谢吕不韦并扮演好这个角色，然而，这个嫪毐骨子里却是根深蒂固的中山狼的品性，得到太后的宠爱后，他的野心就急剧膨胀，不仅不断侵夺吕不韦的相权，"事皆决于毐"，而且还觊觎王权，眼睛不时斜视金碧辉煌的王座。在他周围，麇集着一批流氓、打手和善于钻营的利禄之徒，横行不法，四处惹是生非。这样，嫪毐就由吕不韦的奴才异化为自己的对立面。嫪毐根本不把自己昔日的主人放在眼里，他的党徒更是狗仗人势，双方于是日趋对立，成为势若水火的两大权势集团。

这两大集团的对立和斗争不仅秦国朝野皆知,连别国也有所闻。《战国策·魏策四》中有如下一段记载:

> 秦攻魏急。或谓魏王曰:"……今王能用臣之计,亏地不足以伤国,卑体不足以苦身,解患而怨报。秦四境之内,执法以下至于长挽者,故毕曰:'与嫪氏乎?与吕氏乎?'虽至于门闾之下,廊庙之上,犹之如是也。今王割地以赂秦,以为嫪毐功;卑体以尊秦,以因嫪毐。王以国赞嫪毐,以嫪毐胜矣。王以国赞嫪氏,太后之德王也,深于骨髓,王之交最为天下上矣!秦、魏百相交也,百相欺也,今由嫪氏善秦而交为天下上,天下孰不弃吕氏而从嫪氏?天下必舍吕氏而从嫪氏,则王之怨报矣。"①

这两大集团的斗争极易暴露彼此龃龉的一面,从而为秦王诛除他们制造了口实。而这两个集团,即使在面临灭顶之灾的时候也没有忘记找机会给对方一击。当嫪毐集团阴谋暴露时,吕不韦肯定是喜忧参半:喜的是可以借机消灭这个竞争对手,忧的是怕暴露自己与嫪毐那些见不得人的谋划,怕与嫪毐集团同归于尽。嫪毐反叛之形一现,秦王即命两相国平叛。不消说吕不韦是积极参加了这一军事行动的。除了必须服从秦王的命令外,他更可能打着自己的小算盘:迅速消灭嫪毐集团,杀人灭口,毁灭证据,使自己与嫪毐的关系免予暴露。然而,嫪毐没有死于对战中,而是被生擒。他一番交代后,吕不韦与太后及嫪

① 刘向:《战国策·魏策四》,上海古籍出版社1985年版,第919—920页。

毐的关系全盘曝光,“事连相国吕不韦”。嫪毐死时可能很得意地窃笑:我死了,你也活不成!果然,秦王盛怒中打算将嫪毐和吕不韦一起送上断头台,只因为为之说项者众,又念及他辅佐父子两代的功劳,暂时宽宥了他。第二年,随着嫪毐一案全部真相明晰,秦王嬴政再也不能容忍吕不韦留在相国的位子上。始皇十年(前 257 年),下令吕不韦免相。接着,齐人茅焦为太后辩护,使秦王回心转意,恢复了母子亲情。其间,太后与嫪毐余孽以及其他同情者,想必一面为太后洗刷,一面继续向吕不韦身上泼脏水,进一步加深了秦王对吕不韦的嫉恨。这一活动显然奏效了。在太后回归咸阳的同时,吕不韦却不得不按照秦王的诏令“就国河南”。至此,吕不韦基本上失掉了在秦国经营多年的根基。但是,他与嫪毐集团的怨结还没有解除。始皇十二年(前 255 年),当吕不韦在秦王的胁迫下结束自己生命的时候,嫪毐那些流放蜀地的舍人却又回归咸阳了。这两个集团势力的此消彼长,透出了他们之间你死我活的尖锐斗争的信息。这个斗争的结果是两个集团同归于尽,得益的不是别人,而是为了集权殚精竭虑的秦王嬴政。

吕不韦面对的第三支反对力量,也是最大的反对力量,是秦王嬴政。尽管嬴政不是吕不韦的儿子,但吕不韦却是嬴政除父母之外最亲近的人。吕不韦先是与嬴政的母亲有夫妻关系,继而将其母亲让予异人,接着看着嬴政出生,看着他在邯郸与父母一起过着囚徒般的日子。回归咸阳后,又看着他在宫中成长为一个任性执拗的少年。再后来,又看着 13 岁的他登上王位,直至亲政,成为一个雄才大略、多谋善断、敢作敢为的青年君王。在这一过程中,吕不韦对嬴政一直当仁不让地担负起“保傅”之责,加意保护,悉心教导,按照他心目中英明国王的形象进行培养。从一定意义上讲，他组织人编纂的《吕氏春秋》就是他留给嬴政的一部人生与帝王教科书。吕不韦对嬴政的关爱和期许超过父亲对亲生儿子的热望。他简直把嬴政看成了自己生命的延续。特别是在庄襄王死后，吕不韦恢复了他与太后的情人关系，他的这位“仲父”在潜意识中已经将自己定位为他的生身父亲。然而，吕不韦大错特错！即使嬴政真是他的亲生儿子，也不会事事顺从他。和普通百姓一样，亲生父子之间也会产生矛盾，何况他们之间并不存在这一层血缘关系。嬴政作为王位继承人，从孩提时代起，就目睹了国君的专权自恣，任意而为，登基之后，他作为国君的意识肯定与日俱增。而吕不韦却一直以父亲的身份，喋喋不休、不厌其烦地尽他教导的责任，这种情况势必让嬴政日生反感。嬴政已经由不懂事的孩童变成国君了，这时，除了自己的生身母亲外，他肯定把任何人都看成是自己的臣子，并要求他们以对待国君的礼仪对待自己。吕不韦的最大失误在于，在嬴政完成了由孩童到国君的角色转变以后，他却没有完成由“仲父”到臣子的角色转换。如此一来，二人之间的冲突也就不可避免了。在长大成人的嬴政眼里，吕不韦已经不是昔日和蔼可亲的“仲父”，而是横在自己前进路上的绊脚石，他时刻在寻觅一个推开吕不韦的理由，终于等来了嫪毐事件。其实，即使不发生嫪毐事件，秦王也会以别的理由将吕不韦集团除掉，至少也要剥夺他的权力。吕不韦的悲剧在于，作为一个政治家，他只知进不知退。他虽然聪明绝顶，精于计算，在为异人谋取王位的谋划中步步成功，并终于为自己谋到了人臣的最高职位，实现了集权力、荣誉、财富于一身的理想。但是，登上权力巅峰的吕不韦却利令智昏，失去了昔日审时度势的眼光和决断能力。在应该急流勇退时没有自觉引退，对权势的贪恋使他成为秦王必须清除的对象。如果这时的吕不韦明白秦国的权力属于秦王，他手中的权力不过是来自王权的授予，现在秦王要收回这一权力，他就应该心悦诚服地奉还，告老还乡，颐养天年。吕不韦计不出此，已经犯下了一个绝大的错误，使自己陷于被动。免相以后，就国河南。此时他的处境还未到最危险的时候。如果此后他杜门谢客，韬光养晦，不与外事，也许秦王不至于非置他于死地不可，可是吕不韦在封地上非但不行韬晦之计，反而频繁地接待各诸侯国的使者宾客，极尽张扬，这在客观上无异于向人们特别是秦王显示自己还拥有很大的影响和威势，而这正是秦王最忌讳的。至此，秦王就彻底斩断他与吕不韦的最后一丝感情，毅然逼令他自裁，吕不韦的悲剧也就不可挽回地上演了最后一幕，一个傲世的枭雄用自己的双手结束了自己的生命。

吕不韦的生命本不该如此过早地结束，可是悲剧毕竟发生了，一个绝顶聪明的人凭借自己的聪明才智取得了那个时代政治上最大的成功，但又因自己的一再失误使骄人的荣华富贵顷刻化为过眼云烟。政治的残酷无情和不可捉摸再一次让人们开了眼界。

从儒家之外其他诸子的缺失探索“罢黜百家，独尊儒术”的必然性*

战国中期以后，随着“百家争鸣”的学术思潮逐渐接近尾声，一些学者开始对此前的思想学术进行总结。如《庄子·天下》篇就对墨翟、禽滑釐、宋钘、尹文、彭蒙、田骈、慎到、关尹喜、老聃、庄周、惠施、桓团、公孙龙等的学术要旨进行了概括和评判。《荀子·非十二子》也对它嚣、魏牟，陈仲、史鳝，墨翟、宋钘，慎到、田骈，惠施、邓析，子思、孟轲等十二子进行了毫不客气的评判。荀子站在儒家八派之一的立场上，对孔子、子贡和尧、舜倍加称颂，而对子张氏、子夏氏、子游氏之类的所谓“贱儒”进行了有意贬低。《韩非子·显学》篇更是以法家的视角，在思想和学术上对以孔子为代表的儒家及其后学八派和以墨子为代表的墨家及其后学三派进行了猛烈抨击。不过，先秦学者的学术总结似乎还没有明晰的派系和图谱。到西汉初年，司马谈在对先秦的学术思潮进行辨析时，才第一次将该时期众多的思想家归类为儒、墨、名、法、道、阴阳六个学派，并对各学派的优长和不足进行了相当精到的论析。应该说，除了对道家

---

* 本文原载于孔德平主编：《曲阜历史文物论丛》（二），文物出版社2008年版。

的评判有点过誉外，对其余五家的评判都是比较准确、深入和切中肯綮的。

有一种观点认为，无论多么反动腐朽的思想学说，只要依靠国家行政的力量加以推行，就会被百姓接受，从而成为主流意识形态或占主导地位的政治思想。这一观点的主要依据就是儒学被汉武帝定于一尊。这种观点并非没有道理，但却太绝对化了。因为单单凭借行政的力量硬性推行一种反动腐朽的思想虽然可以奏效于一时，但绝对不会长久。事实上，儒学在汉代被定为一尊，最根本原因还是它的理论适合当时国家和社会的需要，同时又与百姓的要求相契合。而这恰恰是其他学派及其学说所不具备的。以汉武帝为代表的国家行政力量的推崇所起的作用只能是第二位的。因为无数中外的历史事实表明，当权的统治者不止一次地强迫百姓接受一种荒谬绝伦的意识形态，最后这种意识形态一定会被百姓所抛弃。

在这篇文章中，我们主要不是探索儒学被定为一尊的自身原因，而是辨析其他学派未能被定为一尊的原因，从而彰显儒学被定为一尊的历史必然性。

一

按司马谈的分类，在春秋战国时期与儒家学派并峙而立的其他五个学派中，思想内容最丰富、与当时的政治和社会问题最贴近的是墨、道、法三个学派。尽管三派在理论上各有千秋，但在某个时段和某些地方也曾得到当权者的青睐，因而成为他们政治上的指导思想，墨家在秦国，法家在秦国和秦朝，由先秦道家转化而来的黄老思想在西汉初年,都曾进入统治者的庙堂,极一时之盛,但很快就败落下来,或者销声匿迹,或者融入儒学,或者作为儒学的补充而存在。原因就在于,它们的理论本身都有严重缺失,都不能长期适应社会和百姓的需要。

先看墨家。战国初期,墨家学派的势力一度非常强大,所谓“杨朱墨翟之言盈天下。天下之言,不归杨则归墨”①。孟子曾将其作为主要对立面进行批判。司马谈在《论六家要旨》中这样评论墨家学派:

> 墨者俭而难遵,是以其事不可遍循;然其强本节用,不可废也。墨者亦尚尧舜道,言其德行曰:“堂高三尺,土阶三等,茅茨不翦,採椽不刮。食土簋,啜土刑,粝粱之食,藜藿之羹。夏日葛衣,冬日鹿裘。”其送死,桐棺三寸,举音不尽其哀。教丧礼,必以此为万民率。使天下法若此,则尊卑无别也。夫世异时移,事业不必同,故曰“俭而难遵也”。要约强本节用,则人给家足之道也。此墨子之所长,虽百家不能废也。②

这一概括基本上是符合墨家实际的。不少学者认为,在先秦诸子中,墨家是唯一代表“农与工肆之人”,亦即劳动人民的思想家。他的思想学说主要由十个信条组成,《墨子·鲁问》记载:

---

① 《孟子·滕文公下》,《十三经注疏》,中华书局 1980 年版,第 2714 页。

② 《史记·太史公自序》,中华书局 1959 年版,第 3289—3291 页。

> 子墨子曰:“凡入国,必择务而从事焉。国家昏乱,则语之尚贤尚同;国家贫,则语之节用节葬;国家熹音湛湎,则语之非乐非命;国家淫僻无礼,则语之尊天事鬼;国家务夺侵凌,即语之兼爱非攻。”①

显然,这些信条反映了“农与工肆之人”的功利主义倾向,既有明显优长,又有明显缺失,不少信条本身就是优长和缺失参半,如“尚同尚贤”,反映了墨子希望从上到下都是贤明的领导人,因而能代表百姓利益并实现高度集中统一的愿望,但“尚同”本身却有集权专制的内涵。而在政治实践中,“尚贤”很难实现,而“尚同”即服从统治者意愿的高度集中统一和“集权力于一人,集思想于一个脑袋”的专制却经由强大行政权力的操控而在中国长期实行。他认为“命者暴王所作”,是为欺骗老百姓而制造的说辞,目的是要求劳动者安于被奴役的命运。他鼓吹以“强力”对抗或置换“命”,主张“赖其力者生,不赖其力者不生”。这一方面说明处于社会制度变革时期的小生产者对自己的力量充满信心,另一方面也说明他拿空想、幻想当现实。实际上,在强大的国家权力面前,个体小生产者那点“力”是无法让自己跻身于幸福生活之域的。“兼爱非攻”虽然反映了墨子对美好和谐人类社会秩序的向往,但也只能永远停留在向往的境地,因为时刻在不同利益集团冲突中运行的社会,“兼爱”是空想,“非攻”更是可望而不可求的善良愿望。墨子的“尊天事鬼”,一方面有将“天”和“鬼”视为工具的意义,故将其作为

① 吴毓江撰:《墨子校注·鲁问》,中华书局2006年版,第723—724页。

他理论的代言人;另一方面又自觉地供起了两个监督人类活动的人格神的上帝和下帝,为历代统治者的神道设教提供了理论根据。墨子思想中最能体现其优长和缺失并存的是“节用节葬”和“非乐”的命题。他看到了统治阶级和富人无以复加的奢侈享乐带来的社会财富的巨大浪费和给劳动人民带来的沉重负担,所以这个命题具有反对统治者奢靡生活方式和要求减轻百姓负担的诉求,但同时也反映了小生产者安于最低生活水准、不思进取、落后保守的局限。在《节用》《节葬》等篇中,他制定了从帝王到百姓的最低消费标准:吃饭果腹,穿衣蔽体,住房仅可遮风挡雨,甲兵仅足御盗防贼,桐棺三寸仅能将尸体和泥土隔开。超过这个标准就是浪费。在墨子看来,“乐”既不能当饭吃,也不能当衣穿,没有丝毫实用价值,干脆取消弃置。这套理论更是纯粹空想。不仅追求奢华生活的达官贵人不能接受,就是一般劳动人民也不会接受,因为正是对美好物质文化生活的永无止境的追求,才是社会不断进步的原动力。将所有人的生活都压到最低标准,将所有不能带来看得见的物质利益的文化活动一律视为无用的观点,不仅违背了社会发展进步的基本原则,而且也拂逆了大多数人的意愿。这样,墨家学说从总体上就无法同中国社会相适应,它也就不具备成为主流意识形态的资质。所以,秦朝以后,当墨家“尚同”“尚贤”的理念被以董仲舒的春秋公羊学为代表的汉代今文经学吸收整合以后,墨家作为一个学派就一直被中国历代当权者所冷落,它只能与侠相结合,作为“江湖义气”内容的一部分在下层百姓中流传。

二

春秋战国时期,道家学派也是诸子百家中影响最大的学派之一。钟情于道家学派的司马谈在《论六家要旨》中曾为它送上最深情的颂歌:

> 道家使人精神专一,动合无形,澹足万物。其为术也,因阴阳之大顺,采儒墨之善,撮名法之要,与时迁移,应物变化,立俗施事,无所不宜,指约而易操,事少而功多。道家无为,又曰无不为,其实易行,其辞难知。其术以虚无为本,以因循为用。无成势,无常形,故能究万物之情。不为物先,不为物后,故能为万物主。有法无法,因时为业;有度无度,因物与舍。故曰"圣人不巧,时变是守。虚者道之常也,因者君之纲也"。群臣并至,使各自明也。其实中其声者谓之端,实不中其声者谓之款。款言不听,奸乃不生,贤不肖自分,白黑乃形。在所欲用耳,何事不成。乃合大道,混混冥冥,光耀天下,复反无名。凡人所生者神也,所托者形也。神大用则竭,形大劳则敝,形神离则死。死者不可复生,离者不可复反,故圣人重之。由此观之,神者生之本,形者生之具。不先定其神形,而曰"我有以治天下",何由哉?①

① 《史记·太史公自序》,中华书局1959年版,第3289—3293页。

以春秋时期的老子为创始人，中经战国中期庄子的发扬光大，后经齐国稷下先生的整合改造，最后在西汉初年以黄老为名出现的道家学说，以其在西汉初年进入汉帝国的庙堂而达到辉煌的顶点。它倡导的“无为而治”的治国行政理念，不止一次地成为当政者实行“与民休息”“轻徭薄赋”“节俭省刑”等宽松统治政策的理论依据。而它鼓吹的“任自然”即与自然和谐的理论以及人的主体地位的理念，显示了个体生命的自我觉醒，都具有积极意义。道家思想中还有着对社会生活的极其冷峻的观察。如“民之饥，以其上食税之多，是以饥。民之难治，以其上之有为，是以难治。民之轻死，以其上求生之厚，是以轻死”[①]“民不畏死，奈何以死惧之？”[②]“窃钩者诛，窃国者为诸侯，诸侯之门而仁义存焉”[③]，透出对社会矛盾和阶级矛盾激化原因的接近真实的思考。“咎莫大于欲得；祸莫大于不知足”[④]，显示了对贪欲无厌的否定和对富贵无常的感悟。道家特别重视自己的生命，认为仁义道德的说教、富贵利禄的诱惑，都是对人的本性的戕害。人们有权按照自己的意愿选择顺应自然本性的生活，所以“拔一毛利天下而不为”的杨朱就不应该受到谴责，而应该得到同情和理解。由于道家提出了与儒、墨、法等家都不同的人生理念和人生追求，而这种理念和追求对处于乱世的知识分子具有很强的吸引力，所以隐逸长期以来就是他们选择的一种生活方式。因此，在儒学定于一尊以后和两千多年的中国历史上，道家作为一个学派以及由它演化而来

---

① 陈鼓应注译：《老子今注今译》，商务印书馆 2003 年版，第 330 页。

② 陈鼓应注译：《老子今注今译》，商务印书馆 2003 年版，第 328 页。

③ 陈鼓应注译：《庄子今注今译》，中华书局 2009 年版，第 280 页。

④ 陈鼓应注译：《老子今注今译》，商务印书馆 2003 年版，第 245 页。

的玄学、道教等还不时影响着中国社会和文化的发展。而一部分痴迷于隐逸的知识分子还创造了有着相当生命力和美学价值的隐逸文化。《后汉书》专门创设了《逸民传》记述这部分人的事迹。可见他们的影响之大。不过,道家学派的缺失也是十分明显的。它因文明社会的发展带来某些苦难而反对社会的文明进步,认为人类社会的一切苦难和不平都是社会进步的产物:“大道废,有仁义;智慧出,有大伪;六亲不和有慈孝,国家昏乱有忠臣。”因而主张社会倒退。老子要求回到“小国寡民”的原始社会:“小国寡民。使有什伯之器而不用;使民重死而不远徙。虽有舟舆,无所乘之;虽有甲兵,无所陈之。使民复结绳而用之。甘其食,美其服,安其居,乐其俗。邻国相望,鸡犬之声相闻,民至老死,不相往来。”①庄子则要求回到人与动植物不分的人类诞生以前的时代:“同与禽兽居,族与万物并。”②这种对未来社会的设计只能是一种空想。道家学说最大的缺失是它消极避世的人生态度和放弃对国家、民族、社会的责任。事实上,任何人都不能脱离社会绝对独立地过一种离群索居的生活,而必须以自己对社会的贡献换取这个社会的接纳。因而,国家、民族和社会的好坏实际上与每个人休戚相关,任何人都应该而且必须承担对国家、民族和社会的责任,这个国家、民族才会兴旺发达,社会才会日益进步。道家放弃对国家、民族和社会的责任去走隐逸之路,尽管可以找到百种理由,其中最冠冕堂皇的理由就是“拒绝与恶浊的社会同流合污”以此显示其高洁的品性,但由于任何人实际上无法脱离社会而单独存

① 陈鼓应注译:《老子今注今译》,商务印书馆 2003 年版,第 345 页。
② 陈鼓应注译:《庄子今注今译》,中华书局 2009 年版,第 270 页。

在，其隐逸生活其实也不能脱离开与社会的交换。等而下之的末流隐逸者的生活实际上是极端自私自利地向社会的单向索取。《庄子》一书中记载的那位靠社会救济而生活的“支离疏”，虽然自鸣得意于自己的人生选择，但他的存在只能是一种寄生的社会赘瘤。这种人生选择实际上是一种投机取巧的混世主义的人生游戏。显然，道家的人生理念其积极意义是十分有限的，而其消极意义却相当突出。它之所以不能成为主流意识形态主要是源于自身的缺失。因为不论是统治者还是一般百姓，其绝大多数都不可能认同这种人生理想。到魏晋时期，由道家学派衍生出来的玄学，围绕本体论和认识论深入展开自救的论述，尽管大大提升了中华民族的抽象思维水平，但“本末”“有无”“名教与自然”“声有无哀乐”等论题实在太抽象，距离百姓的生活太过遥远，只能在少数高级知识分子和贵族阶层中引发兴趣，根本就不具备普及和实践的品格，不可能在一般民众中引起共鸣，因而不可能成为主流意识形态。

三

发源于三晋的法家学派产生了商鞅、慎到、申不害、韩非等思想巨人和学术大师。战国末期的韩非则完成了以法、术、势为核心的具有严密体系的理论构建。由于他鼓吹“富国强兵”，奖励耕战，要求“不分贵贱亲疏一断于法”和加强君主专制的中央集权，具备普及和实践的品格，适应了战国时期奴隶制向封建制转化过程中制度变革和统一战争的需要，因而受到战国七雄当政者的重视，成为他们指导变法和进行统一战争的理论宝典。年轻的秦王嬴政读了韩非的《五蠹》和《孤愤》以后甚至感叹:“寡人得见此人与之游,死不恨矣!”正是在法家学说的指导下,秦国在商鞅变法后,陆续实施奖励耕战的政策,达到了富国强兵的目的,从公元前230年至公元前221年,秦国以数十万大军凯旋行进,逐次灭掉六国,第一次完成了中国真正意义上的统一,建立起东亚幅员最辽阔的大帝国。秦朝建立后,法家的声望臻于顶点。秦始皇君臣实行“以法为教”“以吏为师”的思想文化政策,定法家思想为一尊,最后发展到“焚书坑儒”,将集权专制推向极致,也就将文化的活力彻底禁锢。可是,当秦始皇带着嬴氏江山一世二世以致万世永存的理想走向骊山脚下那雄伟崇隆的陵墓时,人民大起义的狂涛巨浪使这个皇朝陷于灭顶之灾,嬴氏贵族受到了覆社灭宗的最严厉惩罚。西汉皇朝建立以后,刘氏君臣特别是以陆贾、贾谊、董仲舒、司马迁为代表的思想家不断地对秦朝“二世而亡”这一巨大的悲剧进行历史反思,其中最重要的内容就是对被尊为统治思想的法家学说进行理论的辨析与批判。司马谈在《论六家要旨》中评判法家说:

> 法家严而少恩;然其正君臣上下之分,不可改矣。
>
> 法家不别亲疏,不殊贵贱,一断于法,则亲亲尊尊之恩绝矣。可以行一时之计,而不可长用也,故曰“严而少恩”。若尊主卑臣,明分职不得相逾越,虽百家不能改也。①

① 《史记·太史公自序》,中华书局1959年版,第3289—3291页。

这一评论是相当有见地的。法家学说尽管有着其他学派没有的优长和立竿见影的功效，但它的缺失同它的优长一样明显。以韩非为代表的法家将荀子的“性恶论”推向极致。荀子虽然坚持“性恶论”，但他同时认为“礼义教化”可以使人改恶向善。而韩非则认定人性恶不仅是绝对的，而且是不可改变的。这种性恶的社会表现就是个人对私利的无厌追求，而这种追求是完全合理的。所以一切仁义道德的说教统统是骗人的鬼话，统统都应该弃之如敝屣。在法家看来，规范社会上人与人关系的准则就是利害：

> 故王良爱马，越王勾践爱人，为战与驰。医善吮人之伤，含人之血，非骨肉之亲也，利所加也。故舆人成舆，则欲人之富贵；匠人成棺，则欲人之夭死也。非舆人仁而匠人贼也，人不贵则舆不售，人不死则棺不卖。情非憎人也，利在人之死也。①

所以在韩非看来，人与人之间也就根本不存在道德亲情的联系，人与人之间的关系只是建立在赤裸裸的利害关系基础上的交换和买卖关系。他以雇主和庸客的关系加以说明：

> 夫卖庸而播耕者，主人费家而美食，调布而求易钱者。非爱庸客也，曰：“如是，耕者且深，耨者熟耘也。”庸客致力而疾耘耕者，尽巧而正畦陌畦畤者，非爱主人也，曰：

① 王先慎撰：《韩非子集解·备内》，中华书局2013年版，第123页。

“如是，羹且美，钱布且易云也。”①

仅就雇主和庸客的关系而言，韩非的论断不是没有道理。可他将这一论断推衍至所有人与人之间的关系，认为君臣、君民，甚至父母和子女、丈夫和妻子、老师和学生之间的关系也是如此。他认为，如果说上古时代在生产不发达、民风淳朴的条件下道德还起点作用的话，那么，当历史已经发展到利益至上的战国时代，仁义道德的功用就丧失殆尽了：“上古竞于道德，中世逐于智谋，当今争于气力。”②法家的这种绝对功利主义的社会伦理学说，斩断了社会上本来就存在的非功利的伦理亲情的联系，将社会上所有人与人之间的关系全说成是弱肉强食的狼与羊的关系。这实际上是将人类社会中的人际关系降低为动物世界的丛林法则。这种理论如果作为真理，作为核心价值观广泛宣传，其对国家民族和社会的危害就是显而易见的。深受其害的恰恰就是这一理论的笃信和推行者秦始皇与他建立的皇朝。由于他以纯利害规范君臣和君民关系，必然斩断臣民对这个皇朝道德和感情的思缕，而以“自我利益”作为衡量与君王关系的唯一标准。正因为如此，在秦朝灭亡的过程中找不到一个为之殉难的忠臣烈士。而在秦朝灭亡之后，也找不到一个为之哼唱挽歌的孤臣遗民。从而让这个曾经不可一世的赫赫扬扬的伟大皇朝的落幕显得特别悲寂和凄凉。秦王朝的二世而亡使法家学说的威望一落千丈，汉朝统治者根本不可能将它推

① 王先慎撰：《韩非子集解·外储说左上》，中华书局 2013 年版，第 295 页。

② 王先慎撰：《韩非子集解·五蠹》，中华书局 2013 年版，第 487 页。

尊为统治思想，而秦朝专制制度下无休止的横征暴敛更使广大百姓对法家思想深恶痛绝。这样一来，在秦朝以后两千多年的中国封建社会，尽管根据法家学说创立的许多制度还在一脉相传，某些政治家和思想家偶尔也会为它说几句好话，但总体上它却一直处于遭受批判的尴尬境地。

四

那么，在司马谈论述的六家中，墨、道、法之外的名家和阴阳家是否具备被推尊为主流意识形态或者说统治思想的条件和可能呢？更没有可能。原因很简单，名家和阴阳家基本上都没有自己完整的政治经济和社会伦理方面的理论体系，《论六家要旨》对名家的评价是：“名家苛察缴绕，使人不得反其意，专决于名而失人情，故曰‘使人俭而善失真’。若夫控名责实，参伍不失，此不可不察也。”显然，名家的贡献主要在形式逻辑方面。即使其理论完全正确，无懈可击，也不可能被推尊为统治思想。《论六家要旨》对阴阳家的评价是：“夫阴阳四时、八位、十二度、二十四节各有教令，顺之者昌，逆之者不死则亡，未必然也。故曰：‘使人拘而多畏。’夫春生夏长，秋收冬藏，此天道之大经也，弗顺则无以为天下纪纲，故曰‘四时之大顺，不可失也。’”应该说阴阳家的主要贡献在于以阴阳的互动诠释事物的发展变化和以“四时教令”服务于农业生产，它也不具备单独成为统治思想的条件和可能。看来，名家和阴阳家只能作为主流意识形态的补充或伴生物而存在。春秋战国时期的学术流派，除《论六家要旨》概括的六家外，按《汉书·艺文志》六艺103家的分类，还有纵横、农、杂、小说四家，另有兵家（兵权谋家、兵形势家、兵技巧家）以及自然科学如天文、医学等门类。其中在人文社会科学领域能与六家并立、卓然成家者，主要是纵横、农、杂和兵家。它们能不能单独成为主流意识形态呢？也不可能。

《汉书·艺文志》对纵横家是这样评论的：

> 纵横家者流，盖出于行人之官。孔子曰："诵《诗》三百，使于四方，不能专对，虽多奚业为？"又曰："使乎，使乎！"言其当权事制宜，受命而不受辞，此其所长也。及邪人为之，则尚诈缓而弃其信。①

以苏秦、张仪等为代表的纵横家主要活跃在战国时代，它们的言论和事功大都载于《战国策》一书。因为战国七雄每时每刻都在进行兼并和反兼并的激烈战争，与之相伴的是列国之间的外交折冲。频繁的外交活动为纵横家提供了广阔的舞台。他们风尘仆仆于列国之间，凭三寸不烂之舌，游说国君权臣，为他们服务的国家兜售"合纵"或"连横"的策略。他们特别善于揣摩国君和权臣的心理，以生死存亡、富贵利禄拨动这些人的心弦。由于他们翻手为云、覆手为雨、纵横捭阖、出尔反尔，背后又有一国或数国军力支持，一时成为威力无穷的能够呼风唤雨的强势人物。兜售"合纵"策略的苏秦曾佩过六国相印，推行"连横"策略的张仪则以秦国丞相的身份玩弄六国君臣于股掌之中。他们走到哪里，七国的目光就聚焦到哪里，哪里就会出

① 《汉书·艺文志》，中华书局1962年版，第1740页。

现令人意想不到的波澜。所以有人就用“一怒而诸侯惧，安居而天下息”来形容他们巨大的权势。不过，从思想学术的层面观察，纵横家并没有形成自己具有政治社会内容的理论体系，他们留给后世的主要是外交策略和语言技巧，再加上玩弄阴谋权术的智慧和手段，因而不可能被推尊为统治思想。

以许行为代表的农家学派尽管在总结农业科学技术方面做出了重要贡献，在政治思想方面也提出了人人“并耕而食”的原始共产主义理想，但这种空想显然得不到社会各阶级的认同，被当权者和广大百姓所冷落是很正常的。《汉书·艺文志》对它这样评价：

> 农家者流，盖出于农稷之官。播百谷，劝耕桑，以足衣食，故八政一曰食，二曰货。孔子曰“所重民食”，此其所长也。及鄙者为之，以为无所事圣王，欲使君臣并耕，悖上下之序。①

这个评价是比较中肯的。《孟子》一书中有对许行之徒陈相的批判，严厉指出他们的绝对平均主义的社会理想不仅是空想，而且真正实行起来必定挫伤生产者的积极性，因为它违背了价值规律。

以吕不韦为代表的杂家是战国末期出现的一个学派。这时，“百家争鸣”的学术思潮已经接近尾声，而由秦国统一六国的未来前景也没有悬念。不少学者如荀子等对春秋战国以来的学术思潮开始进行总结。当时任秦国丞相的吕不韦于是组

① 《汉书·艺文志》，中华书局1962年版，第1743页。

织一帮宾客,力图编出一部囊括诸子百家的百科全书式的著作,以便为即将建立的统一皇朝提供理论基础。然而,由于成书仓促,参加编书的宾客们还没有时间和能力消化"百家争鸣"的思想学术成果,所以编出的《吕氏春秋》就呈现出诸子百家拼凑杂陈的面貌,还无法形成完整严密的理论体系,因而也就不具备单独成为主流意识形态的条件。特别是成书不久吕不韦就被秦王嬴政逼迫自杀,他编的书更难以进入秦王的法眼。由于从三代到春秋战国,战争一直伴随着中国历史的发展,成为社会前进的螺旋桨之一,所以总结战争规律和制胜之术的兵学著作就成为当时著作之林中的奇葩。姜尚名下的《六韬》以及司马穰苴的《司马兵法》、孙武的《孙子兵法》、吴起的《吴子兵法》、孙膑的《孙膑兵法》等联翩而出,奠定了中国古典兵学的理论基础。这些兵学著作虽然对于中国古代哲学、政治思想的发展都做出了独特的贡献,但其重点论述的还是战争规律和战略战术原则,它们只是从战争的角度观照了政治、经济和其他社会问题,还没有形成自己完整的政治和社会理论,所以同样不具备单独成为主流意识形态的条件。

既然墨、道、法、名、阴阳、纵横、农、杂和兵家由于自身的缺失都不能单独被推尊为主流意识形态,那么,避免了它们缺失的儒学被推尊为主流意识形态就是顺理成章的了。先秦时期的儒学由孔子创始立派,经过曾子、子思、孟子、荀子等儒学大师的发展和完善,到战国末期已经成为思想学术领域的巍巍重镇。其后,尽管儒学在秦朝的"焚书坑儒"事件中遭到沉重打击,但其领军人物和基本经典都较完好地保存下来,这就为其在西汉时期的复兴创造了条件。到汉武帝时期,一方面由于政治和社会的需要,另一方面由于经董仲舒改造的儒学适应了这种需要,儒学的独尊地位就以汉武帝“罢黜百家,独尊儒术”的思想文化政策的出台而确立。儒学之所以能够独尊,与汉武帝的偏好当然不无关系,但最主要的原因还是其自身蕴含的思想内容适应了当时中国社会的需要。汉武帝时期,经过董仲舒改造整合的儒学已经有了一批稳定的经典《易》《诗》《书》《礼》《春秋》,拥有一批声望卓著的学者,经过春秋战国和秦朝与西汉初年的传播,儒学已经覆盖黄河、长江流域最发达的地区并产生了广泛影响。特别是经过董仲舒的改造整合,先秦的原始儒学发展到汉代的今文经学,将齐鲁文化的精华冶为一炉,将诸子百家的优长汇为一体,形成了博大精深的包括哲学、政治、经济和伦理等思想内容的理论体系。它将“春秋大一统”视为“天地之常经,古今之通义”,蕴含着丰富的爱国主义精神和强大的民族凝聚力,大大强化了中华民族的国家民族认同意识;它倡导“尊君爱民”,找到了统治者和被统治者利益的结合点;它宣扬的“三纲五常”的伦理学说,使中国宗法社会的君臣百姓有了共同的道德信条;它提倡的“民贵君轻”、仁爱和谐的民本主义和人文主义理论,是“好皇帝”和“清官”的理论基础,对调节君臣、君民和官民关系发挥了重要作用;它坚持积极向上的人生理念,强调对国家和社会的责任感和担当意识,“知其不可而为之”,“尽人力而听天命”;它虽然也珍视生命,但更视仁义重于生命,将“杀身成仁”“舍生取义”作为最高的人生追求;它弘扬大丈夫精神,将“富贵不能淫,贫贱不能移,威武不能屈”作为最高的人格理想;它具有开放性、实践性和普及性的品格,以博大的胸怀、海纳百川的气魄,不断吸取外来的和异质的文化,以丰富、充实和发展自己;它贴近社会、贴近百姓、贴近生活,易于操作和实践;它以百姓最容易理解的语言阐发一系列的理念,并使之成为百姓生活中具有永恒生命力的语汇……正因为儒学具有如此之多的优长,所以它能融合在中华民族的血液里,成为中华民族文化的根,成为中华民族的精神家园。

秦汉人物与思想论析

论秦始皇帝*

一、生平事迹

（一）王位自天而降

秦始皇嬴政（前259—前210年），公元前259年正月出生于赵国首都邯郸，这一年是周赧王五十六年、秦昭襄王四十八年，历史已经进入战国时代（前475—前221年）的晚期。嬴政的父亲是秦昭襄王的孙子异人，此时正在邯郸做人质。嬴政的母亲是一个美貌绝伦的年轻女人，曾是艳名流播的邯郸歌伎，后被阳翟大贾吕不韦收为爱姬，再后又被吕不韦作为礼物送给异人做了夫人。正因为她有着这一段离奇的经历，所以造成了至今仍然聚讼纷纭的嬴政生父之谜。同出于司马迁之手的《史记·秦始皇本纪》记载他是异人的儿子，而《史记·吕不韦列传》则记载他是吕不韦的儿子。笔者经过考证，认定嬴政的生父只能是异人，证据是：第一，嬴政的母亲是在委身异人12个月后生的他；第二，异人生前决定嬴政为太子，说明他对嬴政作为自己的血胤是坚信不疑的，否则他完全可以从确凿无疑的其他儿子中确立自己的王位继承人。

---

* 本文原载于《中国古代著名军事家评传》，齐鲁书社2013年版。

嬴政的父亲异人是后来继位为秦孝文王的嬴柱的儿子，在孝文王的20多个儿子中，他既不是嫡长子，生母也不受宠幸，因而继承王位的可能性微乎其微。可是由于吕不韦将他认定为可居的“奇货”，通过吕不韦金钱加智谋的巧妙运作，他居然于公元前250年在短命的孝文王继位三日即崩逝后顺理成章地登上王位，是为庄襄王。不过，这位庄襄王是同乃父一样的短命君王，他在王位上仅待了四个年头就寿终正寝，从而使嬴政在13岁的时候接过了战国七雄中最显赫的秦国的王位。

嬴政诞生于战国时代的烽火岁月，大概从记事时起，他就目睹了数不清的刀光剑影，似懂非懂地经历了无数宫廷内外的明争暗斗。他过早地接触到政治斗争以及与之相伴的残酷无情，也过早地泯灭了童心，失掉了爱心，日日耳濡目染的就是武力与权力的为所欲为。这一切，对于塑造嬴政的性格无疑起了重要的作用，也深深地影响了他的帝王生涯和一系列重大决策。

公元前247年五月，当13岁的嬴政在群臣山呼万岁的鼓乐声中登上咸阳宫金碧辉煌的王座时，他面临的是对秦国最有利的政治军事形势。秦国自商鞅变法以来，一百五十多年间，六代君王，一直都在改革中奋斗，在奋斗中改革，使秦国由僻处西陲一隅的小国，逐渐跃升为战国七雄中经济最发达、军力最强大的封建大国。六世余烈，即将结出诱人的统一的硕果。不管嬴政意识到与否，他都将摘取这枚硕大的即将成熟的果实。历史为他安排的，是一系列严峻的挑战和一连串胜利的机遇。迎着五月的关中平原吹来的热风，一代历史巨人在渭水之滨的宫廷里开始了他轰轰烈烈的前无古人的政治生涯。

（二）诛除嫪毐、吕不韦集团

嬴政即位的时候，秦国的军国大权还掌握在他的“仲父”、相国吕不韦手里。此时的秦国，“已并巴、蜀、汉中，越宛有郢，置南郡矣；北收上郡以东，有河东、太原、上党郡；东至荥阳，灭二周，置三川郡”①，形成了对东方六国有利的进攻态势。吕不韦利用这样的有利形势，持续不断地发动对东方六国的战争并连续取得胜利。至秦王政九年（前238年），秦国北以河东、上党两郡从西北方向威逼韩、赵、魏，中以三川、南郡隔断楚与三晋的联系，建立起东向进兵的走廊，同时北胁三晋，南威荆楚。而以濮阳（今属河南）为中心的东郡的建立，不啻在齐、楚、韩、赵、魏五国间打进一只强有力的楔子，使秦国直接与齐国接壤，便于对齐国施加外交与军事压力。东郡的建立以及为此而进行的一系列征战，是秦国取得的具有战略意义的胜利，显示了吕不韦非凡的眼光。

然而，一言九鼎、权倾朝野的吕不韦因功高震主而引起嬴政的警觉。秦王政九年（前238年），嫪毐事发。原来嫪毐是吕不韦以宦官名义给嬴政的生母安排的情人，是吕不韦为自己安排的脱身之计。谁知这位嫪毐在与嬴政的生母生了两个孩子、获得长信侯的封爵和河东太原郡的封地后仍不知餍足，竟然发动叛乱，要从嬴政手上夺取秦国的大好江山。嬴政发觉后，毅然指挥平叛，经过咸阳街头的一场血战，嫪毐及其党羽彻底失败，数以千计的人被诛杀和流放。嫪毐案牵出了幕后的吕不韦及其见不得天日的密谋，嬴政于是果断免去他的相国之

① 《史记·秦始皇本纪》，中华书局1959年版，第223页。

职,令其至河南的封地“闭门思过”。然而,由于吕不韦不思韬晦之计,依然肆意张扬,结果再次受到嬴政的严厉谴责并勒令流放蜀地。吕不韦明白自己随时有被诛杀的危险,只得“饮鸩而死”。清除嫪毐和吕不韦集团,是嬴政登基以来的第一个杰作,充分显示了他当机立断的果敢和坚毅。从此,他消除了秦国统治集团内部妨碍他专权行政的势力,把秦国的军国大权完全集中在自己手上,毫无顾忌、不受掣肘地贯彻自己的意志,将秦国的统一大业迅速向前推进。

嫪毐和吕不韦案受牵连的主要是一大批来自六国的“客卿”,由此引起秦人对非秦国人才忠诚度的怀疑。秦国的宗室贵族借机向嬴政进谏,要求驱逐一切在秦国宫廷服务的“客卿”。因嫪毐和吕不韦案而处于盛怒中的嬴政于是下达了著名的《逐客令》,要求所有“客卿”立即离开秦国。这显然是一个未经深思熟虑的决策。曾任秦国长史的楚国人李斯在束装就道前夕,向嬴政呈送了雄辩滔滔的《谏逐客书》。在该文中,李斯一方面申述开放的用人政策是秦国的传统,而众多的外国客卿为秦国的发展和强盛贡献了自己的智慧和谋略。何况,历代秦王尽情享用的珍宝、名马、音乐、美女,也大都非秦国所出。另一方面,他进一步指出,对于今天的秦国,只有实行更加开放的人才政策,以海纳百川的胸怀吸引各国的贤才,才能集合众力,完成统一大业。李斯这篇情意绵绵、说理透辟的上书,使嬴政豁然开朗,立即下令取消逐客令,派人将已经东行至骊邑(今陕西临潼境)的李斯追了回来,使这一错误决策很快停止,从而为秦国保留了一大批政治和军事人才,为即将开始的大规模统一战争和统一后的各项事业的建立与发展准备了人才方面的条件。这一事件表明,此时的嬴政有着较清醒的头脑和从善如流的品格,正处于他生命史上朝气勃勃的时代。不过,他接着做的一件事却展示了他作为专制帝王偏听偏信、视人命如草芥的秉性,这就是著名思想家韩非的死于非命。秦王政十三年(前234年),正在谋划加强对东方六国进军的嬴政在阅读韩非的著作《孤愤》《五蠹》等文章时,发现了他日夜苦苦寻找的指导思想和它的创造者,立即下令为得到韩非出兵伐韩,硬是逼使韩国乖乖交出了韩非。然而,入秦的韩非不久即被他的同窗李斯和另一位嬴政的近臣姚贾合谋害死,他们联合向嬴政进谗言,诬陷韩非建议秦国全力图赵的战略是为了"弱秦存韩",由此激怒嬴政,下令将韩非投入监狱。当嬴政明白韩非的冤屈下令赦免他时,韩非已经喝下李斯提供的毒药一命呜呼了。嬴政可能对韩非死于非命追悔莫及,日后则遵循韩非的法家理论建国和施政。

(三)"六王毕,四海一"

从秦王政十七年(前230年)至二十六年(前221年),嬴政接受著名政治家李斯和著名军事家尉缭的建议,政治和军事手段双管齐下,间谍和重兵轮番上阵,向东方六国展开了日益凌厉的攻势。公元前230年,嬴政先拿六国中实力最弱的韩国开刀,派首都的行政长官内史腾率秦军围攻韩国最后的国都郑(今河南新郑),由于此时的韩国已经局促于郑及周围很小一块地方,国蹙民贫,军队更是不堪一击,因而只经过一点象征性的战斗,韩王安便举起了降幡,低眉顺眼地做了秦军的俘虏,韩国的故地也就成了秦国的三川郡。

秦军灭掉韩国后,立即兵分两路,马不停蹄地向赵国进军。公元前229年底,王翦率领的上地兵越太原郡向东进击,很快攻克井陉(今河北石家庄西),打开了从北部进入赵国的门户。杨端和统帅的河内兵从南部攻入赵国境内,兵锋直指赵都邯郸。与此同时,秦国的间谍买通了赵王的宠臣郭开,使之解除了赵国最富谋略的两位将军李牧和司马尚的指挥权。结果是,仅仅经过三个月的战斗,王翦率领的秦军即顺利攻克邯郸,赵王迁做了秦军的俘虏。他的哥哥虽然逃至代(今河北蔚县)自立为代王,依靠燕国的庇护苟延残喘到公元前 222 年(秦王政二十五年),那也不过是无望的最后挣扎而已。

秦王政十九年(前 228 年),王翦统率的秦军灭赵后,迅速转兵北上,屯大军于中山(今河北定县),对燕国摆出咄咄逼人之势。虽然燕王喜的儿子太子丹策划了荆轲刺秦王的一幕悲壮之剧,但结果不仅没有挽救燕国的灭亡,而是加速了秦军进兵的步伐。嬴政下令增加攻燕的兵力,由王翦统一指挥,先在易水之西打垮了燕国和代王嘉的联军,第二年十月即攻克燕都蓟城(今北京市),燕王喜和太子丹率残兵败将退保辽东。其间由于燕王喜将儿子丹的首级献给秦王,加上秦军转移主攻方向,使燕王喜在辽东延一夕之命至秦王政二十五年(前 222 年)。

秦王政二十一年(前 226 年),嬴政命王贲率军伐楚,连取十余城,隔断了楚、魏之间的联系。接着王贲转兵北上,迅速包围魏都大梁(今河南开封)。面对魏国军民的顽强抵抗,王贲引水灌城,三个月后,城墙塌陷,秦军冲进城内,逼使魏王假出宫投降,为立国 178 年的魏国画上了句号。

嬴政灭楚的战争稍有波折。秦王政二十二年(前 225 年),他先是否定老将王翦伐楚须出兵 60 万的意见,命李信和蒙恬率军 20 万攻楚,由于李信轻敌冒进,结果被楚军打败,损失七都尉。嬴政亲自登门求王翦挂帅出征，倾全国 60 万大军交他全权指挥。王翦在前线采取以逸待劳的策略，于秦王政二十四年（前 223 年）平定了楚军的抵抗，俘虏了楚王负刍，又乘胜南征百越，使秦的疆域从长江流域向珠江流域伸展。

秦王政二十五年（前 222 年），秦军在灭掉韩、赵、魏、燕、楚五国之后，乘胜前进，将攻击的矛头指向齐国。第二年，王贲、李信率领的大军在灭燕后迅速转兵南下，与已经屯兵历下（今山东济南）的秦军合力猛攻齐军。由于此时齐国内部投降派占了主导地位，临淄几乎成为不设防的城市，秦军兵不血刃拿下了齐国的首都。接着，秦国诱降了逃出临淄的齐王建，使这个历史悠久的东方大国最后归入秦的版图。

至此，“六王毕，四海一”，嬴政谋划和指挥的统一战争高奏了胜利的凯歌，此前三千年即迈进文明门槛的中国第一次实现了真正意义上的统一。在整个统一六国的战争中，秦王嬴政正值盛年，精力旺盛、思想成熟。十年之中，他犹如一位高明的乐队指挥，娴熟地指挥了一场完成统一大业的交响乐，其对节奏的控制、音准的把握、声部的协调，都恰到好处。当最后的休止符停在齐长城的巍巍箭楼之上时，这曲天籁之乐就永远定格于中国宏伟的历史画卷。

（四）加强集权和巩固统一的各项措施

完成全国统一的嬴政，为了加强专制主义中央集权的政治体制和巩固幅员辽阔的国家的统一，建立和完善了一整套的制度，制定了一系列政策措施。

他首创皇帝制度，决定取“三皇”中的“皇”字和“五帝”中的“帝”字，将自己的名号定为“皇帝”。依“五德之运”，以秦为水德，十月为岁首，衣服旄旌节旗皆尚黑。皇帝独称“朕”，文告称“诏”“制”“命”“令”，臣民称皇帝为“陛下”，皇帝之母曰皇太后，妻曰皇后，子曰太子、皇子，女曰公主，又规定了与之相应的外戚、宦官和各种礼仪制度。目的是维护皇权独尊和皇位世袭。

在行政体制方面，秦始皇损益原秦国和六国的制度，在中央设立以丞相为中心的官制，围绕丞相设立御史大夫和奉常（后改称太常）、郎中令、卫尉、太仆、廷尉、典客、宗正、治粟内史、少府等“九卿”，分职管理全国的行政、司法、军事、财政等各项事务。在地方设立郡、县两级政府，并在郡、县分别设立与中央政府对应的各种机构，贯彻皇帝和中央政府的各种指令，实施对所属地方的行政、司法、军事、财政的有效管理。为了规范全国的土地制度，秦始皇于三十一年（前216年）下令“使黔首自实田”①，以法律的形式确定了土地的个人私有制，也就是封建地主土地占有制。这些制度，在中国以后两千多年封建社会里基本延续下来。

秦始皇为了巩固和加强对统一大帝国的统治，还制定了一系列的政策措施。如统一全国的第二年，即下令修筑联通全国的道路网，在不同地区修建了驰道、直道、五尺道、新道，同时规定了道路与车轨的同一宽度，“车同轨”“舆六尺”。这些措施大大改善了全国的交通条件，不仅促进了全国各地区间、民族间的经济文化交流，而且增强了各地区、各民族对统一国家的认同，对巩固国家的统一和各民族的团结具有不可估量的积极意义。为了与经济政治文化的统一相适应，秦始皇下令实施

① 《史记·秦始皇本纪》，中华书局1959年版，第251页。

“书同文”和“行同伦”，规定以李斯创造的小篆作为全国通行的文字，这一统一文字的举措对中国历史和文化的发展产生了极其重大而深远的影响。中国地域广袤，各地方言千差万别，给不同地域不同人群的交往增加了困难，但全国文字是统一的，书面语言的一致给上令下达、下情上通提供了便利。更为重要的是，统一的文字沟通了共同的民族心理、价值观念和伦理亲情，从而增强了民族凝聚力和民族认同感，对国家长久的统一起到了重要作用。统一之后，秦始皇比较重视“齐一风俗”，加强封建文明建设。他四处巡行，刻石纪功，宣扬良风美俗，以求达到“行同伦”的效果。如《泰山石刻》中说：“贵贱分明，男女礼顺，慎遵职事。昭隔内外，靡不清静，施于后嗣。”《琅邪石刻》中也说：“尊卑贵贱，不逾次行。奸邪不容，皆务贞良。细大尽力，莫敢怠荒。远迩辟隐，专务肃庄。端直敦忠，事业有常。”①秦始皇关注世风民俗，并通过各种措施促使其向良风美俗转化，是值得肯定的。其他统一的措施还有统一货币和度量衡，实施堕城、销兵与“迁豪”“徙民”等。所有这些政策措施，在一定程度上改变了诸侯割据时期“田畴异亩，车途异轨，律令异法，衣冠异制，言语异声，文字异形”②的状况，为巩固国家统一，促进经济文化的发展发挥了积极作用。

秦始皇在统一全国之后，为了巩固和加强以汉民族为主的中央政权，还强化了对边疆地区的防卫和开发，那就是北伐匈奴，筑长城；南平百越，开灵渠。始皇帝三十二年（前 215 年），他第四次出巡，先至碣石，然后由东向西，巡视了与匈奴接壤的

---

① 《史记·秦始皇本纪》，中华书局 1959 年版，第 243—245 页。

② 许慎：《说文解字》卷一五上，影印版文渊阁四库全书。

辽西、右北平、渔阳、上谷、代郡、雁门、云中诸郡，最后自上郡返回咸阳。此次出巡，秦始皇目睹了边陲地区因匈奴侵扰形成的严峻形势，下定了伐匈奴、筑长城的决心。第二年，他即令蒙恬率军30万北伐匈奴，“略取河南地”。经过两年的搏战，将匈奴势力赶至榆中（今内蒙古、陕西交界处）以北，并沿阴山之南、黄河沿岸地区设置了44个县，同时筑城于河岸，作为防御匈奴的要塞。接着，他又令蒙恬渡河攻取高阙（今内蒙古乌拉特后旗东南）、阴山、北假中（今黄河河套以北地区），同时徙罪人充实新设的县。第二年，又征发罪人，修筑长城。为了便于运送兵员和军事物资，在始皇帝三十五年（前212年）修筑了从咸阳经云阳（今陕西淳化北）直达九原（今内蒙古包头西）的直道。从公元前213年至公元前210年，四年之中，蒙恬督率数以十万的士卒、百姓和罪人，在原秦、赵、燕旧长城的基础上，修筑了“因边山险堑溪谷可缮者治之，起临洮至辽东万余里”①的长城。秦长城西起临洮（今甘肃岷县），迤逦北上，经今甘肃渭阳，折而西北，至今甘肃水靖后，再折而东行，在今兰州以东转向东北，在甘肃靖远直下东南，画了一个弧线后，东北向穿越六盘山，经今之宁夏的固原、甘肃的环县、陕西的吴起继续向东北延伸，至陕西横山后，向北画了一个半圆，经榆林仍向东北延伸，直达今之内蒙古的准格尔旗附近。黄河以北的长城有两条：一条西起今之内蒙古的乌兰布和沙漠边缘，向东延伸，穿越阴山，直达今之内蒙古的固阳东北；另一条西起今之内蒙古的乌拉特前旗，向东在阴山、黄河间穿行，经今包头、土默特左旗、呼和浩特，到达今河北的张家口后，再转而向东北方向延伸，经

① 《史记·匈奴列传》，中华书局1959年版，第2886页。

崇礼、围场后，直达今辽宁的赤峰。由此向东延伸，经阜新北，到达今辽宁的新民，之后沿辽水向东北延伸，在今之辽宁铁岭附近越辽水向东，再折而南下，经今之抚顺、本溪以东，于宽甸西越马訾水(今鸭绿江)进入今之朝鲜，在平壤以西终止于大海边。秦长城曲折蜿蜒，历经今之甘肃、宁夏、陕西、内蒙古、河北、辽宁等省份至朝鲜，全长一万多里。它跨草原，穿沙漠，越大河，蜿蜒于崇山峻岭之巅，充分利用地形地物，或土沙、土石混筑，或石砌，并在险峻处建筑城堡，设立关卡，建立起完整宏伟的防御性国防工事，对防御匈奴南侵，保卫中原地区百姓的安全发挥了积极作用。长城展示了两千多年前中国人民的智慧，显示了中国军事工程学达到的先进水平。

在今之浙江、福建、广东、广西及越南，从原始社会起即生活着众多的越族部落，统称百越。它们尽管很早就与中原王朝发生了经济文化联系，但直到战国时期，仍然各自为政。除一小部分一度进入楚国版图外，基本上也仍是各自为政。秦统一六国时，其行政管辖权仅仅到达会稽、九江、长沙、黔中诸郡，其他广大地区都在百越君长的控制之下。秦始皇决心以武力将百越纳入帝国的版图。为了做好进军的准备，他下令修筑了自咸阳经南阳、南郡、长沙直抵岭南的驰道。始皇帝二十八年(前218年)，他命秦尉赵佗与屠睢率楼船之士五十万，分五路发动了对百越的大规模进攻。尽管遭到百越人的顽强抵抗，秦军还是完成了对百越之地的占领，并在当地设立闽中、南海、桂林、象等郡，实现了对岭南广大地区的行政管辖。在此过程中，秦始皇令监察御史禄主持开凿了灵渠，第一次将长江和珠江水系联结起来。同时，又向岭南大规模移民，加速岭南与中原地区的经济文化交流，使岭南的开发跃上一个新台阶。

秦始皇完善和加强专制主义中央集权的各项制度建设，他为巩固国家统一实施的各项政策举措，尽管以劳动人民的巨大牺牲为代价，但奠定了日后中国疆域的基础，促进了中国多民族国家经济文化的发展。作为这些活动的设计者和主持人，秦始皇建立了不可磨灭的历史功勋。

（五）“二世而亡”的罪人

然而，秦始皇建立的空前强大的秦王朝并没有像他想象的那样一世、二世永远地存在下去，而是仅仅存在了15个年头即被“奋起挥黄钺”的秦末农民起义军推翻。真是“兴也勃焉，亡也忽焉”。如果说，秦统一六国主要是秦始皇的运筹帷幄之功，那么，其对秦朝“二世而亡”也绝不能辞其咎。最根本的原因是，他在统一全国以后的和平年代继续实行战争时期的政策，断绝了百姓的“生之乐趣”。

秦始皇实行“以法为教”“以吏为师”的思想文化专制主义政策，倡导“罢黜百家，独尊法术”。他不知道，虽然法家思想在夺取政权、进行统一战争的年代能够收到立竿见影的效果，但在和平年代，它迷信武力、鄙视道德的理念和政策却只能激化阶级矛盾和社会矛盾。而儒家的“民本”理论，轻徭薄赋政策，君仁臣忠、父慈子孝的道德说教，恰恰是缓和阶级矛盾和社会矛盾的美意良策。可是，秦始皇在统一六国后，非但没有重视思想文化的整合，没有吸纳儒家思想充实自己的执政理念，反而以“焚书坑儒”的野蛮举措将广大知识分子驱赶到敌对阵营，丧失了转变政策的最佳时机。

秦朝建立后，非但没有给经过多年战争煎熬的百姓提供喘息之机，反而变本加厉地将更加沉重的赋役压在他们身上。汉朝人这样描述秦朝百姓被压榨的程度：

> 至于始皇，遂并天下，内兴功作，外攘夷狄，收泰半之赋，发闾左之戍。男子力耕，不足粮饷；女子纺绩，不足衣服；竭天下之财以奉其政，犹未足澹其欲也。①

秦朝加给百姓的负担，一是土地税泰半之赋，即将土地收获粮食的二分之一或三分之二作为赋税上缴，此外，每顷还要缴刍（牲畜饲料）三石、稿（用作燃料的柴草）二石。二是口赋即人头税，所谓"舍地而税人"，"头会箕赋，输于少府"②，这是比土地税更沉重的负担。两项相加，百姓的负担空前加重，"田税、口赋，盐田之利，二十倍于古"③。三是兵役和徭役。从公元前221年秦朝建立至公元前206年秦朝灭亡，15年间几乎无日不在征发兵役和徭役，其中伐匈奴、修长城用兵30万人，戍岭南50万人，建阿房宫、修骊山墓70万人，加上其他地方服役的人数，总数不下200万人。秦朝人口大约2000万人，除去妇女、儿童和60岁以上的老人，壮年男子几乎被征发净尽，劳动人民正常的生产和生活已经难以为继。

为了维持对广大百姓的赋役盘剥，秦朝以"轻罪重罚""繁密苛酷"的《秦律》逼使他们就范并惩罚他们的所谓违法行为。据湖北云梦睡虎地出土的简牍，秦朝的律名已达29项，包括刑法、民法、刑事诉讼法等主要律种，其核心内容是维护封建的政

① 《汉书·食货志》，中华书局1962年版，第1126页。
② 刘安：《淮南鸿烈》卷一三，影印版文渊阁四库全书。
③ 《汉书·食货志》，中华书局1962年版，第1137页。

治制度和财产关系。秦律的严酷既体现在“什伍连坐”，更体现在惩办罪犯的苛虐酷烈。如云梦秦简就记载了四种死刑：戮——先施以人格侮辱，然后杀掉；弃市——以刀刃刑人于市；磔——凌迟处死于市；定杀——将麻风病犯人抛入水中淹死。见于史籍的其他死刑还有族、夷三族、枭首、车裂、腰斩、体解、囊扑、剖腹、蒺藜、凿颠、抽胁、镬烹等，肉刑有墨（面上刺字）、劓（割鼻子）、刖（断足）、宫（破坏生殖器官）等，另外还有各种罚劳役的徒刑。由于秦朝的法律“繁于秋荼，而网密于凝脂”①，百姓防不胜防，“摇手触禁”，造成“赭衣塞路，囹圄成市”②的悲惨景象。

秦始皇统治下的秦帝国，赋役的沉重和刑罚的酷烈使劳动人民在流血中痛苦地呻吟，他们再也无法照旧生活下去了。当秦始皇在臣子们洋洋盈耳的颂歌声中即将走完他生命的全部历程时，他怎么也不会想到，由他制造的反抗怒火即将爆出冲天的烈焰！

（六）命丧沙丘

公元前210年七月，秦始皇在出巡途中病死于巨鹿（今属河北）沙丘平台。由于他的不可挽回的重大失误，他亲手创立的秦皇朝在他寿终正寝后的第四个年头于农民起义的烈焰中轰然崩塌。

除了思想文化专制、“焚书坑儒”，特别是对百姓无以复加

---

① 王利器校注：《盐铁论·刑德》，中华书局2015年版，第627—628页。

② 《汉书·刑法志》，中华书局1962年版，第1096页。

的盘剥外，秦始皇的最大失误是没有确立皇位继承人和将两个背德阴毒的臣子赵高与李斯放在了关键的岗位上，从而大大加速了秦朝灭亡的步伐。

秦始皇的长子扶苏是他众多儿子中最有可能转变秦朝政策的人物，可是扶苏对他的政策稍示异议，即被他赶出咸阳，远赴长城一线做蒙恬的监军。而他最中意的留在身边的小儿子胡亥却是他所有儿子中品质最恶劣、才具最拙劣的一个。就是这个胡亥，在秦始皇尸骨未寒的时候，被中车府令赵高和丞相李斯拖入政变阴谋，名不正言不顺地窃取了皇位。在赵高、李斯的教唆下，他不仅没有抓住转变秦始皇政策的最佳机会，而且变本加厉地将这个政策贯彻下去。他继续加紧劳民伤财的驰道、直道、五尺道的修筑，继续进行招致天怒人怨的阿房宫、骊山墓的修建。在埋葬秦始皇时，竟然残忍地将后宫无子的嫔妃全部殉葬，将了解地宫内情的工匠全部杀死。他继续推行严刑峻法，把更沉重的赋役加在百姓头上。“税民深者为明吏”，“杀人众者为忠臣”，“赋敛愈重，戍徭无已”。[①]“百姓之随逮肆刑，挽辂首路死者，一旦不知千万之数。”[②]“刑者半道，死者日积……百姓不胜其求，黔首不胜其刑，海内同忧而俱不聊生。”[③]他继续肆无忌惮地“纵耳目之欲，穷侈靡之变，不顾百姓之饥寒穷匮”[④]。为了使自己能够独享秦始皇留下的江山社稷，他对功臣宿将和宗室贵族肆意杀戮。还在沙丘回京的路上，他就与赵高一起设计害死了在百姓中颇有威望的公子扶

① 《史记·李斯列传》，中华书局 1959 年版，第 2557、2553 页。

② 刘安：《淮南鸿烈》卷一五，影印版文渊阁四库全书。

③ 王利器校注：《盐铁论·诏圣》，中华书局 2015 年版，第 661 页。

④ 刘安：《淮南鸿烈》卷一五，影印版文渊阁四库全书。

苏。回咸阳后,又杀死了为建立秦王朝立下不朽功勋的蒙恬、蒙毅兄弟,还将自己的兄弟姐妹处以极刑。对秦始皇的旧臣,凡忠贞敢谏者,轻者遭谴,重者处死;而阿谀逢迎之徒,却得到提拔重用。然而,这个只知凶横残暴、奢靡享乐的秦二世却在秦始皇魂归地狱的那一刻起,就堕入了赵高设计的陷阱,被赵高玩弄于股掌之中而不自知。而作为秦始皇最信任的两个臣子之一,紧随身后的中车府令赵高是一个只知玩弄权术谋取个人私利和摒弃一切道德的阴险狡诈的巨奸大憝。是他首先提出政变的奸谋并成为政变的总导演,也是他最后将胡亥送上断头台。作为百官之首丞相的李斯是一个视个人富贵利禄为生命的利欲熏心的势利小人。是他在关键时刻屈从于赵高的淫威参与了政变阴谋,又是他教唆胡亥行"督责之术"和"肆享乐之志",使秦始皇虐民害物的罪恶政策在二世时期进一步恶性发展。赵高、李斯与胡亥于秦始皇死后在极短的时间内迅速将秦朝的健康势力摧残净尽,同时将一切恶势力麇集于自己周围。一个无论多么强大的王朝一旦落到这样一伙凶悍残暴、颟顸愚蠢的无耻之徒手里,其命运也只能是迅速走向死亡。

公元前 209 年(二世元年)七月,秦始皇死后仅一年,陈胜、吴广领导的中国历史上第一次农民大起义就在泗水郡蕲县的大泽乡(今安徽宿州)发出了震天的怒吼。很快,反抗的烈火迅速燃遍关东的每个角落,"伐无道,诛暴秦"的呼声响彻神州大地。由于秦朝统治集团已经分崩离析,昔日强大的秦军在战场上也一败涂地。公元前 206 年(二世四年)十月,秦王子婴在咸阳以南 50 里的轵道旁向刘邦率领的起义军投降。一个空前强大统一、赫赫扬扬、阅尽人间春色的秦皇朝,仅仅存在了 15 个年头,就被一班卑贱的下层民众彻底扫灭,强大和弱小,高贵和卑微,一夜之间,寒暑易节。这是躺在巍巍骊山陵墓地宫的秦始皇万万没有想到的。然而,这个结局,在很大程度上却是由他造成的。

秦始皇既是一代气势恢宏、雄才大略的英主,又是一代凶残恣睢、愚顽奢靡的暴君。他的统一六国、建立专制主义中央集权行政体制和实行的一系列巩固统一的政治经济措施,极大地促进了中国多民族国家的发展,影响了此后两千多年中国社会发展的进程,他建树的历史功勋是不可磨灭的。同时,他又以专制主义的思想文化政策、“焚书坑儒”的恶行、使用民力巨大而急促的赋役盘剥将广大劳动人民逼上死路,从而以铁的事实铸就了自己暴君的形象。作为一个功过不相掩、功过皆鲜明、集英主与暴君于一身的历史人物,他的一生典型地诠释拿破仑的一句名言:从伟大到可笑只差一步。

二、军事谋略

(一)高瞻远瞩的战略构想

秦始皇首先是一个伟大的政治家,其次才是一个高明的军事家。作为军事家的秦始皇,他最突出的优长是以政治家的宏图远略谋划统一六国的战争,从而成为一个高瞻远瞩的战略家。

秦国统一六国的战略是逐步形成的,到秦始皇手里臻于完善。这个战略的核心是以强大的武装力量为基础,用战争手段完成统一大业。秦始皇的几代祖先都是在列国之间的血腥搏战中度过的,他们明白,到战国时期,中国走向统一的大势虽然已经形成,“百家争鸣”中诸子百家也都开出了达成统一的不同药方,但只有法家倡导的武力统一方针指示了最现实最可靠的成功路径,儒家的仁爱道义统一、墨家的和平仁道统一都不过是好听好看而于事实无补的“迂阔而远于事情”的迂腐之论。为此,秦始皇的先辈从商鞅变法起,就紧紧抓住奖励“耕战”的政策不放,千方百计地招徕人口,创造良好的生产生活条件,使秦国的土地得到快速的开垦,农业生产获得长足的发展,从而积累了大量的粮食和财物,奠定了统一六国的雄厚经济基础。与此同时,又建立军功爵位制度,使勇敢杀敌的将士获得相应的富贵利禄,从而使秦国建立起一支庞大的能征惯战的劲旅。秦始皇亲政后,继续其先辈奖励“耕战”的政策,兴修水利,施惠于民,即使发现郑国是韩国派来行“弱秦之计”的奸细,也没有对他进行惩罚,而是利用他作为水利工程师的专长,顺利完成郑国渠的开凿,进一步扩大了农田灌溉面积,使关中成为名副其实的粮仓。所以,司马迁说:“关中之地,于天下三分之一,而人众不过什三;然量其富,什居其六。”①到秦始皇对六国大规模用兵的公元前 230 年,秦国的经济实力已经超过六国。他还继续完善和推行军功爵位制度,重用名将王翦、王贲父子,蒙恬、蒙毅兄弟,以及李信、杨端和、桓齮等人,训练和组织了大量远较六国之军勇猛强悍的士卒,造就了战胜攻取所向披靡的威武之师,保证了对六国征伐的成功。

以雄厚的经济力量和强大的军事力量为后盾,从秦始皇的先辈到秦始皇,始终坚持武力统一的既定方针。为达此目的,始终坚持以“连横”破坏“合纵”,成功运用远交近攻、由近及

---

① 《史记·货殖列传》,中华书局 1959 年版,第 3262 页。

远、由易及难、稳步推进、各个击破的战略。当时,六国联合抗秦是对秦的统一事业的最大障碍,而秦国破解“合纵”的战略就是“连横”。“连横”与“合纵”的斗争到秦昭王时期达到白热化程度,秦国用张仪的“连横”之策,运用种种纵横捭阖的手段破坏六国不断组织的联合抗秦行动。经过几番较量,到嬴政继位时,“连横”对“合纵”的斗争已经取得了决定性的胜利。秦王政六年(前 241 年),楚、赵、魏、韩、卫五国最后一次合纵攻秦,嬴政运用“连横”之策,成功离间齐、燕两国,使之拒绝加盟,这就大大减弱了合纵的力量。当五国勉强拼凑的联军兵临函谷关时,已是疲惫不堪,所以待秦军冲出关城时,他们稍一接战即四散溃逃。再后,直到齐国灭亡,东方六国再也无法组织起联合抗秦的军事行动。面对日益强大、咄咄逼人的秦军,六国只能采取妥协退让、以求自保、苟延残喘的保守策略。由此,秦始皇在对六国的战争中就完全掌握了战略主动权:打谁?什么时候打?什么地方打?打到什么程度?这都由秦国决定,六国只能被动地应付秦国的进攻,胜负之势也就只能由秦国左右了。

掌握了战略主动权的秦始皇,自公元前 230 年开始有计划地推进由近及远、由易及难、稳步推进、各个击破的战略方针。此时,不仅秦国的综合国力已经远远超过六国,而且与秦接壤的韩、赵、魏、楚等国的不少领土也已经变成秦国的郡县。然而,秦始皇并没有因为秦军具有的对六国之军的压倒优势而放弃昭王时期范雎建议的“远交而近攻”的战略方针。公元前 230 年,他指令内史腾率军灭掉距秦国最近且实力最弱的韩国。第二年,派出由王翦、杨端和分别统帅的两路大军从南北两个方向进攻赵国,很快攻克邯郸。赵国灭亡后,赵公子嘉出逃至代，自立为代王。因为其力量已经无足轻重，所以秦军没有跟踪追击，而是全力谋划进攻燕国的军事行动，令王翦一军陈兵赵国故地，对燕国摆开进攻的架势。正在此时，即公元前227年，发生了荆轲谋刺秦王的事件，秦始皇立即放弃逼降燕国的初衷，命令王翦迅速督军北上，向燕军发起猛烈攻击。第二年冬天攻克燕都蓟城。燕王率残兵败卒逃奔辽东，因为他们已经丧失了还手之力，秦军暂停追击，转而全力筹划进军楚国的战争。由于中间发生了与王翦关于出兵人数的争议，秦始皇改派李信和蒙恬率军20万向楚国进发。公元前225年，秦始皇又命王贲统兵伐魏。王贲包围魏都大梁，施以水攻，三个月后大梁城破，魏国灭亡。同年，李信和蒙恬攻楚受挫，秦始皇起用王翦为秦军统帅，指挥60万大军全力攻楚。第三年，平定楚国全境的抵抗。公元前222年，秦始皇命王贲率军扫荡燕、赵的残余势力。王贲从燕境出发，很快攻占辽东，消灭了燕王喜及其残部。接着回军攻代，俘虏代王嘉。这时，东方六国只剩下孤处海滨的齐国。第二年，秦始皇命王贲率平燕之师迅速南下，以迅雷不及掩耳之势消灭历下齐军以后，更以雷霆万钧之势攻克齐都临淄，为秦国的统一大业画上了最后的句号。

秦始皇以十年之功比较顺利地实现了预想的战略目标，完成了统一全国的千秋大业，这说明他们君臣的战略构想是符合实际的。十年之间，秦国虽然有力量两线甚至三线作战，但秦始皇始终坚持由近及远、由易及难、稳步推进、各个击破的既定战略方针，同一时间只保持一个主攻方向。只是在最后平楚的时候，同时派一支偏师进攻大梁。这样一来，就使秦军每战都能集中优势兵力，确保最后的胜利。其间唯一一次受挫发生在攻楚之战。由于此时秦军已经顺利地攻取了韩、赵、燕三国，魏国也灭亡在即,秦始皇产生了轻敌思想,轻信了李信的承诺,没有投入绝对优势的兵力,结果遭受重大挫折。事实使他很快醒悟,转而依王翦之意而行,倾全国60万大军交王翦全权统帅,最后一举成功。秦始皇坚持一个时间保持一个主攻方向,不仅有着集中优势兵力的好处,而且避免了六国实施“合纵”之策。因为此时的六国都在秦军的威慑面前各求自保,对邻国的灭亡采取袖手旁观的态度,使秦国能够从容不迫、有条不紊地实施各个击破的战略。从秦军几乎每战必胜的后果看,秦始皇君臣的总体战略构想是十分高明的。

统一全国以后,秦始皇并没有陶醉于这空前的成功,而是将目光很快转向了遥远的北方和南方,因为北方生活着不断给中原制造麻烦的匈奴,南方还有不服王化的百越。他命令蒙恬率30万精锐之师北伐匈奴,将他们赶出富庶的河套地区,在那里设置郡县,移民实边,并建起绵延万里的长城,沿线筑堡设障,驻军戍守,构筑起阻止匈奴南下的坚固屏障。他派赵佗与屠睢率楼船之士50万,分五路南下,击百越,凿灵渠,将长江和珠江流域的广袤大地纳入秦帝国的版图。这又是一个大手笔的战略谋划,成为影响中华民族未来发展的千秋大业。

(二)伐谋与用间的交互运作

在总的战略思想指导下,伐谋与用间的交互运作是秦始皇及其臣僚切实有效的扫灭六国的策略。其基本要点是:以军事打击为主,兼及政治外交手段;武力与间谍相配合,威胁与利诱同时或交互使用,为达目的不择手段。战国时期,各诸侯国之间的搏战达到你死我活的程度,各国为保护发展自己和削弱战胜敌人,在充分运用武力于战场的同时,无不重视政治外交手段的运用，其中包括广泛使用间谍打入敌国内部窃取情报和离间其君臣，行反间计除去其得力将帅。“连横”与“合纵”的博弈就是当时几乎涉及所有国家的斗争。其时，说客交织于道路，人质交换于国都，各种纵横捭阖的密谋策划于各国宫廷。为了破六国的“合纵”之策，秦始皇的祖先将“连横”的策略运用得出神入化。今天联甲打乙，明天联甲打丙，后天又联乙、丙打甲，再后天又联甲、乙、丙打丁，所有这些活动都是围绕秦国的利益进行，朝三暮四，翻云覆雨，在列国间树立了一个“反复无常”的“虎狼之国”的形象。在历史上，秦国是使用反间计最多且最成功的国家，例如，远在秦始皇的曾祖昭襄王时代，秦国就成功地使用反间计，使赵王以夸夸其谈而实际无勇少谋的赵括代替老谋深算的老将廉颇统帅长平前线的赵国军队，致使其改变廉颇令秦军束手无策的“坚壁清野”战略，从而大败赵军，坑降卒 40 万，取得了战国历史上最大的一次军事胜利。公元前 247 年（庄襄王三年），秦始皇的父亲庄襄王令蒙骜率军伐魏，夺取高都、汲等地。魏王于是请客居赵国的魏公子信陵君回国，任其为上将军，组织了战国历史上最大的一次“合纵”行动，统帅五国之师抗秦，大败秦军于河外，追奔至函谷关。庄襄王君臣深知信陵君的厉害，必欲去之而后快，于是又行反间计，将这位蜚声列国的公子推向自行毁灭之路：

> 秦王患之，乃行金万斤于魏，求晋鄙客，令毁公子于魏王曰：“公子亡在外十年矣，今为魏将，诸侯将皆属，诸侯徒闻魏公子，不闻魏王。公子亦欲因此时定南面而王，诸侯畏公子之威，方欲共立之。”秦数使反间，伪贺公子得立为魏王未也。魏王日闻其毁，不能不信，后果使人代公子

将。公子自知再以毁废，乃谢病不朝，与宾客为长夜饮，饮醇酒，多近妇女。日夜为乐饮者四岁，竟病酒而卒。[①]

秦始皇继位以后，开始了更大规模的扫灭六国的战争。在施以强大武力进攻的同时，更加娴熟地运用间谍手段，不惜以重金收买各国重臣为内应，或离间其君臣关系，诛除妨碍秦军取胜的文臣武将；或劝诱国君放弃抵抗，不战而降。为秦始皇献此计谋的有两人。一个是魏人尉缭，此人是当时的著名兵家，著有《尉缭子》一书传世。他建议秦王出重金收买六国重臣做秦国的间谍，既提供情报，又搅乱敌国的决策。另一个是楚人李斯，他向秦王建议："阴遣谋士赍持金玉以游说诸侯。诸侯名士可以下财者，厚遗结之；不肯者，利剑刺之，离其君臣之计，乃更使良将随其后。"[②]秦始皇在派出大军向敌国推进的同时，又派出大批情报人员，携带大量金银珍宝秘密潜入六国的都城，一面窃取情报，一面巧施离间之计，使敌国的君臣将帅之间矛盾重重，互相猜疑，离心离德，难以团结对敌，甚至自毁长城，冤杀智谋兼备的将帅。这自然有力地配合了军事进攻，加快了统一的步伐。最成功的例子，一是收买赵王宠臣郭开，使其进谗言杀害了赵国大将李牧，为秦军扫除了进军赵国的最大障碍，使秦军在不到三个月的时间内即轻而易举地攻取了邯郸。二是收买齐相后胜，要他力劝齐王对秦国妥协，实际上等于解除了齐国军民的武装。结果是使齐国在秦军的突袭下不战而失历下和临淄，最后只得选择投降，这个一度十分强大的东方大国如热汤沃

① 《史记·魏公子列传》，中华书局1959年版，第2384页。

② 《史记·李斯列传》，中华书局1959年版，第2540—2541页。

雪般在很短时间内走向灭亡。

显然，秦始皇扫灭六国的胜利，除了强大军事力量的猛烈进攻外，政治外交手段的成功运用、间谍无孔不入地紧密配合，无疑起到相得益彰的作用。

（三）机动灵活的战术

秦始皇谋划讨平六国的战争，除了有一个高瞻远瞩的战略构想的总体设计之外，在具体战役的指导上也有许多过人之处，特别是战术使用机动灵活，不时显出匠心独运的功夫。其中，乘敌不意，攻其不备，根据不同敌情采取不同战法的战术原则被一再使用并收到立竿见影的效果。比如，公元前230年，经过秦军一连串的打击，韩国已经十分虚弱不堪，地不当一郡，民少国贫，根本无力对抗秦军的重击，只要派一支不大的军事力量就可以使之就范。在秦始皇看来，灭韩之役不过是牛刀小试。所以他只派内史腾率军前往。此人军事才能平平，历史记载他领兵打仗，这是唯一的一次。派他领兵攻韩，与其让他指挥战争，不如说让他去从事行政管理。结果是未经重大战斗，韩国就变成了秦国的郡县。赵国不仅军力强大，而且在历史上也曾与秦军进行过多次殊死较量，还有巍巍太行山足可凭恃。因此，秦始皇对灭赵之役非常重视。他一边派出最有威望的军事统帅王翦率久经战阵的劲旅担任主攻，一边派出另一名将杨端和率偏师为助攻，对赵国构成两面夹击之势，同时又收买赵王宠臣郭开做奸细，离间赵王与名将李牧并将其除掉。王翦飞兵奇袭井陉，一举夺得这一要隘，使秦军顺利进围邯郸，从而较快取得了灭赵的胜利。燕国虽然军力不强，但因其策划的荆轲刺秦王之谋失败，预料秦军必来惩罚，因而尽全力做好了应战准备。秦始皇知道,灭燕之役必有一场硬仗,于是即令刚取得灭赵之战胜利的王翦转兵北上,在燕、赵交界的易水之西打了一场大仗,一举消灭了燕军的有生力量,接着直捣燕都,再没有经过什么大仗就占领了燕国全境。魏国灭亡前的情况有点类似韩国,所以秦始皇在筹划灭魏之役时也决定不动用大的军力,只派王贲率一支规模不大的军事力量进围大梁。王贲根据大梁的地形特点,不用枪刀剑戟的拼杀,只命士卒决河灌城,历时三月,水攻奏效,大梁城头无可奈何地竖起了降幡。灭六国之役,最惨烈的战斗发生在楚国。楚国地域辽阔,人多兵众,回旋余地较大,所以伐楚之役必须使用占有压倒优势的兵力。由于一开始秦始皇轻信李信的错误估计,决策失误,致使 20 万秦军在楚地受挫。后请王翦再次出山任秦军统帅,倾全国 60 万大军征楚。王翦根据楚军因刚刚战胜秦军士气正旺的特点,以坚壁不战堕其锐气,待其疲怠之后督秦军勇猛拼杀,终于大获全胜。韩、赵、魏、燕、楚灭亡后,只剩下一个笼罩着失败情绪的齐国。由于投降派的丞相后胜左右了齐王,齐国没有做任何抵抗的准备,国都临淄几乎成了不设防的城市。根据这种情况,秦始皇指令采取长途奔袭的战术,王贲指挥平燕的劲旅千里回师,一举克历下,再举下临淄,落荒而逃的齐王只剩下投降一途。

看来,秦始皇和他的文臣武将不仅善于宏伟战略的顶层设计,而且也善于机动灵活地运用各种战术。二者的完美结合,奏响了他们豪情万丈的统一中国的胜利凯歌。

(四)将将——对将帅的信任和驾驭

秦始皇是一代气吞万里、雄才大略的君王,他对战争的指导主要体现在确定总体战略和任用将帅在战场上实现这个战略构想。其中最重要的一环是用人。纵观秦始皇的用将之道，可以看出他识人之明的才智和信人之诚、用人之专的驾驭将帅的原则，显示了一个创业帝王宏伟的气度和胸襟。

由于识人之明，秦始皇的麾下集合了当时中国最优秀的一批军事统帅。其中有著名军事理论家尉缭，独当一面的王翦、王贲父子，蒙骜、蒙恬、蒙毅父子兄弟，青年将军李信以及王龁、麃公、杨端和、桓齮、章邯、杨翁子、屠睢、杨熊、赵贲、董翳、司马欣等。对这些人，秦始皇了解他们各自的优长和不足，做到用其所长而避其短，人尽其才，才尽其用。如王翦是一名历经战阵、老谋深算的宿将，秦始皇就用他指挥攻赵伐楚的大仗、硬仗、恶仗。蒙恬勇谋兼备，具有很强的组织、协调和管理能力，秦始皇就用他指挥北伐匈奴、监修长城和防守北疆的重任。李信少年气盛、勇猛顽强，秦始皇就用他担当突击先锋。等等。由于秦始皇的知人善任，这些将领都能各自发挥最大的潜能，创造了辉煌的功业。

在秦始皇全部军事生涯中，对将领的信之诚和用之专是一个突出的特点。一旦一次战役的目标和前线指挥系统确定，他就放手让指挥战役的主官发挥自己的主观能动性，从不遥制。这一方面显示出他对将领的信之诚和用之专，另一方面也显示出他对当时战争实际的洞悉。统一六国的战争都是在远离咸阳数百里甚至数千里的地方进行，当时的通信条件使他根本无法了解和掌握战场上瞬息万变的军情，如果遥制，轻则束缚前线将领的手脚，贻误战机，重则由于自己的愚蠢指令损兵折将，造成无可挽回的失败。正由于秦始皇的高明和开明，他麾下的将领们都能独当一面，从容指挥，当机立断，最大限度地发挥了临阵指挥的优长,因而取得了一个又一个的胜利。

秦始皇在处理与将领的关系上同样高明而大度。他不仅充分肯定将领的功劳,而且能够承担决策失误的责任而不委过于下级。一旦发现自己错了,他能够迅速纠正错误,挽回损失。这突出表现在灭楚之役的谋划。公元前226年(秦王政二十一年),秦已灭韩、赵,燕国只剩下退保辽东的残余势力,虚弱不堪的魏国危在旦夕。秦始皇于是将下一个攻取目标锁定为楚国。他先派王贲率军向楚国发起试探性的进攻,夺取十余城。这大概给他留下楚国比较容易解决的印象。他随即命令王贲转兵攻魏,决定将平楚的任务交给李信或王翦。他先问李信:"吾欲攻取荆,于将军度用几何人而足?"李信回答:"不过用二十万人。"他再问王翦,王翦回答:"非六十万不可。"秦始皇对李信的回答十分赞赏,而对王翦的回答很不满意,说:"王将军老矣,何怯也!李将军果势壮勇,其言是也。"①他赞赏李信不是没有来由的。李信"年少壮勇,尝以兵数千逐燕太子丹至于衍水中,卒破得丹,始皇以为勇"②。再说,他们二人年龄相近,风华正茂,正是豪气冲天的时候。在秦始皇看来,既然20万军队可以攻下楚国,何必用60万大军劳师糜饷呢!公元前225年(秦王政二十二年),秦始皇派李信和蒙恬率20万兵马出征伐楚。李信攻平舆(今河南平舆北),蒙恬攻寝丘(今安徽临泉),均取得重大胜利。李信又转兵攻取鄢郢(今河南淮阳一带),与蒙恬在城父(今安徽亳州东南)会师。秦军虽然在楚国几次进击得手,但并没有消灭楚军的有生力量。楚军主力紧随

① 《史记·白起王翦列传》,中华书局1959年版,第2339页。

② 《史记·白起王翦列传》,中华书局1959年版,第2339页。

李信一军之后，三天三夜不宿营，于是抓住机会，大破李信军。紧接着，攻破秦军两座营垒，斩杀七都尉，秦军大败而逃。消息传到咸阳，秦始皇意识到李信少不更事，轻敌冒进，铸成大错，同时也佩服王翦的先见之明。此时王翦一气之下回了老家频阳（今陕西富平北）。秦始皇于是登门谢罪，恭请王翦出山统兵："寡人以不用将军计，李信果辱秦军。今闻荆兵日进而西，将军虽病，独忍弃寡人乎！"[①]王翦一开始加以拒绝，后看到秦王态度诚恳，又答应出兵60万，遂受命统兵出征。王翦率60万大军浩浩荡荡离开咸阳，秦始皇亲自为之送行至灞上。"王翦行，请美田宅园池甚众。始皇曰：'将军行矣，何忧贫乎？'王翦曰：'为大王将，有功终不得封侯，故及大王之向臣，臣亦及时以请园池为子孙业耳。'"[②]王翦大军出函谷关后，他还五次派出使者回咸阳向秦始皇请求良田美宅。别人对他的做法不理解，王翦说，秦王现在倾全国之军交我统帅，我这样做是让他知道我只想做富家翁，没有异志，就不会怀疑我，不会对我掣肘，这样我就可以放手用兵了。这里显示了王翦的老谋深算，但他的担心是多余的。秦始皇对所有的将领都是信任的。王翦赶到前线，接替李信全权指挥平楚的军事行动。他对付楚军的策略是坚壁不出，养精蓄锐，待楚军麻痹而丧失警惕时突然出击，结果一举战胜楚军，经过年余的战斗，彻底平定楚人的抵抗，到公元前223年（秦王政二十四年）楚国全境都插上了秦军的旗帜。

秦始皇与王翦的这场矛盾冲突最后以皆大欢喜的喜剧收

---

① 《史记·白起王翦列传》，中华书局1959年版，第2340页。
② 《史记·白起王翦列传》，中华书局1959年版，第2340页。

场。这时的秦始皇还没有后来的刚愎自用,他知错速改,诚恳向王翦认错并答应了他出山的全部条件,很快扭转了李信造成的被动局面。在这次事件中,他也没有惩办李信,而是继续重用他,让他参加了消灭燕国残余势力的战斗,并且与王贲一起指挥了最后灭亡齐国的军事行动。这一方面可能因为他是李信失败行动的决策者,是第一责任人;另一方面是因为他对李信的宽容只能激起李信和其他将领的感激之情和更加忠勇的努力。秦始皇的驭将之术取得了良好的预期效果,正是这些忠勇睿智的将领们亲冒矢石,指挥数十万秦军通过一次又一次的搏战,协助秦始皇将他的战略构想变成了现实。

秦始皇首先是一个政治家,其次才是一个军事家,更确切地说,他是一个战略家。他的优长,一是具有构思宏伟战略计划的能力,二是具有运筹帷幄、决胜千里的韬略,三是具有识人驭将的智慧。他究竟读没读过兵书?读了那些兵书?历史上没有留下任何记载。不过,从他读《孤愤》《五蠹》等韩非著作的情况看,他绝对不是不学无术、只知享乐的昏庸之辈。而他的身边又有尉缭这样的军事理论家,根据情势推断,他很可能读过当时已经在社会上广为流传的兵书,如《六韬》《孙子》《吴子》《司马法》《孙膑兵法》《尉缭子》等。他的军事才干,一方面是他卓越政治智慧的延伸,另一方面可能是他通过熟读兵书获得的知识的积累,再加上他过人的聪明才智,遇着祖宗六世遗烈造成的高屋建瓴的统一之势,从而成为七国君主中首屈一指的战略家。

赵高:巨奸大憝与心理学大师的合一*

秦皇朝首先是一个横空出世的伟大皇朝,以致两千多年后的中国依然强烈感受到它无处不在的影响。秦皇朝又是一个短命的皇朝,从统一中国到落下帷幕仅仅经历了 15 个年头。在历史的长河中,它犹如一颗璀璨耀眼的彗星,在发出了光耀寰宇的光芒后很快地变成了历史的记忆。秦皇朝二世而亡的原因很多,最根本的是它在历史已经进入和平时期后依然狂热地执行战争时期的政策,使广大百姓完全丧失了"生之乐趣",他们也就以义无反顾的造反狂潮将秦皇朝彻底埋葬。就秦朝本身而言,造成它灭亡的主要人物有两个,一个是它的创建者秦始皇,因为他是这个皇朝所有政策的第一责任人。此人之外,还有一人,那就是秦始皇无比信任和倚重的赵高。秦始皇的政策使秦朝的灭亡具备了必然性,而使这个必然性变成现实的则是赵高的推波助澜。

---

* 本文原载于《秦俑博物馆开馆三十周年国际学术探讨会暨秦俑学第七届年会论文集》,三秦出版社 2010 年版。

一

赵高一方面是一个在秦朝无人可比的巨奸大憝,另一方面是一个绝顶聪明的心理学大师。正是因为他参透了秦始皇、扶苏、胡亥和李斯等人的心中奥秘,才能得到秦始皇的信赖,才能牵着胡亥和李斯的鼻子,在将他们送入坟墓的同时也将秦皇朝送上不归路。

赵高的祖先原是战国时期赵国的宗室贵族,不过到他父、祖之时,与赵王的血统关系已经相当疏远,只是“诸赵疏远属”。他们这一支可能在他祖父一辈流落到了秦国。赵高的父亲因为触犯《秦律》被处以宫刑,留在宫中服役。其母“被刑戮,世世卑贱”,在宫中做奴婢,大概与别人“野合”生了他们兄弟。尽管他们都随父姓赵,但血统已经说不清了。按照秦国的法律,赵高兄弟也被处以宫刑,留在宫中做宦官。如果赵高只是个浑浑噩噩的洒扫庭除的厮役,秦朝在秦始皇死后可能就不会有“沙丘政变”的阴谋,历史就会是另一番面貌。可是,偏偏赵高聪明过人,才能卓异,并且特别善于窥伺别人的心理活动,投其所好,因而得到了秦始皇父子的赏识和重用。因为秦朝是一个“以法为教”“以吏为师”的国度,赵高就特别重视《秦律》的学习和研究,“通于狱法”。因为他在秦始皇身边服务,每天经手大量的文件,所以他既重视文化知识的学习,又刻意学习书法。他写的《爰历篇》和李斯写的《仓颉篇》以及胡毋敬写的《博学篇》成为政府规定的学童的识字课本。显然,赵高身上所展现的这两大优势,正是吸引秦始皇的地方所在。再加上赵高工于心计，狡黠奸猾，处处讨得秦始皇的欢心，他就被秦始皇任命为中车府令。这个官职虽然秩级不高，与丞相、御史大夫无法相提并论，但却极其重要，因为它如同皇帝的贴身秘书，并且掌管着符玺。不用说赵高在这个职位上周到而恰到好处的服务赢得了秦始皇的绝对信任，而秦始皇的一举一动也逃不过赵高的眼睛，赵高看到秦始皇特别喜爱小儿子胡亥，经常将他带在身边，就利用职务之便接近胡亥，并应秦始皇之命向胡亥传授法律知识。如此一来，赵高就得到了秦始皇父子的信任。正因为如此，所以当赵高犯下死罪并被审判官蒙毅判处死刑之后能够获得秦始皇的赦免，并且官复原职。正是因为赵高摸透了秦始皇父子的脾性，不断投其所好，使他们将赵高认作忠贞不贰并且才能卓越的奴才，赵高也才能在秦始皇父子那里不断步步高升，最后登上丞相的宝座，能够在秦始皇死后为所欲为，加速了秦皇朝灭亡的步伐。郭沫若在一篇文章中认定赵高的所作所为是为被秦朝灭亡的赵国报仇，他是作为一枚锈透了的铁钉使其他好铁生锈，从而自觉地加速了秦皇朝的腐朽。这一结论虽然是推断出来的，并无直接的史料支持，并且以赵高如此卑劣的人格也不可能有什么故国之思，但是，赵高在秦皇朝灭亡过程中的实际作用和郭沫若想象力丰富的推断还是相吻合的。秦始皇父子怎么也不会想到，他们如此信任的奴才竟成了自己和数十代祖先不懈奋斗创立的大秦皇朝的掘墓人。然而，这只能怪他们自己，因为正是他们自己为赵高这样的巨奸大憝窃据要津提供了适宜的环境和土壤。更可悲的是，秦始皇至死也没有识破赵高的奸佞嘴脸。而当胡亥明白赵高是天字第一号的奸佞之辈时，他只能乖乖地选择赵高为他设定的结束生命的方式。

二

赵高作为秦朝第一流的心理学大师的高超水准,主要体现在诱使胡亥和李斯入其彀中的精心设计和有条不紊、从容不迫的运作上。

秦始皇死前,留下了一个要扶苏回咸阳主持葬礼的遗诏,赵高故意留中不发。从这时开始,他的政变阴谋就开始酝酿。待秦始皇“龙御上宾”,他即刻启动诱迫胡亥的活动,启发他说:“上崩,无诏封王诸子,而独赐长子书。长子至,即立为皇帝,而子无尺寸之地,为之奈何?”胡亥没有听出赵高话中的“微言大义”,只是无可奈何地回应:“固也。吾闻之,明君知臣,名父知子。父捐命,不封诸子,何可言者!”赵高见胡亥智商太低,不能参透他的深意,于是干脆挑明:“不然。方今天下之权,存亡在于子与高及丞相耳。愿子图之。且夫臣人与见臣于人,制人与见制于人,岂可同日道哉!”①话说得如此明白,胡亥却不愿认同,因为他还不愿冲破封建道德的堤防:“废兄而立弟,是不义也;不奉父诏而畏死,是不孝也;能薄而才谫,强因人之功,是不能也。三者逆德,天下不服,身殆倾危,社稷不血食。”赵高窥透胡亥的心理,认为诱使他参与政变阴谋的关键是破除他的道德防线。他于是列举历史上那些弑君杀父的事例,开导胡亥说:

---

① 《史记·李斯列传》,中华书局1959年版,第2548页。

> 臣闻汤、武杀其主,天下称义焉,不为不忠。卫君杀其父,而卫国载其德,孔子著之,不为不孝。夫大行不小谨,盛德不辞让,乡曲各有宜而百官不同功。故顾小而忘大,后必有害;狐疑犹豫,后必后悔。断而敢行,鬼神避之,后有成功。愿子遂之。①

在唯权是视、唯利是图的氛围中成长起来并亲炙赵高尔虞我诈教诲的胡亥,其心中的道德堤防本来就不堪一击。面对赵高露骨的以丑恶为美德的说教,胡亥很快上钩,唯一感到为难的是时机不合适,所以还期期艾艾地提出疑义:"今大行未发,丧礼未终,岂宜以此事干丞相哉!"赵高看到胡亥虽然已经搞定,但他还在时机问题上犹豫逡巡,于是进一步坚定其信心:"时乎生乎,间不及谋! 赢粮跃马,唯恐后时!"由于窥破了胡亥的心理,赵高没费多少口舌,胡亥就同意参与他策划的政变阴谋。

赵高知道,征得胡亥的首肯,成功已经过半。而成功的另一半在于将丞相李斯拉入阴谋圈中,使之成为政变的同谋。他对胡亥说:"不与丞相谋,恐事不能成,臣请为子与丞相谋之。"这里赵高的思考是周密的,李斯作为百官之首,具有号令内外臣公的威望和权力。在老皇帝已逝、新皇帝尚未登基的特殊历史时期,他的一言一行,举足轻重。所以赵高一定要拉他入伙。否则,政变阴谋能否成功,就要打一个很大的问号。不过,赵高知道,使李斯入彀不会如说服胡亥那么容易,所以他决定由浅入深,根据李斯的心理变化,一步步引导他进入预设的轨道。他找到李斯,先不明言其阴谋,而是有倾向性地试探:"上崩,

① 《史记·李斯列传》,中华书局1959年版,第2549页。

赐长子书,与会葬咸阳立为嗣。书未行,今上崩,未有知者也。所赐长子书及符玺皆在胡亥所,定太子在君侯与高之口耳。事将如何?”李斯被赵高一番完全出乎意料的话惊得目瞪口呆,只能义正辞严地回应说:“安得亡国之言!此非人臣所当议也!”赵高面对李斯似乎坚拒的态度,并不生气,而是不急不躁地将他引导到对自己权位和富贵利禄的思考:“君侯自料能孰与蒙恬?功高孰与蒙恬?谋远不失孰与蒙恬?无怨于天下孰与蒙恬?长子旧而信之孰与蒙恬?”赵高的话句句击中李斯的软肋,李斯知道以这五项与蒙恬相较,他处于明显的劣势。于是问:“此五者皆不及蒙恬,而君责之何深也?”赵高见李斯已经进入他设定的轨道,于是进一步以利害撞击他的心灵:

> 高固内官之厮役也,幸得以刀笔之文进入秦官,管事二十余年,未尝见秦免罢丞相功臣有封及二世者也,卒皆以诛亡。皇帝二十余子,皆君之所知。长子刚毅而勇武,信人而奋士,即位必用蒙恬为丞相,君侯终不怀通侯之印归于乡里,明矣。高受诏教习胡亥,使学以法事数年矣,未尝见过失。慈仁笃厚,轻财重士,辩于心而诎于口,尽礼敬士,秦之诸子未有及此者,可以为嗣。君计而定之。①

赵高故意大讲胡亥的“仁君”品质,实际上赵高和李斯都明白,在秦始皇的二十多个儿子中,胡亥是最不具备人君素质的一个。赵高如此赞扬胡亥,不过是示意李斯:胡亥是一个我们可以任意玩弄于股掌之中的傀儡。然而,此时的李斯面对秦始皇

① 《史记·李斯列传》,中华书局1959年版,第2549—2550页。

的遗诏，还是不为赵高所动："君其反位！斯奉主之诏，听天之命，何虑之可定也？"赵高于是进一步挑明："安可危也，危可安也，安危不定，何以贵圣？"这也未能说服李斯，因为他还不愿意冲破"臣事君以忠"的道德底线：

> 斯，上蔡闾巷布衣也，上幸擢为丞相，封为通侯，子孙皆至尊位重禄者，故将以安危存亡属臣也。岂可负哉！夫忠臣不避死而庶几，孝子不勤劳而见危，人臣各守职而已矣。君其勿复言，将令斯得罪。①

赵高针对李斯的道德考量，进而规劝他抛弃道德良心，"就变而从时"，归附能继续给他以荣华富贵的胡亥：

> 盖闻圣人迁徙无常，就变而从时，见末而知本，观指而睹归。物固有之，安得常法哉！方今天下之权命悬于胡亥，高能得志焉。且夫从外制中谓之惑，从下制上谓之贼。故秋霜降者草花落，水摇动者万物作，此必然之效也。君何见之晚？②

尽管赵高说得天花乱坠，李斯心里仍然疑虑重重，因为征诸历史，改易太子、兄弟争位、王室操戈都会危及社稷：

> 吾闻晋易太子，三世不安；齐桓兄弟争位，身死为戮；

---

① 《史记·李斯列传》，中华书局1959年版，第2550页。
② 《史记·李斯列传》，中华书局1959年版，第2550页。

> 纣杀亲戚,不听谏者,国为丘墟,遂危社稷:三者逆天,宗庙不血食。斯其犹人哉,安足为谋!①

赵高见李斯提出诸多难题,迟迟不肯入彀,知道他的心理负担很重,但对政变阴谋也没有表示坚决反对。于是径直点出,从与不从,关系你的身家性命,何去何从,由你自己从速抉择:

> 上下合同,可以长久;中外若一,事无表里。君听臣之计,即长有封侯,世世称孤,必有乔松之寿,孔、墨之智。今释此而不从,祸及子孙,足以为寒心。善者因祸为福,君何处焉?②

赵高的这一招显然击中了李斯的软肋。因为作为法家的代表人物,个人和家族的利益才是李斯的最后底线。面对赵高的威胁利诱、软硬兼施,李斯的道德防线和心理防线一齐崩溃。他"仰天而叹,垂泪太息":"嗟乎! 独遭乱世,既以不能死,安托命哉!"遂完全屈从于赵高,参与了"沙丘政变"。李斯迈出这一步,等于将自己的身家性命和整个灵魂出卖给了赵高这个魔鬼。从此以后,他的一切行动都将受制于这个魔鬼,直到自己和整个家族都被这个魔鬼吞噬!

其实,在当时的历史条件下,李斯只要坚持原则,公开向臣民宣示秦始皇的遗诏,拥戴公子扶苏继承帝位,在朝内团结大部分臣子,在朝外以蒙恬统帅的精兵为奥援,赵高和胡亥的阴

---

① 《史记·李斯列传》,中华书局 1959 年版,第 2550 页。
② 《史记·李斯列传》,中华书局 1959 年版,第 2550 页。

谋并非不能挫败。然而,李斯首先考虑的是个人和家族的权势利禄,唯恐扶苏继位后自己会屈居蒙氏兄弟之下,因而也就不能坚持原则,不能与赵高和胡亥进行斗争,反而与之沆瀣一气,成为篡弑阴谋的帮凶。赵高正是看准了这一点,以权势和利禄为诱饵,以失势和族灭相威胁,步步紧逼,最后使之陷入了赵高预先设计好的陷阱。在这次较量中,赵高居高临下,胸有成竹,挥舞权势和利禄的武器,一次次向李斯的薄弱环节进击。李斯则屈居下流,以他自己难以坚持的道义、良心为盾牌,步步设防,小心抵挡,结果是步步退让,最后缴械投降。赵高对李斯的心理了如指掌,知道以个人利益为依归的李斯,最后只能向权力屈服。果不其然,在经过一番攻防之后,李斯就乖乖地向赵高屈服了。所以赵高在向胡亥报告劝说李斯同意参与其阴谋时,得意扬扬地说:“臣请奉太子之明令以报丞相,丞相敢不奉令!”

赵高将胡亥和李斯轻而易举地拉入政变阴谋,不消说是赵高这位心理学大师运用心理学原理成功操控他人命运的杰作,实在应该作为一个生动的案例写入大学的心理学教科书。

三

赵高由于将胡亥和李斯两个关键人物拉入政变阴谋,因而毫不费力地逼令扶苏自杀,将蒙氏兄弟送上断头台,又将秦始皇的其他子女一一处死,胡亥也就意气昂扬地占据了本来不属于他的王座。李斯暂时保住了丞相的尊位,赵高更是志得意满地完全控制了胡亥。至此,说嬴氏皇朝变成了赵氏皇朝一点也不为过。尽管二世政权是用阴谋手段夺得的,但是,如果胡亥君臣对秦始皇的政策来一个改弦更张,实行与民休息的举措,使已经激化的社会矛盾和阶级矛盾得以缓和,秦皇朝的统治未尝不可以维持下去。然而,赵高、胡亥和李斯的结合,却是当时统治集团中最坏的几个人物的组合。他们一方面无视百姓中积累的一触即发的反抗怒火,变本加厉地继续推行秦始皇那一套害民虐物的政策;另一方面又互相倾轧,内斗不已。你看,李斯在胡亥向他请教如何"赐志广欲,长享天下"的时候,竟然向他兜售最横暴无忌、骄奢淫逸的"督责之术",要求胡亥"灭仁义之途,掩驰说之口,困烈士之行",摒弃一切仁义道德,对天下臣民实行最严酷的专制统治,同时使自己能够尽情地享受"荒肆之乐",驰骋"流漫之志",沉湎于"淫康之虞"。[①] 赵高更是在引导胡亥奢侈享乐的同时,将其封闭于深宫之中,隔断他与群臣的外界联系,使之变成闭目塞听的可怜虫,以利于自己专权自恣。而为了独揽朝中大权,他又设计除掉李斯父子。赵高先是离间胡亥与李斯的关系,使李斯失去胡亥的信任,接着又以"通盗"的罪名唆使胡亥将李斯父子下狱治罪。李斯虽然也向胡亥揭露赵高的奸佞行径,但由于一切都在赵高的掌控中,李斯最后得到的是族灭的大祸。

赵高除去李斯之后,就在公元前 208 年被任命为丞相,并封为武安侯,"事大小辄决于高"。这时,项羽指挥的农民起义军虽然在巨鹿对秦军的主力进行了一次致命的打击,但章邯、董翳、司马欣统帅的秦军尚有二十万之众,稳住这支队伍对秦皇朝的安危具有至关重要的意义。然而,由于赵高对这几位将

① 《史记·李斯列传》,中华书局 1959 年版,第 2557 页。

领的排拒,他们投向了起义军,这就使秦皇朝的老巢关中地区几乎无可战之兵。赵高在将秦皇朝推到灭亡边缘的同时,也将自己的专权推至无以复加的顶峰。但他犹未餍足,又将死亡的魔爪伸向胡亥。他先是玩了一把"指鹿为马"的把戏,让胡亥和群臣进一步认识了他生杀予夺的绝对权力。接着,将二世骗至望夷宫,使其脱离咸阳的宫卫,为击杀他创造条件。因为赵高知道,他长期对胡亥封锁起义军的消息,将其蒙在鼓里,一旦真相败露,胡亥以君王的至尊地位怪罪下来,他就吃罪不起,于是就与自己的女婿咸阳令阎乐、弟弟赵成策划了击杀胡亥的密谋。当阎乐等指挥士卒冲进望夷宫的时候,胡亥才知道自己大难临头。然而,直到此时,他还认为赵高是一个对自己忠心耿耿的臣子,还希望见到赵高祈求活命。在被拒绝后,他仍然幻想最后以一介平民百姓的身份延一夕之命。而在被阎乐告知"臣受命于丞相,为天下诛足下"的时候,他才明白正是他绝对信任的赵高掌握了自己的生死簿。显然,胡亥是在无限痛悔中举起利剑结束自己的生命的。但是,直到临死胡亥也不明白,是他们父子成就了赵高这样的奸佞之辈,又是他同这个奸佞之辈一起,以他们愚蠢横暴之极的政策措施毁掉了他的祖父辈创建的基业。他死于赵高之手,正是咎由自取。

四

从公元前 210 年秦始皇寿终正寝,赵高出场策划"沙丘政变",到公元前 207 年他谋杀其拥立的二世皇帝胡亥,四年之中,赵高将数以千百计的政敌和无辜者送上断头台。四年之中,他所策划的阴谋一个接着一个,几乎所谋必中。赵高的这一系列阴谋活动之所以通行无阻,桩桩成功,除了他掌握了胡亥这个傀儡和他代表的最高权力之外,再就是赵高作为心理学大师对敌手心理和行动的准确掌控。这一系列的成功使赵高飘飘然,欣欣然,也昏昏然了。据《史记·李斯列传》记载,赵高在谋杀二世后,得意非凡,他径直奔向龙座,想尝尝做皇帝的滋味,“(高)引玺而佩之,左右百官莫从;殿欲坏者三。高自知天弗与,群臣弗许”。此一记载显系出于传闻或后人的演绎。从他“指鹿为马”都能通行无阻的情况看,他就是真的窃据龙座,“群臣弗许”的场面似乎也不会出现。从赵高以后的活动看,他或许有做皇帝的打算,但迫于当时的形势,只将此念秘藏胸中,没有付诸实施,而是召集诸大臣、公子,要求立子婴为秦王:

> 秦故王国,始皇君天下,故称帝。今六国复自立,秦地益小,乃以空名为帝,不可。宜为王如故,便。①

就这样,秦宗室子婴被赵高立为秦王。由于赵高的权势如日中天,所以在他看来,子婴之被立为秦王,满朝臣子不可能提出异议,子婴也就只能感恩戴德地接受这个角色。赵高要求子婴依礼斋戒,然后在宗庙朝见臣僚与宗室贵族,接受王玺,算是完成新王登基的全部程序。赵高怎么也想不到,正是在子婴斋戒期间,一个诛杀他的密谋正在紧锣密鼓地进行。子婴对他的两个儿子悄悄谋划说:

---

① 《史记·秦始皇本纪》,中华书局1959年版,第275页。

> 丞相高杀二世望夷宫，恐群臣诛之，乃详以义立我。我闻赵高乃与楚约，灭秦宗室而王关中。今使我斋见庙，此欲因庙中杀我。我称病不行，丞相必自来，来则杀之。①

事情的进展果如子婴所料。赵高一连数次派人至斋宫请子婴来宗庙朝见群臣，子婴就是称病不去。赵高不知其中有诈，就亲自去斋宫请子婴。见到子婴后，他语带责备地说："宗庙重事，王奈何不行？"谁知子婴并不答话，而是拔剑趋前，直向赵高刺去。在赵高惊恐不知所措之际，利剑已经刺入他的心窝。事毕，子婴立即向满朝文武官员宣布赵高的罪状，同时将其三族及党羽全部诛杀于咸阳。子婴诛杀赵高及其党羽的活动进行得比较顺利，看来没有遇到什么阻力。这说明恶贯满盈的赵高在广大臣僚中已经人心丧尽。善于窥视别人心理活动，精于计算，谋则必中的赵高，最后栽在子婴手里，而子婴的才干与李斯、扶苏和蒙氏兄弟相比，实在不可同日而语。这真是大江大河容易过，小阴沟里翻了船。原因何在？赵高以前的对手都是被实践证明了的精明强干之辈，赵高对他们的才能、脾性和心理活动都有着透彻的了解，因而在对付他们的时候反复思考，认真谋划，周密设计，精心实施，从而做到万无一失。而在赵高心目中，子婴不过是一个无足轻重的无能之辈。他安排子婴做秦王，子婴肯定是感激涕零，绝不会对他有不利的举动。这个心理学大师此时已经放弃了对子婴的心理进行深入的探索，没有窥透作为秦宗室贵族必定萌生的对自己的深恶痛绝和不共

---

① 《史记·秦始皇本纪》，中华书局1959年版，第275页。

戴天的仇恨。他太小瞧了子婴，又太迷信自己的权势，以致“大意失荆州”，被子婴父子小儿科的权谋送进了坟墓。第一流的心理学大师的心理被一个他看不上眼的无能小辈窥破，他也肯定是带着无限的痛悔和遗恨离开人世的。不过，与胡亥一样，他的死灭更是咎由自取。一个坏事做绝的人，即使不被现世报，最终也逃不脱历史长鞭的挞伐。

论李斯*

秦朝统治集团无休止的内斗,削弱了自身的力量。他们日甚一日的残忍无情、昏庸腐败,加速了农民起义的爆发。而农民起义军的发展壮大,又进一步激化了秦朝统治集团的内部矛盾:外患日极,内斗日急。作为沙丘政变的头号谋主,赵高在二世登基后实际上成了秦王朝的真正主人。他在唆使胡亥诛杀了以扶苏为代表的一大批宗室贵族、以蒙恬为代表的一大批功臣宿将后,又将死亡之手伸向丞相李斯,因为他早就觊觎着李斯占据的那个丞相位子。

李斯参与了赵高、胡亥的沙丘政变阴谋,也就等于将自己的灵魂交给了魔鬼。既然如此,他以后也只能由魔鬼牵着鼻子沿着一条黑道径直走向地狱。

李斯作为全盘主持国家行政事务的丞相,对秦王朝在陈胜、吴广领导的农民起义爆发时所面临的严重形势的认识还比较清醒。他知道,如果二世不对秦始皇的政策改弦更张,秦帝国的前景就十分危险,因而与右丞相冯去疾、将军冯劫一起劝谏二世,希望他停建阿房宫并减少其他徭戍,结果引来二世的严厉谴责。冯去疾与冯劫为此自杀身亡,而李斯在二世的淫威

---

* 本文原载于拙著《嬴秦的战争岁月》,山东大学出版社 2021 年版。

面前再次屈服：抛弃丞相应负的职责，曲意奉承，千方百计地迎合二世以求自保。二世一面责备李斯，一面也向李斯请教“赐志广欲，长享天下”的方法：

> 吾有私议而有所闻于韩子也，曰“尧之有天下也，堂高三尺，采椽不斫，茅茨不翦，虽逆旅之宿不勤于此矣。冬日鹿裘，夏日葛衣，粢粝之食，藜藿之羹，饭土匦，啜土铏，虽监门之养不觳于此矣。禹凿龙门，通大夏，疏九河，曲九防，决渟水致之海，而股无胈，胫无毛，手足胼胝，面目黎黑，遂以死于外，葬于会稽，臣虏之劳不烈于此矣”。然则夫所贵于有天下者，岂欲苦形劳神，身处逆旅之宿，口食监门之养，手持臣虏之作哉？此不肖人之所勉也，非贤者之所务也。彼贤人之有天下也，专用天下适己而已矣，此所以贵于有天下也。夫所谓贤人者，必能安天下而治万民，今身且不能利，将恶能治天下哉！故吾愿赐志广欲，长享天下而无害，为之奈何？①

二世的帝王哲学归结为一点，就是不管百姓死活，一切为着自己的享乐。为达此目的，可以不择手段。而这种帝王理想所导致的后果必然是政治昏乱、腐败盛行，王朝迅速灭亡。这显然是任何头脑正常的帝王所不屑为和不能为的，也是任何良知未泯的臣子时时切谏帝王所不能为的。这一点，李斯作为一个成熟的政治家应该是心知肚明的。可是，此时的李斯为了自身的利益，却悍然置良知于不顾，全力向二世兜售“督责之术”。因

---

① 《史记·李斯列传》，中华书局1959年版，第2553—2554页。

为这时已迈入公元前208年(二世二年),李斯的儿子三川守李由尽管拼死支撑,率军与起义军恶战,既无法破三川之围,更未能阻止周文一军绕过三川进入关中,打到距咸阳不足百里的戏。而章邯率军出战,不仅打垮了周文一军,解了关中之危,而且消灭了吴广一军,解了三川之围。相形之下,李斯父子则显得太无能了。三川解围后,二世派出使者,"覆案三川相属,诮让斯居三公位,如何令盗如此"①。李斯害怕二世严厉追究他们父子的责任,更害怕因此失去爵禄富贵,"乃阿二世意,欲求容",于是向二世献上以"督责之术"为核心的帝王骄奢淫逸的享乐之术:

> 夫贤主者,必且能全道而行督责之术者也。督责之,则臣不敢不竭能以徇其主矣。此臣主之分定,上下之义明,则天下贤不肖莫敢不尽力竭任以徇其君矣。是故主独制于天下而无所制也。能穷乐之极矣,贤明之主也,可不察焉!
>
> 故申子曰"有天下而不恣睢,命之曰以天下为桎梏"者,无他焉,不能督责,而顾以其身劳于天下之民,若尧、禹然,故谓之"桎梏"也。夫不能修申、韩之明术,行督责之道,专以天下自适也,而徒务苦形劳神,以身徇百姓,则是黔首之役,非畜天下者也,何足贵哉!夫以人徇己,则己贵而人贱;以己徇人,则己贱而人贵。故徇人者贱,而人所徇者贵,自古及今,未有不然者也。凡古之所为尊贤者,为其贵也;而所为恶不肖者,为其贱也。而尧、禹以身徇天下者

① 《史记·李斯列传》,中华书局1959年版,第2554页。

也，因随而尊之，则亦失所为尊贤之心矣夫！可谓大缪矣。谓之为“桎梏”，不亦宜乎？不能督责之过也。

故韩子曰“慈母有败子而严家无格虏”者，何也？则能罚之加焉必也。故商君之法，刑弃灰于道者。夫弃灰，薄罪也，而被刑，重罚也。彼唯明主为能深督轻罪。夫罪轻且督深，而况有重罪乎？故民不敢犯也。是故韩子曰“布帛寻常，庸人不释，铄金百溢，盗跖不搏”者，非庸人之心重，寻常之利深，而盗跖之欲浅也；又不以盗跖之行，为轻百镒之重也。搏必随手刑，则盗跖不搏百镒；而罚不必行也，则庸人不释寻常。是故城高五丈，而楼季不轻犯也；泰山之高百仞，而跛牂牧其上。夫楼季也而难五丈之限，岂跛牂也而易百仞之高哉？峭堑之势异也。明主圣王之所以能久处尊位，长执重势，而独擅天下之利者，非有异道也，能独断而审督责，必深罚，故天下不敢犯也。今不务所以不犯，而事慈母之所以败子也，则亦不察于圣人之论矣。夫不能行圣人之术，则舍为天下役何事哉？可不哀邪！且夫俭节仁义之人立于朝，则荒肆之乐辍矣；谏说论理之臣间于侧，则流漫之志诎矣；烈士死节之行显于世，则淫康之虞废矣。故明主能外此三者，而独操主术以制听从之臣，而修其明法，故身尊而势重也。凡贤主者，必将能拂世磨俗，而废其所恶，立其所欲，故生则有尊重之势，死则有贤明之谥也。是以明君独断，故权不在臣也。然后能灭仁义之涂，掩驰说之口，困烈士之行，塞聪揜明，内独视听，故外不可倾以仁义烈士之行，而内不可夺以谏说忿争之辩。故能荦然独行恣睢之心而莫之敢逆。若此然后可谓能明申、韩之术，而修商君之法。法修术明而天下乱者，未之闻也。

> 故曰"王道约而易操"也。唯明主为能行之。若此则谓督责之诚，则臣无邪，臣无邪则天下安，天下安则主严尊，主严尊则督责必，督责必则所求得，所求得则国家富，国家富则君乐丰。故督责之术设，则所欲无不得矣。群臣百姓救过不给，何变之敢图？若此则帝道备，而可谓能明君臣之术矣。虽申、韩复生，不能加也。①

李斯的这套"督责之术"，对申不害发明、韩非加以系统化论证的"术"的理论做了恶性的发展。其核心就是"灭仁义之涂，掩驰说之口，困烈士之行"，摒弃一切仁义道德。对天下臣民实行最严酷的专制统治，使之终日在战战兢兢中过日子，唯恐惩罚落到自己头上，"救过不给"，也就不会产生任何非分之想。这样一来，天下太平，国君就可以尽情享受"荒肆之乐"，驰骋"流漫之志"，沉湎"淫康之虞"了。这套"督责之术"恰恰是迅速激化阶级矛盾和社会矛盾的最极端的理论和手段。少不更事的二世对李斯的这套说教佩服得五体投地，使秦朝的统治进一步沿着"税民深"和"杀人众"的罪恶之路变本加厉地发展下去。李斯的这套"督责之术"暂时得到二世的欢心，而这套"督责之术"恰恰成为秦朝导向灭亡的加速器。

李斯正为向二世推销"督责之术"赢得信任而得意的时候，赵高的魔爪已经悄悄向他伸去。赵高为了进一步专权自恣，一方面把二世封闭于深宫之中，隔绝他与群臣的联系；另一方面则不断罗织罪名，设置陷阱，将妨碍他专权的宗室贵族、功臣宿将一一置于死地。在把二世的兄弟姐妹、蒙氏兄弟送进阴

---

① 《史记·李斯列传》，中华书局1959年版，第2554—2557页。

曹地府以后，他又盯上了李斯父子。赵高精心设置了一个陷阱，然后一步步将他推入其中。赵高先是面见李斯，假惺惺地说："关东群盗多，今上急益发徭治阿房宫，聚狗马无用之物。臣欲谏，为位贱。此真君侯之事，君何不谏?"李斯不知是计，还以为找到了知己，推心置腹地说："固也，吾欲言之久矣。今时上不坐朝廷，上居深宫，吾有所言者，不可传也，欲见无间。"赵高见李斯已经上钩，进一步引导说："君诚能谏，请为君侯上间语君。"接着，赵高专等"二世方燕乐，妇女居前"，玩得正高兴之时使人通知李斯前去见二世，这自然使二世十分恼火。在赵高的谋划下，这种事接连发生了三次，惹得二世怒不可遏。二世愤怒地对赵高说："吾常多间日，丞相不来。吾方燕私，丞相辄来请事。丞相岂少我哉？且固我哉?"赵高见二世对李斯已经极度厌恶和愤懑，于是乘机诋毁李斯，进谗言说：

> 如此殆矣！夫沙丘之谋，丞相与焉，今陛下已立为帝，而丞相贵不益，此其意亦望裂地而王矣。且陛下不问臣，臣不敢言。丞相长男李由为三川守，楚盗陈胜等皆丞相旁县之子，以故楚盗公行，过三川，城守不肯击。高闻其文书相往来，未得其审，故未敢以闻。且丞相居外，权重于陛下。①

赵高诬陷李斯父子的话正中二世下怀，于是立即派人收集李由所谓"交通起义军"的情报，作为惩罚他们父子的佐证。事实上，所谓李由"与盗通"完全是赵高捏造的罪状，没有任何事实

---

① 《史记·李斯列传》，中华书局1959年版，第2558—2559页。

根据。再说，李斯父子的富贵利禄完全与秦朝连在一起，他们不仅不与“盗”相通，而且只能为击“盗”尽最大努力。李由作为三川守，以一郡之兵挡住吴广统帅的十数万大军，使起义军不能全力进攻关中，也为后来章邯打败深入关中的周文一军创造了条件。这在所有关东郡守中是独一无二的，对二世和秦朝，他非但无过反而有大功。昏聩的二世黑白不辨，听信赵高谗言，决意惩办李斯父子。

李斯数次见不到二世，这才意识到是赵高从中作梗，十分生气，决心与赵高决裂。这时，二世居住甘泉宫，“发作角抵优俳之观”，李斯想见二世又未能如愿，于是就以上书的形式，揭露赵高是一个图谋不轨的奸佞之辈：

> 臣闻之，臣疑其君，无不危国；妾疑其夫，无不危家。今有大臣于陛下擅利擅害，与陛下无异，此甚不便。昔者司城子罕相宋，身行刑罚，以威行之，期年遂劫其君。田常为简公臣，爵列无敌于国，私家之富与公家均，布惠施德，下得百姓，上得群臣，阴取齐国，杀宰予于庭，即弑简公于朝，遂有齐国。此天下所明知也。今高有邪佚之志，危反之行，如子罕相宋也；私家之富，若田氏之于齐也。兼行田常、子罕之逆道而劫陛下之威信，其志若韩玘为韩安相也。陛下不图，臣恐其为变也。①

李斯对赵高的观察和认识是准确的，但因为此时的二世早已被赵高诱入彀中，完全被他忠心恭顺的表象蒙住了眼睛，所以根

---

① 《史记·李斯列传》，中华书局1959年版，第2559页。

本听不进李斯的忠告。二世看过李斯的上书后，专门召见他，劝他不要怀疑赵高。他对李斯说：

> 何哉？夫高，故宦人也，然不为安肆志，不以危易心，絜行修善，自使至此，以忠得进，以信守位，朕实贤之，而君疑之，何也？且朕少失先人，无所识知，不习治民，而君又老，恐与天下绝矣。朕非属赵君，当谁任哉？且赵君为人精廉强力，下知人情，上能适朕，君其勿疑。①

见二世对赵高深信不疑，李斯据理力争，极言赵高之短："不然。夫高，故贱人也，无识于理，贪欲无厌，求利不止，列势次主，求欲无穷，臣故曰殆。"尽管李斯对赵高恶劣品格的揭示入木三分，但二世却听不进。这也难怪，因为二世自小即跟随赵高学习法律和文字，朝夕相处，对赵高的精明强干有极深的印象，特别是因为赵高是沙丘政变的谋主，二世对他的忠心很难产生怀疑。相反，二世倒是对李斯的忠谏萌生极大疑虑，怕李斯利用丞相之权杀掉赵高，于是将李斯的态度私下透露给了赵高。赵高借机再次进谗说："丞相所患者独高，高已死，丞相即欲为田常所为。"以臣弑君篡位是君王最忌讳的。赵高对李斯的反噬果然立即奏效，二世即命赵高全权审理李斯一案。至此，李斯的悲剧命运已经无可挽回了。

赵高得到二世的特准，立即将李斯拘捕，将其"拘执束缚，居囹圄中"。"西陆蝉声唱，南冠客思深"，身陷牢狱的李斯开始对自己的处境和秦王朝的前途展开较为深刻的反省。他仰

---

① 《史记·李斯列传》，中华书局1959年版，第2559—2560页。

天而叹曰：

> 嗟乎，悲夫！不道之君，何可为计哉！昔者桀杀关龙逢，纣杀王子比干，吴王夫差杀伍子胥。此三臣者，岂不忠哉，然而不免于死，身死而所忠者非也。今吾智不及三子，而二世之无道过于桀、纣、夫差，吾以忠死，宜矣。且二世之治岂不乱哉！日者夷其兄弟而自立也，杀忠臣而贵贱人，作为阿房之宫，赋敛天下。吾非不谏也，而不吾听也。凡古圣王，饮食有节，车器有数，宫室有度，出令造事，加费而无益于民利者禁，故能长久治安。今行逆于昆弟，不顾其咎；侵杀忠臣，不思其殃；大为宫室，厚赋天下，不爱其费；三者已行，天下不听。今反者已有天下之半矣，而心尚未寤也，而以赵高为佐，吾必见寇至咸阳，麋鹿游于朝也。①

这段话显示了他对自己处境和秦王朝必将灭亡前景的清醒认识，但还谈不上大彻大悟。

尽管他对二世登基以来所作所为的评判是正确的，对秦王朝必将灭亡的预见也在不久之后得到了证实，但他仍然缺乏自知之明，对自己参与沙丘之变铸成大错也没有清醒的认识和痛悔之思。他自诩的"以忠死"更是把忠心放错了地方，二世是个绝对不值得尽忠的昏聩君王。李斯从参与政变那天起，就把自己的命运与二世绑在了一起，而正是二世将他交给了必欲置他于死地的赵高。

---

① 《史记·李斯列传》，中华书局1959年版，第2560—2561页。

赵高接手审理李斯一案后,立即将其定为父子谋反案,并收捕“宗族宾客”。为了将这一根本不存在的谋反案办成铁案,赵高指使办案人员连续不断地使用酷刑。李斯被“榜掠千余,不胜痛,自诬服”。李斯这一步又走错了,因为他“诬服”的口供正是赵高求之不得的判他死刑的佐证,而谋反罪是当时顶级的大罪。李斯“诬服”后,仍未放弃求生的一线希望,“自负其辩,有功,实无反心”,幻想通过给二世的一纸上书,冀其明察,“寤而赦之”。李斯在狱中精心炮制了一份“正话反说”的上书,最后向二世献上泣血的忠诚:

> 臣为丞相,治民三十余年矣。逮秦地之狭隘。先王之时秦地不过千里,兵数十万。臣尽薄材,谨奉法令,阴行谋臣,资之金玉,使游说诸侯,阴修甲兵,饰政教,官斗士,尊功臣,盛其爵禄,故终以胁韩弱魏,破燕、赵,夷齐、楚,卒兼六国,虏其王,立秦为天子。罪一矣。地非不广,又北逐胡、貉,南定百越,以见秦之强。罪二矣。尊大臣,盛其爵位,以固其亲。罪三矣。立社稷,修宗庙,以明主之贤。罪四矣。更克画,平斗斛度量,文章布之天下,以树秦之名。罪五矣。治驰道,兴游观,以见主之得意。罪六矣。缓刑罚,薄赋敛,以遂主得众之心,万民戴主,死而不忘。罪七矣。若斯之为臣者,罪足以死固久矣。上幸尽其能力,乃得至今,愿陛下察之。①

任何人都能够看出,李斯这里列出的自己的所谓七条罪状,实

① 《史记·李斯列传》,中华书局1959年版,第2561页。

际上是自我标榜的七大功劳。其中除第七条缺乏事实根据外，其余六条基本都是真实的。李斯的确为秦王朝的建立和巩固立下了巨大功勋。作为秦始皇最有力的辅佐之一，他有理由更有资格在二世面前炫耀一番。李斯希望这份上书能够到达二世那里，更幻想这份上书能够唤起二世的良知，为他平反昭雪并重新重用他。但是，李斯如此的谋划彻底失算了。因为此时他与其家族的命运已经完全捏在赵高的手心里，赵高当然不会让这份上书送到二世手里："书上，赵高使吏弃去不奏，曰：'囚安得上书！'"可以设想，即使这份上书能够送到二世那里，也很难改变李斯的命运，因为愚暗昏庸的二世在参与政变阴谋后就已经泯灭了良知，一切都听任赵高摆布，他怎么可能解救李斯于困厄之中呢！狡黠万端的赵高看到李斯的上书后，感到他翻供的可能性还存在，必须用酷刑锢死其心，于是"使其客十余辈诈为御史、谒者、侍中，更往复讯斯。斯更以其实对，辄使人复榜之"。后来，二世为走走过场，真的派人来审讯李斯，李斯却再也不敢以实相对，而是老老实实"诬服"自己的"谋反罪"。二世得到奏报，喜不自胜，说："微赵君，几为丞相所卖。"接着，二世又下令使人赶往三川逮捕李斯长子、三川守李由，并察验其"谋反"之罪。不过，来人晚了一步，此时的李由已经在与项梁作战时被击杀。对这位为秦王朝战斗至死、英勇捐躯的忠贞臣子，赵高也不放过，仍然"妄为反辞"，即捏造谋反的罪证，将其打入"谋反"的罪臣之列。

二世二年（前 208 年）七月，李斯具五刑，被腰斩于观者如堵的咸阳的通衢大道上，一起被处死的还有他的儿子与三族的男女老幼。史书记述，李斯走出监狱，被押赴刑场时，对即将一同赴死的儿子留下了感慨万端的遗言："吾欲与若复牵黄犬俱出上蔡东门逐狡兔，岂可得乎！”[1]在父子相对撕心裂肺的痛哭声中，李斯与他的三族不下百人的鲜活生命消失在首都街头。李斯一介布衣，青年时期走出楚国穷乡僻壤的上蔡，抱着猎取富贵利禄、出人头地的宏愿来到秦国打拼。凭着自己卓越的才能和一连串有如神助的机遇，他获得了空前的成功。通过三十多年的奋斗，他晋升至丞相的高位，一人之下，千万人之上，官位、利禄、荣耀都达到了峰巅。与他一起共享富贵利禄的是自己的儿子和亲族：“斯长男由为三川守，诸男皆尚秦公主，女悉嫁秦诸公子。”真是一人得道，鸡犬升天。然而，一夜之间，寒暑易节，所有功名利禄连同自己和宗族的生命都在顷刻之间化为乌有。此时，他才意识到一介平民平淡生活的珍贵。可是，此时此刻，连这种平淡生活也与自己无缘了：他必须为富贵利禄付出自己与宗族生命的代价。沧海桑田，高陵深谷，历史辩证法的铁律，永远按照“反者道之动”的逻辑运行。

作为几乎与秦始皇齐名的历史人物，李斯死后也不寂寞，历代对他评论积案盈箱。在《四库全书》中，就有 2476 卷 4512 次提及他的大名。司马迁在《史记·李斯列传》的结尾评论说：

> 李斯以闾阎历诸侯，入事秦，因以瑕衅，以辅始皇，卒成帝业，斯为三公，可谓尊用矣。斯知六艺之归，不务明政以补主上之缺，持爵禄之重，阿顺苟合，严威酷刑，听高邪说，废嫡立庶。诸侯已畔，斯乃欲谏争，不亦末乎！人皆以斯极忠而被五刑死，察其本，乃与俗议之异。不然，斯之功

① 《史记·李斯列传》，中华书局 1959 年版，第 2561 页。

且与周、召列矣。①

这里，司马迁对李斯品格的缺陷和行政的缺失都做了较为准确而公允的评价，为后来的批判定下了一个基调，其见解是比较深刻的。不过，汉朝以后对李斯的评价基本上是贬多于褒，大体上是将他作为一个被否定者加以鞭笞。如唐朝的朱敬则就认定他是个无德任虐之人：

臣闻李斯之相秦也，行申、商之法，重刑名之家，杜私门，张公室，弃无用之费，损不急之官，惜日爱功，疾耕急战，人繁国富，乃屠诸侯。此救弊之术也。故曰：刻薄可施于进趋，变诈可陈于攻战。兵犹火也，不戢将自焚。……李斯之作股肱，罕循大道，人无见德，唯虐是闻。当此时也，主猜于上，人骇于下，父不能保之于子，君不能得之于臣。②

宋朝是对李斯评论最多的一个朝代。如大文豪苏轼热衷评价历史人物，他对李斯基本上持全盘否定态度，认为他不仅是秦始皇暴政的促成者，而且是赵高之奸的"偷合取容"者：

始皇以诈力兼天下，志得意满，讳闻过失。李斯燔书诗诵功德以成其气，至其晚节，不可告语。君老，太子在外，履危乱之机，而莫敢以一言合其父子之亲者。虽始皇

① 《史记·李斯列传》，中华书局1959年版，第2563页。
② 《旧唐书·朱敬则传》，中华书局1995年版，第2913、2916页。

之暴，非斯养之不至此也。及其事二世，知赵高之奸复偷合取容，使高势已成，天下已乱，乃欲力谏，不亦晚乎？至于国破家灭，非不幸也。①

宋朝的余靖写了《秦论》一文，认定李斯是“亡秦而贼天下”的头号罪人：

世言秦所以亡者，赵高谗邪，胡亥蔽愚，毒痛齐民，四海瓦解，而宗社墟矣。愚尝以为亡秦而贼天下者李斯也。秦人据形便之国，气凌山东。穆公任由余，孝公用商鞅，而霸业基矣。蚕食虎视，累世横骛，有起、翦、恬、骜握其兵，穰、魏、睢、泽执其政，斥地灭敌，日加其强。李斯始以儒学西游于秦，乃进一六合、兼诸侯之说，秦人除逐客之令以从其计，破纵擅横，卒并天下，以斯为相，且斯以布衣徒步游说数年而取宰相，不为不遇也。海内既一，属心于斯。六国厌战争之苦，兵待我乎偃；秦人困庐井之废，士待我乎辟；父子薄櫌锄之异，民待我乎教。斯学帝王之术、居辅弼之地，脱或戴其君于成康之列，跻其民于仁寿之域，如反掌耳。而乃背戾古始，拔本塞源，燔弃诗书，愚弄黔首，绝尺寸之封以孤其势，侈封禅之制以骄其心，筑宫弥山川，勒铭遍海内，戮诽谤，禁偶语，刑繁令淫，国纪隳矣。纪纲既隳，四国不危者，未之有也。世子者，所以接统而著代，君行则守，有守则从，古之制也。故曰太子天下之本，本根一摇，天下必荡。安有著名储贰而握兵边徼，废弦诵之大业，习

① 苏轼：《古史》卷五六，影印版文渊阁四库全书。

> 皷旗之末节？衣裳颠倒，莫甚于兹。default默而不言，焉用彼相。及沙邱之变，赵高以亵近之资，启亡国之言，丞相当于此时正人臣无将之诛，以视天下，召扶苏而立之，从先帝之约。扶苏仁明，备尝险阻，辅以治道，可致太平。若刬去严刑，罢遣谪戍，民无怨讟，则秦之社稷未可量也。斯惑赵高之词，越录而拔胡亥。小人在位，兵徭并起，使四海之人，血膏边城，骨填骊山，比屋嗸嗸，半为盗贼，尚乃建言督责，以固恩宠，岂不愚哉！贼屠三川，卒被高谮，黄犬之叹，得无晚乎？使胡亥得位，赵高得权，皆斯之由也。倒持太阿，授人以柄，斯之谓乎。故曰亡秦而贼天下者，斯之罪也。卒被五刑，非不幸矣。①

这里，余靖将秦朝的一切罪责统统记在李斯的名下，显然是不公正的。不过，他分析李斯在秦朝施政中的关键作用还是符合事实的。如果李斯一切为秦朝的大局和长治久安着眼和施策，秦朝未必如此短命，但那样的李斯就不是真实的李斯了。宋朝的曹勋写了《读李斯传》，批判李斯是一个“大逆不忠”的奸佞之辈，其具五刑而死的下场是罪有应得，丝毫不值得同情：

> 余读《李斯传》，恶其以忠名己，以邪徇事，国轻己重，大逆不忠。试举其目：知有国者资礼乐以纲维，斯则请焚灭《诗》《书》以愚百姓；知太子者天下之本，斯则使扶苏监上郡而不谏，诛嫡立庶以灭公；知物禁太盛，盛必有衰，斯则身居其地而不知所税驾；知商君之法刑弃灰者为苛，斯

① 余靖：《武溪集·秦论下》，影印版文渊阁四库全书。

> 则听赵高严刑酷法之令，增督责诛求之术，以至帝不坐朝，赵高用事禁中，族大臣，治阿房，盗贼半天下。身为丞相，既不能填抚，又不能谏诤。及堕高计中，乃疏七罪以自矜，引比干、子胥为喻，斯妄人耳，又安可希二子之万一也。噫，吞国称帝，致秦一统者，斯也；法严人叛，致秦一旦委地者，亦斯也。至其死又具斯五刑论，皆斯而已。岂不宜哉，岂不宜哉！①

宋朝的林之奇在《李斯杀韩非》一文中也以《谏逐客书》和诋毁韩非的言论相比较，证明他是一个“出乎尔者反乎尔者”的势利小人，他之不得善终，正是“倾覆”者应该得到的结果：

> 甚矣，李斯之倾覆也。当秦人下逐客之令，已在逐中，则上书以为秦之所以霸者以客，而客之自诸侯来者皆有益于秦也。及其妒韩非而欲杀之，则又以非韩之公子，非终为韩不为秦，其与前日之谋何其相反如此也！当李斯遭逐上书之时，使有一如李斯者而云：“斯楚人也，今欲并诸侯，斯终为楚不为秦。”则斯不免于害矣。为已而言，则以为诸侯之客有益于秦；至于陷韩非，则以为非终为韩，不为秦，倾覆如此，则李斯之不终于秦，岂非所谓出乎尔者反乎尔者乎？虽然，李斯之陷韩非信可罪矣，非之见害亦有以取之也。②

---

① 曹勋：《松隐集》卷三七，影印版文渊阁四库全书。

② 林之奇：《拙斋文集》卷一三，影印版文渊阁四库全书。

明朝的于慎行在其史论著作《读史漫录》中,对李斯做了比较全面的评价:

李斯、韩非,学术一也,韩非之书未成,而为李斯所杀,李斯窃非之言,以成秦帝,而自夷其宗。盖刑法之学,非仁者所用,且亦天道所恶也。观韩子之书,其惨核少恩,至父子兄弟皆不可相信,一何甚也!方斯之杀非,惟以非为胜己,非死可以得志于秦,岂知其祸之惨于非邪!

李斯一代之才也,且其有功于秦亦不细矣,而不免于种族,以其持权重禄、履盛满不止也。沙丘之谋,使斯不从赵高,彼亦未必自遂,徒欲怀通侯之印,甘心与嬖幸为伍,以乱国本。及山东盗起,二世诮让,恐惧不知所出,又进督责之说,以媚其主,而秦乱成已。本其所从,皆一念重禄之心为之也。故曰:苟患失之,无所不至矣!

李斯之盛也,诸男皆尚秦公主,女悉嫁秦公子,长男由为三川守,车骑罗门庭以千数,斯乃喟然而叹曰:"吾闻之荀卿:物禁太盛。斯乃上蔡布衣,富贵极矣!物极则衰,吾不知所税而驾也。"吾读其语,悲之,当其述卿之言,一何烛盛衰之理?入而不出,以至于败,乃叹"东门、黄犬",不亦晚乎!①

作为官至明朝内阁首辅的一代儒宗,于慎行自然对李斯、韩非服膺的法家学说深恶痛绝。他对李斯害死韩非而自己的下场惨于韩非,是抱持幸灾乐祸的态度的。他不否认李斯为秦王朝

① 于慎行:《读史漫录》,齐鲁书社 1996 年版,第 25、28—29 页。

建立的功勋,但认为是“重禄之心”为他带来族灭之祸。而李斯虽然明白“物极则衰”的道理,却不知盛极而急流勇退,因而最后酿成灭门的大祸,悔之已晚。这些观点,蕴含着深谙宦海沉浮的经验之谈,展示的是一个明代政治家卓越而透辟的历史认识。

明清之际的大思想家王夫之,是对秦朝实行郡县制持肯定意见的学者之一。他对李斯的评论较前人更深入一步:

> 李斯之对二世曰:“明主灭仁义之途,绝谏诤之辩,荦然行恣睢之心。”尽古今概贤不肖,无有忍此言者,而昌言之不忌。呜呼!亦何至此哉!斯亦尝学于荀卿氏矣,亦尝与始皇谋天下而天下并矣。岂其飞廉、恶来之所以不忍言者而言之不忌,斯之心其固以为然乎?苟非二世之愚,即始皇之骄悖,能受此言而不谴乎?斯抑谓天下后世之不以己为戎首而无所恤乎?无他,畏死患失之心迫而有所不避耳。
>
> 夫死亦何不可畏也。失不可患,而亦何必于失也。前所以自进者非其道,继所以自效者非其功,后所以自保者非其术,退所以自置者无其方,则失果可患而死果可畏。欲无畏无患,以不言其所不忍者,又奚得乎!天下无必死之途,而亦无可几幸之得。正志于早而后无所迫,则不忍不敢之心以全。早不能图度于正,迨其后失有形、死有机,虽欲不为此言而不得。不待上蔡东门之叹,肺肝先以自裂。斯其果无人心哉?《易》曰:“履霜坚冰至。”辨人于早,不若自辨于早也。①

① 王夫之撰:《读通鉴论》,中华书局2013年版,第5页。

王夫之认为李斯有了“畏死患失之心”以后,整个道德观念严重失范,结果是“自进者非其道”,“自效者非其功”,“自保者非其术”,“自置者无其方”。因为自己失去了安身立命的道德准则,身死族灭的下场也就早已注定。王夫之对历史人物的评价较多地着眼于道德,这自有其道理和过人之处。但是,这也极易失之偏颇。因为在阶级社会里,在复杂的政治斗争中,品格恶劣卑污之辈获得成功、荣华富贵集于一身且得以寿终正寝者不乏其人,而品格高尚、行为高洁者死于非命者也屡见不鲜。显然,历史学家不能拒绝对历史人物的道德评价,那些视道德重于生命的仁人君子的嘉言懿行理应得到肯定的评价。然而,对历史人物的评价不应只有一个道德标准,并且在对政治家的评价标准中,道德标准更不应该是唯一的标准。因为对于政治家,特别是对于那些握有政策制定和选择权的帝王将相来说,其对历史发展客观上所起的作用也应该是重要标准,甚至超过道德标准。

李斯是政治家,也是思想家和书法家,其文章在有秦一代也属上乘。这些方面后人也有较为切中肯綮的评价。宋朝的徐铉就赞美李斯书法达到“美至”的水平:“昔伏羲画八卦而文字之端见矣,仓颉模鸟迹而文字之形立矣,史籀作大篆以润饰之,李斯变小篆以简易之,其美至矣。”①元朝的陶宗仪也颂扬“李斯书骨气风云,方圆妙绝”②;虞集在《题魏受禅碑》一诗中,也对李斯的书法发出由衷的赞美:“华歆劝进锺繇笔,妙画

① 徐铉:《骑省集》卷二三《韵谱前序》,影印版文渊阁四库全书。

② 陶宗仪:《说郛》卷八六,影印版文渊阁四库全书。

千年不可磨。旧有始皇金石刻,李斯文字更嵯峨。"①至于李斯的文章,一直得到后世较高的评价。如明朝的苏伯衡历数自先秦至宋朝20位代表性的文章大家,就将李斯视为秦朝文章的唯一代表:

> 故三代以来为文者至多,尚论臻其妙者,春秋则左丘明,战国则荀况、庄周、韩非,秦则李斯,汉则司马迁、贾谊、董仲舒、班固、刘向、扬雄。唐则韩愈、柳宗元、李翱,宋则欧阳修、王安石、曾巩及吾祖老泉、东坡、颍滨。上下数千百年间,不过二十人尔。②

鲁迅在《汉文学史纲要》一书中,为李斯单列一篇,认定他的文章是秦朝的唯一代表:"由现存者而言,秦之文章,李斯一人而已。"③

李斯以布衣之身荣登秦朝相位,一时显赫无比,而最后又遭到族灭的严惩。他命运的跌宕起伏成为诗人咏叹的题材,因此历史上以他为对象的诗篇不少。其中除了对命运无常的叹息外,当然也涉及对李斯的评价。唐朝第一大诗人李白有五首诗一篇赋涉及李斯,如《行路难》三首之一的《古兴》,悲叹"功成不退皆殒身"的伍子胥、屈原、陆机、李斯等人的悲剧命运,叹息"李斯税驾苦不早","上蔡苍鹰何足道"④。在《悲歌行》中,哀叹李斯没有及早觉悟,"秦家李斯早追悔,虚名拨向身之

---

① 虞集:《道园学古录》卷三〇,影印版文渊阁四库全书。

② 苏伯衡:《苏平仲文集》卷三《杂说》,影印版文渊阁四库全书。

③ 《鲁迅全集》第9卷,人民文学出版社2005年版,第395页。

④ 《李太白文集》卷二,影印版文渊阁四库全书。

外”,是因为他没有参透富贵难持久的道理:“天虽长地虽久,金玉满堂应不守。富贵百年能几何,死生一度人皆有。”①在《冬夜醉宿龙门觉起言志洛阳》一诗中,李白直认李斯为秦始皇之鹰犬,“傅说版筑臣,李斯鹰犬人”②,但在《拟恨赋》中,则又对李斯遭冤杀充满怜惜之情:“李斯受戮,神气黯然。左右垂泣,精魂动天。执爱子以长别,叹黄犬之无缘。”③做过唐朝丞相的李德裕在遭贬时写了《到恶溪夜泊芦岛》一诗,是权势中人失去权势时的内心独白,其中慨叹李斯死到临头时觉悟已经太迟:

甘露花香不再持,远公应怪负前期。青蝇岂独悲虞氏,黄犬应闻笑李斯。风雨瘴昏蛮日月,烟波魂断恶溪时。岭头无限相思泪,泣向寒梅近北枝。④

唐朝的胡曾写过多首咏史诗,后来编为一集出版。其中的《上蔡》也叹息李斯不能功成身退的悲剧:

上蔡东门狡兔肥,李斯何事忘南归?功成不解谋身退,直待咸阳血染衣。

而另一首《杀子谷》则谴责李斯助秦始皇、秦二世为虐的罪行:

---

① 《李太白文集》卷五,影印版文渊阁四库全书。

② 《李太白文集》卷二〇,影印版文渊阁四库全书。

③ 《李太白文集》卷二四,影印版文渊阁四库全书。

④ 李德裕:《李卫公别集》卷四,影印版文渊阁四库全书。

举国贤良尽泪垂，扶苏屈死树边时。至今谷口泉呜咽，犹似当时恨李斯。[1]

唐朝的著名诗人韦庄是投诚黄巢起义军的少数文人之一。他的《题李斯传》一诗，也慨叹李斯觉悟太迟遭屠戮的悲剧："蜀魄湘魂万古悲，未悲秦相死秦时。临刑莫恨仓中鼠，上蔡东门去自迟。"[2]宋朝思想家和历史学家对李斯的评论很多，诗人歌咏李斯的也不少。如苏洵在《答陈景回诗》中就慨叹李斯贪恋富贵、不知急流勇退："谁知李斯顾秦宠，不获牵犬追黄狐。"[3]而苏门四学士之一的秦观在《次韵太守向公登楼眺望二首》诗中则叹息很少有人能够功成身退，因为富贵利禄的吸引力太强固，人们对它犹如铁之被磁石吸引，很难摆脱：

庖烟起处认孤村，天色清寒不见痕。车辋湖边梅溅泪，壶公祠畔月销魂。封疆尽是春秋国，庙食多怀将相恩。试问李斯长叹后，谁牵黄犬出东门。[4]

薛季宣写了四首咏叹李斯的诗，都是批判李斯的罪行，如《读李斯传》全盘否定李斯，对司马迁"功与周召"的说辞也不苟同：

上蔡游公子，真情本自愚。五刑身具论，七罪法当诛。

---

① 胡曾：《咏史诗》卷下，影印版文渊阁四库全书。

② 韦庄：《浣花集》卷三，影印版文渊阁四库全书。

③ 苏洵：《嘉祐集》卷一六，影印版文渊阁四库全书。

④ 秦观：《淮海集》卷九，影印版文渊阁四库全书。

逐兔踪牵狗，亡秦效击胡。明功与周召，为问骊山徒。

其《李斯》三首更是充满谴责和批判之辞：

猎尽山东六暴强，修明律令起秦皇。还思税驾知无地，逐兔应当尔许忙。

诗书灰烬便秦文，便得秦王却误身。斯具五刑秦再世，六经还有表章人。

刚从荀卿学帝王，为羞贫贱速危亡。威严无复人居上，自处应惭厕鼠方。①

黄榦在《读史戏呈刘正之》一诗中揶揄了李斯的遭遇："李斯逐客徒自尊，东门黄犬还悲辛。"②宋朝诗人中，唯有于石有点另类，他在《读史》七首之一中认为后人以焚书谴责李斯，是因为对焚书的后果估计太过严重，实际上秦人留下的博士书并不少，而真正焚书成灾的是项羽：

世以燔经咎李斯，斯文兴丧岂关渠。楚人未烈咸阳火，秦府犹存博士书。吾道不随灰烬冷，残烟空锁帝王居。独嗟先入收图籍，刀笔区区计亦疏。③

于石的观点有一定道理，不过他对秦朝焚书的严重程度估计可

---

① 薛季宣：《浪语集》卷四、卷八，影印版文渊阁四库全书。

② 黄榦：《勉斋集》卷四〇，影印版文渊阁四库全书。

③ 于石：《紫岩诗选》卷三，影印版文渊阁四库全书。

能偏低了，因为对民间藏书的大量销毁同样是不可饶恕的罪行。金朝的王寂在《题中隐轩》一诗中叹息富贵可求也易逝："李斯相秦印如斗，一朝祸起遭鞭杻。却思上蔡牵黄狗，况知富贵不可求。"①元朝的张养浩在《李斯赵高》一诗中则痛斥赵高和李斯是秦朝的两大巨奸，他们自以为是的欺君最后成了自欺欺人，满门遭诛是罪有应得："秦室斯高两巨奸，崎岖心计各求安。阖门到了归诛灭，本欲谩君却自谩。"②同是元朝人的王恽在《读李斯传》一诗中讥笑李斯的最大失误是附和赵高的沙丘密谋："常笑秦斯诉己忠，岂知身堕赵机中。沙丘不负先王托，虽死犹能保霸功。"③明朝的钱宰在《山峡图》一诗中也同样叹息李斯从富贵的巅峰坠入深渊的悲剧命运："李斯卒弃咸阳市，上蔡黄犬不得牵。"④诗人咏叹命运的大起大落、大喜大悲，叹息转瞬即逝的荣华富贵和命运的不可捉摸。然而，他们往往意识不到命运在相当程度上还是掌握在自己手里。李斯的悲剧，在很大程度上是他自己酿成的。

究竟应该怎么评价李斯呢？总体而言，李斯是一个功过不相掩的历史人物。他洞明世事，精明强干，敢作敢为，功勋卓著。他看到秦国统一六国的前景，所以由楚国不远千里赶赴秦国，希冀在这里找到展示自己才能的舞台。这是当时七国文武之士普遍的追求，择主而仕，实现自己的人生价值，本身无可厚非。李斯来到秦国后，立即投奔大权在握的丞相吕不韦，找到了晋身的最佳途径。作为吕不韦的舍人，他在丞相府受到最好

---

① 王寂：《拙轩集》卷一，影印版文渊阁四库全书。
② 张养浩：《归田类稿》卷二二，影印版文渊阁四库全书。
③ 王恽：《秋涧集》卷三四，影印版文渊阁四库全书。
④ 钱宰：《临安集》卷一，影印版文渊阁四库全书。

的从政训练，并且有众多机会接近秦王，使之发现并欣赏自己的聪明才智。后来，在嫪毐、吕不韦事件中，他机智地斩断了与吕不韦感情的丝缕，毅然转投到了秦王嬴政麾下。从此，他跟定这位雄才大略的君王，以自己卓越的才能和出色的谋略为之服务，在统一六国及制定巩固和加强专制主义中央集权的各项制度、法律和政策措施的活动中，为秦王朝立下不世之功。可以说，他与秦始皇犹如连体婴儿一样密不可分。秦始皇的所有功劳中几乎都有他的贡献。当然，秦始皇的许多劳民伤财、破坏生产、毁灭文化、残酷压榨盘剥劳动人民的举措，以及与此相关的赋役征发，李斯或出谋划策，或亲与其事，当然也难辞其咎。如果说秦始皇是一个功大过亦大的杰出封建帝王，那么，李斯就是一个功大过亦大的杰出政治家。如果李斯与秦始皇一同死去，他们的功过就几乎难分轩轾，而是你中有我、我中有你，彼此紧密相连。可是，在秦始皇死后李斯又多活了两年。这最后的两年，李斯却没有留下半点值得称道的业绩。

秦始皇死后，对于秦王朝的走向，作为丞相的李斯处于举足轻重的地位。第一，他可以忠贞不二地执行秦始皇的遗诏，召扶苏回咸阳主持办理秦始皇的丧事并继立为新君。而在秦始皇众多儿子中扶苏应该是较为理想的继体之君，如果他能继承君位，秦王朝很可能开始一个新局面，至少比胡亥占据皇帝之位要强得多。第二，他可以利用手中的权力和自己的影响协助扶苏转变秦始皇的既定国策，缓和已经尖锐的阶级矛盾和社会矛盾。真是如此，不仅秦王朝会转危为安，延长国祚，而且李斯自己也能够保住相位，继续享有已有的富贵利禄。然而，李斯却没有这样做。在奸佞之辈赵高的威胁利诱下，他参与了“沙丘之谋”，将胡亥扶上帝位，继而又屈服于胡亥的淫威，违心地向胡亥兜售最残暴无情的“督责之术”,进一步加剧了对劳动人民的榨取和奴役,激化了秦王朝的内部矛盾,加速了秦王朝灭亡的步伐。显然,李斯既为秦王朝的统一和强大立下无可替代的功劳,也对秦王朝二世而亡负有不可推卸的罪责。人类历史上存在着某种近似报应的规律。这种报应在李斯身上也得到验证。你看,李斯为了保住权势利禄,不惜害死同学韩非,不惮舍弃故主吕不韦,不惮背叛君王秦始皇,出卖人格,丧心病狂,向最卑劣无耻的恶势力投降,并以“督责之术”讨其欢心,在统治集团内部制造血腥的屠杀。但到头来,他的权势、富贵和生命也一齐断送于他发明的“督责之术”,遭到最无情的“族灭”的报复。其实,就是为了保住富贵利禄,李斯也完全可以做出另外的选择。这一层,清朝人李锴已经看到:

> 始皇之崩也,赐长子书,书及玺皆在赵高所,变易太子,权实在高。然不与丞相谋,恐事不成。是持衡而镇者半亦在斯。当是时也,谠言严拒守之以死亟走咸阳,立太子显诛谋乱者,虽百高无如斯何,计不出此,而腰斩咸阳,适蔽厥辜尔。①

另一清朝人戴均衡在《味经山馆文钞·李斯论》中也做了较切中肯綮的论述:

> 呜呼!持禄固宠之心,古今之豪杰,闻人为所误者,可胜道哉!……李斯之于赵高,杜钦、谷永之于王凤……皆

① 李锴:《尚史》卷七五《列传》五三,影印版文渊阁四库全书。

> 所谓知其恶而强附和者也。然凤、莽之权重，非杜钦、孔光等之力所能谁何，独李斯力可制赵高而又有可乘之时势，而竟以怀通侯印一语，遂听赵高杀扶苏……而已亦族灭，岂不可痛也哉！……使丞相于赵高来言之时立缚而诛之，告二世曰："公子仁孝恭让，是泰伯、仲雍、夷、齐之行也。赵高小人欲废皇帝遗诏，离间骨肉，倒乱纲常，陷公子不孝、不仁、不义，臣已诛之。请急奉遗诏迎公子扶苏即位，以明公子之心也。"吾知二世必且欣然从之，扶苏即位必德二世与斯，斯之通侯印不为蒙恬夺也。

此论虽为假设，但却是有道理的，因为李斯凭借当时的地位和权力完全可以做这样的选择，区区中车府令赵高是无法奈何他的。遗憾的是，李斯出于一己之私利，同魔鬼做了一次交易，这种错误的选择最终使他付出了族灭的代价。这不是造化弄人，而是人之自为：一个错步迈出去，就再也迈不出正步了。李斯的错误决定，不只害了他自己，更是害了秦王朝，使之在可以扭转乾坤的时候未能抓住机遇。宋朝学者罗衮将李斯推定为亡秦的第一号罪人：

> 亡秦者，不在胡亥、赵高、子婴，亦不在始皇，亡秦者，李斯也。胡亥固亡国器也，以秦授之者过也。赵高不幸，秦狗之瘈，左右者不图则固噬其主矣。子婴立于已乱，四十余日而亡。考其行事，不无庸主之材。其犹坐四屋之间，环火已炽，虽有杀火之术，欲没何由哉？始皇虽不以仁义，死之日天下无事，民为择君，但其遗诏不行于斯耳。李故有名天下，臣主相得。六国既平，不能于此时推广，使秦

修帝王之道,固亦失矣。及始皇外崩,奸臣谋乱,反不能于此时制变为存秦之计,卒使赵高得行其谋,胡亥极其恶,子婴孤死于苍黄之地。始皇失贤嗣,遂暴恶于后世。嬴氏之鬼以不食者,李斯之故也。然则赵高之际,为李斯者义宜奈何?奔蒙恬,立扶苏,为国讨贼,以固其社稷可也。当是时,蒙恬与扶苏将三十万之师屯上郡,蒙恬之威,外震匈奴,内信秦国,三世积功,兄弟忠信,尊用于世,扶苏长子,直谏而出,虽然,始皇故知之,所以无诏封诸子而独书与扶苏,欲以为嗣。虽天下之人皆知其贤而以为当立,故陈胜、吴广作乱,乃诈托公子扶苏以从民望。向使李斯以蒙恬之威,举其兵,以扶苏之望令天下,而诛一赵高,岂难哉?贼臣既诛,恬、斯乃复相,与尽其材,辅贤明之主,以宽静天下,秦不亡矣。不唯不亡,且将兴。斯不务出此,耽禄畏害,怵惕于倾危之际,使秦有杀嫡立庶,淫刑虐法,杀君亡国之恶。穷天地而不振者,李斯之故也。悲夫!①

纵观李斯的一生,作为一位杰出的新兴地主阶级政治家,他的身上充满复杂的矛盾:在他身上,既表现了“布衣之士”不择手段地追逐富贵利禄的丑恶嘴脸,又显示了他毫不隐瞒自己目的的直率和坦诚;既展现了他锐意进取的生气勃勃的面貌,也展现了他的刻薄寡恩的品性。这一切,毋宁说是封建社会初期新兴地主阶级政治家阶级性的个性化表现。以韩非为代表的新兴地主阶级法家学派,曾在理论上无情地撕破了罩在中国家族奴隶制社会关系上的那层温情脉脉的纱幕,把人与人之间的关

① 罗衮:《秦论上》,影印版文渊阁四库全书。

系，其中也包括君臣关系，还原为赤裸裸的利害关系："臣尽死力以与君市，君爵禄以与臣市，君臣之际，非父子之亲也，计数之所出也。"①尽管韩非也强调臣子对君主的绝对服从，如说"顺上之为，从主之法，虚心以待令而无是非也"②等，但是，由于这时人们更多看重的是"利害"而不是"道德"，并且，新起的封建统治者也还远没有意识到"忠孝节义"之类道德信条的重要作用，未能有意识地大力宣扬和提倡，所以卖主求荣、恩将仇报、翻云覆雨、落井下石之类道德堕落现象也就司空见惯甚至熟视无睹了。此时，由于新兴地主阶级的事业方兴未艾，他们的活动往往显露出历史正当性的光辉，所以他们对权势和财富的追求在一定条件下成为促进历史发展的杠杆。但是，由于新兴地主阶级从其出生那天起就是一个剥削阶级，它对权势和财富的追求在许多时候又成为历史发展的阻力。对于一个人来说，对权势和财富的无厌追求，有时可以成为迅速上升的杠杆，有时更可能成为导向死亡的起搏器。而这两种作用，恰恰在李斯一生前后的历史中达到了统一。作为当时的新兴地主阶级政治家，李斯以其陡升的奇迹和死灭的悲剧诠释了这个矛盾集合体。

---

① 王先慎撰：《韩非子集解》，中华书局1998年版，第383页。

② 王先慎撰：《韩非子集解》，中华书局1998年版，第37页。

论导致秦皇朝最后灭亡的两个关键人物胡亥和子婴*

在中国历史上留下不可磨灭印记的秦皇朝，是一个短命皇朝。从公元前 221 年统一全国，建立以皇帝为最高统治者的强大帝国，到公元前 206 年它的最后一个统治者子婴在轵道旁向刘邦率领的起义军递上降表，它只存在了 16 个年头。引导这个横空出世、赫赫扬扬的皇朝走向灭亡的，是一个集合英雄、暴君、奸佞、凶残、愚蠢之辈的群体，其中秦始皇、蒙恬、章邯、董翳、司马欣、李斯、赵高、胡亥、子婴，是脱不了干系的最重要的人物。

这里只说胡亥和子婴。

一

公元前 210 年，秦始皇 50 岁的生命走到尽头。而在他执掌这个统一大帝国的 11 年中，既办了许多促进社会发展的大事、好事，也推出了许多导致阶级矛盾和社会矛盾极度激化的

---

* 本文原载于拙著《嬴秦的战争岁月》，山东大学出版社 2021 年版。

凶残愚蠢的举措，这就是加给广大百姓的日益沉重的赋税和徭役，以及残民以逞的苛法酷刑，使百姓失去了“生之乐趣”，致使反抗的星星之火开始在关东的原野上不断闪现。这时，秦始皇的生命走到尽头，他也把自己亲手建立的帝国带到生死存亡的危急关头。

公元前 210 年秦皇朝虽然已经面临灭亡的危险，但是，灭亡还不是这个皇朝未来的必然指向。关键是这个皇朝的统治集团以怎样的政策措施因应秦始皇之后他们面临的形势。

首先，这个集团推出谁来继承秦始皇留下的帝位，具有至关重要的意义，因为在以皇帝为最高首领的专制主义中央集权的体制下，皇帝本身的行政思想、能力才情在很大程度上决定着皇朝的政策走向。恰恰在这个最重要的问题上，秦朝统治集团做出了错误的选择。本来，按照秦始皇的遗嘱和嫡长子继承制度，“刚毅而勇武，信人而奋事”①的长子扶苏应该顺理成章地继承大位，然而，在赵高、李斯和秦始皇最小儿子胡亥的阴谋运作下，扶苏被赐死，最有可能接任丞相之位的蒙恬也被送上断头台。最缺乏皇帝气度和才智的胡亥通过血腥的手段占据了皇帝的尊位。而推尊他上台的两个关键人物赵高和李斯却又是一切以个人利益为依归的阴毒奸佞之辈。如此一来，秦始皇之后的秦皇朝就向灭亡迈出了一大步。

其次，这个新的统治集团执行什么政策。推出胡亥做皇帝，已经使秦皇朝走错了一大步。但是，即使如此，灭亡也还不是这个皇朝未来的必然指向，因为这个新的统治集团在政策选择上还有向好转圜的余地。可是，他们不是向好转圜，而是向

---

① 《史记·李斯列传》，中华书局 1959 年版，第 2549—2550 页。

最坏的方向转圜。在赵高、李斯的撺掇下,胡亥先是谋杀了扶苏和蒙恬、蒙毅兄弟,将秦朝统治集团中健康的势力扫除净尽,接着又除掉了自己20多个兄弟姐妹,从而大大削弱了统治集团的力量。这又使秦皇朝向灭亡迈出了一大步。至此,秦皇朝已经岌岌可危。然而,仍然未到灭亡的最后关头。因为这些举措激化的毕竟是统治集团的内部矛盾,如果在对待百姓的关键问题上不出大错,它仍然能够延长灭亡的时日。

最后,以胡亥、赵高、李斯为首的统治集团迈出了最大的错步:他们继续变本加厉地推行秦始皇虐民害物的罪恶政策,由此,使秦朝的灭亡就成了不可挽回的必然指向。

其实,秦始皇的死亡对秦朝统治集团来说并不是坏事,因为它给以胡亥为首的后继者一个千载难逢的转变秦始皇罪恶政策的契机,那可是柳暗花明的另一福地洞天。可惜他们没有抓住,让一个能够使秦朝延一夕之命的机遇瞬间付之东流。西汉初年的洛阳才子贾谊以深邃的历史眼光,在《过秦论》中第一次对这一问题进行了极其深刻的论述:

> 今秦二世立,天下莫不引领而观其政。夫寒者利裋褐,而饥者甘糟糠,天下之嗷嗷,新主之资也。此言劳民之易为仁也。向使二世有庸主之行,而任忠贤,臣主一心而忧海内之患,缟素而正先帝之过,裂地分民以封功臣之后,建国立君以礼天下,虚囹圄以免刑戮,除去收帑污秽之罪,使各反其乡里,发仓廪,散财币,以振孤独穷困之士,轻赋少事,以佐百姓之急,约法省刑以待其后,使天下之人皆得自新,更节修行,各慎其身,塞万民之望,而以威德与天下,天下集矣。即四海之内,皆欢然各自安乐其处,唯恐有变,

> 虽有狡猾之民，无离上之心，则不轨之臣无以饰其智，而暴乱之奸止矣。二世不行此术，而重之以无道，坏宗庙与民，更始作阿房宫，繁刑严诛，吏治刻深，赏罚不当，赋敛无度，天下多事，吏不能纪，百姓穷困而主弗收恤。然后奸伪并起，而上下相遁，蒙罪者众，刑戮相望于道，而天下苦之。自君卿以下至于众庶，人怀自危之心，亲处穷苦之实，咸不安其位，故易动也。是以陈涉不用汤武之贤，不借公侯之尊，奋臂于大泽，而天下响应者，其民危也。故先王见始终之变，知存亡之机，是以牧民之道，务在安之而已。①

历史证明，胡亥是一个最不适宜做皇帝的人选。然而，由于他易于被操纵做傀儡，他也就成为赵高这个巨奸大憝阴谋推出的秦始皇继承人的首选。他既没有眼光，也没有能力，压根就没有心思去改变秦始皇推行的政策，而是在赵高和李斯两人的教唆引导下，将秦始皇的罪恶政策做了恶性的发展。你看，招来天怒人怨的长城、阿房宫、骊山陵墓等工程，他继续修建；驰道、直道、五尺道等也继续加工修筑。在埋葬秦始皇的时候，他下令残忍地将后宫无子的嫔妃全部殉葬，将了解地宫情况的工匠全部杀死。他继续实行严刑峻法，把更沉重的赋税和徭役加在广大百姓的头上，“税民深者为明吏”，“杀人众者为忠臣”，“赋敛愈重，戍徭无已”。② “百姓之随逮肆刑，挽辂首路死者，一旦不知千万之数”③，“刑者半道，死者日积……百姓不胜其求，黔

① 《史记·秦始皇本纪》，中华书局1959年版，第283—284页。

② 《史记·李斯列传》，中华书局1959年版，第2557、2553页。

③ 刘安：《淮南鸿烈》卷一五，影印版文渊阁四库全书。

首不胜其刑,海内同忧而俱不聊生”①。与此同时,他变本加厉地“纵耳目之欲,穷侈靡之变,不顾百姓之饥寒穷匮”②。他征材士五万人屯卫咸阳,令教射狗马禽兽。为了解决这些人的食宿问题,下令郡县转输菽粟刍稿,服役者需自带粮食,“咸阳三百里内不得食其谷”。

不宁唯是,胡亥不仅没有经历其祖宗创业的艰难,而且生下来之后就耳闻目睹了其父为所欲为的权力和无以复加的享受,他登基之后所想的就是如何将这种权力和享受保持和发展下去。当东方的反秦起义已经烈火燎原般燃烧,当右丞相冯去疾、将军冯劫劝谏他停建阿房宫和终止其他徭戍时,却遭到他的严厉谴责,被逼自杀。萦绕他心中的就是如何“赐志广欲,长享天下”。对此,狡黠万端的李斯给了他一个满意的回答:

> 吾有私议而有所闻于韩子也,曰“尧之有天下也,堂高三尺,采椽不斫,茅茨不剪,虽逆旅之宿不勤于此矣。冬日鹿裘,夏日葛衣,粢粝之食,藜藿之羹,饭土匦,啜土铏,虽监门之养不觳于此矣。禹凿龙门,通大夏,疏九河,曲九防,决渟水致之海,而股无胈,胫无毛,手足胼胝,面目黎黑,遂以死于外,葬于会稽,臣虏之劳不烈于此矣”。然则夫所以贵于有天下者,岂欲苦形劳神,身处逆旅之宿,口食监门之养,手持臣虏之作哉?此不肖之人所勉也,非贤者之所务也。彼贤人之有天下也,专用天下适己而已矣,此所以贵于有天下也。夫所谓贤人者,必能安天下而治万

---

① 王利器校注:《盐铁论校注》,中华书局2015年版,第661页。

② 刘安:《淮南鸿烈》卷一五,影印版文渊阁四库全书。

民，今身且不能利，将恶能治天下哉！①

在李斯看来，作为帝王，为天下万民安乐而艰苦备尝的“以身徇天下”的尧和禹都不是效法的榜样，效法的榜样应是法家申不害、韩非赞美的手握“督责之术”、享尽人间骄奢淫逸的那些混世魔王：

明主圣王之所以能久处尊位，长执重势，而独擅天下之利者，非有异道也，能独断而审督责，必深罚，故天下不敢犯也……且夫俭节仁义之人立于朝，则荒肆之乐辍矣；谏说论理之臣间于侧，则流漫之志诎矣；烈士死节之行显于世，则淫康之虞费矣。故明主能外此三者，而独操主术以制听从之臣，而修其明法，故身尊而势重也。凡贤主者，必将能拂世磨俗，而废其所恶，立其所欲，故生则有尊重之势，死则有贤明之谥也。是以明君独断，故权不在臣也。然后能灭仁义之途，掩驰说之口，困烈士之行，塞聪掩明，内独视听，故外不可倾以仁义烈士之行，而内不可夺以谏说忿争之辩。故能荦然独行恣睢之心而莫之敢逆……若此则谓督责之诚，则臣无邪，臣无邪则天下安，天下安则主严尊，主严尊则督责必，督责必则所求得，所求得则国家富，国家富则君乐丰。故督责之术设，则所欲无不得矣。群臣百姓救过不给，何变之敢图？若此则帝道备，而可谓能明君臣之术矣。虽申、韩复生，不能加也。②

① 《史记·李斯列传》，中华书局1959年版，第2553页。
② 《史记·李斯列传》，中华书局1959年版，第2556—2557页。

胡亥于是大行“督责之术”，尽情享受“荒肆之乐”、“流漫之志”和“淫康之虞”。然而，他并不知道，自从他登上皇位那天起，他就被赵高玩弄于股掌之中。而赵高在清除了所有妨碍他专权的障碍，特别是诛杀李斯父子、自任丞相“事无大小辄决于高”①之后，他就将魔爪伸向了胡亥。先是“指鹿为马”，将胡亥孤立起来，使他根本不了解军国大事的真相，而是“日游弋猎”，歌舞升平。接着，将胡亥迁至咸阳东南、僻处泾水之滨的望夷宫，使之脱离咸阳防守严密的宫卫，为诛杀他创造条件。由于赵高的女婿阎乐担任郎中令这个相当于皇帝卫队长的高官，胡亥就被完全掌控在赵高集团手中。公元前207年（秦二世三年），随着巨鹿之战结束，关东已经是起义军的天下，形势之危殆使赵高已经无法对胡亥继续欺瞒。赵高害怕胡亥怪罪自己未能阻挡起义军发展壮大的失误，更害怕他以皇帝的至尊之位降罪己身，于是决定诛杀胡亥。

由于设计周密，阎乐指挥的士卒没有经过大的战斗即冲进望夷宫胡亥的居室。他按剑直斥惊恐万状、觳觫不已的胡亥：“足下骄恣，诛杀无道，天下共畔足下，足下其自为计。”示意胡亥自裁。死到临头的胡亥还不明白诛杀他的密谋就是赵高一手策划，还幻想见到赵高求免一死，但被阎乐严词拒绝。这时的胡亥摇尾乞怜，丑态毕现：

> 二世曰：“吾愿得一郡为王。”弗许。又曰：“愿为万户侯。”弗许。曰：“愿与妻子为黔首，比诸公子。”严乐曰：

① 《史记·李斯列传》，中华书局1959年版，第2562页。

“臣受命于丞相,为天下诛足下,足下虽多言,臣不敢报。”麾其兵进。二世自杀。①

显然,面对剑拔弩张的士卒,面对怒目而视的阎乐,胡亥只能以自杀结束自己罪恶的一生。

胡亥死灭的悲剧尽管由许多偶然因素促成,但由于秦朝的灭亡已经具备了必然性,胡亥的不得善终也就具有了必然性。他即使不死于赵高的阴谋,最后也必然死于起义军的刀剑。犹如因果报应中对立的两极,恶贯满盈的胡亥显然不配有死灭之外的另一种命运。

胡亥这个人,虽然有点小聪明,会耍点小智术,但因为自幼长于深宫,根本不了解民情和政况国势,更无执掌军国政务军务的经验。骤然被推上君位,只能听凭赵高、李斯之类权臣摆布。而他既无知人之明,也无自知之明。工于心计的奸佞小人赵高的凶残阴毒早在秦始皇时期就已经暴露,秦始皇死后更是天下尽知,但胡亥终其一生都未怀疑他的忠诚。李斯是一个为了个人私利不顾恩义的奸佞之辈,他教授的“督责之术”正是将秦朝导向终结的死亡之术,而胡亥却欣然接受并卖力推行。胡亥更缺乏自知之明。他只知道帝王的威严和权势,却不知道自己缺乏帝王的气度和才能;只知道帝王的龙座万众仰慕、令人心醉,却不知道那也是一个高处不胜寒的所在,并且犹如烈马难以驾驭;他只知道这个位子能够给人带来无以复加的享受,却不知道这个位子也能将人引向万劫不复的死亡之路。作为秦始皇最坏的接班人,他继承的却是秦始皇身上最坏的东

① 《史记·秦始皇本纪》,中华书局1959年版,第274页。

西。他没有秦始皇的雄才大略却有秦始皇的暴戾恣睢;没有秦始皇的创业宏图却有秦始皇的享受欲望;没有秦始皇的知人之明却有秦始皇的偏听偏信。所以他登基后的所作所为只能是将秦始皇身上最坏的东西做了恶性发展。胡亥实际上是占据了他不该占据也没有能力占据的皇帝位子,而他无法选择的合伙人又是最坏的合伙人,如此一来,他的悲剧就是不可避免的了。最后,长安杜南宜春苑的一抔黄土,成为他和妻子儿女最后的归宿。

胡亥死了,死得窝囊、丑陋、卑微和无可奈何。作为一个亲手将秦皇朝送入坟墓的罪人,从某种意义上说,对于秦朝的二世而亡,他的责任是第一位的,因为阻止秦皇朝灭亡的契机一度掌握在他的手上。

二

胡亥死了,赵高并没有径直奔向龙座,而是将秦始皇的弟弟子婴[①]推上王位,期望保住关中和巴蜀,以便与起义军继续周旋。

赵高满以为,既然是他将子婴推上龙座,子婴对他只有感恩戴德的份儿,所以丝毫没有觉察到逼近自身的危险。他怎么也不会想到,他选择的这个“仁俭”的谦谦君子,正是他的掘墓人。当赵高决定在宗庙举行子婴的登基典礼时,他的死期已经

① 关于子婴的身份,学术界有秦始皇之弟、之子、之孙三种说法,这里取之弟说。

届临。因为子婴压根就不相信这个阴毒奸佞的恶魔会让自己安坐王位。他与两个儿子密谋说：

> 丞相高杀二世望夷宫，恐群臣诛之，乃详以义立我。我闻赵高乃与楚约，灭秦宗室而王关中。今使我斋见庙，此欲因庙中杀我。我称病不行，丞相必自来，来则杀之。①

赵高果然中计，被子婴顺利诛杀于斋宫。时间是公元前207年九月。之后，子婴飞遣将士据守峣关（在今陕西蓝田县境），同时加强对函谷关的防卫，力图阻挡起义军攻入关中，以保住自己关中王的位子。然而，一切都已晚矣。此时刘邦统帅的起义军已经兵临峣关并很快将它攻取，接着又在蓝田北与秦军最后的精锐激战，大获全胜。至此，咸阳门户洞开，子婴再也没有力量阻挡起义军攻取这座雄伟壮丽的都城了。公元前206年十月，刘邦的大军进至灞上（今陕西蓝田县西），此去咸阳，不过百里之遥。子婴据守空城，既无可守之险，又无可战之兵。面对刘邦"约降"的最后通牒，他只得采取最后的也是最明智的保命策略，"素车白马，系颈以组，封皇帝玺符节"②，到咸阳以南五十里的轵道（亭名，在今西安市内）旁，向刘邦递上了降表，宣告了秦皇朝的灭亡。此时距子婴登上王位只有46天。

从形式上看，亲手撕下秦皇朝最后一页日历的就是子婴。那么，子婴应该对秦皇朝的灭亡负责吗？

贾谊认为子婴应该负责，他讲了自己的理由：

---

① 《史记·秦始皇本纪》，中华书局1959年版，第275页。

② 《史记·高祖本纪》，中华书局1959年版，第362页。

藉使子婴有庸主之材,仅得中佐,山东虽乱,秦之地可全而有,宗庙之祀未当绝也。

秦地被山带河以为固,四塞之国也。自缪公以来,至于秦王,二十余君,常为诸侯雄。岂世世贤哉?其势居然也。且天下尝同心并力而攻秦矣。当此之世,贤智并列,良将行其师,贤相通其谋,然困于阻险而不能进,秦乃延入战而为之开关,百万之徒逃北而遂坏。岂勇力智慧不足哉?形不利,势不便也。秦小邑并大城,守险塞而军,高垒毋战,闭关据阸,荷戟而守之。诸侯起于匹夫,以利合,非有素王之行也。其交未亲,其下未附,名为亡秦,其实利之也。彼见秦阻之难犯也,必退师。安土息民,以待其敝,收弱扶罢,以令大国之君,不患不得意于海内。贵为天子,富有天下,而身为禽者,其救败非也。①

从司马迁郑重其事地引述贾谊大段论述的倾向看,他显然赞同贾谊的观点。而另一个与司马迁相伯仲的大史学家班固却对司马迁和贾谊的观点表述了不同意见:

子婴度次得嗣……餐未及下咽,酒未及濡唇,楚兵已屠关中,真人翔霸上,素车婴组,奉其符玺,以归帝者……河决不可复壅,鱼烂不可复全。贾谊、司马迁曰:"向使子婴有庸主之材,仅得中佐,山东虽乱,秦之地可全而有,宗庙之祀未当绝也。"秦之积衰,天下土崩瓦解,虽有周旦之材,无所复陈其巧,而以责一日之孤,误哉!俗传秦始皇起

① 《史记·秦始皇本纪》,中华书局1959年版,第276—277页。

> 罪恶，胡亥极，得其理矣。复责小子，云秦地可全，所谓不通时变者也……吾读《秦纪》，至于子婴车裂赵高，未尝不健其决，怜其志，婴死生之义备矣。①

对于班固的观点，后人也有不同看法。如清朝人强汝询的《求益斋文集》中就有一篇《论秦子婴》的文章，全面申述贾谊、司马迁的意见，对班固进行了全面批驳：

> 贾生论秦，责子婴不能救败，司马迁取其说，班固则深非之。余以为贾生深明大略非班氏所及也。夫秦何以败，以苛法虐民也；汉何以帝，以除秦苛法也。使子婴能为沛公之所为，虽复得天下不难，奚有于救败哉？不知出此，秦钟以亡。贾生责之，宜矣。或谓沛公入秦，民争附恐后，知其怨嬴氏已久，子婴亦何能为？是大不然，秦民之戴嬴氏数百年矣。孝公变法以后，世世暴虐，秦民常为之力战以并六国，天下苦秦之暴，争起攻秦，秦民无一人叛者，又为之力战，殄陈涉、魏咎、田儋、项梁之属。及章邯率之降楚，秦民心犹不服，为项羽所坑者二十四万人，彼其心岂忘嬴氏哉？沛公入关，民争附之，无怪也。彼积苦秦法，若在水火之中，一旦有能拯之者，则其戴嬴氏之心不胜其避水火之心，遂翻然不暇复顾。且夫秦民之与刘氏，非素有结约也，徒以一日之恩而归之若此，况子婴席上世之资，使果能为沛公之所为，民之爱之必过沛公远甚，其戴嬴氏且益坚，而谓必舍而归汉，吾不信也。或曰子婴甫立，诸侯之兵已

① 《史记·秦始皇本纪》，中华书局1959年版，第292—293页。

逼，虽得民心，庸有及乎？曰：子婴即位，下书悉除苛法，不出十日，令已遍于国中矣。选将誓师，东拒函谷，南塞武关，不出十日而军已集矣。深沟高垒，固守勿战，诸侯之兵阻贤不进，求战不得，师老饷绌，必逡巡引退，项羽虽强不足虑也，而沛公奚自入哉！或又谓沛公遣兵守关，且不能拒项羽，恐非子婴所能抗，是又不然。秦民之善战，无敌于天下久矣。沛公入关，虽急收人心，然未能用之也。守关者皆山东吏士，素畏项羽，其败固宜。及既定三秦，乃收关中兵东击楚，散而复合，败而更发，死战于荥阳、成皋之间，楚卒不得过而西。况函谷之险过于成皋，秦民新及宽政，无不愿为子婴死者，又惩新安坑杀之祸，其力战必倍于为汉击楚之时，而谓项羽必能西入，吾又弗信也。或曰：六国皆以立王，子婴能自保，幸矣，安见复一天下乎？曰：陈涉一呼而天下响应，人人发愤，争操兵西向者，以秦暴故也。一旦闻秦改纪，其政其吏士必懈，其将相必惧，叩关不克而退，其气势必沮，子婴拊循境内，布德修政，训民厉兵以俟山东之衅，兼弱攻昧，取乱侮亡，虽复得天下，不亦可乎？呜呼！自古亡国乱朝，未尝无救败之策，安危转于呼吸，存亡决于毫厘，固非庸常之士所能识也。①

以上两种关于子婴评价的观点，虽然看起来都言之成理，持之有故，但若仔细辨析，班固的观点似更贴近实际，贾谊、司马迁尤其是强汝询的观点，尽管全面细密、雄辩滔滔，却基本上都是

① 强汝询：《论秦子婴》，《求益斋文集》卷一，清光绪江苏书局刻示益斋全集本。

纸上谈兵的书生之见。

平心而论，子婴并不是如贾谊贬低的连“庸主之才”都不具的低能君王，而是有着相当的智谋、胆识和韬略的政治军事人才，在秦国数以十计的君王中，他绝对处于中上水平。你看，在赵高、胡亥之流穷凶极恶地诛灭功臣和嬴姓宗室贵族的大屠杀中，他作为与秦始皇血统最近的公孙王子，竟能安然无恙地渡过险关，保住了自己的身家性命和妻子儿女，这需要多么高超的应对智谋和生存技巧！在诛杀赵高及其党羽的活动中，他虑事之周、思考之细、设计之巧、时机把握之精准，展示了多么难得的善于谋划和临事果决的才能与气度！诛杀赵高之后，他立即发兵据守咸阳南部的门户峣关，巩固函谷关的守卫，以对付项羽和刘邦两支起义军的进攻，显示了多么成熟的战略眼光和军事才能！应该说，子婴已经为挽救秦皇朝的灭亡尽了自己最大的努力。然而，所有这一切，都无法挽救秦皇朝的灭亡，因为这个皇朝已经被秦始皇、赵高、李斯、胡亥等人推到了不可救药的境地，任是天神下凡，也不可能有东山再起、恢复其昔日辉煌的机会。明朝杨士奇等编的《历代名臣奏议》在论及秦亡和子婴的关系时，就曾正确地指出：“自二世暗弱，赵高专恣，其亡也，非子婴之罪也。”①又说：“子婴虽立，去帝为王，孤危无辅，四旬而亡。此由邪臣擅命，指鹿为马，所以速秦之祸也。”②

子婴的悲剧在于，他是在秦皇朝的灭亡已经是不可挽回的历史时刻登上王位的，他所有为挽救秦朝灭亡所作的努力，除了为自己的行动增添一点悲剧色彩之外，其余都是徒劳无

---

① 杨士奇等编：《历代名臣奏议》卷四三，影印版文渊阁四库全书。

② 杨士奇等编：《历代名臣奏议》卷七九，影印版文渊阁四库全书。

功的。

这是因为子婴登基时巨鹿之战已经结束,秦皇朝赖以存在的最精锐的两支武装力量——王离统帅的长城劲旅和章邯统帅的关中雄师都被起义军彻底消灭,项羽指挥的数十万大军正向函谷关挺进。而刘邦指挥的另一支起义军也从南面攻破武关,叩响了咸阳最后一道门户峣关的城门。这时的秦朝统治集团,经过赵高和胡亥的数次杀戮,当年追随秦始皇统一六国的那些智略超群的文臣武将几乎损失殆尽,剩下的不是对赵高、胡亥的阿谀之徒,就是毫无才干的无能之辈。子婴上台伊始,面临的就是秦朝建立以来最为凶险的形势:内有赵高等一批凶残的宵小之徒随时可能危及自己的生命,而自己却找不到一个智勇兼备的有力辅佐;外有逼近国门的几十万起义军,而自己却无可战之兵。子婴虽然被推上了王位,但与他的任何前任包括胡亥相比,历史为他提供的活动空间却空前狭窄,纵使他有天大的本事,也几乎没有一个可以转身的舞台。即使在这种情况下,子婴还是发挥了自己最大的主观能动性,他迅速果断地诛除赵高集团,扫除了自己执政的最大障碍;他遣飞兵据守峣关,力图将刘邦一军挡在三秦大地的边界之外,以便有较多的时间整饬内部,调整政策,征调兵员和军需物资,创造更多与起义军周旋的有利条件。然而,这些看起来的最佳举措,却因刘邦一军攻克峣关而迅速失效。这时,面对刘邦的最后通牒,子婴已经被逼到死角:要么是将咸阳仅存的军事力量组织起来,宁为玉碎,与刘邦决一死战,自己壮烈殉国;要么出城投降,保住自己和咸阳军民的生命。子婴选择了后一条路,扮演嬴氏历史上最不光彩的角色:以亡国之君的身份宣布为自己祖宗数十代不懈奋斗创建的秦皇朝画上一个辛酸的句号。可能是刘邦履约，不仅没有杀他，还可能想用他为自己服务。曹无伤向项羽告密"沛公欲王关中，以子婴为相，珍宝尽有之"，恐非空穴来风。如果没有后来的楚汉战争，刘邦很快统一天下；如果没有项羽几十万大军打进关中，刘邦集团能在关中牢牢立定脚跟，子婴的命运至少也应该同东汉亡国之君献帝刘协、蜀汉亡国之君刘禅一样，不仅可以保住自己和宗族的性命，而且还能够获得一小块封地，保证宗庙香火不断，祖宗之灵得到奉祀血食。然而，不久，项羽率军打进关中，以绝对优势的兵力左右了当时的形势。他火烧咸阳，大开杀戒，子婴和众多的嬴姓贵族命丧黄泉。至此，子婴的悲剧之旅走到尽头。他的悲剧命运实在令人同情：他不能也不应该对秦始皇和赵高、李斯、胡亥等造下的孽债负责，但却以秦皇朝亡国之君的身份承受了这一后果。历史就在无限吊诡中完成了一次新的转折。

秦朝“兴勃亡忽”溯源*

少昊之裔的嬴氏一族，是一个诞生在山东这一片沃土上的历史悠久的古老族群，它在战斗和挫折中诞生、成长、发展、壮大，历尽无数艰难困苦，闯过众多激流险滩，数千年间昂扬奋进。其嫡裔精英在春秋战国时期创立秦、赵两个强大的诸侯国，于七雄之中占据了辉煌的两席。而嬴秦一支中更是产生了第一次真正完成统一全国大业的精英集团，他们建立了中国历史上空前强大的秦王朝，并深深影响了此后中国两千多年历史的发展。然而，就秦王朝本身而言，却是一个“其兴也勃焉，其亡也忽焉”的短命王朝。正如明朝的杨慎所说：

> 子婴讨贼方平，肉未及下咽，酒未及濡唇，亲宾未及尽相劳，而赤帝真人已翔于霸上矣。计始皇之余分闰位仅十二年，胡亥仅二年，子婴仅仅四十六日，不啻石火之一敲，电光之一瞥，吹剑之一吷，左蜗之一战，南槐之一梦也。须臾之在亿千，稊米之在大块实似之，是虽得犹不得也。孔子曰：“虽得之，必失之。”秦之谓矣。①

---

* 本文原载于《孙子研究》2020 年第 6 期。

① 杨慎：《升庵集》卷七〇《拟过秦》，影印版文渊阁四库全书。

这个存在仅仅15个年头的王朝，至今已经逝去2228年，它建立的制度和创造的文化虽然已经潜移默化在中国的历史长河中，但它延续至今天仍然任我们凭吊的文物古迹，主要的也就是长城、灵渠、秦始皇陵、兵马俑等遗址和文物了。

嬴秦一族的历史尽管已经“往事越千年”，可它的兴盛衰亡依然让后世万千的政治家、思想家尤其是历史学家不停地思考和品评，从中寻觅具有永恒意义的经验和教训。后人最大的疑问是：当年那个气吞万里如虎的秦始皇为什么留下这么一群颟顸无能败家的君臣？当年气势如虹的翦灭六国、驱逐匈奴、征伐岭南百越的威武之师为什么在与匆匆组织起来、训练和装备都与秦军相差甚远的起义军对阵时败多胜少，最后非降即灭呢？

秦朝二世而亡的历史，提供给后人的是众多而深刻的经验教训。

第一，一个王朝或政权的兴衰存废，根本在于人心向背。

嬴秦在东周时期于关中立国后，开始了它一直昂扬向上的发展，而在商鞅变法后更是进入了发展的快车道，最后在秦王政继位后，跃入高歌猛进的新时代，直至“六王毕，四海一”，第一次在中国历史上完成真正的统一大业，达到巅峰。贯穿其中的是不断改革，不断创新，不断回应时代的诉求，不断满足百姓的愿望，使生产发展，经济繁荣，百姓生活不断得到改善，因而拥护和支持秦国为完成统一实行的各种制度、政策和举措，从军参战，服徭役，供粮秣，出钱出力，不少人牺牲性命，从而使秦国的统一大业高奏胜利的凯歌。秦朝统一后，虽然也建立了一整套促进国家统一和社会进步的制度，推出了一系列有利于巩固统一、发展生产、繁荣经济的政策措施，但是，秦朝却一直没有完成从战时政策到和平时期政策的转变,而是好大喜功,加倍征敛,使用民力巨大而急促。沉重的赋税、繁剧的徭役、严酷的刑罚使百姓失去"生之乐趣",百姓由秦朝的拥护者变成了秦朝的造反者。正是他们掀起的农民战争的怒涛巨浪,将空前强大的秦王朝吞噬了。对此,秦始皇到死也没有丝毫觉察,稍有觉察的李斯、冯劫、冯去疾等将相重臣却因提出谏议被二世和赵高处死,而二世和赵高死到临头也还是浑浑噩噩,执迷不悟。在这方面,秦朝留给后世的教训是,国家举办和实施的即使强国利民的公共工程也必须量力而行,适时而作,不能不顾国力民力"霸王硬上弓"。秦朝超过国力和民力的公共工程密集上马,如长城、灵渠、驰道、直道等相继或同时开工,只会过度消耗国力,增加百姓负担,激化阶级矛盾和社会矛盾。而为了统治者生前和死后享受建造的工程,如阿房宫和骊山陵墓等,更纯粹是劳民伤财,徒然增加国家和百姓负担。所以,坏事不能做,好事也须量力,人不能一口吃成胖子,国家也不能一天干完一年的工程。由于秦朝在统一六国前和统一战争中对其他诸侯国一再展现"以强凌弱"的姿态,而统一后又不顾百姓死活横征暴敛,所以其留给六国之民和统一后百姓的印象集中体现一个"暴"字,这个字,体现的就是人心的酷评。对此,杨慎评论说:

秦之恶,天下之所同恶也。故曰强秦,言其不德也;曰暴秦,甚矣;曰嫚秦,言其无礼义也;曰孤秦,言天下所不与也;曰犷秦,以犬况之也。抑又甚矣,曰无义秦,曰无道秦,恶之至矣,尽矣。孔孟不如其邦,所以为圣为大贤;鲁仲连不肯帝之,所以为高士也。①

如此评论显然有失公平,显示了后世学者难以摆脱的思维定式,但秦朝的一系列活动的确展现了黑格尔所说的"恶"在历史上的作用。

第二,一个王朝或政权的兴衰存废,选择什么思想作为治国理政的指导原则至关重要;善待知识分子,容忍不同思想和学术的存在至关重要。

秦朝选择"独尊法术"作为治国行政的理念,尽管可以理解,但显然是一个大的偏颇。孔子周游列国并未涉足秦国,在春秋时期儒学的初创阶段,其对秦国的影响显然是十分微弱的。到了战国时期,兴起了"百家争鸣"的思潮,各学派间展开了激烈的思想交锋,儒与墨、道、法诸家之间的诘辩尤为激烈。商鞅变法以后,秦国形成了法制传统,儒学在秦国很难得到迅速广泛的传播。不过,这并不等于说儒学在秦国一点影响也没有。在战国时期列国间人员往来频繁的情况下,各种学说都会在国与国之间传播。儒家著名代表人物荀子曾涉足秦国,吕不韦的宾客中也有一批儒家学者,因而《吕氏春秋》一书中展现了不少儒学的观点。如民本思想——"宗庙之本在于民"②,仁政观念——"仁人之于民也,可以便之,无不行也"③,修齐治平的理论——"为国之本在于为身,身为而家为,国为而天下为。故曰:以身为家,以家为国,以国为天下"④等,以至于有不少学

① 杨慎:《升庵集》卷四八《秦之恶》,影印版文渊阁四库全书。
② 许维遹撰:《吕氏春秋集释》,中华书局 2016 年版,第 257 页。
③ 许维遹撰:《吕氏春秋集释》,中华书局 2016 年版,第 518 页。
④ 许维遹撰:《吕氏春秋集释》,中华书局 2016 年版,第 408 页。

者认为《吕氏春秋》的主导思想也是儒学。这表明儒学在秦国已经传播并产生了一定影响。秦王嬴政逼杀吕不韦,但并没有烧掉他主持编写的这部著作,也没有下令禁止其流布。全国统一后,秦朝建立了博士制度,被征召担任博士的知识分子尽管成分复杂,可能包括各学派的代表人物,但就可考的博士里籍看,其中应该有相当多的齐鲁儒生。这些儒生参与议政,备顾问,制礼作乐,管理国家图书典册,自然也能宣传儒家思想,扩大儒学在秦国的影响。而刚刚完成全国统一的秦始皇,一开始对这种思想也表现出宽容的态度,自觉不自觉地吸纳各种思想为自己的新王朝服务。秦始皇在多次出巡中都带着大批博士、儒生,以便随时就各种知识与古代礼仪向他们咨询。如到泰山举行封禅大典,曾就其仪式问题征求儒生们的意见。就是李斯这位法家代表人物,由于曾师从荀子学习儒家学说,也不能不接受儒学的某些思想影响。他为秦始皇撰写的那些石刻文字,也不时透露出儒学的理念。应该看到,儒学所倡导的仁义道德、等级秩序以及修齐治平、内圣外王的思想观念,对于实现统一、进入和平发展阶段的秦王朝来说,是一种比较适合的行政理论。如果秦皇朝能够自觉地认识和运用这些理论,对于维护自己统治的长治久安是有益的。然而,正如上面已经指出的,秦始皇、李斯等秦王朝的当权派继承的是“以法为教”“以吏为师”的法制传统,他们对儒学某些理念的吸纳并不是出于理性的自觉,并且法家学说对儒学的不少内容是采取批判和排拒态度的。而在刚刚统一的秦王朝,大批儒家知识分子还没有改造到完全适应的状态,他们往往遇事张扬自己的学派意识,对秦王朝的各项制度和政策进行肆无忌惮的批评。如此一来,思想上的冲突就不可避免,再加上以“寻仙人,找长生药”行骗的方士参与其中，就使儒法的冲突最后酿成了“焚书坑儒”的惨祸。不管秦王朝实行此一措施有多少理由，焚书坑儒都是暴政和蠢行，都是其思想文化政策和知识分子政策的重大失误。以齐鲁儒生为代表的知识分子，从战国时期列国林立状态汇集到统一的秦帝国的庙堂，除少数隐居岩穴的清高之士外，绝大部分人都愿意以自己的知识技能为秦王朝服务。观其在战国时期风尘仆仆奔走列国间择主而仕的情况，就说明他们对服务对象的选择是不分国别的。条件仅仅是是否信任自己，自己值不值得为之服务。因此，如何调动这批知识分子的积极性，充分发挥他们的聪明才智为秦王朝的经济文化教育事业的发展贡献力量，应该是秦朝知识分子政策着力解决的问题。可惜秦始皇、李斯在此问题上完全采取了错误的政策。首先，秦始皇与李斯没有从思想上认识知识分子，尤其是儒生和儒学的重要性，根本不了解“逆取顺守”的道理，不了解儒学在和平时期对维护稳定社会秩序的重要作用。在全国已经统一，历史已经转入发展经济和文化的和平时期，仍然坚持战争年代即夺取政权时期的指导思想和用人政策。其所重用之人，非好大喜功之武夫，即刻薄寡恩之狱吏。他们顽固地坚持法家思想，只能将秦朝的国家和社会治理推向对内残酷压榨、对外穷兵黩武的绝路。其次，无论从什么角度看，“焚书坑儒”都只能是一次空前的愚蠢和野蛮的暴行。它既是对战国时期“礼贤下士”之风的反动，也是对“百家争鸣”学术思潮的扼杀，是中国思想文化史上的一次大倒退，它所造成的损失是无法弥补的。秦始皇和李斯满以为，通过“焚书”可以统一人们的思想，朝野再也不会发出与统治思想不同的声音；通过“坑儒”能够从肉体上消灭持不同政见的知识分子，朝野再也不会有人犯上作乱了。然而，与秦始皇和李斯的愿望相反,“焚书”并不能消灭人们尤其是知识分子自由思考的本能,“坑儒”也不可能将持不同政见者一网打尽。这一暴行,彻底打掉了儒生们对秦王朝的最后一点幻想,使之产生了对秦王朝不共戴天的仇恨。大概除了周青臣之类少数死心塌地的拥秦分子之外,绝大部分在朝与在野的儒生都放弃了与秦朝继续合作的愿望。博士与诸生中的劫后余生者,有的相继逃出咸阳,有的虚与委蛇,而更多的在野者则彻底打消了仕于秦朝的念头。当秦末农民战争的烈火燃起的时候,儒生们便公开地站到了秦王朝的对立面,勇敢地投入起义队伍,与造反的农民相结合,变成了反秦的重要力量。孔子的九世孙孔鲋(甲),怀抱礼器,毅然投奔陈涉,被任为博士,最后与陈涉一同死难。博士叔孙通、御史张苍等人也由秦朝的官吏投降起义军,后来成为西汉王朝的开国功臣。历史的发展往往与当权者的愿望背道而驰。当焚书的烟焰还没有散尽,儒生们的鲜血还在渭水之滨汩汩流淌的时候,东方的原野上已经响起了人民反秦的怒吼。秦始皇和他的王朝为自己的野蛮举措付出了最高昂的代价,这就是秦朝的二世而亡和嬴姓皇族的绝嗣灭宗。唐朝诗人章碣写的那首《焚书坑》诗,就慨叹秦朝的“焚书坑儒”尽管虐杀了大批儒家知识分子,但巩固和保卫自己王朝的愿望却落空了。它没有亡于手无寸铁的儒生,而是被两个不读诗书的浑小子刘邦和项羽推翻了。这是多么值得深思的讽刺!

第三,一个王朝或政权的兴衰存废,与是否重视道德教化关系至为密切。

在中国古代历史上,由于儒学倡导的忠、孝、节、义、仁、礼、智、信等核心伦理观念深入人心,因而在大多数封建王朝灭亡的时候，差不多总有几个或一批臣子为这个王朝殉节，从而给这个王朝的灭亡增添一点悲壮的行色。例如，当南宋被蒙古铁骑灭亡的时候，既有李庭芝、姜才、张世杰等臣子领导的汉族军民的拼死抵抗，又有陆秀夫背负小皇帝赵昺毅然蹈海而死的壮烈之举，还有在大都被羁押三年之久的文天祥面南而跪与故国诀别的从容就义。当明朝的首都北京被李自成领导的农民军攻破的时候，陪同崇祯皇帝吊死于煤山老槐树上的还有一个司礼太监王承恩。而当清军的八旗劲旅向江南推进的时候，遇到的是南明小朝廷旗帜下汉族军民前赴后继的抵抗，出现了史可法、阎应元、陈明遇、张煌言等一系列殉国者。三国末，当兵微将寡的蜀汉政权面对魏军的凌厉攻势即将灭亡之时，诸葛亮的儿子诸葛瞻和孙子诸葛尚率军在绵竹誓死抵抗，拒绝投降，最后双双战死疆场；而当这个政权被魏军灭亡、后主刘禅毫无愧疚地俯首而降的时候，他的年幼的第四个儿子刘湛自杀殉国，为这个政权送上了悲恸的挽歌。即使以篡政而立的王莽新朝灭亡的时候，也还有王邑父子、王巡、王揖、赵博、唐尊、王盛和一千余名卫士为保卫王莽在渐台与起义军进行惨烈的搏战，最后全部战死。与上述情况形成鲜明对照的是，当历史上空前统一、强大的秦王朝在公元前 206 年十月被刘邦率领的 10 万大军灭亡的时候，为这个王朝送行的是自缚的秦王子婴和他命人抬着的棺材，全朝上下，竟然找不到一个殉节的臣子，从而使这个不久前在中国历史上演出过英雄史诗的王朝的落幕显得特别悲凉和寂寞。原因何在？历史学家可以给出许多答案，但有一点大概可以达成共识：秦始皇和他的王朝只用利益而且是个人私利来规范君臣关系，从来不进行道德教化。如此一来，道德在同私利博弈的时候只能节节败退，最后落荒而逃。如武将章邯，此人先是总管秦朝皇室财务的少府，继而被任命为统率秦军主力与农民军对战的一号主帅，曾经取得了打垮陈胜起义军和突袭定陶、击杀项梁的胜利。巨鹿之战后，尽管他手上还有20多万训练有素的大军，继续与农民军战斗仍然有取胜的希望，但他选择了投降。使他做出这一抉择的原因是个人利益战胜了他对秦王朝的忠诚。而促使他下定最后决心的是长史司马欣的一段话和陈余的一封信。其他人，如司马欣、董翳、王离、陈留郡守、南阳郡守、峣关守将等一大批文臣武将，都选择了投降。在巨鹿之战前，秦军的武将和地方守尉在相信秦军能够战胜起义军的前提下，还是同起义军打了一些硬仗恶仗。他们这样做，与其说是出于对秦王朝的忠诚，倒不如说是为了守护秦王朝给予他们的富贵利禄。巨鹿之战以后，秦王朝灭亡的征兆已经显现，再为它继续卖命已经不能守护自己的生命财产了，所以就出现了愈演愈烈的投降风潮。再如文臣李斯，为追求富贵利禄来到秦国后，其行事做人就从来没有道德底线。他出卖自己的主人吕不韦，害死同窗韩非，鼓动秦始皇“焚书坑儒”。秦始皇寿终正寝时，李斯正做“百官之首”的丞相，然而，在将其一路推升的君王秦始皇尸骨未寒之时，他就变成了这位君王遗诏的背叛者，参与了由赵高一手导演的沙丘政变。再后，他向二世兜售“督责之术”，加速了秦朝灭亡的步伐。只要能获得权势和富贵，李斯从来是不顾信义的，是从来不惮于以别人的鲜血染红自己的官帽的。李斯摒弃道德原则的卑劣品格，对权力和富贵发疯般的追求，既是他不断升迁的秘诀，也是他走向死亡的引擎。赵高是秦始皇最信任的臣子，放在身边任中车府令，赋予他教导胡亥的重任。可秦始皇一死，他就背叛昔日对他信任有加的君王，精心策划沙丘政变，逼杀扶苏，处死蒙恬、蒙毅兄弟。接着,教唆胡亥,杀害自己的兄弟姐妹和朝中妨碍自己专权的李斯、冯劫、冯去疾等人,进而逼死胡亥,最后眼看秦王朝大势已去,他又密谋与农民军进行“灭秦宗室而王关中”的肮脏交易。显然,在赵高的心里根本就不存在“道德”二字。从进入秦宫起,他的一切活动就是围绕着个人利益旋转。他认为对秦始皇的信任丝毫不需要道德的承诺和回报,因而在秦始皇尸骨未寒即策划背叛他的政变;他认为对给予他最高官位和权力的秦二世也不需要道德的承诺和回报,所以就残忍地将自己扶起来的这位幼主及其妻子儿女逼杀于望夷宫;最后,他又与起义军密谋裂地分权的交易。如果不是子婴谋划于前,他的阴谋很可能再一次成功。这样的人,只有死亡才能结束他对“臣事君以忠”的道德信条的一而再再而三的亵渎和背叛。

人们不禁要问:为什么“奋六世之余烈,振长策而御宇内”的秦始皇建立的这个空前强大统一的王朝,这个集中了当时中国众多精英人才的宏伟帝国,在落幕的时候是如此地悲寂,竟然找不到一个为之殉难的君王和忠臣?看不到一个如丧考妣为之恸哭的孝子?秦朝灭亡以后,也觅不到一个为之哼唱挽歌的遗民?这里自然有着许多复杂的原因,但正如前面所说,秦国和秦朝从来就不进行道德教育应该是最重要最直接的原因。秦国的发祥地远在中国西部的甘陇地区,从其建国时起就处于同戎狄斗争的严酷环境,后来又在同东方六国的战争中度过了春秋战国时代,再加上商鞅、韩非等法家思想的深刻影响,就形成了重“力”“威”、讲“耕”“战”和倡导“以法为教”“以吏为师”的法家思想文化传统。秦始皇以武力完成统一六国的大业以后,通过强化专制主义的中央集权和焚书坑儒进一步强化了这一思想文化传统。虽然秦朝建立后儒家学者以博士身份进入咸阳的宫廷稍稍扩大了儒学的影响,但并没有从根本上改变以法家思想作为主流意识形态的局面。以韩非为代表的法家将荀子的性恶论推向极致。荀子虽然坚持性恶论,但他同时强调礼义教化可以使人改恶向善的道德教化的内容,特别重视君子人格的养成。而韩非则认为,人性恶不仅是绝对的,而且是不可改变的。这种性恶的社会表现就是对个人私利的无厌追求,而这种追求既是完全合理的,也是没有边际的。所以,一切仁义道德的说教统统应该弃之如敝屣。在他看来,规范社会上人与人关系的准则就是纯粹的利益交换关系:

> 故王良爱马,越王勾践爱人,为战与驰。医善吮人之伤,含人之血,非骨肉之亲也,利所加也。故舆人成舆,则欲人之富贵;匠人成棺,则欲人之夭死也。非舆人仁而匠人贼也,人不贵则舆不售,人不死则棺不买,情非憎人也,利在人之死也。①

所以在韩非眼里,人与人之间也就根本不存在道德亲情的联系,只是建立在赤裸裸的利害关系基础上的交换和买卖关系,他以雇主和庸客的关系加以说明:

> 夫卖庸而播耕者,主人费家而美食,调布而求易钱者,非爱庸客也,曰:“如是,耕者且深,耨者熟耘也。”庸客致力而疾耘耕者,尽巧而正畦陌畦畤者,非爱主人也,曰:

① 王先慎撰:《韩非子集解》,中华书局2013年版,第123页。

“如是，羹且美，钱布且易云也。”①

仅就雇主和庸客的关系而言，韩非的论断并不是没有一点道理。可他却将这一论断推衍至所有人与人之间的关系，认为君臣、君民甚至夫妻、父母、儿女即所有人与人之间的关系也是如此。他认为，如果说上古时代在生产不发达、民风淳朴的条件下道德还起点作用的话，那么，当历史已经发展到利益至上的战国时代，仁义道德的功用就丧失净尽了：“上古竞于道德，中世逐于智谋，当今争于气力。”②这种绝对功利主义的社会伦理学说，斩断了社会上本来就存在的非功利的伦理亲情关系，将社会上所有人与人的关系全说成是利益交换关系。这种理念作为真理广泛宣传，其对国家民族和社会的危害是显而易见的。深受其害的恰恰就是这一理念的笃信者和推行者秦始皇和他建立的王朝。由于他以纯利害规范君臣和君民关系，必然斩断臣民对这个王朝的道德和感情的丝缕，而以自我利益作为衡量与君王关系的唯一标准。于是君臣就在这一关系国家和社会命运的至关重要的问题上达成了共识。吕不韦以“奇货可居”的商人心态进行政治投机，在秦国如鱼得水；李斯带着猎取富贵利禄、改变贫困地位的目的来到秦国活动大获成功；老将王翦率60万大军出征楚国时屡屡向秦王索要田宅而竟能博得嬴政的会心微笑。如此君臣关系，在这个王朝有资源与臣子进行交换的时候，臣子们自然为其服务；而一旦这个王朝没有资源与臣子交换，臣子们就会离开或背叛它。所以，当秦王

---

① 王先慎撰：《韩非子集解》，中华书局2013年版，第295页。

② 王先慎撰：《韩非子集解》，中华书局2013年版，第487页。

朝陷于灭顶之灾的时候,也就是它没有资源与臣子交换的时候,它的臣子纷纷作鸟兽散的选择便是再自然不过的了。“种豆得豆,种瓜得瓜”,秦国和秦朝长期忽视道德教育特别是操守品格的教化,它最后得到的只能是众叛亲离的苦果。

看来,一个国家和社会什么时候也不能忽视道德教化,让核心价值观成为全民的共识能够产生强大无比的正能量:既能使社会在和谐状态下顺利发展,更能在国家遭遇危难时激发全民族保家卫国的无比强大的力量。

第四,一个王朝或政权的兴衰存废,在很大程度上取决于精英人才的选取、重用还是逆淘汰的机制。

秦朝建立后,以秦始皇为首的秦朝统治者及其“跳蚤”般的后继者,一改统一六国时期发现、提拔、重用精英人才的政策,反其道而行之,推演出一套每况愈下、愈演愈惨烈愈无耻愈无情的精英人才逆淘汰机制,将秦朝多年选拔历练出来的治国领军、允文允武的体制内精英人才一批又一批地送上不归路。当他们将核心统治集团变成残暴、无耻和蠢材集合体的时候,他们怎么也没有想到,他们只能步自己逆淘汰的精英人才后尘,到断头台上去发出最后的无可奈何的叹息。

秦王朝逆淘汰体制内精英人才的第一个“杰作”是焚书坑儒。秦朝建立后,大批儒生进入秦王朝的庙堂。他们虽然未能进入统治集团的核心,但作为思想文化最重要的载体,他们坚持的“仁政”理想和德主刑辅的理念恰恰可以纠秦朝“以法为教”“以吏为师”的独尊法术的治世原则之弊,为秦朝由战争政策向和平政策的转变提供最重要的思想文化支撑。他们的被清除,使这种转变成为泡影。同时,焚书坑儒的另一个逆淘汰的副产品是秦始皇长子扶苏离开京城远赴长城监军。他的被逐出京，主因是他对坑儒提出了不同的意见。扶苏是秦朝皇位的第一继承人，也是皇室中精英人才的代表。从其思想和行动看，他是统治者中最有希望也最有能力转变秦始皇政策的人物，他之离开京城，恰恰使后来赵高、胡亥策划的政变成为可能。此一大错，等于秦始皇亲手启动了秦朝灭亡进程的旋钮。秦始皇在位三十七年，前二十七年可谓英明睿智，后十年可谓半清醒半糊涂，而这个由愚蠢和颟顸构成的半糊涂却铸成了秦朝二世而亡的不可逆转的大错。在识人用人问题上，前二十七年秦始皇可谓知人善任，将一大批治国理政、整军经武的干才提拔到关键岗位上。后十年的秦始皇已经被空前的功业冲昏了头脑，爱谀信谗，喜同排异，听不得一点不同意见，使赵高等奸佞之辈得到重用，种下日后败亡的种子。王夫之慨叹："秦始皇之宜短祚也不一，而莫甚于不知人。非其不察也，惟其好谀也。托国于赵高之手，虽中主不足以存，况胡亥哉！"①

如果说秦始皇对体制内精英人才的逆淘汰开启了恶劣的先例，那么，在秦始皇死后，以赵高、胡亥为首的秦朝新的统治者则将这一精英人才的逆淘汰机制进一步变本加厉地推行下去，从而将这一恶例变成了他们坚守不渝的通则。秦始皇死后，赵高、胡亥和李斯这个罪恶的"三人帮"就谋划了淘汰精英人才的第二个"杰作"——沙丘政变。通过这次政变，秦始皇儿子中最不具备皇帝资质、最愚蠢无能的胡亥登上了皇位，同时将皇位的第一继承人扶苏和朝臣中的有识之士蒙恬、蒙毅兄弟逼上绝路。这三人之中，扶苏是最有思想和能力转变秦始皇政策的帝王之才。在秦始皇的 20 多个儿子中，扶苏无论是识

① 王夫之：《读通鉴论》，中华书局 2013 年版，第 3 页。

见、能力还是阅历、事功,都能拔得头筹。但他与秦始皇在政见和政策上略有分歧,加上他胸无城府,直言敢谏,引起秦始皇的不快,因而被逐出京,不能随侍秦始皇的左右,这就使他既失去及时继承皇位的机会,也难以阻止赵高、胡亥的政变密谋,最后成了可悲的牺牲品。蒙恬、蒙毅兄弟与扶苏关系密切,并且都是治国领军的干才。蒙恬曾在统一六国的战场上奋勇搏战,统一全国后,又奉命率 30 万大军修筑长城并戍边保境,使匈奴“不敢南下牧马”,成为秦朝巩固边防的坚强柱石。蒙毅不仅是一位智勇兼备的将军,而且熟知秦朝法律,曾治罪犯法的赵高。此时正奉命“还祷山川”,回程即遭赵高、胡亥暗算。他们与扶苏的冤死,使能够引领秦始皇以后的秦帝国走出困境的最重要的三个人物惨遭淘汰。接着,赵高和二世又将皇室精英、胡亥的兄弟姐妹尽数杀光,使胡亥血缘关系最近的奥援损失殆尽,变成了真正的孤家寡人。当赵高等将死亡的威胁置于他面前的危急时刻,施以援手的力量已经不存在了。最后,赵高和二世追究战败的责任,硬是将能够率军与起义军对阵的将军章邯、司马欣、董翳等逼上投诚之路。至此,秦朝的精英人才几乎被淘汰净尽。尽管最后淘汰精英人才的两个恶魔胡亥和赵高也死于非命,但是,秦朝起死回生的希望却早已荡然无存。一方面是起义军对残存的秦军形成了难以逆转的绝对优势,另一方面是经过精英人才逆淘汰的秦朝廷,再也没有使军事形势逆转的帅才和可战之兵了。精明过人的子婴为了保命,最后只能乖乖地在刘邦的马前递上降表,从秦始皇开始的精英人才逆淘汰的恶果和苦果,最后由最不该负责的子婴吞食了。

著名历史学家何兆武先生曾经慨叹:社会进步的规则(不是指规律 law,而是指 the rule of game)本来应该是择优汰劣;

但有时候历史的现实却又反其道而行之，把它最优秀的分子淘汰掉了。[①] 我们观察中国历代王朝的兴衰更替时，不难发现一个带有规律的现象：当一个王朝肆无忌惮地淘汰它的精英人才时，它实际上是在为自己启动死亡的旋钮，吟唱最后的挽歌。

第五，先进的政治制度促进社会发展的机制是靠一系列的具体政策实施和推动的。

一个王朝或政权的兴衰存废，制度是否先进固然十分重要，但与之配套的政策是否能够发挥制度的先进性也具有重要作用。秦朝建立和完善的专制主义中央集权的行政体制是当时世界上最先进的制度，它决策迅速，贯彻有力，上下联动，运行高效，既能集中力量办大事，也能快速办成事。秦朝在短短15年中办成了那么多的大事，取得了那么多的成功，同先进的制度关系密切。但是，秦朝的许多具体政策不仅未能使这种制度的先进性得到充分发挥，而且在很大程度上抑制了这种先进性的发挥。例如，它在和平年代依然实行战争年代的政策，一直未能完成本来应该迅速完成的政策转变，这就从根本上违背了社会发展的要求，拂逆了百姓渴望和平安宁生活的愿望；它实施的超量的赋税征发，“使黔首自实田”的制度使农民生产的积极性大打折扣；它几乎超越极限的兵役征发，使奖励军功爵位的制度难以激发青壮年男子从军杀敌的积极性。而其法律制度中的“严密苛酷”“轻罪重罚”等条款，与过度使用民力的政策相结合，发挥的是几乎都是“恶”的合力。显然，制度的先进性有赖于适应社情民意的政策实施，而制定政策的最基本的根据是当时和看得见的未来的政况国势。秦朝建立后所实

① 参见何兆武：《何兆武思想文化随笔》，科学出版社2012年版。

行的政策几乎全都违背了当时的政况国势,这就不仅使先进的制度没有发挥出优越性,甚至与不适宜的政策结合发挥了严重的负面作用。

第六,决定一个王朝或政权兴衰存废的主要是政治,而决定战争胜负的最后的最根本的原因也是政治。

德国著名军事理论家克劳塞维茨说:"战争不仅是一种政治行为,更是一种真正的政治工具,是政治交往的延续,是通过另一种手段实现的政治交往……因为政治意图是目的,战争只是手段,没有目的的手段是难以想象的。"①战争大概从人类诞生不久就出现了,各个人群之间,如氏族与氏族,部落与部落,民族与民族,国家与国家,一国之内各个政治集团,世界上不同的国家集团,为了利益的争夺闹到不能用和平的手段解决时就诉诸武力,于是战争就同人类相伴而生。不过,战争从一开始就不单纯是武装力量的较量,而是政治、经济和思想文化的综合力量和因素的较量。政治制度先进、经济发达,财政充裕,百姓拥护,综合力量强大的一方,一般情况下都是战争的胜利者。秦国建立以后,在它与周边诸侯国和戎族的斗争中基本上是胜利的一方,原因很清楚,它在穆公之前,主要是同戎人争夺关中和周边地区的控制权,它的政治制度比戎人先进得多,综合力量较戎人中的任何一个分支都强大,所以能够"益国二十,开地千里,遂霸西戎"。穆公之后,特别是孝公支持商鞅主持变法之后,秦国通过最彻底的封建化改革而异军突起于西方,一跃而在政治军事方面超越了东方六国。此后,"六世余烈"持

---

① [德]克劳塞维茨:《战争论》,孙志新译,北京联合出版公司 2014 年版,第 20 页。

续发酵:秦国政治制度最先进,极大地调动了百姓的生产积极性,推动了经济迅速发展,使秦国的财富“居天下之半”;秦国广揽天下人才,集中了一大批六国的政治精英、军事干才,同时锻造出一支训练有素、纪律严明、敢打硬仗、不惧牺牲的威武之师,所以在平定六国的战场上,能够所向披靡,无往而不胜。秦朝统一六国后,它虽然建立了当时世界上最先进的政治制度,也做了不少巩固统一、促进历史发展的好事,但一系列的政策失误,不仅使这个制度的优越性未能得到充分发挥,而且导致这个制度的弊端得以充分肆虐。特别是由于它未能完成整个国家政策由战争时期向和平时期的转变,就使百姓的负担超过战争时期,致使百姓的简单再生产也难乎为继。秦国的好政治就变成了秦朝的坏政治,从而引发了农民大起义。而这个坏政治,又使秦军本来具有的优势得不到充分发挥,最后导致了军事上的惨败,秦朝也就成为中国历史上“二世而亡”的短命王朝。显然,促使秦军凯旋的是政治,导致秦国军事力量最后覆亡的也是政治。好的政治能够促使弱小的军事力量变得强大,更能与强大的军事力量相得益彰;坏的政治必然使强大的军事力量由强变弱,更能使强大的军事力量最后导向灭亡。在人类历史上,这样的例子不胜枚举。

作为东夷人一支的嬴秦一族,在崛起于汶水流域之后,在数千年的发展历程中不断迁徙,屡经磨难,愈挫愈奋,勇往直前,在中国广袤大地上的不同地域留下一个又一个族群,演绎了一个又一个奋斗创业的故事。其核心集团最后在关中地区立定脚跟,于八百里秦川创建了统一六国的前进基地,最后完成了中国古代历史上第一次真正的统一,建立起东亚第一个疆域最辽阔、制度最先进、经济文化最发达的宏伟帝国,为中国历史的发展做出了具有里程碑意义的伟大贡献。嬴秦由此也谱写了自己族群历史上最辉煌的篇章。然而,“反者道之动”。强弱换位,成败互易。建立仅仅 15 年的秦王朝又如划破夜空的彗星,在发出耀眼的光芒之后消失在农民起义的浪涛中。而谱写这一辉煌历史篇章的嬴秦最核心集团,遭到最严酷的覆社灭宗的报复。马克思指出:“人类历史上存在着某种类似报应的东西。按照历史上报应的规律,制造报应工具的,并不是被压迫者,而是压迫者本身。”①嬴秦历史留下的经验值得认真总结,留下的教训更应该认真吸取。从这个意义上讲,人类最好的教科书就是人类历史本身。

① 《马克思恩格斯全集》第 12 卷,人民出版社 1962 年版,第 308 页。

成亦悲壮，败亦悲壮，死亦悲壮*

——评项羽由失误、失败到死灭

司马迁是一位个性鲜明、感情充沛且又极其理智的思想家和历史学家。他对自己服务的"当朝"最有作为的两个皇帝——开国之君刘邦和鼎盛之君刘彻，都没有无原则地一味歌颂：在客观记述刘邦雄才大略的同时，并不掩饰他大言炎炎、贪财好色、戏父弃子、报怨睚眦的流氓品性；在全面肯定刘彻文治武功的前提下，对他滥杀无辜、迷信长生不老术、屡遭方士蒙骗而不觉悟的暴戾恣睢的暴行和蠢行也加以辛辣的讽刺。在《史记·项羽本纪》中，他以饱含深情的笔触描绘了项羽世罕其匹的军事谋略、气势如虹的无比神勇和出众超群的指挥艺术，以及言信行果、视死如归的贵族气质，但是，他并不回护项羽思想和性格上的缺陷，也不回避他政治谋略和军事战略上的严重失误，而是进行深入腠里的理性分析，力图找出项羽最后失败的自身原因。《史记·项羽本纪》"太史公曰"：

> 吾闻之周生曰"舜目盖重瞳子"，又闻项羽亦重瞳子，羽岂其苗裔邪？何兴之暴也！夫秦失其政，陈涉首难，豪

---

* 本文原载于《项羽研究》2012 年第 3 期。

> 杰蜂起,相与并争,不可胜数。然羽非有尺寸,乘势起陇亩之中,三年,遂将五诸侯灭秦,分裂天下,而封王侯,政由羽出,号为“霸王”,位虽不终,近古以来未尝有也。及羽背关怀楚,放逐义帝而自立,怨王侯叛己,难矣。自矜功伐,奋其私智而不师古,谓霸王之业,欲以力征经营天下,五年卒亡其国,身死东城,尚不觉寤而不自责,过矣。乃引“天亡我,非用兵之罪也”,岂不谬哉![1]

今天看来,司马迁对项羽失败原因的总结并不全面,但他从项羽自身寻觅,将“背关怀楚,放逐义帝而自立”和“自矜功伐,奋其私智而不师古……欲以力征经营天下”作为主要原因,还是有一定见地的。

不仅历史上的许多思想家、政治家和历史学家对项羽的死灭怀着深深的惋惜之情,而且至今仍然有不少人在以浓笔酣墨讴歌项羽巨大历史功勋的同时,也对他英雄末路的慷慨悲歌洒下一掬同情之泪。的确,项羽是一个成亦悲壮、败亦悲壮、死亦悲壮的英雄:你看,他会稽起事反秦的果决,巨鹿之战破釜沉舟的豪情,何等悲壮!屡战屡败,愈挫愈奋,败亦堂堂,和亦堂堂,何等悲壮!英雄末路,拔剑自刎,不求怜悯,不乞活命,何等悲壮!但他毕竟在创造了辉煌的功业之后很快走向不归路。“力拔山兮气盖世”的悲愤之歌可能千载之后仍然传唱不绝,然而,历史学家对项羽失败的认识却不能停留在“流氓战胜正人君子”的情绪化的浅层次上,而应该从政治和战略的高度锁定他的致命失误之所在。

---

① 《史记·项羽本纪》,中华书局1959年版,第338—339页。

一

项羽在军事上的最大优长是临阵时的战役战术指挥才能，无论是在进击秦军的战场上，还是在楚汉争雄的鏖战中，他都绝对是天字第一号的强人。他的指挥艺术简直达到了出神入化的完美境界，不论是谁碰上他，也一定是非死即伤，必败无疑。不要说巨鹿之战、成皋之战、荥阳之战、彭城之战这些在他力量相对强大之时指挥的战役，就是面对韩信"八面埋伏"的垓下之战，他也能突出重围，胜利到达乌江渡口。如果他听信乌江亭长的劝告，渡江重整军马，那真是"江东弟子今犹在，卷土重来未可知"了。然而，一股"生当作人杰，死亦为鬼雄"的英雄之气支撑他毫不犹豫地选择了死亡。可是，就在此前的东城之战，他仍然率领麾下仅存的二十八骑，如猛虎般冲入敌阵，完成了溃敌、斩将、刈旗几个漂亮的战术动作，留下了他军事生涯的最后杰作：

项王乃复引兵而东，至东城，乃有二十八骑。汉骑追者数千人。项王自度不得脱。谓其骑曰："吾起兵至今八岁矣，身七十余战，所当者破，所击者服，未尝败北，遂霸有天下。然今卒困于此此，天之亡我，非战之罪也。今日固决死，愿为诸君快战，必三胜之，为诸君溃围、斩将、刈旗，令诸君知天亡我，非战之罪也。"乃分其骑以为四队，四向。汉军围之数重。项王谓其骑曰："吾为公取彼一将。"令四面骑驰下，期山东为三处。于是项王大呼驰下，汉军皆披靡,遂斩汉一将。是时赤泉侯为骑将,追项王,项王瞋目而叱之,赤泉侯人马俱惊,辟易数里,与其骑会为三处。汉军不知项王所在,乃分军为三,复围之。项王乃驰,复斩汉一都尉,杀数十百人,复聚其骑,亡其两骑耳。乃谓其骑曰:“何如?”骑皆伏曰:“如大王言。”①

如此地指挥若定、勇冠三军、身先士卒、果毅沉稳,遍数秦汉之际的将军,实在无出其右者。然而,项羽卓越的指挥艺术只能使他取得一些战役的胜利成功,却不能使他避免最后失败的结局,原因很简单,他在政治和军事战略上的严重失误最终使其战役战术指挥的优长化为历史的遗憾。

项羽在战役战术指挥上的确是一个稀有的天才,但在政治上却是个庸人。由于秦始皇父子十多年变本加厉的暴政引起了原东方六国的全民大起义,所以一开始几乎所有反秦的武装都得到百姓的拥护。然而,一个政治军事集团如果想在以后的时间里站住脚跟,成大气候,则必须以自己顺应历史潮流的政治经济措政策回应百姓的要求,使百姓认可你作为他们利益的代表。在这方面,刘邦集团胜过所有其他集团,因为汉军进入关中后立即宣布“约法三章”。不要小看这“杀人者死,伤人及盗抵罪”仅仅 10 个字的政策宣示,它的核心却是对生命和财产的保护,而这一点正是反秦之暴政而行之,是对百姓最迫切要求的积极回应。项羽集团虽然在军事上一直是一个强势集团,可他本人就不是一个高瞻远瞩的政治家,而他的集团中最缺乏的也就是这方面的人才,其中最具谋略的范增也只不过是个熟谙纵横之术

① 《史记·项羽本纪》,中华书局 1959 年版,第 334—335 页。

的策士。这个集团从头至尾都没有提出一套治国安民的政治经济政策。最要命的是,这个武装集团从来都没有以“解民倒悬”的“仁义之师”的形象出现,而是军纪败坏,“所过无不残灭”。你看,在新安,它坑杀秦降卒20万;在咸阳,它杀掉已经投降的秦王子婴,放火焚烧秦的宫室;在齐国,它更是烧杀抢掠,无所不为。如此野蛮的行径,与秦朝相比只不过是以暴易暴,怎么能够得到百姓的拥护而长久立于不败之地呢?

如果说,在秦朝灭亡之前,因为无暇顾及政治经济政策的制定犹可原谅,那么,秦朝灭亡后,项羽已经处于执牛耳的绝对强势地位,总应该有暇制定一套回应百姓要求的政治经济政策了吧?然而,令人遗憾的是,在此关节点上,项羽集团关注的焦点仍不及此。它着意于瓜分胜利果实,以分封酬赏那些参加反秦起义的各路诸侯。这当然也是一个亟待处理的问题。但是,比较而言,此事的重要程度远不及关乎百姓安危的政治经济政策的制定。在这方面,项羽集团较之刘邦集团,就不是棋失一着,而是最根本最重大的失误。此着一失,百姓就倒向刘邦集团,最后失败的命运也就无法挽回了。

现在,不少学者都为项羽实行分封诸侯王的举措辩护,认为那是由当时政治情势决定的顺乎人心和民意的政略,是反秦朝统一之道而行之的正确举措。刘邦建立汉朝以后,不是也分封了一批异姓诸侯王吗?这自然不无道理。然而,项羽的分封既不“公正”,亦太匆忙。以他当时的力量、威势,他完全有能力建立起一个能够挟制其他诸侯王的中央权力机构和制定出制衡诸侯王的政策,可是他没有这样做。他的头脑完全被恢复战国割据的意识所占据,天真地认为此举能够带来天下太平。他就没有仔细考虑,既然战国时代的诸侯割据是造成纷争和战乱的原因,重新分封的诸侯能够带来和平和安宁吗?最后,他应该发现,正是自己自愿吞下了分封的苦果:过于自信又过于轻敌,在以战争手段对付诸侯王的反叛使自己本来强大的军力逐渐消耗净尽之后,就只能眼睁睁地看着万里江山被他看不上眼的姓刘名邦排号老三的流氓亭长收入囊中。

二

正是因为在军事上具有战役战术指挥的卓越才能,并且取得过一系列的辉煌战绩,项羽自视太高,笃信自己打遍天下无敌手,从而低估了对手的能量,对未来的前景过于乐观,结果很快陷于被动,之后着着失算,最后酿成乌江自刎的悲剧。

在历时四年的楚汉战争中,项羽在军事上的失败主要是战略上的失败。

分封而没有制定挟制诸侯王的制度和策略,已经是最大的失误了。其后,他战略上的失误一再出现,因而再没有脱出自己和刘邦共同制造的被动局面,只能在疲于奔命中不断消耗自己的有生力量,加速着自己走向灭亡的步伐。

分封之后,他没有听从韩生的建议,执意舍关中而都彭城,是第一个战略失误。关中为四塞之地,易守难攻,地理环境优越,且经周秦近千年的经营,民众物阜,又没有经历战争的破坏,是当时最理想的建都之地。如果项羽在此安放下首都,整军经武,全力经营,使之变成牢固的根据地,不仅被赶至汉中的刘邦集团不易轻而易举地回军反噬,夺取关中,而且东方诸侯王也较易对付。虽很难说项羽一定会建立一个持续百年的皇朝，但至少不会失败得这么迅速而彻底。计不出此，而是以“衣锦还乡”的短视之见为由，以彭城（今江苏徐州）为国都，希冀以此为中心镇抚各路诸侯王。由此铸成大错。彭城地处黄淮平原的接合部，虽是历来兵家必争之地，但却易攻难守，而且周围地区都是经过反秦战争激烈搏战的地方，经济残破，人口锐减，很难支撑持续的战争消耗。在其后四年的楚汉战争中，建都彭城的弊端一再显现出来：楚军的人力消耗得不到及时补充，后勤供应捉襟见肘，难以为继。而据守关中的刘邦却依靠关中与巴蜀丰厚财富的支持，能够从一次次失败中迅速恢复元气，同项羽进行持久的消耗战，最后战而胜之。

项羽以为分封会使诸侯王对他心存感激而对其俯首帖耳，但事实上却把自己置为众矢之的。当他踌躇满志地回到彭城，西楚霸王的龙座还没有焐热的时候，诸侯王反叛的声浪即如波洪起涌，很快使他陷入四面楚歌的困境。尽管他掌控的楚军是当时最强大的一支武装力量，单独对付任何一支反叛势力都绰绰有余，但因为他要同时对付的是两支以上的叛军，必须两面作战或三面作战，这就使他左支右绌，首尾难顾，本身所具备的战术优势始终无法改变战略上的劣势。你看，楚汉战争伊始，楚军就一直在三个战场上作战：在荥阳一线对付冲出关中的刘邦统帅的汉军主力，在楚国腹地对付彭越、刘贾、卢绾等指挥的游击兵团，在齐国对付田荣、田横等领导的异己力量。最早向项羽挑战的并不是刘邦集团，而是齐地的田氏兄弟和赵地的陈余一伙。当项羽率领楚军亲征叛齐，取得决定性胜利的时候，刘邦一军却乘机夺取关中，冲出函谷关，千里奔袭，攻克彭城，将他的老窝搅得人仰马翻，一片狼藉。待项羽率三万精锐之师千里回救彭城，将汉军驱至荥阳一线的时候，东方的齐军又乘机反攻，梁地的彭越也乘势骚扰，不时截断粮道，使荥阳一线的楚军再陷危境。待楚军回军击溃彭越，巩固后方根据地的时候，荥阳一线又频频告急，项羽只得再回军相救。就这样，在四年的楚汉战争中，项羽三次从东方赶至荥阳前线打击汉军主力，又两次从荥阳回师东方对付彭越等军，如此一来，就使楚军将士处于终日苦战和奔波中，不得休息，难以整补，经过四年的严重消耗，楚军的战术优势也逐渐失掉了。由于汉军在刘邦、张良、韩信的巧妙部署指挥下，不时转变攻击重点，就使楚军被动地跟着转变战略重点。这样一来，既使汉军避免了毁灭性的打击，又使楚军陷于有增无已的困顿之中。由于汉军一直将战略主动权掌握在自己手上，楚军一直在战略被动的情况下作战，纵使能够赢得多次战役的胜利，也无法改变总体上被动的格局，当战役战术的优势也最后失掉的时候，楚军的失败也就不可避免了。

项羽战略上的短视还表现在没有全力固守敖仓。楚军在荥阳一线与汉军队峙，最大的困难是粮秣和其他军资的供应。由于楚军的根据地远在彭城，千里运输线又不时被彭越、刘贾、卢绾等指挥的游击兵团截断，就地取粮、就粮于敌，就更具战略意义。荥阳附近的敖仓是秦朝时期东方最大的囤粮基地，这时仍存有大量的粮食。楚军在战争开始时完全有力量夺取并控制这个地方，可项羽却没有这样做。而刘邦经郦食其的指点，全力夺取并控制了敖仓，从而保证了源源不绝的军粮供应，这成为刘邦转败为胜的重要条件。后来项羽主动同刘邦讲和，约定划鸿沟而治，主要原因并不是军力不济，而是军粮供应不继使其无力再战。讲和之后，项羽严守和约，撤军东返，刘邦却乘机进击毫无防备的楚军，士气低落的楚军虽然一时还能给汉军以重创,但从此难以再振昔日的雄风。

更有甚者,与汉军相较,项羽在楚军中是一枝独秀,他麾下麇集的却是一批常败将军。除他之外,楚军再没有一个可以独当一面、临阵制敌的统帅。项羽尽管走到哪里就能够将胜利带到哪里,可他一旦离开,那里的胜利就很快化为乌有。你看,公元前204年(汉三年)九月,当项羽从荥阳前线回军对彭越作战时,他留下坚守成皋的大司马曹咎就忘记了他的忠告,离开坚固城防的成皋,被汉军诱至无险可守的汜水,结果损兵折将,连主帅曹咎、董翳和司马欣都自刎而死,从此荥阳一线的军事形势发生了绝对有利于汉军的逆转。公元前203年(汉四年)十月,当韩信击破齐国历下军占领临淄之后,项羽应齐国要求派大将龙且前往救援,而这位楚军统帅指挥的20万齐楚联军却被韩信痛快淋漓地歼灭于潍水河畔。反观汉军,不仅韩信能够独当一面,就是曹参、彭越、英布、陆贾之流,也能够独帅一军战胜攻取,迭获成功。拿破仑曾说,一支猛虎领导的绵羊军队可以战胜一支绵羊领导的老虎军队,强调智勇兼备的统帅对战争胜负的决定意义。然而,一支猛虎领导的绵羊军队却经不起数只猛虎领导的虎狼之师的多面轮番进击。至为可叹的是,与刘邦集团猛将如云、谋臣如雨的人才盛况相比,项羽集团相形见绌:谋臣只一范增却忠而见疑被半路开除,猛将寥寥数员也不过是赳赳武夫。这样的人才队伍与刘邦集团对阵,焉有不败之理?

项羽的一生就是一曲悲壮的歌,成亦悲壮,败亦悲壮,死亦悲壮。然而,历史从来不卖后悔药。不管他意识到与否,这首壮歌的作者只能是项羽自己。

英雄身后不寂寞*

——项羽身后评论的评论

项羽是秦汉之际中国政治舞台上一个功业盖世、勇毅超群、以巨鹿之战给秦皇朝敲响丧钟、以乌江自刎给自己画上悲壮句号的英雄人物。他身死之后两千多年，也一直没有淡出政治家、思想家、文学家和历史学家的视野。不仅政治家、思想家和历史学家对他的评论连篇累牍，历代诗人歌颂他的诗词积案盈箱，而且更被戏剧家以《霸王别姬》的剧目推到舞台上，又经过近代京剧大师梅兰芳的倾情演绎，使他与那个国色天香的绝代佳人虞姬永远嵌刻到中国人民的记忆里。项羽之所以成为身后并不寂寞的历史人物，一是因为他是反秦起事群雄的杰出代表，是一位横空出世的推翻秦朝这个庞然大物的头号英雄；二是因为他“其兴也暴焉，其亡也忽焉”，留给后人无限思索追问的空间。检视项羽的身后评论，可以发现不少有益的启示。

---

* 本文原载于《项羽文化》2010年创刊号。

一

项羽24岁随叔父项梁起兵会稽郡城(今江苏苏州),响应陈胜吴广,参加反秦起义,率八千江东子弟兵渡江北上,很快成长为秦末农民起义军叱咤风云的伟大统帅。在三年反秦战争的血雨腥风的艰难岁月里,他始终活跃在战斗的最前线。即使在项梁战死、章邯率领的秦军凶焰万丈、农民军处境最困难的时候,他也不气馁、不妥协,始终以压倒敌人的气魄、必胜的信心,同秦军进行最激烈的战斗。在公元前207年底至前206年初的巨鹿决战中,他更是以一往无前的气势、必死的决心、无与伦比的英勇顽强,破釜沉舟,义无反顾,率领10万起义军将士,与秦军进行了一场空前残酷的战略决战,把秦皇朝十数年来屡经战阵的精锐之师一举摧毁在漳水之畔,从而最后改变了敌我力量的对比,决定了秦皇朝覆灭的命运。如果说,在秦末农民战争中,陈胜的首义之功不可没,那么,项羽摧毁秦军主力的卓著战功亦将彪炳千古,永垂青史。对于项羽的这一历史功绩,后世的评论都是给予充分肯定的。如司马迁评论说:

> 夫秦失其政,陈涉首难,豪杰蜂起,相与并争,不可胜数。然羽非有尺寸乘势,起陇亩之中,三年,遂将五诸侯灭秦,分裂天下,而封王侯,政由羽出,号为"霸王",位虽不终,近古以来未尝有也。①

---

① 《史记·项羽本纪》,中华书局1959年版,第338—339页。

宋朝的朱熹则赞扬项羽“必死无还心”的气势,他说:“项羽救赵,既渡沉船,破釜,持三日粮,示士必死无还心。故能破秦,若瞻前顾后,便做不成。”①同是宋朝人的王迈也赞扬他“以盖世之气,直欲摧岳岱而倾河海”②的大无畏精神。清朝的李清馥在其所撰《闽中理学渊源考·姚德辉先生》一文中,记载了蔡文庄给姚德辉的一封信,其中对项羽勇往直前的气势也发出了由衷的赞叹:“昔项羽之救赵也,既渡河,沉船,破釜,持三日粮,示士卒必死,无还心。一战胜之,由此遂霸天下。夫羽无足言也,然能决志用勇,直于死中求生,如此,是亦学者所当师其一节,而未可以人废也。”元末明初的陶宗仪对项羽的品德也有所肯定:“世俗之所谓忍者,残义害善之本,杀身覆族之由也。项羽为人不忍,虽不能成事,要之良心犹在。伍子胥为人刚戾忍诟,虽能成事,然良心丧失尽矣。”③明朝的王世贞认为,即使就品格而言,项羽也胜于刘邦:

> 至楚汉之为讼,则项羽负汉者一,而汉之负楚者三。羽之负汉不王关中而王巴蜀而已。当羽入关,与沛公兄弟也,又皆楚臣,何必拒而不纳?其负一也。鸿门之宴,不杀而封之巴蜀,甫就国而兵东向,其负二也。然犹有可言者,至太公甫脱烹俎,盟血未干,而反戈尾其后,其负三也。羽自得罪义帝耳,不得罪高祖,高祖死,何以见羽地下哉?④

---

① 《朱子语类》卷八,影印版文渊阁四库全书。
② 王迈:《臞轩集》卷三《论·高帝论一》,影印版文渊阁四库全书。
③ 陶宗仪:《说郛》卷一五《忍字说》,影印版文渊阁四库全书。
④ 王世贞:《读书后》卷一《书项羽传后》,影印版文渊阁四库全书。

明朝的黄淳耀为项羽自立西楚霸王、分封诸侯之事进行辩护，认为那是当时三种形势造成的。项羽除了用这种办法酬赏那些跟随他与秦军殊死鏖战的将帅外，似乎没有其他更好的选择：

> 项王立六国后树秦敌，此入关以前事，非入关以后事也。项羽破秦为西楚霸王矣，复封诸侯王将相，此正与郦生立六国后之策暗合，后着用前着，所以败也。景陵钟氏论羽如此，愚谓不然。羽率诸侯兵西入关，不过以破章邯军为诸侯冠耳，此时诸侯所拥戴之怀王尚在，楚先入关，有功之沛公不可杀，从入关之诸侯各有功，不分王之，将置何地乎？盗亦有道，羽既称诸侯长，能一切以无道行之乎？①

清朝康熙皇帝似乎有点疑古精神，他在给大学士等朝臣的一道上谕中，对《史记》记载的项羽新安坑秦降卒之事提出质疑："朕又览《史记》《汉书》，亦仅文词之工，记事亦有不实处，即如所载项羽坑秦卒二十万，夫二十万卒，岂有束手待毙之理乎？"②不少评论项羽的学者一方面对他推动功业和勇毅倍加赞扬，另一方面又对他的失败十分惋惜，因而评论的字里行间弥漫着叹其败亡、惜其失误的情绪。宋朝的李观可视为这类学者的典型代表。请看他下面一段三叹而有余哀的评论：

---

① 黄淳耀：《陶庵全集》卷四《史记评论·项羽本纪》，影印版文渊阁四库全书。

② 《圣祖仁皇帝圣训》卷五，影印版文渊阁四库全书。

溥观周秦之颠，粲乎简册，吁可骇耶！惟秦失在强，惟周失在弱，上慢下渎，政无纲纪。若然者，神灵得不哀，世教得不张，且天命不可以坐得。故有心者经纶。于是汉王起于丰沛，籍起于会稽，陈吴之徒自称曰假王，其余揭竿而呼，争先刺秦者如林如薮。于时乱浩浩，兵憧憧风从虎，云从龙，三灵昏而四海空。籍乃仗剑拨乱，希当天功。浮江而西，有壮士八千，枹鼓于舟中，维御乎群凶，所以谋大业，拯万灵而争雌雄者，独汉祖与公。遂号百万之师，趋累卵之危，活赵歇、擒王离，十壁愕眙，一麾靡余。然后飘锐气，耸利锋，抵秦关，怒汉先，因语曰：捐约则违人，固信则自违，恶取乎？乃军鸿门，屠咸阳，鼎峙于神州，辐裂于四方，始退与汉祖东西而王天下。是知量不足，谋不长矣。然犹兵众于汉，战捷于汉。其后则有灵璧之败太公虏，荥阳之围纪信焚，广武之守伤其胸，固陵之役挠其师。与汉祖龙虎相逐，干戈合离，五年之后，胜败乃知。是知兵亦不可穷物，亦不可终天地否？而开云雷屯而通故有三将，溃围孤军曷归？良马在御，美人在帷，楚歌夜闻，哀泣独垂，遂饮帐中，弃甲麾下，镜分美人，飚举良马，晓漫漫，云茫茫，失道于阴陵，问津于乌江，其犹鱼遭网而逝，鸟婴罗而翔，然终不免矣。尚能合从亡之众，御追逃之兵，旗鼓指掌，鹅鹳丘陵足罔不蹶首，胡不横然。始解马与舟子，结缨于死地，痛矣哉！何自慷慨断焉，若斯之甚耶？而曰“天实亡我，非战之罪”，何执而不寤哉？公实勇而无谋，刚而无亲，忌而信谗，暴而残人，是以人得蹈其资，兵得害其身，真自亡也，岂天亡乎？使公勇而能亲，诸将不携矣。明而察谗，奇计得施矣。恕而爱人，百姓乐推矣。然则举天下如转圜，何汉氏与一二臣之能计之哉？至观谋于汉者，皆昔其臣也，公实弃之。兵于汉者，皆昔其将也，公不容之。故得人者昌，失人者亡。噫！从始而言，盖天理有素乎？故生项以静难，生汉以牧人。静难者授勇，牧人者授仁。不然，何鸿门阽而复平，成皋跳而复振，入关而缓来，王楚而骤归者哉？①

二

然而，项羽毕竟是一个失败的英雄，尽管他在巨鹿之战后达到军事生涯的巅峰，进入关中后又在各路诸侯中处于号令一切的尊位，但经过四年的楚汉战争，却被开始军力远小于自己的刘邦集团战胜，落得个自刎乌江的悲惨结局。因此，后世评论更多关注的是对他失败原因的探寻。

最早探索这个问题的是项羽的对手刘邦。《史记·高祖本纪》非常传神地记载了刘邦君臣在这个问题上互相切磋的情态和各自表述的观点：

高祖置酒雒阳南宫。高祖曰："列侯诸将无敢隐朕，皆言其情。吾所以有天下者何？项氏之所以失天下者何？"高起、王陵对曰："陛下慢而侮人，项羽仁而爱人。然陛下使人攻城略地，所降下者因而予之，与天下同利也。

---

① 《历代名贤确论》卷三八《项籍》，影印版文渊阁四库全书。

项羽妒贤嫉能,有功者害之,贤者疑之,战胜而不予人功,得地而不予人利,此所以失天下也。”高祖曰:“公知其一,未知其二。夫运筹策帷幄之中,决胜于千里之外,吾不如子房。镇国家,抚百姓,给馈饷,不绝粱道,吾不如萧何。连百万之军,战必胜,攻必取,吾不如韩信。此三人皆人杰也,吾能用之,此吾所以取天下也。项羽有一范增而不能用,此其所以为我擒也。”①

这里刘邦和高起、王陵对刘胜项败原因的探求,虽然说法不一样,其实着重点却没有太大区别,都是集中指向项羽用人的失误。如此评论,尽管抓住了项羽失败的重要原因,但仅指出此点就失之片面了。后来的史学家司马迁的认识比刘邦君臣的认识就深刻和全面多了。他批判项羽“天实亡我”的自我认识,认定他失败的原因是“背关怀楚,放逐义帝而自立”,“自矜功伐,奋其私智而不师古,谓霸王之业,欲以力征经营天下”。②东汉末年的徐干也批判项羽“天实亡我”的饰词,将其失败之因归结为迷信武力和昧于仁智:

项羽既败,为汉兵所追,乃谓其余骑曰:“吾起兵至今,八年身经七十余战,所击者服,遂霸天下。今而困于此,此天亡我,非战之罪也。”斯皆存亡所由欲南反北者也。夫攻战王者之末事也,非所以取天下也。王者之取天下也,有大本有仁智之谓也。仁则万国怀之,智则英雄归

① 《史记·高祖本纪》,中华书局 1959 年版,第 380—381 页。

② 《史记·项羽本纪》,中华书局 1959 年版,第 339 页。

> 之,御万国总英雄以临四海,其谁与争?若夫攻城必拔,野战必克,将帅之事也。羽以小人之器,暗于帝王之教,谓取天下一由攻战,矜勇有力,诈虐无亲,贪啬专利,功勤不赏,有一范增既不能用,又从而疑之,至令愤气伤心疽发而死。豪杰背叛,谋士违离,以至困穷,身为之虏,然犹不知所以失之,反嗔目、溃围、斩将、取旗以明非战之罪,何其谬之甚欤!①

晋朝的向雄认为"秦失其鹿,豪杰竞逐。项羽既得而失之,其咎在烹韩生而范增之谋不用"②,显然还是把拒贤才、逆忠言作为项羽失败的主要原因。唐太宗君臣则强调项羽的"失信":

> 太宗谓侍臣曰:"《传》称'去食存信',孔子曰'人无信不立',昔项羽既入咸阳,已制天下,向能力行仁信,谁夺耶?"房玄龄对曰:"仁义礼智信谓之五常,废一不可。能勤行之,甚有裨益。殷纣狎侮五常,武王夺之。项氏以无信,为高祖所夺。诚如圣旨。"③

宋朝的司马光在指出项羽用人失误的同时,进而指出"废公义而任私意"是其失败的主要原因:

---

① 徐干:《中论·慎所从》,影印版文渊阁四库全书。

② 段灼:《假还上表》,梅鼎祚编:《西晋文纪》卷一一,影印版文渊阁四库全书。

③ 《贞观政要》卷五,影印版文渊阁四库全书。

世皆以项羽不能用韩生之言，弃关中之险，故失天下。窃谓不然。夫秦据函谷，东向以制天下，然孝、惠、昭、襄以之兴，而二世、子婴以之亡，顾所以用之之道如何耳，地形不足议也。项羽放杀其君，不义之名明于日月宰制天下王诸侯，废公义而任私意，逐其君以置其臣，其受封者争夺不服，踈斥忠良，猜忌有功，使臣下皆无亲附之意，推此道以行之，虽重金袭汤不能一日守也，况三秦之险哉？①

同是宋朝人的杨时，对项羽失败原因的探索较之前人进了一大步。他指出，项羽之所以失败，关键不在用人失察，而在根本政策的失误。他没有反秦之道而行之，在政策上营造“与民更始”的气象，而是“以秦攻秦”赓续了亡秦虐民害物的残暴行径。在这种情况下，即使他对范增言听计从，也改变不了彻底灭亡的命运：

至高祖谓“项王有一范增不能用，故为我擒”，常以为信然。及读《项羽传》，观范增所以佐羽者，然后知羽虽于范增无益于败亡也。夫秦人龂龁其民，天下背而去之，莫肯反顾。当是时，民之就有道正犹饥者之嗜食，不必豢稻粱而皆可于口也。项籍以闾阎匹夫之资首天下，豪杰西向而并争，视秦车之覆曾不知戒，犹蹈其故辙，欲以力制天下，所过烧夷残灭，是以秦攻秦也。范增曾无一言及此，乃区区欲立楚后为足以怀民望，何其谬哉！其后项王卒有弑

① 司马光：《传家集》卷六七《项羽诛韩生》，影印版文渊阁四库全书。

> 义帝之名为敌国之资，增实兆之也。增之得计，不过数欲害沛公耳。使项王不改其辙，则前日之亡秦是也。借令沛公死，天下岂无沛公乎？①

这里杨时之论实在是卓识灼见，因为即使项羽的第一谋臣范增也只不过给他出了阴杀刘邦的诡计，在争取民心、协和内部、毙敌方略等关乎项羽集团生死存亡的大政方针问题上，他却没有丝毫建树。所以，就是范增之谋得逞，项羽集团也不可能取得最后胜利。差不多同时的黄震循此思路，比杨时更进一步，他认定项羽的政治意识落后于时代，在秦朝已经建立统一皇朝，"定于一"成为时代潮流的情况下，仍想继续西周的分封制度，恢复战国时期列国林立的旧观，这应该视为项羽政治意识中最致命的弱点：

> 迁以羽尝宰制天下而纪之秦汉之间，疑已过矣。然既君之而又字之，抑扬之义，岂有在欤？世谓羽与汉争天下，非也。羽曷尝有争天下之志哉？羽见秦灭诸侯而兼有之，故欲灭秦复立诸侯如曩时，而身为盟主尔。故既分王即都彭城，既和汉即东归，羽皆以按甲休兵为天下盟主之时，不治汉之心不尽得天下不止也。身死东城，不过欲以善战白于世，略无功业不就之悲。而汉之心羽终其身不知，羽曷尝有争天下之志哉？②

---

① 杨时：《龟山集》卷五《史论·项羽》，影印版文渊阁四库全书。
② 黄震：《黄氏日抄》卷四十六，影印版文渊阁四库全书。

黄震的上述认识无疑是深刻的。应该承认，由于秦始皇统一全国后实行颇有地域差别的残暴政策，山东原六国之民产生怀旧情绪是正常的。正因为如此，陈胜的国号才定为“张楚”，而其他六国旧贵族也乘机打出复兴故国的旗帜。在人们普遍怀旧的气氛里，在六国贵族的包围中，项羽自觉不自觉地变成了他们的代表。他把列国分立的政治形式理想化，认为重行分封制度是和平安定社会秩序的灵丹妙药。殊不知，当统一已经成为历史运转趋势的时候，硬是人为制造一个列国分立的局面，显然违背了当时中国经济文化发展的要求。黄震能够正确地认识到这一点，与秦、汉、隋、唐、宋大统一的启示不无关系。同是宋朝人的史尧弼，集中从军事角度分析项羽失败的原因，也是有相当见地的：

> 古之英雄，其力之强未有若项羽者。其败之亟亦未有若羽之亟者，此其故何也？尝读史，见楚汉转战，以必争成皋也。不然羽之亡不至若是亟也。沛公长者，天下之所归。羽暴害残贼，故天下去之速。且当是时，齐、魏、燕、赵、九江已尽入汉，羽孤立无与为助而又轻用其锋，使汉得乘其弊，是数者羽所亟败，而岂在成皋之得失哉？虽然，羽之势固必亡，然汉之君臣，论战皆无足当羽者。使羽哀而斗之锐，亦足与旷岁相劫，而岂遽至于遁哉？夫人必有羸疾之久，筋力精气悉以耗散，一旦赫然就尽，此无足怪者。至于雄勇健特之人，冲击水火，冒犯风雷而不少衰，而亦卒然不救，此必有其所重伤亟困以至于此也。呜呼！羽之强亦必其形势有所大去，故其败若此速也。且楚汉百战之场，实当中原八达之地，使其无有要害岩险为之阨塞，则楚

汉之成败将决于一日之间，而又何俟夫百战哉？夫惟当时之势，楚东而汉西，而成皋以天下之险介其两间，以限二国之冲，彼此皆不能逾焉，故相持而不决者数岁。使其不然，则高祖可以长驱于楚之彭城，羽亦可以直捣汉之关中，而又何难哉？始羽东击齐，成皋不可守，故汉得以劫五诸侯兵直指彭城，据羽之巢穴，幸其兵败，故引而西。羽亦知天下之势在此而不可缓也。故百战京索、荥阳间而必取之。既得而使枞公守之，汉亦力破而必据之。及汉败于广武，而成皋复归羽。羽又使司马咎守之，戒勿与汉战，俾汉无得东。是时汉已失据，欲退保巩洛。会听郦生计，故复留，遂尽锐诱司马咎而破之，成皋复入于汉。而项羽明年遂亡，此其理岂不昭然甚明也。今夫猛虎负嵎咆哮而凌厉，虽使万夫荷戈而不可向：及其失势奔走平地，则匹夫设阱取之如杀狐兔无异也。向使羽得成皋出入乎其间，以冲汉之腹心，汉将为羽冲轶之不暇而能窘羽哉？惟其形势一决，使汉得通兵于东，追羽固陵，韩、彭、英布四面以至，当是时，羽欲不亡得乎？故夫兵家之要，必求重地以为门键出入往来之孔道而重扼之，以制敌之命，不然则反为敌制。汉之成皋。光武之河内，唐之潼关，皆当时所谓孔道也。汉惟得成皋而楚亡，光武得河内故河北遂定，唐惟一失潼关禄山得以西，唐社几不血食。然则兵家孔道之所在，其可不谨之欤？①

史若弼在这里正确指出项羽没有全力据守成皋的战略失误是

① 史若弼：《莲峰集》卷七《项羽论》，影印版文渊阁四库全书。

加速其灭亡的重要原因,显示了他不凡的战略眼光。因为从当时楚汉战争的形势看,成皋具有举足轻重的战略地位,谁占有了它,谁就获得了进攻对方的行进基地。更重要的是,与成皋毗邻的敖仓积聚着大批粮食,项羽没有认识到成皋的重要并全力固守,而刘邦经郦食其提醒后认识到了成皋战略地位的重要,在击杀项羽的成皋守将司马咎并占领该城后,立即夺取敖仓,派重兵牢固据守。此后,以这里丰富的粮食保障了前线的供应,成为汉军在成皋一线长期坚持,最后战胜项羽的重要条件。陶宗仪虽然也从军事角度探索项羽失败的原因,但他却将项羽在巨鹿同秦军主力决战视为最大的失策:

> 呜呼!项籍有百战百胜之才而死于垓下无惑也,吾于其战巨鹿也见其虑之不长,量之不大,未尝不怪其死于垓下之晚也。方籍之渡河,沛公始整兵向关,籍于此生若急引军趋秦,及其锋而用之,可以据咸阳而制天下。不知出此,而区区与秦将争一旦之命,既全巨鹿而犹徘徊河南新安间,至函谷则沛公入咸阳数月矣。夫秦人既以安,沛公而仇籍,则其势不得强而臣,故籍虽迁沛公汉中而卒都彭城,使沛公得还定三秦,则天下之势在汉不在楚。楚虽百战百胜,尚何益哉?故曰兆垓下之死者巨鹿之战也。或曰:虽然,籍必能入秦乎?曰:项梁死,章邯谓楚不足虑,故移兵伐赵,有轻楚心,而良将劲兵尽于巨鹿,籍诚能以必死之士,击其轻敌寡若之师,入之易耳。且亡秦之守关与沛公之守,善否可知也。沛公之攻与籍之攻,善否又可知也。以秦之守而沛公攻入之,沛公之守而籍攻入之,然则亡秦之守籍不能入哉?或曰秦可入矣,如救赵何?曰:虎方捕

> 虏，罴据其穴，搏其子，虎安得不置鹿而返？返则碎于罴明矣。①

巨鹿之战是中国军事史上的一个杰作，是项羽军事生涯中最光彩夺目的诗章。陶宗仪对其全盘否定不过是自己闭门凝思的一厢情愿。如果项羽舍巨鹿不顾而全力进军关中，章邯势必顺利地消灭河北的诸侯联军，然后乘胜尾随攻击项羽一军。以此时秦军的力量和士气，又是在秦的腹地与项羽决战，地理民情都有利于秦军，项羽取胜的把握并不是绝对的。如果项羽出此下策，秦末农民战争的结局很可能是另一番面貌。元朝的方回在《续古今考》中对项羽的失败进行了全面分析，认为他西屠咸阳，杀秦降王子婴、烧秦宫室等举措，不仅是愚蠢的暴行，而且更是"偏隘谬戾而无远图"的错误决策，从这里已经种下了失败的种子："秦始皇以王翦、蒙武虏楚王负刍而灭之。诸侯兵起，秦章邯又击杀项梁。春秋复九世之雠，项羽以复仇为使乎？则秦亦灭矣，子婴已降楚矣，以子婴归之，令楚怀王待其自毙可也，杀之亦何益于威武？屠咸阳则秦之百姓何罪焉？秦之宫室奢侈已甚，存其可存者，而毁其材以赐贫民可也，焚之则亦暴殄天物而已。至如受货宝，略妇女而东，则无异盗贼之所为也。意者迁沛公于汉中，封章邯、董翳、司马欣之谋已定，不欲留此以遗他人也。残忍贪婪，偏隘谬戾而无远图，不待垓下之围而败证已见矣。"②他进而认为，尽管项羽将封刘邦于汉中视为得意之举，但这实际上同样是愚蠢而错误的决策：

---

① 陶宗仪：《说郛》卷九下《项籍》，影印版文渊阁四库全书。

② 方回：《续古今考》卷九，影印版文渊阁四库全书。

项羽此策,恐汉王不就国或有他谋,以此防之也。必有某将以统此众而受之策,然天下成败之势方如反掌,将吏士大夫之心视其主之可否而为去就也。此暴彼宽,则羽之兵实所以为汉王之资耳。甚哉,项羽之愚而无识也。烧秦宫室,掠秦府库,虏秦妇女,杀秦降王子婴,怀衣锦故乡之陋见,行讥以沐猴之滥诛,谓徙义帝于上游,迁汉王于巴蜀,四分天下以取其一,余十七王可以力控,田荣与己有隙而不与之释撼:陈余与张耳有隙亦不与之解雠;彭越故巨盗在梁而无以处其众涣其群。方且欲弑所尊之帝而夺所封诸侯之地,如是而欲久长,未之有也。且羽既封诸侯之地,罢戏下各就国,不闻有一训诰誓命之言。周之建封皆有策书,齐桓公葵丘之会盟,以五禁而不歃血。而羽咸无之,谓宜建坛刑牲盟所封诸侯王为要约,以楚实首事,灭秦报天下雠,尊楚怀王为帝,天下诸侯戮力一心,共奖王室。平心和气,以沛公王关西,而以己王关东地亦不必大。当是时,沛公鲁公功最大,为天下二伯以征伐诸侯之不臣服者,亦不必自为西楚霸王。古所无有名,不雅驯,诸四方彪勇暴悍崛起乘时之徒,处置弥缝亦宜慎密,以仁恩宥之,以威武恐之,以义理督教之,则焉有不服者。范增为羽腹心之臣,岂全不致思入虑,而以一切苟且行之,尊一帝,封诸侯,以三万人护汉王就国,谓姑如此而可以无后患。呜呼!亦愚而已矣。①

不过这里方回为项羽设计的“以楚汉为二伯以讨不臣”的方

---

① 方回:《续古今考》卷九,影印版文渊阁四库全书。

案，亦只是不具备实践价值的纸上谈兵，所反映的是儒家知识分子的迂阔之思。另一元朝人杨翮对项羽失败原因的思考较之方回似更为深入。他痛惜项羽没有在入关以后乘战胜之威速正大位，错过了以皇帝的名号宰制群雄、一统天下的大好形势，结果因自己的短视不得不吞下失败的苦果：

> 天下有可乘之势，适因其势而乘之，天下可袭而取。故善取天下者乘其势，非乘其势乘其机也。盖后世之所恃以取天下者，惟气与力耳。苟即其力强气盛之际，一举而掩收其功，则其事在我，而况我与机适会？人未及动而我先之，沛然其谁能御哉？论至于此，吾未尝不惜夫项羽之智有不及乎此也。彼其合诸侯之师，拥数万之众，非无其力，以蹶起之锐而加以屡胜之锋，非无其机，然而大事已集而复隳，天位可致而仍失者，何哉？论者皆曰忍而吝赏也，虐而多杀也，不仁而无义也，刚愎而轻用其锋也，是岂足以尽其不得天下之失乎？论者又曰斩宋义也，疑范增也，不杀沛公也，是亦不足以尽其不得天下之失也。盖羽之不得天下，则以其有可乘之势不能因其势而乘之耳。当其力方强，气方盛，秦军既坑，函谷既入，子婴既降，而咸阳之未屠也，于是乎建大号，登大宝，号令诸侯，自立为天子，天下其谁敢拒之？天下虽间有未定，吾得以天子之名临之矣。惜乎有可乘之势不能因而乘之也。羽之心，盖以为拔山之力、盖世之气可以常恃而久存，海内之乱未艾则天下终吾之有，迟迟而取固无害。而不知气穷则竭，力穷则衰，而乱极则思定。于乱极思定之际为之，吾之气与力不足用矣。惟羽一失其机而沛公遂得以因其势而奄有焉。使天下后

> 世皆得成败立论，不亦惜乎？方羽之烧阿房，收宝货，略妇女而东也，韩生盖尝说之曰："关中阻山带河，四塞之地，肥饶可都以伯。"此盖劝其即真之说也。羽能听之以正天子之名而建万世之业，则所处者尊，所据者固，沛公可得而夺之乎？顾乃怀思东归，不用其计，已而气衰力竭，天下非其有，则曰"此天亡我"，呜呼！此岂天亡羽哉？故夫取天下者贵乎因势而乘之，不使其气衰力竭而机不可为也。[①]

杨翮的上述思考自然是有见地的，但如此要求项羽则就是苛求了。因为当时项羽的政治意识还停留在为楚国复仇和恢复六国的理想中，这应该是他败于刘邦的根本原因。比较而言，刘邦集团的政治意识能够与时俱进，他们推出的政策措施能够较好地回应时代的需要和百姓的愿望。宋元以降的明清时期，从皇帝到臣下以及众多思想家和历史学家，都对项羽失败的原因有所评论，但新意不多，大多都是重复前人的一些观点。总起来看，古人对项羽失败原因的探索是比较全面而深刻地从宏观的大政方针的缺失，到具体的坑杀降卒、焚烧咸阳、诛杀子婴、用人失察、分封不公、舍关中而都彭城以及一系列战略战术的失误，几乎都涉及了。有些论述还相当精彩并切中肯綮，对后来深化对这一段历史的认识不无启示意义。但所有这些认识都基本停留在就事论事的水平上，有些观点更是想当然的纸上谈兵。在他们的历史哲学中，还没有进入到对历史必然性和规律的探索。

---

① 杨翮：《佩玉斋类稿》卷九《项羽论》，影印版文渊阁四库全书。

三

项羽那柄让敌人闻风丧胆的利剑的最后一挥,对准的是自己的头颅。他以自己悲壮的死结束了历时四年的楚汉战争。当刘邦将他的遗体礼葬于谷城(今山东东平、山东曲阜、安徽和县皆有项羽墓)的时候,他的自然生命和政治生命虽然宣告结束,但他作为一个具有重要影响的历史人物却没有淡出历史学家、思想家和文学家的视野,同时还继续活在百姓的记忆和怀念中。与他有关的历史遗迹,如徐州的戏马台,荥阳的项羽堆,安徽和县和山东东平、曲阜的项羽墓,还有众多的霸王山、项王庙,都寄托着百姓深情的怀念与哀思,香火不绝,凭吊者络绎不绝。特别是唐朝以来大量歌咏项羽的诗词,表达了诗人们极其复杂的感情,展现了从不同角度对他的评价。如李清照对他功业和品格的赞颂:

> 生当作人杰,死亦为鬼雄。至今思项羽,不肯过江东![①]

如贺铸对他品格的赞颂和结局的悲悯:

> 分张天下付群雄,回首咸阳卷地空。六国三秦随扰攘,锦衣何暇到江东?

① 李清照:《夏日绝句》,《漱玉集》,影印版文渊阁四库全书。

楚都陈迹久灰埃，一曲虞兮尚寄哀。不作偷生渡江计，可须千里更西来？

三户睢盱竟破秦，君王武略世称神。途穷一夜无遗恨，挈首殷勤予故人。①

如黎廷瑞对他悲壮结局的怀思和追问：

鲍鱼腥断，楚将军鞭虎驱龙而起。空费咸阳三月火，铸就金刀神器。垓下兵稀，阴陵道隘，月黑云如垒。楚歌哄发，山川都姓刘矣。悲泣呼，醒虞姬，和伊死别，雪刃飞花髓。霸业休休骓不逝，英气乌江流失。古庙颓垣，斜阳老树，遗恨鸦声里。兴亡休问，高陵青草空翠。②

李新等人除了歌颂他的功业之外，更多的是对他没有返回江东卷土再起的决策失误的惋惜和衣锦回乡情结的深深遗憾：

平生虎力鼎可扛，愤气不作咸阳降。江东子弟累千百，谁知国士元无双。

一夕楚歌四面起，伯图未就人怀邦。自古功业有再举，何不隐忍过乌江？③

鸿沟时暂割山河，楚国山河一半多。欲去故乡夸富

---

① 贺铸：《题项羽庙三首》，《庆胡遗老诗集补遗》，影印版文渊阁四库全书。

② 黎廷瑞：《芳洲集》三《题项羽庙——大江东》，影印版文渊阁四库全书。

③ 李新：《跨鳌集》卷十一《项羽庙》，影印版文渊阁四库全书。

贵，不知沛有大风歌！①

长城骸骨丘山积，群雄操戈争奋击。将军手提三尺剑，长呼渡江天地坼。

马上叱咤风雷生，千人万人俱辟易。新安坑平士卒怨，咸阳火烈宫殿厄。

衣锦得志归故乡，讵知缟素起相责。陈平笑谈捐黄金，一朝君臣坐离隔。

事几尽逐亚父去，帷幄空虚竟无策。吁嗟垓下兵尽折，慷慨歌声绕营壁。

八千子弟在者谁？独拥虞姬帐中泣。仓皇不上亭长舟，膏血甘濡汉人戟。

回首英雄安在哉？古庙虚凉尚陈迹。愁予泚笔一长吟，萧瑟江风暮潮急。②

更多的诗篇在惋惜项羽功败垂成的同时，也从不同方面对他的一系列失误和失策进行反思和批判：

沙丘车过亡明镜，人头畜鸣自贤圣。阿房殿里醉宫娃，赵高手中持国柄。

群雄云扰荡山东，邯郸却堕秦围中。项王一战动天地，诸侯膝行趋下风。

割裂山河建侯国，天下畏威心不服。只贪衣绣荣楚猴，岂识金刀得秦鹿？

① 元好问：《遗山集》卷十五《读项羽传》，影印版文渊阁四库全书。
② 卢琦：《圭峰集》卷上《题项羽庙》，影印版文渊阁四库全书。

楚歌一夜四面发，泣别虞姬歌数阕。残兵牢落似晨星，独骑凌兢踏寒月。

乌江渡口方唤船，五侯追奔已江边。苦道天亡非战罪，剑化壮气成飞烟。

君王雄武古无比，独无仁义谁相济？向能忠计资范增，未必汉家能卜世。

谷城东头土一丘，悠悠遗恨何年休？①

多疑难逞拔山雄，失道阴陵计已穷。更恐舣舟人见绐，不缘无面见江东。②

失计鸿门恨未消，一生霸业亦徒劳。当时漫筑台千尺，争似歌风地步高。③

破釜沉舟北渡河，英雄到此顿消磨。入关不解除秦法，失路徒劳怨楚歌。

敌国岂专韩信勇，谋臣唯一范增多。子婴见杀怀王死，却叹虞姬奈若何。④

英雄盖世竟何为，故里凄凉越水涯。百二势倾争逐鹿，八千兵散独乘骓。

计疏白璧孤臣去，泪落乌江后骑追。遗庙荒村人酹酒，至今春草舞虞姬。⑤

---

① 萧贡：《楚歌》，元好问编：《中州集》卷五，影印版文渊阁四库全书。

② 尹延高：《玉井樵唱》卷上《项羽》，影印版文渊阁四库全书。

③ 尹延高：《玉井樵唱》卷上《项羽台》，影印版文渊阁四库全书。

④ 侯克中：《艮斋诗集》卷三《项羽》，影印版文渊阁四库全书。

⑤ 林景熙：《题项羽庙》，徐火勃：《徐氏笔精》卷五，影印版文渊阁四库全书。

三叹而有余哀，低徊而有浩叹，哀其不幸，怒其不争，惋惜其失误，痛惜其功败垂成，历史的兴亡之感充溢于字里行间。历史充满太多的遗憾，但遗憾永远伴着历史前行。

往事越千年，时光如流水，淘尽了多少赫赫扬扬的显贵人物，但历史却没有忘记项羽。百姓还在怀念他，诗人仍在歌咏他，一代又一代的历史学家依然赓续着对他的评价。在戏剧舞台上，在电影电视里，他的身影依然不断闪现。项羽尽管失败了，但后人仍然将其置于伟大英雄的行列并毫不吝啬地倾洒着同情的泪水。项羽地下有知，他应该感到欣慰与自豪！

项羽、刘邦异同论*

唐代诗人章碣写过一首著名的咏史诗："竹帛烟消帝业虚，关河空锁祖龙居。坑灰未冷山东乱，刘项原来不读书。"作者对秦始皇当年焚书坑儒的暴行进行了辛辣的抨击：不可一世的祖龙秦始皇残酷地坑杀了自认为对他的统治构成最大威胁的460多个手无寸铁的儒生，然而，历史却给这位暴君开了一个大大的玩笑：导致他空前统一强大的秦帝国覆亡的并不是那些叽叽喳喳、好发宏论的儒生，而是两个不读书的浑小子：盖世英雄的项羽和创建大汉皇朝的雄主刘邦。秦朝建立15个年头之后，先是两个佣工陈涉、吴广在大泽乡带领900名戍卒发出反抗的怒吼，接踵而至的是项羽、刘邦率领的起义军通过一场又一场惨烈的搏战，将秦帝国的巍巍大厦变成一片废墟。再后，刘邦和项羽又为争夺统一中国的帝王宝座进行了四年之久的被历史学家称为"楚汉战争"的血战，最后刘邦战胜项羽，建立起绵延400多年的两汉皇朝。在推翻秦皇朝的历史大搏战中，项羽、刘邦是彪炳史册的两个功劳最大的英雄。他们先是"约为兄弟"，共擎反秦的大旗，继而兵戎相见，进行你死我活的厮杀，最后是项羽自刎乌江，刘邦蹑足九五，中国历史在一个

---

* 本文原载于《孙子研究》2017年第2期。

新的起点上迈开了雄健的前进的步伐，并导向中国封建社会第一个发展的高峰。

同是反秦英雄，同是那个时代顶尖军事天才的项羽、刘邦，在后世作为成功和失败对立的两极被历史学家不断地评述。人们似乎更多地看到两人的差异，其实，处于同一时代的两个英雄，他们的表现可以说是同中有异，异中见同，同异相当，大同而大异。作为秦汉之际军事政治舞台上耀眼的双子星，他们都以永不褪色的英雄形象活在中华民族壮丽的史册之上。

一

刘邦和项羽尽管出身背景不同，生活经历各异，但他们同时都是不甘卑贱、胸怀鸿鹄之愿的英雄，志存高远，雄心勃勃，不约而同地将目光射向秦始皇占据的那个金碧辉煌的龙座，期望创建震古烁今的伟业。先看项羽：

> 项籍少时，学书不成，去学剑，又不成。项梁怒之。籍曰："书足以记名姓而已。剑一人敌，不足学，学万人敌。"于是项梁乃教籍兵法，籍大喜，略知其意，又不肯竟学……秦始皇帝游会稽，渡浙江，梁与籍俱观。籍曰："彼可取而代也。"梁掩其口，曰："毋妄言，族矣！"梁以此奇籍。籍长八尺余，力能扛鼎，才气过人，虽吴中子弟，皆已惮籍矣。①

① 《史记·项羽本纪》，中华书局1959年版，第295—296页。

此时的项羽不过是秦皇朝治下一介默默无闻的子民，与秦始皇所占据的那个尊位的距离何止十万八千里！再看刘邦：

> 高祖为人，隆准而龙颜……仁而爱人，喜施，意豁如也。常有大度，不事家人生产作业……高祖常繇咸阳，纵观，观秦皇帝，喟然太息曰："嗟乎，大丈夫当如此也！"①

此时的刘邦不过是一个小小的亭长，相当于今日维持基层治安的派出所所长，与秦始皇地位的尊卑之别不啻霄壤。

显然，刘邦和项羽都不是庸庸池中物，他们都期盼着有朝一日一飞冲天、叱咤风云，向着秦始皇盘踞的那个龙座发起冲击。正因为有如此宏图大志，所以刘邦远在陈涉、吴广于大泽乡发出"伐无道，诛暴秦"的吼声之前，就斩蛇起义，聚众芒、砀山泽岩石间，伺机而动。而项羽追随他的叔父项梁，也在听到陈涉、吴广起事的消息后毅然拉起八千江东子弟兵，向秦皇朝这个庞然大物发起了义无反顾的挑战。不久两支起义队伍在楚怀王的旗帜下联合起来，成为推翻秦皇朝最重要的军事力量。

由于项羽、刘邦都以倾覆秦皇朝为目标，所以他们起事后就成为众多起义队伍的中坚，发挥了特别能战斗的主力军作用。在陈涉、吴广之军被章邯指挥的秦军扑灭而项梁又被斩杀于定陶，整个起义军处于危殆之境时，只有项羽、刘邦领导的队伍不避艰险，无所畏惧地继续对秦军作战。项羽一军在黄河以北，以巨鹿一战消灭了秦皇朝最主要的军事力量，敲响了秦皇

---

① 《史记·高祖本纪》，中华书局 1959 年版，第 342—344 页。

朝的丧钟;刘邦一军在黄河以南,扫荡了所过郡县的地方武装,破武关,夺峣关,叩开了进入关中、直捣咸阳的门户,最后在轵道旁接受秦王子婴投降,撕下秦皇朝最后一页日历。正是他们互相配合、共同战斗,才使反秦战争经过短短三年时间就奏响了胜利的凯歌。项羽、刘邦显然是这场胜利中的最大功臣,是所有反秦将领中最凸显的熠熠闪光的盖世英杰!

项羽、刘邦在这场反秦战争中都展示了自己超常的军事天赋。你看项羽指挥的巨鹿之战:他先是不动声色地斩杀毫不体恤士卒、畏敌如虎的宋义,夺取对义军的指挥权,接着督率全军迅速渡过漳河,"皆沉船,破釜甑,烧庐舍,持三日粮,以示士卒必死,无一还心",之后立即指挥义军主力马不停蹄地投入与秦军主力的决战:

> 于是至则围王离,与秦军遇,九战,绝其甬道,大破之,杀苏角,虏王离,涉间不降楚,自烧杀。当是时,楚兵冠诸侯。诸侯军救钜鹿下者十余壁,莫敢纵兵。及楚击秦诸将皆从壁上观。楚战士无不一以当十,楚兵呼声动天,诸侯军无不人人惴恐。于是已破秦军,项羽召见诸侯将,诸侯将入辕门,无不膝行而前,莫敢仰视。项羽由是始为诸侯上将军,诸侯皆属焉。①

这场以少胜多、以弱胜强的痛快淋漓的歼灭战,既展示了项羽压倒敌人的气势、战胜强敌的决心和灭此朝食的无畏精神,更展现了他世罕其匹的指挥艺术。面对巨鹿城下的强敌,他采取

① 《史记·项羽本纪》,中华书局1959年版,第307页。

的第一个行动是命令英布率两万将士偷渡漳河，一举切断王离一军的后勤供应线，使之变成一支孤立的饥饿之师。接着，他督率全军渡河，以必胜的信心、必死的决心，指挥义军犹如猛虎下山般地冲入敌阵。出其不意，攻其不备，不顾疲劳，不怕牺牲，连续作战，速战速决，几天之内就干脆利落地歼灭了秦皇朝在灭亡六国的战争中建立起来的最精锐的部队。这一年项羽只有26岁。他在这次战役中表现出的勇毅顽强、睿智奇谋和指挥艺术的娴熟从容，即使久经沙场的老将也无可比拟。这只能用“天授之才”“天纵之才”概之了。

公元前207年九月，与项羽在黄河以北与秦军主力鏖战的同时，刘邦率领一支不足万人的队伍在黄河以南踏上了进军咸阳的征程。一年之中，刘邦指挥这支义军迂回曲折、纵横驰骋，屡歼敌军，迭克名城，不仅使这支武装力量发展成十余万人的浩荡大军，而且取得了推翻秦皇朝的伟大胜利。究其原因，除了黄河以南没有秦军主力这一客观有利条件之外，刘邦正确的战略策略和机动灵活的指挥艺术也起了重要作用。他充分利用秦末农民战争造成的有利形势，敢于藐视暂时还显得强大的敌人，以雄伟的胆魄，敢于斗争、敢于胜利的气势，毅然走向与强敌决斗的战场。而在每次具体战役中，又能缜密思考、精心部署，以自己的决心和行动，去赢得每一场胜利。特别是在萧何、张良、郦食其、陆贾、曹参、周勃、樊哙等文臣武将的协助下，刘邦巧妙地选择了一条阻力最小的进军路线，通过采取迂回曲折、避实击虚、分化瓦解、各个击破的战略战术，将政治谋略与军事手段交互并用，从而以最小的代价取得了最大的战果。

不可否认，项羽、刘邦都是“天降大任”的军事天才，他们的合作谱出了高亢激越的战争协奏曲，完成了“伐无道，诛暴秦”的历史使命。

项羽、刘邦基于对“暴秦”的认识，特别是感受到原六国百姓对故国的怀念，都把恢复诸侯分土而治作为未来政治的蓝图。你看，项羽在进入关中后，就自封西楚霸王，尊楚怀王为“义帝”，而后又封了刘邦、章邯、司马欣、董翳、魏王豹、申阳、韩王成、司马卬、赵王歇、张耳、黥布、吴芮、共敖、韩广、臧荼、田市、田都、田安等18个诸侯王。刘邦并未对项羽的分封提出疑义，他气愤不过的是项羽未能“如怀王约”封自己为关中王。而刘邦在之后不久开始的楚汉战争中，同样封了韩信、彭越、黥布、卢绾、韩王信、张敖等为诸侯王，承认了吴芮的诸侯王之位。这一切说明，在反秦战争和楚汉战争中，项羽、刘邦心目中的未来中国将恢复战国时期多国并立的“理想”状态。

最后，项羽、刘邦作为楚人，在才情上也颇有相近之处。他们的文化素养虽然不高，但都喜爱“楚声”，还能写出传诵千古的楚辞。你听，项羽在垓下被困的军帐中那粗犷豪壮的慷慨悲歌，多么震撼人心：

> 力拔山兮气盖世，时不利兮骓不逝，骓不逝兮可奈何，虞兮虞兮奈若何？①

刘邦写楚辞的本事也不让项羽。在改易太子因吕后和臣子的阻挠而未能遂愿时，刘邦和戚姬都十分无奈和伤感。刘邦让戚姬跳一段楚国的舞蹈，他自己则吟唱了一阕自编的楚地

① 《史记·项羽本纪》，中华书局1959年版，第333页。

歌曲：

> 鸿鹄高飞，一举千里。羽翮已就，横绝四海，横绝四海，当可奈何！虽有矰缴，尚安所施！①

刘邦这里唱出的是帝王也无力能及的缕缕悲情，他似乎只能以此抚慰如花似玉的戚夫人了。刘邦去世的前一年，在征伐黥布胜利后返回故乡，与父老乡亲相聚于沛宫。在宴会上，他与120名儿童合唱他写的《大风歌》：

> 大风起兮云飞扬，威加海内兮归故乡，安得猛士兮守四方？②

此歌虽只有三句，但意蕴深远，气势恢宏，概括了他一生的伟业，表达了他临终前的期望，足可流传千古了。鲁迅曾对楚汉之际楚声广被的现象做了这样的解释："楚汉之际，诗教已熄，民间多乐楚声，刘邦以一亭长登帝位，其风遂亦被宫掖。盖秦灭六国，四方怨恨，而楚尤发愤，誓虽三户必亡秦，于是江湖激昂之士，遂以楚声为尚。"③这是很有见地的观点。

---

① 《史记·留侯世家》，中华书局1959年版，第2047页。

② 《史记·高祖本纪》，中华书局1959年版，第389页。

③ 鲁迅：《汉文学史纲要》第九卷，人民文学出版社2005年版，第398页。

二

项羽、刘邦之同乃大同，这些大同是基于共同反秦的目标形成的。然而，他们也存在明显的大异，而这些大异产生于因出身以及生活背景的不同而形成的气质品格的差异和认知上的不同。

项羽出身楚国贵族之家，他一生都没有忘记并且非常看重这个家庭背景。这使他自视高贵，目空一切。他看重的是那些与他同样出身的六国旧贵族的利益，在他主持的分封活动中，尽量照顾他们的要求。而对出身下层的草根之人则不屑一顾。他不知道正是下层的这些草根构成了他麾下冲锋陷阵的士卒群体，而只有满足他们的基本要求才能立下不败之基。可是，项羽却自始至终没有出台一项回应百姓生存要求的政策，反而纵容部下烧杀抢掠，“所过无不残灭”，正是这个致命弱点导致他在楚汉战争中最后的失败。以孙子兵法衡量，他恰恰输在“道”上，既未能“与民同欲”，也未能与士卒同欲。与之相反，刘邦没有显赫的家世，自幼混迹于草莽之中，吃喝嫖赌，沾了一身痞子气，处处显示出无赖式的狡黠。即使后来做了秦皇朝的基层小吏，也本性难改。然而，也正是由于此，他与下层百姓打成一片，了解他们的喜怒哀乐和生活诉求。进军咸阳的路上，他整肃军纪，严禁扰民。拿下关中，立即宣布“约法三章”：“杀人者死，伤人及盗抵罪，余悉除去秦法。”①目的是稳定秩序，安

① 《史记·高祖本纪》，中华书局1959年版，第362页。

定民生，由此奠定了他日后战胜项羽的民心基础。与项羽相较，他恰恰赢在了“道”上。

项羽生性高傲，睥睨群雄，师心自用，专断一切，因而孤独寂寞，既缺乏知人之明，不善于发现人才，更不善于使用人才，“其所任爱，非诸项，即妻之昆弟，虽有奇士不能用”①。陈平、韩信这些政治军事干才，离他而投奔刘邦，唯一的谋士范增被离间计开缺。

他最后只能成为孤家寡人，“憞群策而自屈其力”，演出了“霸王别姬”的悲剧。刘邦尽管有时也有慢待智能之士的毛病，但因为他一直生活在基层百姓中，经常交往的不乏偷鸡摸狗之徒，所以他平等待人，大度宽容，虚心纳谏，知错必改，善于凝聚各方面的人才并放手使用他们，结果是“群策屈群力”②，打下了他日后战胜项羽的人才基础。

项羽、刘邦同是不世出的军事天才，但又有很大的不同。项羽的军事才能更多表现为个人的勇敢坚毅和出色的战役指挥艺术。他年轻彪悍，勇猛顽强，身先士卒，在战役和战术指挥上出众超群。在与秦军的一系列激战中，他几乎很少有失败的时候。他走到哪里，就把胜利带到哪里，仿佛与胜利之神结下不解之缘。在楚汉战争中同样如此。他亲临西线，刘邦就被打得狼狈不堪，甚至数履险境，几度突围，险些被俘。他以三万之师挥戈彭城，刘邦的 56 万大军即刻土崩瓦解。刘邦本人乘车落荒而逃，演出了三次将亲生子女推到车下的闹剧。项羽跃马东线，立国不久的齐国就溃不成军，如汤沃雪。就是在垓下突

① 《史记·陈丞相世家》，中华书局 1959 年版，第 2054 页。

② 《扬子云集》卷一，影印版文渊阁四库全书。

围,只剩二十八骑到达东城,失败已成定局的情况下,他也能面对数千倍于己的汉军,再次展示自己的英勇与无畏:他统帅二十八骑,犹能如猛虎冲入羊群,溃敌,斩将,刈旗,杀得汉军前仰后合,一片惨象,实在是惊心动魄。战争中的项羽,犹如一股巨大的旋风,他无论走到哪里,都能排除阻障,横扫一切,反掌之间,就能把胜利夺到手。其气势和勇武、果毅与顽强,千载之后,犹令人感佩和钦敬。这一方面,恰恰是刘邦所短。然而,项羽在战略谋划上却极其短视、低能。他不听韩生建议,放弃富甲天下的关中,建都彭城,本身就是一个重大战略失误。彭城为四战之地,易攻难守,极易为敌所乘。他分封诸侯王而赏罚不公,使其中的不少人变成了敌人,因而使自己陷入四面皆敌的困境。虽然他统帅的楚军对付任何一个诸侯王都有着致敌于死命的绝对的战术优势,但同时对付数个敌人就使他分身无术,因而处处陷于被动,使其战术优势不能改变战略上的劣势。在整个楚汉战争中,项羽一直处在三面作战的窘境:在荥阳一线,他要对付刘邦统帅的汉军主力;在楚国腹地,他要对付彭越、刘贾、卢绾等指挥的游击兵团;在齐国,他要对付田荣、田横等反叛势力。尽管项羽走到哪里哪里就可以出现胜利的局面,但是,只要他一离开,哪里已经取得的胜利也就立即化为乌有。在历时四年的楚汉战争中,项羽没有过一天安闲的日子。他一直是东征西讨,马不停蹄,仆仆于黄尘古道,顾此失彼,疲于奔命。他三次从东方赶往荥阳前线,又两次从荥阳回师东方对付彭越等军,致使数以十万计的将士也跟着他终日奔波和苦战。经过四年的严重消耗,楚军的战术优势也逐渐失掉了,最后的失败自然也就在所难免。项羽的战略失误还表现在他没有全力据守敖仓。敖仓是秦朝在东方最大的囤粮基地,楚军开始完全可以凭借强大的军力控制这个地方,以就地解决军食。可他却未能占领并控制这个对楚军生死攸关的战略要点。而刘邦一军却牢牢控制该地。结果是,战至最后,楚军饥饿难耐,汉军饱食从容,项羽的最后失败与此不无关系。另外,由于项羽个人勇敢善战而又专断独行,造成他麾下的将领普遍低能而又缺乏自主意识和独立作战的能力,只要离开项羽,他们一个个都成了常败将军,把项羽艰苦搏战夺得的地盘转瞬之间就丢给了刘邦。

反观刘邦,尽管他在战场指挥艺术上不如项羽高明,勇敢精神更是相差甚远,因而在战场上屡有失误,数陷困厄。但是,刘邦在战略上却比项羽高明得多。被封为汉王之后,刘邦明白自己无力与项羽在关中争锋,就接受臣下的建议,以屈求伸,顺从地退至汉中,同时烧毁栈道,以麻痹项羽和他分封的三秦王。之后,积蓄力量,精心谋划,以奇袭的手段,迅猛的攻势,很快占领关中,使关中、汉中和巴蜀连成一片,建立起巩固的后方根据地。这就使他背靠关中,面向中原,进可攻,退可守,从此立于不败之地。刘邦根据楚军一帅强而众将弱的特点,避其所长,击其所短,一开始就开辟了三个战场,使楚军陷于腹背受敌、顾此失彼的困境。刘邦自己一直坚持在最困难艰险的正面战场,几次遇险,数度危殆,毫不动摇。他冒险分兵让韩信开辟河北战场,命令刘贾、卢绾率兵两万深入楚军后方,协助彭越肆意骚扰,屡屡截断楚军后方运输线。最后,刘邦全力夺取敖仓,控制大量粮食军资。在最困难的时候还南出武关,在宛、叶间开辟第二战场,以减轻荥阳前线的压力。经过数个回合的斗争,楚强汉弱的形势逐渐发生逆转,最后楚军的战术优势也损失殆尽,项羽的失败也就不可避免了。

如果说项羽是一个勇冠三军、所向披靡的孤胆英雄，刘邦则是一个麾下谋臣如雨、猛将如云的领袖群伦的统帅。与项羽的师心自用、独断专行、既无容人之量也无人尽其才的用人政策不同，刘邦既能吸引人才又善使用人才，使自己麾下人才的潜能最大限度地发挥出来。韩信说他不善将兵而善将将，并非虚谀。你看，项羽手下称得起智谋之士的只有一个年过七十的范增，而就是这个范增最后还被他开除回家。可刘邦手下却汇聚了中国当时最优秀的人才，"镇国家、抚百姓、给馈饷、不绝粮道"的萧何，"运筹策帷帐之中，决胜于千里之外"的张良，"连百万之军，战必胜，攻必取"的韩信，就是他们中的代表。一个无论多么高明的孤家寡人，也不可能战胜一个人尽其才的英雄群体。

如果说项羽是一个"力拔山兮气盖世"的将才，刘邦则是一个以谋取胜的智士。公元前203年十月，在楚汉两军对峙的荥阳前线，项羽指名要与刘邦单挑："天下匈匈数岁者，徒以吾两人耳，愿与汉王挑战，决雌雄，毋徒苦天下之民父子也！"这里项羽以己之长比刘邦之短，他把楚、汉两个集团的斗争看得像两个拳击运动员在赛场上交手那么简单。他迷信自己的武力，却不明白，这两个集团之间的斗争有着十分复杂的政治经济内容，而军事斗争是为这种政治经济内容服务的。面对项羽的挑衅，刘邦理直气壮地回敬说："吾宁斗智，不能斗力。"①刘邦的回答充满智慧：以己之长斗项羽之短。结果是，坚持斗智的刘邦最后战胜了迷信武力万能的项羽。毛泽东在读《史记·高祖本纪》的时候，写下这样一段批注："项王非政治家，

① 《史记·项羽本纪》，中华书局1959年版，第328页。

汉王则为一位高明的政治家。”这应该是他们二人最大的差异了吧？

项羽身上不时表现出高贵的贵族气质：讲义气，重然诺，言信行果。而出身草根的刘邦则不时露出市井无赖言而无信的狡黠。项羽渡河救赵的义无反顾，鸿门宴上放弃斩杀刘邦的机会，分封之后的毅然履约回彭城，与刘邦签订中分天下和约后的坦然撤兵东归，最后是“无颜见江东父老”的视死如归的乌江自刎，在在展现出一个贵族勇士的无畏、质直和坦诚的高贵品格。刘邦虽然出身农民之家，但由于从小不事生产，游手好闲，贪财好色，言而无信，惹是生非，身上残留着浓重的市井之徒的粗野狡狯之风。他敢言别人所不敢言，敢为别人所不敢为。他买酒不还钱，参加沛县令贺宴一毛不拔而诡称贺钱一万。在楚汉两军对峙的荥阳前线，当项羽要烹杀他的老父时，他竟然嬉皮笑脸地要求项羽“幸分我一杯羹”。最后，当中分天下和约签订、项羽撤兵东归时，他却乘势违背承诺，进击毫无防范、正在撤退途中的楚军。而在群臣参加的宴会上，他当众奚落自己年迈的父亲，使之尴尬万分。

项羽和刘邦，两个“约为兄弟”、并肩反秦的起义军领袖，两个在黄河南北紧密配合、优势互补、共同歼灭秦军主力的军事双子星，两个撑起楚汉之际近十年岁月、共同创造辉煌业绩的英雄，他们大同中的大异却是那么鲜明：一个贵族，一个市井；一个高贵，一个卑微；一个勇冠三军，一个智谋超群；一个大义凛然，一个唯利是图；一个言信行果，一个背信弃义；一个高傲地死去，一个放肆地享受；一个集人杰与鬼雄于一身，一个冶无赖与睿智于一炉；一个令人扼腕叹息，洒下一掬同情泪，一个使人思之陶然，留下一串讪笑声。然而，历史从来不相信眼泪，也不特别看重德行，只是赞誉和颂扬成功！项羽作为中国历史上“最后一个贵族”，以自己悲壮的自刎为三代贵族的风流余韵画上了一个悲戚的句号。而刘邦则将“兵者诡道”原则运用于政治斗争并做了里程碑式的弘扬。从此以后，中国古代的历史编纂学就在对道德和事功的二元矛盾评价中蹒跚前行，为寻找二者的平衡点煞费苦心。

论刘邦的思想和性格*

一

刘邦是地主阶级杰出的政治家，一个有着不朽建树的封建帝王。但是，他却不能跻身中国古代思想家的殿堂。在数以百计的中国古代思想史的著作中，刘邦从来就不是学者们注意的对象。这是因为刘邦的思想没有用著作形成体系，所以谁也没有兴趣去采掘这一可能没有任何收获的贫矿。但是，作为一个在历史上留下辉煌功业的伟大人物，刘邦却有着自己的虽然不成体系而又极富个性特征的思想。

刘邦的青年时代正值战国末期。其时，思想领域中诸子百家的争鸣虽然还在激烈地进行，但由于法家思想反映了新兴地主阶级建立封建政治经济制度的要求，因而逐渐受到各国统治阶级的重视。秦朝统一全国以后，"以法为教，以吏为师"，把凡是有志于为秦朝服务而博得一官半职的人们都吸引到法家思想的轨道上来。刘邦壮年时期作为基层小吏，成为秦始皇的崇拜者，法家思想先入为主地成为他头脑的主人显然是不奇怪的。

---

* 本文原载于《文史哲》1988年第3期。

刘邦生于公元前256年,从26岁到35岁,他亲眼看着强大无比的秦军在十年之内以武力完成了统一中国的大业。此后,更耳闻目睹秦军北伐匈奴、南平百越,使中国的疆域北抵大漠,南届大海的盛事。再后,当他47岁开始自己的戎马生涯以后,又亲眼看着不可一世的秦王朝最后一位国君在自己的战马前递上降表,看着叱咤风云的骁将项羽在垓下兵败自杀,看着异姓诸侯王们在汉军的凌厉攻势下无可奈何地迈向死亡。这一切耳闻目睹的事实和亲身经历的征战实践,使刘邦对韩非等法家代表人物鼓吹的暴力万能论笃信不疑。所以当陆贾在他面前谈论《诗》《书》,为儒家经典进行宣传时,他不屑一顾,破口大骂,毫不讳言:“乃公居马上而得之,安事《诗》《书》?”这说明,刘邦虽然从其投入起义队伍的那天起就在政治上举起了“伐无道,诛暴秦”的旗帜,但在思想上却没有脱离秦始皇的体系,他们都是韩非忠实的学生。因为先秦法家思想的代表人物大都是在激烈批判儒家学说中发展和完善自己的思想体系的,后来秦始皇更发展到焚书坑儒,从政治上对儒生进行迫害和打击。刘邦在此氛围中生活,显然深受此风影响。所以他对儒生和儒家思想有着几乎近于根深蒂固的偏见。反秦斗争和楚汉战争的岁月,正是需才孔急之时,可是刘邦见到儒生竟然把人家的儒冠拿来当溺器。每谈及儒生几乎都大骂一通。郦食其是一个纵横家,其思想倾向虽有些儒家的成分,但却相当驳杂。他拜见刘邦时不敢承认自己是儒生,而说是“高阳酒徒”。但是,由于他对刘邦兜售德、义之类的儒家信条,刘邦还是人前背后地骂他为“竖儒”。如公元前204年,郦食其建议刘邦封六国后裔为诸侯王的弊端被张良点破之后,刘邦就大骂:“竖儒,几败而公事!”①叔孙通的确是一介儒生,因为他按照习惯身着儒服,刘邦就很不高兴,逼得他赶快改穿楚式短衣,以与刘邦的楚人身份缩短距离,讨其欢心。在楚汉战争期间,叔孙通一直对刘邦陪着百倍的小心。一百多嗷嗷待哺的弟子虽不时口出怨言,叔孙通也不敢向刘邦推荐他们做官,而他所推荐者大多是剽悍勇猛的赳赳武夫。只有到楚汉战争结束之后,等到刘邦觉察到需要一套礼仪来维护自己的尊严时,叔孙通才得以施展自己的抱负和才能,直到临终前不久,刘邦在沛宫与自己故乡的父老子弟相聚时,还念念不忘“安得猛士兮守四方”②,想到的仍然是武力的功用。综观刘邦的一生,有一点清清楚楚,那就是法家思想在其头脑中一直居于支配地位。

如同秦始皇一样,刘邦还相信五德终始学说。我们知道,西周末年郑国的史伯提出的“先王土与金木水火杂,以成百物”③的学说,是一种朴素的唯物论。到战国时期,经阴阳家邹衍改造形成五行相胜的理论,并进而将其引进到人类社会领域,用以解释王朝的更替,变成了历史宿命论和历史循环论。按照这个学说,夏朝当水德,因而有树木葱茏、百草丰茂的物候特征;商朝当金德,因而出现银从山溢的景观;周朝当火德,所以有赤乌之符。这就是所谓五德之运。与此同时,还有三统三正的历史循环论与五德之运相辅相成。秦始皇对这一套理论深信不疑,故而确定自己的王朝当水德之运,所以尚黑色,以严刑峻法作为治国的基本国策。大概由于战国末期秦朝初期的

① 《史记·留侯世家》,中华书局 1959 年版,第 2041 页。

② 《史记·高祖本纪》,中华书局 1959 年版,第 389 页。

③ 邬国义等:《国语译注》,上海古籍出版社 2017 年版,第 485 页。

广泛宣传,五德之运和三统三正的理论为不少人所接受。刘邦自然也被这种气氛所感染,因而在其起事反秦时竭力把自己的活动纳入这一理论的框架。例如,他把自己在草泽中杀掉一条白蛇附会成赤帝子杀白帝子,在丰沛起义时,他祠黄帝,祭蚩尤,都是以赤统自居,目的是赋予自己的起事天意所钟的神秘色彩。

不过,刘邦毕竟是以秦始皇的对立面出现的,再加上不断总结秦朝二世而亡的教训,因而其思想与秦始皇相比,又显示出时代所赋予的明显差异。这种变异所显示的是他向黄老之学的靠拢以及对儒家思想的逐步接纳。

由于刘邦以反对秦朝的暴政为号召,进入咸阳之后立即宣布废除秦王朝的苛法,制定了较为宽厚的统治政策,从而在客观上自觉或不自觉地向黄老之学和儒家思想靠拢。汉高祖二年(前 205 年)三月,楚汉战争正在激烈进行中,刘邦在洛阳听了新城三老董公的建议和说教,其中"顺德者昌,逆德者亡""仁不以勇,义不以力"都是儒家的信条,刘邦对此还是深深嘉许,显示了其思想的变化。公元前 202 年,他刚刚登上帝位就处死了在楚汉战争中对自己高抬贵手的项羽部将丁公。这说明他已经意识到进取与守成需要采取不同的政策,而这种认识恰恰与陆贾所论述的黄老思想的基本概念相同。

使刘邦对儒生转变看法的重要转折是叔孙通制定朝仪。刘邦称帝之后面对他那帮草莽出身的将军不懂礼法、任意胡闹感到头痛的时候,叔孙通看准时机,向刘邦大讲"儒者难于进取,可与守成"的道理,自告奋勇带领儒生和弟子制定朝仪。他通权达变,对前代礼制因革损益,很快制定出一套显示皇帝至高无上权威的朝仪,结果满足了刘邦安富尊荣的强烈欲望。

叔孙通由是被任命为九卿之一的奉常。由于刘邦读书不多，他想问题看事情特别重视实际效果，而儒家学说在和平时期所显示的作用对他自然是一个深刻的教育。此后，叔孙通一直受到重用，由奉常而太傅，更加位尊而荣显。而他也一改往日的小心翼翼、看风转舵的处世之态，变得直言敢谏，能够在刘邦面前就改易太子问题据理力争，慷慨陈词。这一切都说明，西汉帝国建立以后，儒家学说在刘邦眼里已经逐步升值了。刘邦对陆贾的态度，更可以说明其思想转变的程度。陆贾开始在刘邦眼里不过是纵横家之流，刘邦派给他的用场是做说客，对他的理论是不怎么感兴趣的。后来，他在刘邦面前谈论《诗》《书》遭到斥骂之后，立即对刘邦“马上得天下”的观点提出有力的反驳：“马上得之，宁可以马上治之乎？”指出夺取天下和治理天下必须采取不同的方针，即“逆取顺守”“文武并用”。面对陆贾发人深省的反驳，刘邦清醒多了。因为对他来说，夺取政权的任务已经基本完成，保持和巩固政权却是他自己和后世子孙需要长期解决的问题。因而他要求陆贾写一部从理论上总结历史经验和教训的著作，这就是著名的《新语》产生的动因。后来，当陆贾陆续写出 12 篇《新语》逐次上奏的时候，“高帝未尝不称善，左右呼万岁”①。显然，晚年的刘邦已经基本服膺于黄老思想。由于此时的黄老思想已经将儒家学说的德治、仁义、任贤等基本内容吸收进去，刘邦对它的钟情也表明他缩短了与儒家思想的距离。历史的现象多么矛盾啊！你看，早年以儒冠为溺器的刘邦，在他死前的五个月，即高祖十二年（前 195 年）十一月，以 62 岁高龄前往孔子的故乡，向这位儒家的创始

---

① 《史记·郦生陆贾列传》，中华书局 1959 年版，第 2696 页。

人献上了太牢的丰厚祭礼。虽然诚如鲁迅所说,刘邦此举含有“英雄欺人”的意思,但也说明了他对儒家的态度已经发生了根本性的变化。应该看到,孔子在春秋末期虽然名气很大,但其一生政治上很不得志,穷愁潦倒,几陷困厄,惶惶然如丧家之犬。死的时候,除了鲁哀公献上一篇深情的祭文外,在其他诸侯国基本上没有引起什么反响,的确显得有点凄凉寥落。从那以后的284年间,尽管他创始的儒学后继有人,在战国时期出现了孟子、荀卿之类蜚声列国的大思想家,但在以十数计的七国国君中却没有一个亲自到孔子的灵前表达自己的哀思。这一时期,孔子自然说不上是被历史遗忘的人物,但其影响也没有扩大,因为此时法家思想正如旭日东升,扶摇直上。秦朝统一全国后,重用的是李斯、赵高之流的法家人才,因而出现了“罢黜百家,独尊法术”的局面。秦朝灭亡以后,汉初君臣对秦朝二世而亡历史的反思引来了诸子思想的重新活跃。刘邦虽然始终没有把儒家思想作为自己的指导思想,但也没有采取文化专制主义,而是以法家思想为主,对其他各家思想采取了兼收并蓄的态度。同时,根据统治的要求,他不断调整对各家思想的政策。刘邦是第一个到孔子灵前朝拜的统一封建国家的帝王,这一事实本身就反映了一种倾向,显示了一种转折的契机:孔子和儒家学说在封建帝王的眼里开始获得它应有的价值。既然汉朝的创业之主可以对孔子投去深情的一瞥,他的后世子孙当然更可以根据需要把孔子推上万世师表的尊位。到鲁地朝拜,这在刘邦多姿多彩的政治生涯中实在算不上一次了不起的行动,但它透出的却是一个十分重要的信息:掌握了政权的地主阶级需要儒家思想的花环。传统观点往往把汉武帝和董仲舒作为封建社会尊孔的始作俑者,这当然是有道理的。不过不要忘记,在这方面刘邦起了开风气之先的重要作用。

二

“如果‘偶然性’不起任何作用的话,那么世界历史就会带有非常神秘的性质。这种偶然性本身自然纳入总的发展过程中,并且为这种偶然性所补偿。但是,发展的加速和延缓在很大程度上是取决于这些‘偶然性’的,其中也包括一开始就站在运动最前面的那些人物的性格这样一种‘偶然情况’。”①如果秦始皇所建立的统一王朝有一百年的寿命,那么刘邦就只能以一个并不十分尽责的亭长而老死故乡。他因身上的许多缺点也将给人以流氓无赖的印象。可是,由于秦王朝成为一个短命王朝,刘邦也就能够在秦末农民战争和楚汉战争中脱颖而出,被时代造就成一代开国的封建帝王。如此一来,他的许多缺点自然变成了微不足道的小节。刘邦有着非常鲜明的独特个性,在司马迁和班固的笔下,他时而可爱,时而可憎;时而可笑,时而可畏;时而聪明,时而愚蠢;时而谦虚,时而高傲;时而大度,时而小气。而这些特点又都有机地统一在一个人身上,形成了一个极其生动的多角形象。

刘邦从小不事生产,讲究享受,贪财好色,敢言别人所不敢言,敢为别人所不敢为,富有冒险精神。他贳酒不还钱,为县令祝寿一毛不拔却诡称贺钱一万,并且还毫无愧色地安坐首席。

---

① 《马克思恩格斯选集》第4卷,人民出版社1972年版,第393页。

他率领义军进入咸阳后,立即被秦宫的珍宝美女陶醉得忘乎所以,非要住下来享受一番不可。亏得樊哙、张良等苦口婆心地相劝,他才拖着长长的涎水,恋恋不舍地离开那个地方。这样就使项羽入关后找不到开战的口实,从而避免了楚汉战争的过早爆发。这一次,刘邦的贪财好色、追求享受的欲望暂时受到抑制。汉高祖二年(前 205 年)四月,刘邦趁项羽北上进攻齐国的机会突袭彭城成功,享受的欲望再也抑制不住了,“收其货宝美人,日置酒高会”①。结果放松了对项羽反击的戒备,被楚军一个回马枪杀得落花流水,一败涂地。应该承认,刘邦追求财富、美色的欲望和享受在一定程度上成为推动他争夺美好江山的动力。刘邦的活动表明,即使在参加反秦起义之前,经济上他虽然还处在富裕的自耕农之列,但其思想上则早已升华到地主阶级的境界。

刘邦的性格中有着惊人的坦率的一面。没有别人的指点,他一般不大玩弄阴谋和权术。他说话不转弯子,对人不留情面,有时使人下不来台。例如,他与韩信议论各自能带多少兵时,韩信自诩“多多益善”而刘邦只能带十万时,刘邦很不高兴,马上冷笑反击:“多多益善,何为为我禽?”逼得韩信承认刘邦有“天授”的“将将”才能。又如,当剖符封功臣时,刘邦推尊萧何功第一,食邑户数最多,引起其他功臣的不满与反诘。你看刘邦怎么讲吧:他说:“君知猎乎?……夫猎,追杀兽兔者狗也,而发踪指示兽处者人也。今诸君徒能得走兽耳,功狗也。至如萧何,发踪指示,功人也。且诸君徒独以身随我,多者两三

① 《史记·项羽本纪》,中华书局 1959 年版,第 321 页。

人。今萧何举宗数十人皆随我,功不可忘也。”[①]话说得近于尖酸刻薄。群臣在被喻为“狗”之后究竟是什么滋味和表情,只能留给后人去想象了。这种话,文帝、景帝甚至武帝也是绝然说不出来的。汉高祖七年(前200年)十月,当长乐宫建成,群臣按叔孙通制定的朝仪三跪九叩向刘邦朝贺时,他脱口而出“吾乃今日知为皇帝之贵也”[②]。憨态可掬,令人捧腹,惊喜之情溢于言表。应该承认,坦率是刘邦性格的光明面,但有时过分的坦率却使臣子难以忍受。由于他性格外向,不善掩饰,对人对事的情感往往不加掩饰,詈骂群臣简直成为家常便饭。其主要臣子中大概除了张良之外,很少有不被他斥骂的。魏王豹反叛刘邦后,对劝其重新归附的郦食其说:“今汉王慢而侮人,骂詈诸侯群臣如骂奴耳,非有上下礼节也,吾不忍复见也。”[③]商山四皓也是因为害怕大把年纪犯不上遭受责骂而坚决不奉刘邦之征召。想想吧,刘邦曾当着韩信使者的面大骂韩信;郦食其来访时,他边令人洗足边斥骂郦为“竖儒”;对“执子婿礼甚卑”的赵王张敖,也是“箕踞谩骂之”;而忠心耿耿的娄敬就因为在对待匈奴的方略上谈了点正确的但却不合刘邦口味的意见,就被其骂为“以舌得官”的“齐虏”。刘邦的这种作风,说到底显示的是封建君王的为所欲为的权势。因为在他眼里,臣下都是奴才。也应该看到,刘邦身上还没有罩上封建道德的温情脉脉的纱幕,市井之徒的粗野之风还浓重地残存着。刘邦的坦率除表现为粗野骂人之外,有时还表现为可笑而又可爱的无

---

① 《史记·萧相国世家》,中华书局1959年版,第2015页。
② 《史记·刘敬叔孙通列传》,中华书局1959年版,第2723页。
③ 《史记·魏豹彭越列传》,中华书局1959年版,第2590页。

赖相，使人哭笑不得，忍俊不禁。前203年，在楚汉两军对垒的荥阳前线，项羽在阵前置刘邦老父于俎上，威胁说："今不急下，吾烹太公！"刘邦却轻飘飘地回答说："吾与项羽俱北面受命怀王，曰'约为兄弟'，吾翁即若翁，必欲烹而翁，则幸分我一杯羹。"①这番话除了刘邦之外，大概任何另外的人都难以讲出来。刘邦年轻的时候，不事生产，游手好闲，不如他的两个哥哥老实本分，曾因此被其老父斥骂。刘邦对此大概有极深的印象。汉高祖九年（前198年）十月，淮南王、梁王、赵王、楚王前来朝拜，朝廷在未央宫前殿举行盛宴欢庆新年。刘邦举杯为老父祝寿时说："始大人常以臣无赖，不能治产业，不如仲力。今某之业所就孰与仲多？"②在八旬老父被儿子揭短弄得狼狈不堪的时候，"殿上群臣皆称万岁，大笑为乐"。这种事情也只有刘邦能够做得出来吧！

以上这些作为刘邦性格的侧面，看起来仿佛都是缺点，但在刘邦身上表现出来，却并不给人以可憎的感觉。原因就是这些性格反映出浓厚的人情味，并且也并不掩盖其性格光辉的一面。上面的这些性格特点似乎应该造成人们对他的疏远，事实上也的确使个别人因而离开了他。但是，刘邦性格的另一个侧面却又对群臣形成了巨大的吸引力，使之犹如磁石般把当时的英雄豪杰聚拢在一起，群策群力，为夺取反秦战争和楚汉战争的胜利创造了条件。

刘邦性格最光辉的一面，是他作为开国封建帝王所具有的气质和品性。他的天资是聪明的，张良、韩信、郦食其等人对此

---

① 《史记·项羽本纪》，中华书局1959年版，第328页。

② 《史记·高祖本纪》，中华书局1959年版，第387页。

都有深切的感受。张良曾以《太公兵法》说于其他人,领悟者甚少,但刘邦却能迅速理解并在实践中灵活运用。刘邦有着创业帝王的宏伟气魄,有着不达目的决不罢休的顽强意志,有着失败不气馁、勇于从挫折中奋起的坚毅品格。前 207 年初,他率领不足万人的起义军毅然向关中进军,而此时的秦王朝还有着数十万大军,控制着关中和巴蜀广大地区。这需要多大的勇敢和气魄!秦王朝灭亡以后,刘邦不畏强手,决心与项羽逐鹿中原,争夺天下,其义无反顾的决心和勇气又超过了一切同辈。在四年的楚汉战争中,他多次受挫,几陷困厄,老父妻子被执,随时有生命之忧。他面对险境,誓不屈服,咬紧牙关,坚持斗争,经过千辛万苦,渡过难关,终于迎来胜利的曙光。但刘邦的顽强并不流于蛮干。他善于审时度势,及时调整政策,转变方略,通过迂回曲折的途径去摘取最后胜利的硕果。前 206 年初,项羽违约封刘邦为汉王,以汉中巴蜀为封地,他在萧何等人的劝谏下,强忍怒火,来到汉中,用烧绝栈道的办法来麻痹项羽,从而避免了在形势于己不利的条件下与项羽开战,结果是项羽率军东返彭城,对刘邦放松了戒备。而刘邦则利用关中空虚,那里百姓对三个降王恨之入骨的机会,一举夺取关中,建立巩固的战略后方,为楚汉战争的胜利奠定了基础。前 200 年,对匈奴的战争受挫后,他也冷静地分析了当时的形势,接受娄敬的建议,决定用"和亲"代替战争,从而在一定程度上减轻了匈奴对北部边境地区的袭扰,为休养生息政策的实施创造了一个良好的环境。刘邦作为帝王的雄才大略对他的臣子产生了巨大的威慑和吸引力,以至于有些人甘愿为他牺牲自己的生命,如将军纪信在荥阳岌岌可危之际,假扮刘邦诓骗项羽,使刘邦得以逃出险境,自己却被项羽烹杀。周苛守荥阳城破被俘,项羽许以高官厚禄诱降,他丝毫不为所动,大义凛然,为刘邦殉身。最可叹的是王陵之母,一位年逾花甲的老妇人,为了使儿子能够安心侍奉刘邦,竟然毫无惧色地死于项羽的刀兵之下。可以这样说,即使刘邦身上再增加几种缺点,只要他具备了封建帝王特有的对群臣的吸引力,他也就具备了取得胜利的基本的个人条件。

除了动辄辱骂群臣、有时露出无赖相,刘邦的身上更多地表现出"常有大度"的长者之风。楚怀王的老将们也都认为他是"素宽大长者",可以作为入关为王的人选。刘邦在实际活动中,的确在不少地方表现出宽大长者的胸怀和品格。汉高祖五年(前 202 年)十二月,他的竞争对手项羽自刎而死,刘邦"以鲁公礼葬项王谷城。汉王为发哀,哭之而去。诸项氏枝属,汉王皆不诛。乃封项伯为射阳侯。桃侯、平皋侯、玄武侯皆项氏,赐姓刘"①。此中也许有"英雄欺人"的意思,但应该说刘邦对项羽的态度还是真诚的。因为在他看来,既然项羽作为敌手的历史已经完结,他们之间也就可以恢复当年"约为兄弟"的情谊了。项羽部将季布,是刘邦悬赏通缉的要犯,后来经朱家、夏侯婴从中说情,刘邦就毅然免其罪,还任命他为郎中,后来在文帝时做到河东郡守,是一个颇有声名的好官。公元前 196 年,韩信因谋反被诛杀。因其临死前慨叹自己没有"用蒯彻之计",刘邦于是严令逮捕这位鼓励韩信背叛的策士。蒯彻被捕后,刘邦亲自审问他:"若教淮阴侯反乎?"蒯彻实话实说:"然,臣固教之。竖子不用臣之策,故令自夷于此。如彼竖子用臣之计,陛下安得而夷之乎!"刘邦愤怒地下令烹杀他。蒯

① 《史记·项羽本纪》,中华书局 1959 年版,第 337—338 页。

彻大呼冤枉,辩解说:“秦之纪纲绝而维弛,山东大扰,异姓并起,英俊乌集。秦失其鹿,天下共逐之,于是高材疾足者先得焉。跖之狗吠尧,尧非不仁,狗因吠非其主。当是时,臣惟独知韩信,非知陛下也。且天下锐精持锋欲为陛下所为者甚众,顾力不能耳。又可尽烹之邪?”①这自然是一种狡辩。因为当时蒯彻完全知道韩信是刘邦的臣子,策动臣子反叛自己的主人,显然是叛逆之罪。但刘邦听过他一番似是而非的辩护以后,还是赦免了他。不久,梁王彭越被诛,刘邦下令将其头颅悬于洛阳的街衢示众,同时明示“有收视者,辄捕之”。其时梁大夫栾布正出使各国。归来后,彭越已经被处死。栾布不顾禁令,郑重其事地在彭越的首级下奏事,“祠而哭之”,因而被逮捕。刘邦亲自审讯栾布,一顿臭骂之后,下令施以烹刑。栾布毫无惧色,在刘邦面前侃侃而谈:“方上之困于彭城,败荥阳、成皋间,项王所以不能遂西,徒以彭王居梁地,与汉合从苦楚也。当是之时,彭王一顾,与楚而汉破,与汉而楚破。且垓下之会,微彭王,项氏不亡。天下已定,彭王剖符受封,亦欲传之万世。今陛下一征兵于梁,彭王病不行而陛下疑以为反,反形未见,以苛小案诛灭之。臣恐功臣人人自危也。今彭王已死,臣生不如死,请就烹!”②一席话说得刘邦怒气全消。栾布不仅未被处死,还被任命为都尉,后来一直做到燕国国相。刘邦的大度主要还是表现在对跟随他创业的文臣武将的优厚报酬。西汉建国以后,其中少数人获得了王位和连城数十的封土,145 人得到了侯爵和食邑。而更多的从军吏卒也都得到“世世复”的酬赏。这些

① 《史记·淮阴侯列传》,中华书局 1959 年版,第 2629 页。
② 《汉书·栾布传》,中华书局 1962 年版,第 1980 页。

人中的绝大部分当然都成为汉朝的衷心拥护者。刘邦对此也很自豪。他在逝世前一月还发布诏书说："吾立为天子，帝有天下，十二年于今矣。与天下之豪士贤大夫共定天下，同安辑之。其有功者上致之王，次为列侯，下乃食邑……入蜀、汉定三秦者，皆世世复。吾于天下贤士功臣，可谓亡负矣。"①

刘邦的宽宏大度和容人之德使得他的麾下猛将如云、谋臣如雨。但如何调动他们的积极性，将他们身上的潜能最大限度地发挥出来，需要一套得体的制度和办法。刘邦能够虚心纳谏，在他那里，无须维护的个人面子，一切都以汉王朝的根本利益为依归。这就使得他几乎在每个问题的决策上，即使开始错了，也能够很快纠正，并且最后能够选择出最佳方案。楚汉战争开始前，刘邦激于分封不公的愤怒，要同项羽在关中开战，结果被樊哙、萧何等劝谏而止，避免了赌身家国运的孤注一掷。公元前204年，为了给项羽广泛树敌，他接受郦食其建议，决定加封原六国后人为王。后来张良指出此种做法的弊病，他立即收回成命，使这一错误决定在实行之前就被取消了。不久，项羽在荥阳一线发动猛烈攻势，刘邦简直有点招架不住，就打算后撤至巩、洛一线。这时，刚刚出过"馊主意"的郦食其确提出了正确的进攻策略："急复进兵，收取荥阳，据敖仓之粟，塞成皋之险，杜太行之道，距蜚狐之口，守白马之津，以示诸侯形制之势，则天下知所归矣。"②这是一个大胆而正确的战略方针，结果被刘邦欣然接受并贯彻执行，不仅稳定了荥阳前线的军事形势，而且使汉军变被动为主动，开始了局部反攻。公元前

---

① 《汉书·高帝纪》，中华书局1962年版，第78页。
② 《汉书·郦食其传》，中华书局1962年版，第2108页。

203年底，项羽为摆脱困境，放回刘邦的老父妻子，与刘邦约定中分天下，罢战言和。项羽如约撤军东返，刘邦也打算撤军西行。这时，张良、陈平提出消灭楚军的最后良机已经来临，必须趁楚军因签订和约而失去戒备、全军后撤的混乱情况，穷追猛打，致敌于死命。刘邦立即接受他们的建议，挥军东下。汉高祖五年（前202年）十月，在与项羽最后决战的前夕，他又接受张良的建议，对韩信、彭越两个最大的军事实力派许以重封，诱使他们高高兴兴地前来参加最后围歼楚军的会战，取得了垓下之战的胜利。汉王朝建立后，刘邦面临政治上巩固中央集权、经济上恢复发展生产、边境上解决匈奴袭扰等一系列重大问题。他一如既往，更加虚心纳谏。公元前202年，他接受布衣娄敬建议，改变建都洛阳的决定，把国都安放在关中。下一年，他又接受陈平的建议，伪游云梦，轻而易举地解决了实力最大的异姓诸侯王韩信。同年，在论功排列功臣座次时，众大臣皆推曹参居功第一，只有鄂千秋推萧何为第一。刘邦重封萧何，重赏鄂千秋，使整个行封比较公允。公元前200年，刘邦做出了以武力对付匈奴的错误决策，同时对坚持正确意见的娄敬做出逮捕下狱的错误惩罚。后来，当事实证明自己的决策错误的时候，他老老实实地向娄敬承认自己的过失，并对其直言敢谏的行动加以奖赏。第二年，又接受娄敬关于与匈奴"和亲"的建议，从而奠定了西汉前期对匈奴政策的基础。后来，在改易太子的风波中，他最后还是听信了周昌、张良、叔孙通等人的劝谏，终止了自己的错误行动。公元前196年，英布反叛的消息传到长安，此时正逢刘邦身体不适，拒见群臣。樊哙排闼直入，尖锐地告诫他警惕赵高之事重演。刘邦霍然而起，最后一次亲临前线，平定了英布的叛乱。事实上，任何封建帝王都不见得在政治、军事、经济和文化等方面都有卓越见解,都能事事"圣心独断",关键是要有知人之明,把各方面的有用之才安排在适宜的岗位上,充分发挥他们的才干,同时又能广开言路,集思广益,择善而从,使自己的各项重大决策减少失误。刘邦的品格在这方面的表现比较突出,因而其风云际会的一生的重大决策,很少有失误的。即使有些失误,也易于在较短时间内得到纠正。刘邦不像某些帝王那样,自视一贯正确,功劳归自己,过失委臣下,而是敢于正视自己的失误,所以他与臣下的关系大体堪称融洽。

刘邦是一个由农民战争、统一战争和极其复杂的内政外交斗争锤炼出来的一代开国的封建帝王,同时又是一个有着七情六欲、鲜明个性特征的人。他取得成功的因素是复杂的,除了其活动反映时代要求因而获得历史的钟爱之外,无论如何也应该包括他品格的力量。

论韩信*

一、生平事迹

（一）甘受胯下之辱的青年才俊

韩信（？—前196年），秦朝淮阴（今江苏淮安）人，出身城市贫民，父母的名字也没有留下来。他母亲去世时，连丧葬费都没有着落。在秦朝的统治下，他因“贫无行，不得推择为吏，又不能治生商贾，常从人寄食饮，人多厌之者”。开始他常寄食下乡南昌亭长家，不久被亭长的妻子赶走。万般无奈，韩信只好到护城河边钓鱼。这时，一群老年妇女（漂母）也在河边洗衣服。其中一人见他没有饭吃，可怜他，管他吃了一顿饭。以后数十天，天天管他吃饭。韩信很感激，对老妇人说：“吾必有以重报母。”老妇人见韩信穷到这个份上，还说这种大话，很不高兴，怒道：“大丈夫不能自食，吾哀王孙而进食，岂望报乎？”韩信因贫困无以为生，屡遭人们的白眼，境况是十分可怜的。有一次，他甚至被淮阴的一群市井无赖逼得从一个人的胯下钻过。

---

* 本文原载于《中国古代著名军事家评传》，齐鲁书社2013年版。

> 淮阴屠中少年有侮信者，曰：“若虽长大，好带刀剑，中情怯耳。”众辱之曰：“信能死，刺我；不能死，出我胯下。”于是信孰视之，俯出胯下，蒲伏。一市人皆笑信，以为怯。①

这群以屠为业的市井无赖以此取乐，还以为韩信真的怕他们。其实韩信是一个胸有大志的青年才俊，不是一触即跳的莽夫。他深知“小不忍则乱大谋”的古训，不愿意与他们较一时之短长，于是才采取这种表面上看起来怯懦无能的举动。不过，从这则故事可以看出，少年时代的韩信是一个身材高大、终日刀剑不离身的威猛刚毅的武士形象。他不仅有一身武艺，而且据情势推断，他还熟读过兵书，满腹文韬武略。与那些恶作剧的“屠中少年”相比，根本不在一个层次上，双方当然也无法沟通。胯下之辱的背后，是韩信的雄心壮志和对未来辉煌人生路的期许。

（二）登台拜将

公元前209年（秦二世元年）秦末农民大起义爆发后，群雄并起，召唤着各类精英人物投身厮杀的疆场。韩信终于等来了施展自己才干的机会，于是毅然仗剑从军，参加了项梁领导的起义队伍。项梁战死后，他又转而跟随项羽，任郎中之类的小官。在项羽麾下，韩信的军事才能始终未能得到显露和发挥。他几次向项羽献计献策，均得不到采纳。项羽太缺乏知人之明，既不能发现人才，更不会使用人才。他怎么

---

① 《史记·淮阴侯列传》，中华书局1959年版，第2610页。

也不会想到，就是他瞧不上眼的这个人，日后成为致他于死命的汉军统帅。韩信看到在项羽部下难以施展自己的抱负，遂于公元前206年(汉元年)初离楚归汉，被刘邦任命为连敖，一个司马之类的小官。一次犯法当斩，同案犯十多人皆已斩讫，临到韩信时，正遇上夏侯婴。韩信直视夏侯婴说："上不欲就天下乎？何为斩壮士？"夏侯婴"奇其言，壮其貌"，下令免其死罪。接着与韩信一番交谈，更感到他不同凡响，就将他推荐给刘邦，但没有引起刘邦的特别重视，只任命他做了管理粮秣的治粟都尉。

其时，萧何在刘邦手下总揽行政和军需供应，与韩信接触较多，对他的才能十分欣赏。刘邦被项羽封为汉王后，无可奈何地率军抵达汉中。这时，山东诸将中有些人对刘邦集团的前途感到茫然，悄悄地不辞而别。公元前206年(汉元年)六月，韩信感到自己在汉军中也得不到重用，于是愤然出走。萧何知道后，来不及与刘邦打招呼，就星夜将韩信追回。接着极力向刘邦推荐韩信是"国士无双"的帅才，他说："王必欲长王汉中，无所事信；必欲争天下，非信无所与计事者。""王计必欲东，能用信，信即留；不能用，信终亡耳。"①刘邦最后被萧何说动，决定举行隆重的仪式，筑拜将台拜韩信为大将，即汉军的统帅。由于事先没有公布大将人选，消息传开，"诸将皆喜，人人各自以为得大将。至拜大将，乃韩信也，一军皆惊"②。看来韩信拜将着实制造了一次轰动效应。通过这一事件，萧何的知人之明、荐人之切，刘邦的坦诚率直、从谏如流，都表现得淋漓尽致。

---

① 《史记·淮阴侯列传》，中华书局1959年版，第2611页。

② 《史记·淮阴侯列传》，中华书局1959年版，第2611页。

后来楚汉战争的历史进程表明，对韩信的破格重用对刘邦的胜利起了多么重大的作用。

（三）巍巍军功

拜将台上，韩信仔细分析了楚汉双方各自的优劣，力劝刘邦还定三秦，出关东向，与项羽一决雌雄。刘邦接受韩信的建议，要求他全权筹划东向进军的战略和策略。公元前206年（汉元年）八月，韩信指挥汉军明修栈道，暗度陈仓，出奇兵突袭，一举夺取关中，将项羽封王关中的三个秦朝降将章邯、董翳、司马欣一一扫除，为刘邦建立了稳固的前进基地。第二年，又冲出函谷关，使项羽封在中原地区的魏王、殷王、河南王在刘邦的马前叩首称臣。公元前205年四月，当急躁冒进攻入彭城的刘邦一军被项羽一个回马枪打得落荒而逃时，韩信立即发兵荥阳接应，从而稳住阵脚。由于齐、赵、魏等诸侯王慑于项羽的威势反汉归楚，中原战局一时变得对汉军十分严峻。为了打破对汉军不利的局面，韩信奉刘邦之命进击盘踞今之山西一带的魏国。当时魏军主力集中防守蒲坂（今山西永济西）附近的黄河渡口，韩信故意在临晋（今陕西大荔西）虚张声势，而将主力悄悄运动至夏阳（今陕西韩城），“以木罂缶渡军”，奇袭安邑（今山西夏县境），很快击垮魏军，俘虏魏王豹。接着，刘邦给韩信增兵三万，派张耳协助，乘战胜之威进兵赵国。韩信飞军越太行山，准备自井陉突入赵境。赵王歇和谋士陈余否定了另一谋士李左车抵抗汉军的正确意见，而是在井陉正面摆开决战架势，而这正是韩信所希望出现的军事态势。他命令汉军主力背水结营，同时派出一支小部队从崎岖的山间小路偷袭敌营，迅速打了一场痛快淋漓的歼灭战，杀死陈余，俘虏赵王。韩信对被俘的李左车待之以礼，接受李提出的“以长击短”的谋取燕国的方案，陈大军于燕国边境，然后派人入燕游说。由于汉军新破魏、代、赵诸国，声威远振，燕军抵抗没有丝毫取胜的希望，只得老老实实地投降。汉军兵不血刃，黄河以北燕国的广土众民就归到了刘邦名下。

灭燕后，手握重兵的韩信遣使向刘邦报捷，并请求刘邦封张耳为赵王，以管辖刚刚占领的赵国的土地，自己则率军征伐齐国。公元前204年(汉三年)六月，刘邦把韩信一军的精锐留在荥阳一线加强对付项羽的正面战场，同时拜韩信为相国，统帅张耳名下的赵国军队向齐国进兵。但当韩信一军进至平原(今山东平原南)的时候，齐国已经被刘邦的谋士郦食其说降了。韩信本打算停止进兵，但其幕僚蒯通认为既然没有接到刘邦停止进军的命令，就应该乘齐军不备消灭他们，以增加自己的军功。在蒯通功名利禄的煽惑下，韩信坚定了以武力攻占齐国的决心。公元前203年(汉四年)十月，当齐国君臣与郦食其置酒高会之时，韩信指挥汉军突袭了屯驻历下(今山东济南)的齐军主力。齐王田广一怒之下烹杀郦食其，通款项羽，与楚军联合抵抗汉军的进攻。韩信乘胜攻取齐都临淄以后，继续东进，与齐国残余军事力量和楚将龙且统帅的楚军夹潍水(今山东安丘境)对峙。这时，有一谋士向龙且提出了一条坚壁清野、以逸待劳、策动反叛、相机破敌之计，可惜刚愎自用、骄傲轻敌的龙且不能采用，反而督军与汉军隔潍水布阵，从而为韩信的胜利创造了条件。韩信知悉齐楚联军的部署，大喜过望，立即命令军士连夜将万余只袋子装满砂石，把潍水上游的河道堵塞，然后引军半渡，向龙且军发起攻击。双方一场激战，韩信军佯败，回渡潍水。龙且不知是计，以为汉军真的败退，急忙挥军追击。正当齐楚联军渡水之时，韩信已命士卒将沙袋所筑之拦河坝决开，大水滚滚而来，正在渡河的齐楚联军将士淹死者不计其数，其余敌军被河水分开，彼此不能相救。汉军回师猛击，杀死龙且，潍水以西敌军全军覆没，以东敌军则纷纷溃逃。齐王田广继续东逃，楚军残余则向西南狂奔，企图逃归彭城。韩信命汉军穷追不舍，至城阳（今山东菏泽北），将楚军残余尽皆俘虏。潍水一战，彻底打垮了20万齐楚联军，并很快占领了齐国全境，再次展示了韩信高超的指挥艺术。不过，韩信平齐的胜利虽然从军事上看不乏积极意义，但从政治上看却并不光彩，因为郦食其本来用和平手段解决的问题，韩信又重新用战争手段去解决，不仅使郦食其惨遭烹杀，而且无端牺牲了许多士卒的生命。对于韩信擅自决定如此重大的军事行动，刘邦并未对他谴责和惩罚，原因一是刘邦并未下达停止进军的命令，二是韩信平齐的胜利大大减轻了刘邦正面战场的压力，进一步加快了刘邦集团胜利的步伐。刘邦纵使心有不悦，也没有理由谴责和惩罚一个胜利的英雄。

（四）索封假齐王的风波

韩信完成平齐之役，已经为刘邦夺取了大半个中国，其功劳是刘邦集团中任何人也无法比拟的。随着韩信战功的增加和占地的广阔，他的个人权力欲也逐渐膨胀起来。他认为相国的头衔已不足以当其功，于是径直向刘邦要求“假齐王”的封赏。公元前203年（汉四年）十一月，他派出使者向刘邦请求说：“齐伪诈多变，反复之国也，南边楚，不为假王以镇之，其势不定。愿为假王便。"①这时候,刘邦正被项羽的大军围困在荥阳,形势十分危急。他对韩信在此时此刻要挟自己给予封赏又惊又怒,大骂韩信不知好歹。张良、陈平意识到此时还不是指责韩信的时候,当务之急是必须笼络住韩信,使他在关键时刻参加对楚军的战斗,以解决刘、项两个集团争夺天下的问题,于是示意刘邦答应韩信的要求。刘邦一经点拨,立即醒悟,马上转变态度,命张良为特使前去齐国,封韩信为齐王,同时命令他迅速挥师南下,从北面攻击楚军。

韩信平齐之后,势力大增,成为刘邦、项羽之外一支举足轻重的力量。项羽意识到,再也不能小觑这一位在自己手下溜走的小郎中了。此时如果能够使韩信背汉向楚,或者在楚汉之间保持中立,楚军所处的不利形势就会出现转机。于是他派出辩士武涉秘密潜入齐地,拜见了因功被封为齐王而踌躇满志的韩信,竭力游说他背汉向楚。武涉在韩信面前煽惑说:

> 足下所以得须臾至今者,以项王尚存也。当今二王之事,权在足下。足下右投则汉王胜,左投则项王胜。项王今日亡,次则取足下。足下与项王有故,何不反汉与楚连和,参分天下王之?今释此时,而自必于汉以击楚,且为智者固若此乎?②

武涉鼓动韩信背汉向楚,以求三足鼎立,尽管是从项羽的利益出发,但也的确看到了刘邦与韩信间潜隐着的矛盾,具有先见

---

① 《史记·淮阴侯列传》,中华书局 1959 年版,第 2621 页。
② 《史记·淮阴侯列传》,中华书局 1959 年版,第 2622 页。

之明地指出了韩信将来潜在的危险。这时的韩信只感到刘邦对自己言听计从,而随着功劳的增加,自己的爵位和官职也不断上升。既然刘邦现在对自己如此厚爱,将来的富贵荣华更不会有什么问题。显然,此时的韩信对自己的未来还缺乏清醒的认识,所以婉言拒绝了武涉的要求。武涉走后,韩信身边的谋士蒯通又上来劝他据齐地自立,进而独制天下:

天下初发难也,俊雄豪杰建号壹呼,天下之士云合雾集,鱼鳞杂遝,熛至风起。当此之时,忧在亡秦而已。今楚汉分争,使天下无罪之人肝胆涂地,父子暴骸骨于中野,不可胜数。楚人起彭城,转斗逐北,至于荥阳,乘利席卷,威震天下。然兵困于京、索之间,迫西山而不能进者,三年于此矣。汉王将数十万之众,距巩、雒,阻山河之险,一日数战,无尺寸之功,折北不救,败荥阳,伤成皋,遂走宛、叶之间,此所谓智勇俱困者也。夫锐气挫于险塞,而粮食竭于内府,百姓罢极怨望,容容无所倚。以臣料之,其势非天下圣贤固不能息天下之祸。当今两主之命悬于足下。足下为汉则汉胜,与楚则楚胜。臣愿披腹心,输肝胆,效愚计,恐足下不能用也。诚能听臣之计,莫若两利而俱存之,参分天下,鼎足而居,其势莫敢先动。夫以足下之贤圣,有甲兵之众,据强齐,从燕、赵,出空虚之地而制其后,因民之欲,西乡为百姓请命,则天下风走而响应矣,孰敢不听!割大弱强,以立诸侯,诸侯已立,天下服听而归德于齐。案齐之故,有胶、泗之地,怀诸侯以德,深拱揖让,则天下之君王相率而朝于齐矣。盖闻天与弗取,反受其咎;时至不行,反受其殃。愿足下熟虑之。①

蒯通的计策从韩信的个人利益看来是有吸引力的，但究其实，无非项羽式的分封的变种，既不合历史潮流，事实上也难以成功。韩信如果真的这样做，那也只是蹈项羽的覆辙，不过给刘邦的统一天下增加一些困难，延长一点时间而已，总的历史趋势是不会改变的。韩信一时犹豫不决，拿不定主意。他认为刘邦对自己恩义深厚，应该知恩图报，不能见利而背恩忘义。思虑再三，他还是重复给武涉说的那几句话："汉王遇我甚厚，载我以其车，衣我以其衣，食我以其食。吾闻之，乘人之车者载人之患，衣人之衣者怀人之忧，食人之食者死人之事，吾岂可以乡利背义乎！"蒯通对韩信的"执迷不悟"仍心有不甘，又进一步以历史和现实为例，反复申述"世态炎凉，利尽则交亡"的道理，敦促韩信痛下决心。但韩信仍不为所动。几天之后，蒯通再见韩信，提出最后的忠告：

> 夫听者事之候也，计者事之机也，听过计失而能久安者，鲜矣。听不失一二者，不可乱以言；计不失本末者，不可纷以辞。夫随厮养之役者，失万乘之权；守儋石之禄者，阙卿相之位。故知者决之断也，疑者事之害也，审毫厘之小计，遗天下之大数，智诚知之，决弗敢行者，百事之祸也。故曰："猛虎之犹豫，不若蜂虿之致螫；骐骥之跼躅，不如驽马之安步；孟贲之狐疑，不如庸夫之必至也；虽有舜禹之智，吟而不言，不如喑聋之指麾也。"此言贵能行之。夫功

① 《史记·淮阴侯列传》，中华书局1959年版，第2623—2624页。

者难成而易败，时者难得而易失也。时乎时，不再来。愿足下详察之。①

蒯通进而告诫韩信，在楚汉之争胜负未定之时，正是独树一帜的最佳时机，因为此时楚、汉两家只能采取拉拢韩信的措施，谁也无力对他进行征讨。必须趁此时机，为自己创出一个新局面。但面对蒯通苦口婆心的劝说，韩信“犹豫不忍背汉，又自以为功多，汉终不夺我齐，遂谢蒯通”。蒯通知道韩信难以说动，叹息说：“夫迫于细苛者，不可与图大事；拘于臣虏者，固无君王之意。”②应该承认，蒯通看到了剥削阶级代表人物以利害相结合以致反目成仇的历史和现实，比较准确地预言了韩信在不久的将来的危险处境，其眼光的确是锐敏而深刻的。但是，他开给韩信的自救之方却并不高明。历史的潮流正导向统一，蒯通反而劝韩信重温齐桓、晋文的美梦，韩信即使真的依其计而行，到头来也不会成功。

本来，韩信要求假齐王的封号一事已经在刘邦心中留下阴影。所以，刘邦在满足他要求的同时也准备好了在不久的将来除掉他。对此，韩信在当时显然是毫无觉察。这时的韩信只是想到自己建树的巨大功劳，更想用这些功劳从刘邦那里换取更多的地盘、财富和权力，以及享不尽的荣华富贵。武涉、蒯通的游说之所以未能打动韩信，是因为他把要求刘邦封赏看成顺理成章的平等交易。所以，在得到齐王的封号以后，韩信并没有收敛自己的欲望，而是得寸进尺，得陇望蜀。公元前 202 年（汉五

① 《史记·淮阴侯列传》，中华书局 1959 年版，第 2625 页。
② 《史记·淮阴侯列传》，中华书局 1959 年版，第 2626 页。

年)十月,当刘邦率领的汉军主力追击楚军到固陵(今河南太康与淮阳之间),要求韩信迅速率军前来参战时,韩信竟故意拖延,迟迟不奉命南下,结果使楚军获得喘息之机,项羽一个回马枪,把汉军打得狼狈不堪。张良洞悉韩信不及时率军南下的隐秘,是想得到故乡楚地,将其划归自己的封国,并以此作为他参战的筹码,于是建议刘邦满足他的要求。这一着果然灵验,韩信马上督军南下,最后出色地指挥了垓下之战,为刘邦立下最后一桩汗马功劳。

从索封假齐王开始,刘邦和韩信之间就出现了裂痕并最终造成了韩信的杀身之祸。

(五)十面埋伏——指挥围歼楚军的垓下之战

公元前202年(汉五年)十月,刘邦接受张良的建议,派出使者,封彭越为梁王,将楚地划归韩信为王的齐国领地,从而换取两支劲旅迅速南下,向楚军的侧背进行猛烈攻击。韩信一军在顺利攻取楚都彭城(今江苏徐州)后,继续向南挺进。与此同时,彭越一军也渡过濉水,直插东南。两军会合,形成了从北面对楚军的大包围。十一月,刘贾统帅的另一支汉军渡过濉水,招降了据守寿春(今安徽寿县)的楚大司马周殷。周殷以楚之九江兵迎回英布,与刘贾统帅的汉军一起自南而北向楚军进击。十二月,在汉军的三面夹击下,项羽统帅的楚军节节败退至垓下(今安徽灵璧东南)。刘邦、韩信、彭越、英布、刘贾等指挥的汉军不下几十万,将仅剩十余万人马的楚军团团围住。韩信以其超群的军事才干,统一指挥最后围歼楚军的战斗。他十面设伏,八方进击,使楚军处处被动,陷于绝境。时值严冬,天寒地冻,朔风怒号,雨雪交加。楚军士卒大量减员,粮食军资又极端匮乏,再加上士气极度低落,因而几乎每战必败。项羽一筹莫展,只得坚壁不出。此时,由张良作词的一首《楚歌》成为最后瓦解残余楚军的武器:

九月深秋兮四野飞霜,天高水涸兮寒雁悲伤。
最苦戍边兮日夜彷徨,披坚执锐兮孤立沙岗。
离家十年兮父母生别,妻子何堪兮独宿孤床。
白发依门兮望穿秋水,稚子忆念兮泪断肝肠。
家有余田兮谁与执守?邻家酒热兮谁与之尝?
一旦交兵兮蹈刃而死,骨肉为泥兮衰草蒿凉。
魂魄悠悠兮往之所以,壮志寥寥兮付之荒唐。
汉王有德兮降军不杀,指日擒羽兮玉石俱伤。
我歌岂诞兮天谴告汝,汝其知命兮勿为渺茫。①

楚歌悲凉的旋律使楚军再也鼓不起战斗的勇气而纷纷逃亡。项羽在演出了荡气回肠的霸王别姬后突围至乌江(今安徽和县东北)。由于他拒绝了乌江亭长回江东的劝告,最后在韩信部署的追兵面前自刎身亡。

垓下之战为韩信辉煌的军事生涯画上了一个圆满的句号,而由此开始,韩信进入了运交华盖的最后岁月。

(六)英雄末路

垓下之战是韩信军事生涯的最后一个杰作。当他在十二

---

① 《史记》《汉书》等文献均未载传说是张良所作的这首《楚歌》,此引自江苏丰县出刊的《刘邦研究》1993年第3期,伪托的可能性极大,但似可反映当时楚军的心境,故录于此。

月的风雪中巡视楚、汉两军最后搏斗的战场时，他还意识不到他对刘邦的功用已经完结。既然最大的敌人项羽已经死灭，潜在的对手韩信也就成了刘邦最主要的防范对象。刘邦在垓下之战结束后回军经过韩信的统帅部驻地定陶（今属山东）时，就在韩信毫无觉察的情况下收回了他对汉军的指挥权，接着又宣布改封他为楚王。这两项措施显然是刘邦为防范韩信反叛而精心策划的。因为韩信的特长是带兵，帅而无兵，就不易兴风作浪。齐国连城七十，地广人众，有鱼盐之利，加之民风剽悍，自春秋以来就是东方大国。将这一重要地方封赏给韩信，刘邦是既不乐意，更不放心。因而差不多在剥夺其军权的同时，也宣布了改封其为楚王的决定。淮北地方较齐地为小，地瘠民贫，四面又无险可守，由韩信经营其地，即使他日后反叛，也比较容易对付。

尽管楚汉战争结束时刘邦剥夺了韩信的军权并削减了他的封地，但此时的韩信却没有丝毫反叛刘邦的意思，作为城市贫民出身的一介武士，投军七年，凭着自己的军事才能，迅速成为位极人臣的诸侯王，他已经心满意足了，他压根就没有觊觎刘邦所占的那个皇帝位子，只想在楚王宫中尽情地享受一番。楚汉战争结束后，韩信奉命领衔上书，将刘邦推上皇帝的尊位。之后他就来到自己的封地，对故旧论功行赏。他首先召见给他饭吃的漂母，表示深深的谢意，并以千金为报。这位心地善良的老人大概从此告别了洗衣生涯，能够衣食无虞地安度晚年了。接着，韩信找到了当年的下乡南昌亭长，送给他 100 个大钱，曰："公，小人也，为德不卒。"算是对其妻子当年驱逐自己的一点报复。最后，又召见了那位令自己出其胯下的少年，不仅未加惩罚，还任命他做了王国中尉。他对疑惑不解的王国官员说："此壮士也。方辱我时，我宁不能杀之邪？杀之无名，故忍而就于此。"①

公元前201年（汉六年）十月，刘邦与韩信在钟离昧问题上发生抵牾。钟是韩信在楚军时的朋友，楚汉战争结束后他成为朝廷通缉的要犯。韩信出于朋友之情，将钟窝藏在自己的王府里。刘邦知悉后，严令韩信将钟逮捕归案。韩信碍于故人情面，拖延未执行。刘邦对此自然十分恼火。恰在此时，刘邦派到楚地的耳目诬告韩信"行县邑，陈兵出入"，有谋反之嫌。陈平建议刘邦"伪游云梦"，借机逮捕韩信。十二月，韩信得到刘邦到达楚国边境的消息，只得依礼持钟离昧之首级前往陈（今河南淮阳）谒见，希望得到刘邦的谅解，结果被刘邦如愿以偿地逮捕。至此，韩信才明白中了刘邦的诱捕之计。他满腹委屈，愤怒地对刘邦说："果如人言，'狡兔死，良狗亨；高鸟尽，良弓藏；敌国破，谋臣亡'。天下已定，我固当亨。"②韩信这里引述的是春秋时期越国大夫范蠡的名言，道出了古代君臣可共患难、不可共安乐的真谛。刘邦将韩信押至洛阳后，大概因为查不出谋反的证据，就将他赦免，贬为淮阴侯，留在京师监视起来。

韩信此次的被捕被贬是他政治生涯的重大转折。以此为契机，韩信内心潜伏的叛逆意识开始迅速滋长。由于无罪而被削地夺爵，韩信自然是委屈满腹，耿耿于怀，同时对刘邦彻底绝望。他于是采取消极抵抗的办法，"常称病不朝从。信由此日夜怨望，居常鞅鞅，羞与绛、灌等列"。有一次，他来到樊哙的

---

① 《史记·淮阴侯列传》，中华书局1959年版，第2626页。

② 《史记·淮阴侯列传》，中华书局1959年版，第2627页。

住处闲聊，樊哙恭恭敬敬地迎送，言必称臣。韩信出门，自嘲说："生乃与哙等为伍！"①韩信以淮阴侯的爵位住在长安，时时处于刘邦的监视之下。如果他意识到自己的处境，随遇而安，乐天知命，或斗鸡走狗，或醇酒妇人，装出一副与世无争的模样，刘邦纵使想除掉他也找不到像样的理由，他或许能够得以善终。但是，韩信却是一个自视甚高、不甘寂寞、锋芒毕露并且念念不忘自己功劳的人物。这就注定了他悲剧的命运。在韩信闲居无聊的时候，刘邦有时也找他聊天。一次，二人议论到汉朝诸将能力高下时，刘邦问韩信："如我能将几何？"韩信脱口而出："陛下不过能将十万。"刘邦又问："于君如何？"韩信得意扬扬地回答说："臣多多益善耳。"刘邦也很不客气地说："多多益善，何为为我禽？"韩信只好回答说："陛下不能将兵，而善将将，此乃信之所以为陛下擒也。且陛下所谓天授，非人力也。"②韩信在刘邦面前表现得惊人地坦率。对于这样一个善于统兵的帅才，刘邦自然是日夜加以警惕的。韩信在数年的近于囚徒般的生活中，对刘邦由失望而怨尤而愤怒，逐渐走上了谋反的道路。他时时痛悔自己不听蒯通之言，不断思考如何对刘邦的"负义"进行报复。不久，机会终于来了。韩信与阳夏侯陈豨感情甚笃，恰巧刘邦任命陈豨以相国的职务监领代、赵两地的兵权。莅任前，陈豨特来向韩信辞行。韩信握着他的手，屏退左右，与之步于庭，仰天长叹曰："子可与言乎？欲与子有言也。"陈豨恭敬地说，唯将军之命从。韩信遂与他密谋说："公之所居，天下精兵处也；而公，陛下之信幸臣也。人言

---

① 《史记·淮阴侯列传》，中华书局 1959 年版，第 2628 页。

② 《史记·淮阴侯列传》，中华书局 1959 年版，第 2628 页。

公之畔，陛下必不信；再至，陛下乃疑矣；三至，必怒而自将。吾为公从中起，天下可图也。”①这样，韩信就与陈豨定下了里应外合、发动叛乱的密谋。陈豨到任以后，蓄养大批宾客死士为叛乱积蓄力量。有一次，陈豨告归路过邯郸时，竟有车千乘，偌大的邯郸官舍都容纳不下。在礼仪上这显然是一种僭越。赵相周昌对陈豨提出弹劾，刘邦下令调查，陈豨惊恐不安，于是加速了谋反的步伐。

公元前197年（汉十年）九月，陈豨自立为代王，公开举起了反叛的旗帜。刘邦决定亲自率兵征伐陈豨，临行前，他大概已经怀疑韩信与陈豨勾结，就故意要求韩信随军赴前线效力。韩信认为这正是他在首都谋叛的良机，就以生病为由拒绝从行。刘邦率兵进至邯郸，由于争取了赵、代地区官吏和百姓的支持，很快平定了陈豨的叛乱。刘邦率大军赴邯郸后，京师一时空虚。韩信立即紧张地进行谋反的策划。他一面派出心腹秘密赴陈豨那里联络，一面与家臣密谋，决定乘夜间诈赦诸宫徒奴，发兵袭击吕后与太子。一切部署既定，只待陈豨密报一到，就开始行动。这时，淮阴侯府有一舍人得罪于韩信，被韩信囚禁准备杀掉。舍人弟将韩信的密谋向吕后告发。公元前196年（汉十一年）正月，吕后本打算立即召见韩信加以惩处，又恐其识破难以达到目的，于是同相国萧何谋议，让人诈称从前线归来，报告陈豨兵败身死，令群臣皆上朝祝贺。韩信听到这一消息，正在惊惧痛惜不知所措的时候，萧何登门拜望，力劝韩信上朝祝贺。韩信不知是计，一入宫门即被全副武装的士兵逮捕，随后吕后下令将其斩杀于长乐宫悬钟之室。韩信临死

① 《史记·淮阴侯列传》，中华书局1959年版，第2628页。

前，后悔莫及地说："吾悔不用蒯通之计，乃为儿女子所诈，岂非天哉！"①韩信的家属也遭到了当时最严厉的惩罚：夷三族。

韩信以一介寒士投身军旅，将自己的军事才能充分发挥出来。数年之内，克城夺地，迭获胜利，最后裂土封王，成为西汉初年历史上一个显赫无比的特殊人物，其猎取富贵权势利禄之心得到很大的满足。在大汉皇朝建立前后，他对刘邦是忠心拥戴的。所以，他不仅拒绝了武涉背汉向楚的游说，也拒绝了蒯通离汉自立、三分天下的建议。然而，王位还没有坐稳，就被诬谋反，削地夺爵，继而又被扣押京师，形同俘虏。在如此情势下，其后悔、怨愤可想而知。追求富贵权势的欲望一变而为谋反是一种合乎逻辑的发展，其感激刘邦的知遇之恩不忍背汉和后来参与陈豨密谋铤而走险都是真实的。对于韩信悲剧的酿成，后来的许多思想家和史学家都做出了自己的诠释，比较而言，司马迁和司马光的解读是最有见地的：

> 假令韩信学道谦让，不伐己功，不矜其能，则庶几哉，于汉家勋可以比周、召、太公之徒，后世血食矣。不务出此，而天下已集，乃谋畔逆，夷灭宗族，不亦宜乎！②
>
> 世或以韩信首建大策，与高祖起汉中，定三秦，遂分兵以北，禽魏，取代，仆赵，胁燕，东击齐而有之，南灭楚垓下，汉之所以得天下者，大抵皆信之功也。观其距蒯彻之说，迎高祖于陈，岂有反心哉！良由失职怏怏，遂陷悖逆。夫以卢绾里闬旧恩，犹南面王燕，信乃以列侯奉朝请；岂非高

① 《史记·淮阴侯列传》，中华书局1959年版，第2628页。

② 《史记·淮阴侯列传》，中华书局1959年版，第2630页。

祖亦有负于信哉？臣以为高祖用诈谋禽信于陈，言负则有之；虽然，信亦有以取之也。始，汉与楚相距荥阳，信灭齐，不还报而自王；其后汉追楚至固陵，与信期共攻楚而信不至；当是之时，高祖固有取信之心矣，顾力不能耳。及天下已定，信复何恃哉！夫乘时而徼利者，市井之志也；酬功而报德者，士君子之心也。信以市井之志利其身，而以士君子之心望于人，不亦难哉！①

事实上，韩信之类人物在当时的历史条件下，其人生的悲剧几乎是不可避免的。一方面，刘邦对异姓诸侯王的分封虽然有时代的原因，但更多的是一种权宜之计，是为了孤立项羽而设计的一种暂时的联盟。当楚汉战争结束之后，这种联盟的历史使命也就宣告完结。不管有无正当理由，刘邦最后一定要扫灭他们。另一方面，在楚汉战争中崛起的韩信之类的实力派军人，抱着裂地分封、子孙永享的观念要求和对待已经得到的土地和权利，这种要求既与刘邦原来的意图南辕而北辙，又与汉皇朝加强专制主义中央集权的现实要求相悖谬。随着时间的推移，两者之间的矛盾必然趋于激化，斗争也就不可避免。既然刘邦的汉皇朝已经证明了自己的历史正当性，韩信之类悖谬历史潮流人物的失败也就是必然的了。就韩信本人而言，他的军事才能在当时虽然是第一流的，但他的政治眼光却是短浅的。在处理与刘邦的关系上，他既缺乏萧何忠心到底的品格，又缺乏张良功成身退的机智。他用春秋战国时期诸侯国对周王室的要

① 司马光：《资治通鉴·汉纪四》，中华书局1955年版，第390—391页。

求来要求大汉皇帝刘邦,不能不说是犯了时代的错误。军事上的天才,政治上的庸人,韩信的悲剧结局在很大程度上源于他自身。

平心而论,韩信的被诛虽然是咎由自取,但刘邦的处置不当也是促成此一悲剧的重要原因,更因为韩信功勋卓著,因而他的遭际引起后世人们的深切同情。无数文人墨客在凭吊韩信的历史遗迹时留下连篇累牍的诗文:

将略兵机命世雄,苍黄钟室叹良弓。
遂令后代登坛者,每一寻思怕立功。[1]
丈夫生即为真王,蒯通岂必谋非臧。
食人之食死人事,不知鸟尽良弓藏。[2]
万尽风云大将台,凌空高峙对城隈。
谩讥隆准非仁辟,毕竟王孙是俊才。
弓影直将高鸟尽,鱼钩饵得假王来。
黥彭功烈同销歇,汉水滔滔去不回。[3]

这些一咏三叹而有余哀的诗句,除了寄托着对韩信的深切同情之外,更多地是抒发对历代君王残酷屠戮功臣的愤激。不过,这些古代诗人对问题的看法是比较肤浅的,有的停留在就事论

① 刘禹锡:《韩信庙》,《刘宾客文集》卷二十四,影印版文渊阁四库全书。

② 王士祯:《韩侯钓台歌》,转引自中仁、启予:《韩信的悲剧》,《学术论坛》1983 年第 2 期。

③ 郭士藩:《汉台》,转引自拙著《秦汉人物散论续集》,山东大学出版社 2019 年版,第 46 页。

事的水平,有的仅是借机表达一种世事兴亡之感。他们缺乏的恰恰是司马迁和司马光那样的较为深邃的历史眼光。

二、军事谋略

韩信是秦汉之际第一流的军事家。他不仅指挥过许多重大的取得辉煌战绩的军事行动,而且具有深厚的兵学素养,留下了兵学著作《韩信》三篇,是《汉书·艺文志》记载的“兵权谋十三家”之一,与孙武、孙膑、商鞅、吴起等兵家并列。不宁唯是,他还与张良一起,对流传至西汉初年的兵书进行整理:“汉兴,张良、韩信序次兵法,凡百八十二家,删取要用,定著三十五家。”看来韩信在从军前就读过当时流传的兵书如《吴孙子》(即《孙子兵法》)、《齐孙子》(即《孙膑兵法》)、《吴子》、《尉缭子》等,汲取其精华,并在他指挥的军事行动中运用到炉火纯青的地步。

(一)知己知彼

韩信首先是天才的战略家,这体现在他对整个楚汉战争的战略构想上。在拜将台上,他详细分析了楚汉双方各自的优劣,预言了汉军必胜的前景,力劝刘邦还定三秦,打出函谷关,与项羽争夺天下。你看,他对楚汉双方各自优劣的分析何其深刻:

> 项王喑恶叱咤,千人皆废,然不能任属贤将,此特匹夫之勇耳。项王见人恭敬慈爱,言语呕呕,人有疾病,涕泣分

食饮，至使人有功当封爵者，印刓敝，忍不能予，此所谓妇人之仁也。项王虽霸天下而臣诸侯，不居关中而都彭城。有背义帝之约，而以亲爱王，诸侯不平。诸侯之见项王迁逐义帝置江南，亦皆归逐其主而自王善地。项王所过无不残灭者，天下多怨，百姓不亲附，特劫于威强耳。名虽为霸，实失天下心。故曰其强易弱。今大王诚能反其道：任天下武勇，何所不诛！以天下城邑封功臣，何所不服！以义兵从思东归之士，何所不散！①

后来楚汉战争的进程基本上应验了他的战略构想。在四年的楚汉战争中，汉军在韩信总的战略规划指导下，绝大多数时间处于战略主动地位。韩信与刘邦大部分时间都是分兵作战，以刘邦统帅的汉军在黄河以南对付楚军主力，在力量对比对汉军不利的异常艰难的情况下拖住楚军使之难以分身，这就给韩信统帅的汉军创造了在黄河以北每战必胜的条件。当韩信灭魏、破赵、降燕、定齐占领整个北中国并南下围歼残余楚军的时候，汉胜楚败的战略态势连项羽也不存疑义了。

韩信同时也是百战百胜的常胜将军，是指挥大兵团作战的行家里手。他之所以能够做到每战必胜，最根本的原因是他在知己知彼的前提下进行了精心的战役谋划。韩信指挥的第一次战役是还定三秦之战，就在拜将台上，他对当前之敌三秦王与汉军优劣进行了深入细致的分析：

三秦王为秦将，将秦子弟数岁矣，所杀亡不可胜计，又

① 《史记·淮阴侯列传》，中华书局1959年版，第2612页。

> 欺其众降诸侯，至新安，项王诈坑秦降卒二十余万，唯独邯、欣、翳得脱，秦父兄怨此三人，痛入骨髓。今楚强以威王此三人，秦民莫爱也。大王之入武关，秋毫无所害，除秦苛法，与秦民约，法三章耳，秦民无不欲得大王王秦者。于诸侯之约，大王当王关中，关中民咸知之。大王失职入汉中，秦民无不恨者。今大王举而东，三秦可传檄而定也。①

由于知己知彼，韩信指挥的还定三秦之战势如破竹般取得了胜利。接着，韩信被刘邦任命为左丞相，率军攻魏。他询问自魏归来的郦食其魏国大将是不是周叔时，得到的回答是柏直，因为他了解此人不过是个无能的“竖子”，于是在公元前 205 年（汉二年）九月顺利攻取魏国，俘虏魏王豹。紧接着，刘邦又命他率 3 万人马攻赵。当时，赵国有 20 万大军，但统帅陈余却是一个对兵法一窍不通而又骄傲轻敌的“迂远而阔于事情”的腐儒，韩信知道赵王不用谋略出众的李左车而用陈余时，自然喜出望外，于是运用巧妙的奇袭战胜赵军，打了一场以少胜多的漂亮歼灭战。

破赵一战，陡然提升了韩信的威望和汉军的威势，当汉军陈兵燕境，摆出进击的架势时，燕国君臣的心理防线已经崩溃。归降韩信的李左车精辟分析了汉军的有利条件和燕国君臣的恐惧游疑，认为可以顺利劝降燕国。韩信认同李左车对敌我形势的分析，依计而行，果然使燕国乖乖归服。当韩信率胜利之师兵临齐国边境时，齐国因为已决定降汉而毫无戒备，韩信乘机突袭驻历下的齐军主力，自然是一举成功。继而追击齐军残

---

① 《史记·淮阴侯列传》，中华书局 1959 年版，第 2612 页。

余力量至潍水，遇到龙且统帅的20万齐楚联军的抵抗。此时的力量对比，汉军并不占优势。然而，当韩信了解敌手是一个刚愎自用、骄傲轻敌的愚悍之辈并且做了愚蠢的军事部署之后，一个战胜敌人的方案也就形成了，结果是20万齐楚联军在韩信的马前一败涂地。

韩信指挥最后围歼楚军的垓下之战时，汉军的力量已经占了绝对优势：刘邦、韩信统帅的汉军主力，彭越、黥布、刘贾等统帅的偏师，将疲惫不堪的10万残敌团团围住。此时的项羽不过是瓮中之鳖，但韩信并未掉以轻心，而是在项羽可能的突围路上设下十面埋伏，然后命令各路军马一齐进击，穷追不舍的汉军终于逼迫项羽自刎乌江，为历时四年之久的楚汉战争画上一个完满的句号。

对敌我情势的透辟了解和精准把握，是韩信无往而不胜的最重要最根本的前提条件。

（二）巧用兵法

在秦汉之际的数以十计的军事统帅和将领中，韩信的军事素养绝对是第一流的，对古代兵法著作的熟悉程度无出其右者。在与刘邦的谈话中他说自己指挥兵马是“多多益善”并不是吹牛，而是真实的自白。但是，作为军事家的韩信，其最可贵之处却不在他熟读了多少兵书，而在于他能够消化这些兵书并且灵活机智地运用这些兵书所阐述的原理，想常人不敢想，做常人不敢做，在看起来无望胜利的条件下取得惊人的成功。

韩信灵活运用兵法的典型战例是破赵之战。当时敌我情势显然对汉军不利：赵军20万，据险防守，以逸待劳；汉军3万，远来赴敌，履险攻坚。而作为军事统帅的韩信却与这支军队互不熟悉,彼此间还没有建立起生死与共的情谊。如此之军,如此之敌,如此之帅,在常人看来,韩信指挥的这场战役简直毫无取胜的希望。然而,韩信却充分利用敌军骄傲轻敌、部署错误的严重失误将战役导向了胜利的坦途。

当韩信挥军越太行,准备自井陉突入赵境的时候,赵军20万已经屯兵井陉口,摆开了与汉军决战的架势。显然,两军对峙的形势对汉军是不利的。然而,此时的赵军却犯了一个致命的错误,拒绝了李左车"坚壁坚持,断敌粮道"的正确建议,采取了正面迎敌的战术。这就给韩信打败赵军创造了有利条件。当侦察人员报告赵军不用李左车之计而在井陉正面摆开了决战的架势时,韩信立即命令全军沿崎岖险峻的山间小路迅速东进,在距井陉30里的地方安营扎寨。子夜时分,韩信点拨轻骑两千,令每人持一赤帜,抄一条小路秘密接近赵军军营,悄悄隐蔽在赵军难以发现的山谷中。他发出指令说:"赵见我走,必空壁逐我,若疾入赵壁,拔赵帜,立汉赤帜。"同时,又命裨将传令全军,先草草吃点东西即投入战斗,待攻破赵军后再放心地饱餐一顿。对于韩信如此不寻常的部署,汉军将士半信半疑。韩信命令万余大军做前锋向既定目标前进。天刚蒙蒙亮时,在离赵国军营不远的地方背水立阵。赵军望见后皆大笑不止。天大亮以后,韩信令军士竖起大将旗帜,指挥全军向赵军冲锋。一霎时,战鼓咚咚,杀声震天,汉军勇猛地跃出井陉口。赵军开壁迎战,一时杀得难解难分。两军酣战之际,韩信命汉军装出力不能支的样子,丢弃旗鼓军械,败退至河畔的汉军背水营地,与背水阵中的将士合军一处,转而复战。赵军见汉军败退,立即全军出动,一窝蜂般地抢夺汉军的旗鼓军械,并对汉军发起猛烈进攻。由于此时汉军已是背水而战,无后退之路,士卒皆奋勇当先,殊死拼搏,赵军人数虽众但占不了上风。而韩信预先埋伏的2000名骑兵,候赵军空壁而出之时,立即迅速突入赵军营寨,拔去赵军旗帜,换上汉军旗帜。赵军见攻击汉军不能取胜,欲返回自己的军营固守时,发现自己营垒上遍插汉军的旗帜,皆大惊失色,纷纷落荒而逃。汉军乘胜前后夹击,彻底打垮了赵军,陈余被杀,赵王歇做了俘虏。井陉之战的胜利大大出乎汉军将士的意料,在庆祝胜利的时候诸将与韩信有一段对话,显示了韩信打破常规指挥这次战役的谋略:

> 诸将效首虏,毕贺,因问信曰:“兵法右倍山陵,前左水泽,今者将军令臣等反背水陈,曰破赵会食,臣等不服。然竟以胜,此何术也?”信曰:“此在兵法,顾诸君不察耳。兵法不曰‘陷之死地而后生,置之亡地而后存’?且信非得素拊循士大夫也,此所谓‘驱市人而战之’,其势非置之死地,使人人自为战;今予之生地,皆走,宁尚可得而用之乎!”诸将皆服曰:“善。非臣所及也。”①

破赵之战显示了韩信在战争实践中灵活运用兵法的卓越才能,因为他在看起来无法取胜的时间、地点和条件下出人意料地取得了胜利。当时的情势对韩信统帅的汉军不利:汉军人数少于赵军且刚刚经过灭魏之战,远来疲惫;而赵军人数众多,又以逸待劳;井陉地区仅一山间小径,崎岖蜿蜒,不仅行军困难,而且大部队既不易集中亦不易展开,如赵军于途中设伏,后果不堪设想;特别是韩信初任汉军统帅,还没有更多地展示自己的才

---

① 《史记·淮阴侯列传》,中华书局1959年版,第2617页。

能而取得将士们的信任。正是在如此不利的情况下,他灵活地运用兵法,出奇制胜,险中取胜,打了一场痛快淋漓的歼灭战,写下了自己军事生涯最辉煌的篇章。

公元前203年(汉四年)的潍水之战是韩信灵活运用兵法的又一杰作。当时龙且统率的齐楚联军有20万之众,还有相当的战斗力,如果正面对阵,以韩信统帅的军力,彻底消灭这支敌军肯定是费时费力。然而,两军夹潍水布阵给韩信提供了利用水利资源的条件。他看到龙且骄傲轻敌的致命弱点和对水利资源的无知,巧妙地将上游的河水用沙袋截流蓄积,接着又巧妙地将战场安放在潍水河谷,在将齐楚联军引进潍水河谷后,出其不意地以水攻将敌军断为两部分,使之在极度惊慌失措中丧生了应该发挥的战斗力,最后被汉军彻底消灭,这再次显示了韩信娴熟地运用兵法的指挥艺术。

(三)出奇制胜

韩信用兵,不断展示出奇制胜的指挥艺术,一个接一个,频频出招,将“出其不意,攻其不备”的战术运用到出神入化的程度。你看,还定三秦之战,他是“明修栈道,暗度陈仓”。当三秦王还被他的“明修栈道”的招数忽悠得昏昏然的时候,“暗度陈仓”的汉军却悄无声息地突然出现在渭水两岸的原野上,使三秦王的抵抗只能是无望的挣扎。接着,灭魏之战,韩信又一次展示了出奇制胜的指挥艺术:他利用魏王豹估计汉军必定在临晋(今陕西大荔西)渡河的错误,避开魏军部署在蒲坂(今山西永济西)的精锐,一面在临晋虚张声势,摆出一副要在那里渡河的架势,一面将汉军主力秘密运动至夏阳,“以木罂缶渡军”,飞兵奇袭魏都安邑(今山西夏县境),惊慌失措的魏豹倾全国之军迎击汉军,但为时已晚。仅仅经过不足一个月的战斗,魏豹被俘,魏军覆没。紧接其后,韩信在对赵国的战争中使出了更大的险招,转瞬之间就将兵强马壮的赵国从政治地图上抹掉。

招降燕国后,韩信立即转兵南下,迅速到达齐国边境。他利用齐军解除戒备、齐国君臣与郦食其"置酒高会"的时机,以迅雷不及掩耳之势袭击了齐国屯驻历下的精锐之师,使之基本上丧失了独立对抗汉军的能力。这时,被汉军的"背信弃义"激怒得发昏的齐国君臣,立即转向项羽,与楚军结盟,共同对抗汉军。于是迅速组成的20万齐楚联军,在楚将龙且的指挥下拼命阻挡东进的汉军。这就有了双方对决的潍水之战。而在这场战斗中,韩信又一次使出了一个出其不意的绝招:水攻。结果是滚滚而下的潍河水使最后一搏的齐楚联军死伤大半,余众落荒而逃,溃不成军,被乘胜追击的汉军一一消灭在齐鲁的原野上。

(四)"知人善任"和"不战而屈人之兵"

一位英明的军事统帅,必须具备两大优势:一是懂得并能娴熟地运用兵法的各种原理,制定克敌制胜的战略和战术;二是知人善任,虚心听取和采纳谋士们各种正确的意见和建议。韩信指挥的每一次战役,都使其麾下将士的才干得到尽情的发挥。而对赵国谋士李左车的招降和信用,更是他知人善任的一个典型事例。

李左车是赵国国君最信任的谋主陈余的幕僚。韩信率汉军攻赵时,赵王将军事指挥权全权交给了陈余。面对来势汹汹的汉军,李左车向陈余献上了颇有价值的克敌之策:

闻汉将韩信涉西河,虏魏王,禽夏说,新喋血阏与。今乃辅以张耳,议欲下赵,此乘胜而去国远斗,其锋不可当。臣闻千里馈粮,士有饥色;樵苏后爨,师不宿饱。今井陉之道,车不得方轨,骑不得成列,行数百里,其势粮食必在其后。愿足下假臣奇兵三万人,从间道绝其辎重;足下深沟高垒,坚营勿与战。彼前不得斗,退不得还,吾奇兵绝其后,使野无所掠,不至十日,而两将之头可致于戏下。愿君留意臣之计。否,必为二子所禽矣。①

李左车的上述建议,显示了他不凡的战略眼光。如果其计被采纳,韩、张二人是否遭擒虽不一定,但汉军攻赵必然要经历更多的曲折。可惜陈余愚蠢而自傲,没有采纳李左车的建议,结果是韩信的奇谋得逞,赵国灭亡,陈余被杀。韩信得知李左车的建议,立刻认定他是个不可多得的人才,下令汉军不得伤害此人并决心将其收容麾下,悬出的赏格是:"有能生得者购千金。"李被生俘后,韩信的礼贤下士之风使他心甘情愿地供其驱使,向韩信献出"不战而屈人之兵"的取燕良策:

方今为将军计,莫如案甲休兵,镇赵抚其孤,百里之内,牛酒日至,以飨士大夫醳兵,北首燕路,而后遣辩士奉咫尺之书,暴其所长于燕,燕必不敢不听从。燕已从,使喧言者东告齐,齐必从风而服,虽有智者,亦不知为齐计矣。

① 《史记·淮阴侯列传》,中华书局1959年版,第2615页。

如是，则天下事皆可图也。兵固有先声而后实者，此之谓也。①

收降李左车并采纳他的建议，就收到兵不血刃而取燕的结果，这就是统帅和谋士的相得益彰。“不战而屈人之兵”，是战胜敌军的最理想的结果。然而，能否在战争中取得此一理想的结果，需要各种条件的配合，其中最主要的是超过敌军的强大军力形成的泰山压顶的威势，以及示敌宽仁和游说之士的巧妙配合。韩信招降燕国就是“不战而屈人之兵”的典范之作。当其时，韩信灭魏破赵，威震华夏，与赵国毗邻的燕国已经感受到汉军无形的威压，“不战而屈人之兵”的军事形势自然形成。处于战与降两难选择的燕国君臣肯定是惶惶不可终日，只要派出一个能言善辩的说客对燕国君臣晓之以理，示之以威，动之以利，他们就会乖乖接受投诚的条件。对此，韩信完全同意李左车的建议，“从其策，发使使燕，燕从风而靡”②，这是韩信审时度势、运筹帷幄的杰作。

总之，韩信的军事生涯既是他个人军事天才的一个完美展示，又是古代兵学遗产的一次辉煌弘扬。作为中国古代军事史上一个承前启后的伟大人物，他的战略战术思想沾溉了此后两千多年的中国将帅。

---

① 《史记·淮阴侯列传》，中华书局 1959 年版，第 2618 页。
② 《史记·淮阴侯列传》，中华书局 1959 年版，第 2618 页。

论班彪*

东汉时期的班彪、班固、班超父子，尽管官位都不太高，但却有名于当时，留声于后世，声名远远超过不少三公和二千石的高官。原因其实也简单，班固撰《汉书》，首创断代史的基本模式，为后世史学界所景仰和模仿；班超投笔从戎，率吏士 36 人深入西域，劲力奋斗 30 年，艰险备尝，九死一生，驱除匈奴势力，使天山南北 50 余国重新内属，又一次将大汉帝国的军旗插上了帕米尔高原的雪峰，立下不世之功，被荣封定远侯，成为历史上为祖国开疆拓土的一面旗帜。较之两个儿子，班彪就有点稍逊声光了。他之有名，仿佛主要是因为生了两个声名远播的儿子，人们只有在提起班固和班超时才想起他们有一位教子有方的父亲。由于近两千年来班彪一直生活在两个儿子的阴影中，因而他的事功尤其是思想品格没有得到史学界应有的重视。平心而论，班彪算得上两汉之际不可多得的历史学家，洞明世事的政治家和思想家。他与两个儿子是各有千秋，都有不可替代的价值。

班彪家居扶风安陵（今陕西泾阳南），出身世宦官僚之门。其祖、父辈有 4 人是二千石的高官。其中一个伯父班斿任右曹

---

* 本文原载于《东岳论丛》2006 年第 1 期。

中郎将，曾与刘向同校秘书，这说明其家族有着较深厚的文化素养。班彪首先是一个大历史学家。《汉书》中《纪》和《传》的相当多篇章是他完成的，班固不过是踵其绪并发扬光大了他的事业。虽然他的历史观固守儒家正统，对司马迁偏离儒家轨道的思想倾向进行了并不正确的批评，但其史识中仍有不少灼灼闪光的卓见。比如，王莽居摄二年（公元7年）九月，东郡太守翟义起兵反对王莽，十二月被王莽镇压下去。翟义之父，曾做过丞相的翟方进也被开棺焚尸，其宗族被夷灭。班彪在对翟义进行评论时，认为“当莽之起，盖乘天威，虽有贲育，奚益于敌；义不量力，怀忠愤发，以陨其宗，悲夫！”表明他已经认识到王莽的篡汉具有成功的必然性，当其处于势威之时，任何激于义愤的反抗都是不可能成功的军事冒险，虽然壮烈，但只能是悲剧的结局。对王政君面对王莽篡政、胁迫其交出传国玉玺时悲恸欲绝的表现，班彪不以为然，评论说：

> 汉兴，后妃之家吕、霍、上官，几危国者数矣。及王莽之兴，由孝元后历汉四世为天下母，享国六十余载，群弟世权，更持国柄，五将十侯，卒成新都。位号已移于天下，而元后卷卷犹握一玺，不欲以授莽，妇人之仁，悲夫！①

这里，班彪指出了王政君作为历四朝的皇太后在使王氏外戚坐大并最终代汉这一历史进程中的决定作用，以及她在感情上无法接受改易皇统的“妇人之仁”，显示了对历史因果的深入探索和对王政君心路历程的准确把握，三叹而有余哀。班彪

---

① 《汉书·元后传》，中华书局1962年版，第4035—4036页。

的史识更多地贯穿于对历史人物和历史事件的记述中，他坚守刘汉正统，以儒家的忠奸之辨作为评判人事的价值尺度，褒贞贬佞，激扬清浊，特别重视发扬学术文化传统，使《汉书》成为保存和传扬民族精神的载体。

班彪具有政治家的聪明睿智。尽管他的青少年时代是在王莽的新朝度过的，但他却没有投靠王莽谋取官位，只是沉潜于读书学问之中，“唯圣人之道然后尽心焉”①。事实上，班家与王莽一家堪称世交。班彪的祖父班沉在成帝时任上河农都尉和左曹越骑校尉，他的姑母为成帝的婕妤，在名分上是王莽姑母皇太后王政君的儿媳。班彪的父辈斿、穉与王莽“同列友善”，王莽“兄事斿而弟畜穉”②。有如此关系，加上班彪的才干，只要他愿意投靠王莽，混个一官半职实在是易如反掌。但是，终王莽之世，他一直家居，静观世变。随着年龄的增长和阅历的加深，班彪已经看出王莽的败局不可避免。王莽垮台后，刘玄的更始政权占据长安，一时显现刘氏皇统再造的气象。此时，年已二十的班彪也没有贸然投效。大概他已经觉察刘玄一群乌合之众难成大事。建武元年(25)，刘秀在河北高邑称帝。班彪立即断定他是中国未来秩序的救主。虽心向往之，但山川阻隔，遍地烽烟，他一时无法投效。而关中由于更始政权与赤眉军的火拼，更是刀光剑影，一片混乱。班彪只得西走天水，投奔割据陇西的隗嚣，希冀说服他归顺刘秀，自己也有个最后的归宿。然而，此时的隗嚣却正在做七国并立、群雄割据的美梦。他问班彪：“往者周亡，战国并争，天下分裂，数世然后定。意

① 《汉书·叙传》，中华书局1962年版，第4207页。

② 《汉书·叙传》，中华书局1962年版，第4204页。

者纵横之事复起于今乎？将承运迭兴，在于一人也？愿先生试论之。”①看似虚心求教，实则试探班彪的政治倾向，看他对当时时局的走势如何预测。班彪已窥透隗嚣的内心隐秘，于是极力论证时异势异，战国之局不会再现，未来必定是刘秀重新统一天下：

> 周之废兴，与汉殊异。昔周爵五等，诸侯从政，本根既微，枝叶强大，故其末流有纵横之事，埶数然也。汉承秦制，改立郡县，主有专己之威，臣无百年之柄。至于成帝，假借外家，哀、平短祚，国嗣三绝……危自上起，伤不及下，是以即真之后，天下莫不引领而欢。十余年间，外内搔扰，远近俱发，假号云合，咸称刘氏，不谋同辞。方今雄杰带州域者，皆无七国世业之资，而百姓讴吟，思仰汉德，已可知矣。②

隗嚣认为班彪的观点与己意隐然对立，十分不快，干脆亮出自己的观点：“先生言周、汉之势，可也，至于但见愚民习识刘氏姓号之故，而谓汉家复兴，疏矣！昔秦失其鹿，刘季逐而掎之，时人复知汉乎！”③班彪明白三言两语无法让隗嚣回心转意，且与隗嚣持同一观点的割据者又大有人在，于是写了一篇《王命论》，从天命、人事两方面论证刘汉之兴的必然性，规劝隗嚣和其他沉迷于割据称雄之梦的野心家认清时势，归顺刘秀：

---

① 《后汉书·班彪列传》，中华书局 1965 年版，第 1323 页。
② 《汉书·叙传》，中华书局 1962 年版，第 4207 页。
③ 《后汉书·班彪列传》，中华书局 1965 年版，第 1323 页。

历古今之得失，验行事之成败，稽帝王之世运，考五者之所谓，取舍不厌斯位，符瑞不同斯度，而苟昧于权利，越次妄据，外不量力，内不知命，则必丧保家之主，失天年之寿，遇折足之凶，伏铁钺之诛。英雄诚知觉寤，畏若祸戒，超然远览，渊然深识，收陵、婴之明分，绝信、布之觊觎，距逐鹿之瞽说，审神器之有授，毋贪不可几，为二毋所咲，则福祚流于子孙，天禄其永终矣。①

班彪的《王命论》没有动摇隗嚣割据自立的决心，他明白此人已不可理喻，就又转投河西窦融。原来更始政权的张掖属国都尉窦融此时已趁新朝灭亡后的混乱之机，联合河西五郡武威、张掖、酒泉、敦煌、金城的地方官，建立了一个割据政权拥兵自保。在得知刘秀在河北称帝的消息后，他即愿诚心归顺。但河西与中原隔着盘踞陇西的隗嚣，而此时的隗嚣又以上将军的名号奉东汉朝廷正朔，因而窦融只得暂时归附隗嚣名下，以期与之一起归顺刘秀。但隗嚣实际上首鼠两端，他希望与窦融合力对抗刘秀，以便长期割据称雄。他派人游说窦融说："今豪杰竞逐，雌雄未决，当各据土宇，与陇、蜀合从，高可为六国，下不失尉佗。"②在决定河西何去何从的谋议中，班彪力主拒绝隗嚣，投效刘秀。他仍从天命和人事两方面说服窦融集团中那些摇摆不定的人，结论是："今称帝者数人，而洛阳土地最广，甲兵最强，号令最明。观符命而察人事，它姓殆未能当也。"③窦

① 《汉书·叙传》，中华书局 1962 年版，第 4212 页。

② 《后汉书·窦融列传》，中华书局 1965 年版，第 798 页。

③ 《后汉书·窦融列传》，中华书局 1965 年版，第 798 页。

融集团最后决策归向刘秀，班彪在其中起了重要作用。建武五年(29)九月，窦融派长史刘钧奉班彪起草的文书到洛阳表达归诚之意，刘秀十分高兴，立即回书，大加褒奖，同时任命他为凉州牧，授予他统辖凉州八郡(包括隗嚣占有区域)的全权，用以牵制隗嚣。建武六年(30)五月，隗嚣公开举起反叛的旗帜。窦融宣布拥护东汉朝廷，积极参与对隗嚣的军事行动。为了表明对刘秀的忠心和对隗嚣的决绝，班彪又为窦融起草了致隗嚣书，对他的反叛行为进行了义正辞严的谴责：

伏惟将军国富政修，士兵怀附。亲遇厄会之际，国家不利之时，守节不回，承事本朝，后遣伯春(隗嚣之子——引者注)委身于国，无疑之诚，于斯有效。融等所以欣服高义，愿从役于将军者，良为此也。而忿悁之闲，改节易图，君臣分争，上下接兵。委成功，造难就，去从义，为横谋，百年累之，一朝毁之，岂不惜乎！殆执事者贪功建谋，以至于此，融窃痛之！当今西州地执局迫，人兵离散，易以辅人，难以自建。计若失路不反，闻道犹迷，不南合子阳(公孙述——引者注)，则北入文伯(卢芳——引者注)耳。夫负虚交而易强御，恃远救而轻近敌，未见其利也。融闻智者不危众以举事，仁者不违义以要功。今以小敌大，于众何如？弃子徼功，于义何如？且初事本朝，稽首北面，忠臣节也。及遣伯春，垂涕相送，慈父恩也。俄而背之，谓吏士何？忍而弃之，谓留子何？自兵起以来，转相攻击，城郭皆为丘墟，生人转于沟壑。今其存者，非锋刃之余，则流亡之孤。迄今伤痍之体未愈，哭泣之声尚闻。幸赖天运少还，而将军复重于难，是使积疴不得遂瘳，幼孤将复流离，其为悲痛，尤足愍伤，言之可为酸鼻！庸人且犹不忍，况仁者乎？融闻为忠甚易，得宜实难。忧人大过，以德取怨，知且以言获罪也。区区所献，唯将军省焉。①

班彪撰写的这一书信，对隗嚣晓之以理，动之以情，声情并茂，义薄云天。其中特别是对两州所处形势的分析，“易以辅人，难以自建”，更显示了他的清醒和明察。但所有这一切，对已经迈出反叛第一步的隗嚣无异于对牛弹琴。与隗嚣进入战争状态后，鉴于隗嚣对河西的军事压力陡增，班彪又为窦融起草了上刘秀书，恳请他及早发起对隗嚣的军事行动：

隗嚣闻车驾当西，臣融东下，士众骚动，计且不战。嚣将高峻之属皆欲逢迎大军，后闻兵罢，峻等复疑。嚣扬言东方有变，西州豪杰遂复附从。嚣又引公孙述将，令守突门。臣融孤弱，介在其间，虽承威灵，宜速救助。国家当其前，臣融促其后，缓急迭用，首尾相资，嚣势排迮，不得进退，此必破也。若兵不早进，久生持疑，则外长寇仇，内示困弱，复令谗邪得有因缘，臣窃忧之。惟陛下哀怜。②

这封奏书对刘秀加速进兵起了一定作用。建武八年(32)，刘秀联合窦融平定隗嚣、巴蜀后，班彪随窦融来到京师晋见刘秀。刘秀问窦融：“所上奏章，谁与参之？”窦融老实回答：“皆从事班彪所为。”这一年班彪30岁，他横溢的才华和政治上的远见

① 《后汉书·窦融列传》，中华书局1965年版，第801—802页。
② 《后汉书·窦融列传》，中华书局1965年版，第805页。

卓识得到了比较充分的展示。刘秀欣赏他的才干，亲自召见他，“举司隶茂才”，任命他为徐县（今安徽泗洪南）令，但不久即因病去职。以后他多次应三公征召，来来去去，担任时间最长的职务就是司徒掾了。这个官职不过是丞相府的幕僚，俸禄只有几百石，但是，班彪却长期在这个位卑言轻的位子上无怨无悔地供职，并利用其接近中枢决策核心的条件，关键时刻屡屡为朝廷贡献自己的卓见。建武十七年（41），刘秀封诸子为王。建武十九年（43），改立刘庄为太子。不久，王况任司徒，班彪为司徒掾。他鉴于“时东宫初建，诸王国并开，而官属未备，师保多闭”的状况，上书建言为太子和诸王设立宫属，配备师保：

孔子称“性相近，习相远也”。贾谊以为：“习与善人居，不能无为善，犹生长于齐，不能无齐言也。习与恶人居，不能无〔为〕恶，犹生长于楚，不能无楚言也。”是以圣人审所与居，而戒慎所习。昔成王之为孺子，出则周公、邵公、太史佚，入则大颠、闳夭、南宫括、散宜生，左右前后，礼无违者，故成王一日即位，天下旷然太平。是以春秋“爱子教以义方，不纳于邪。骄奢淫佚，所自邪也”。……汉兴，太宗使晁错导太子以法术，贾谊教梁王以诗书。及至中宗，亦令刘向、王褒、萧望之、周堪之徒，以文章儒学保训东宫以下，莫不崇简其人，就成德器。今皇太子诸王，虽结发学问，修习礼乐，而傅相未值贤才，官属多缺旧典。宜博选名儒有威重明通政事者，以为太子太傅，东官及诸王国，备置官属。①

这显示了班彪对皇室贵族子弟教育的重视以及他对国家长治久安的思考。他的建议被刘秀采纳。东汉初期,太子和诸王大都受到良好的培育,其能力和品行堪称卓异。光、明、章三代是东汉历史上的“盛世”,这一“盛世”出现的原因固然是多方面的,但与太子诸王辅育得宜还是有密切关系的。

班彪任司徒掾时期在政治上的贡献,主要表现在对东汉朝廷处理与少数民族关系问题上的建言,如处理与西羌的关系。羌人是中国最古老的民族之一。秦汉时期,它集中聚居于河湟一带,即今之兰州至青海湖的黄河与湟水的河谷地区。秦朝和西汉时期,曾与中原皇朝发生多次战争。元帝后,汉政府设护羌校尉对其进行管理,汉羌才有一段较长期的和平。王莽新朝时期,汉羌关系恶化。新朝灭亡后,羌人一度与隗嚣联合对抗刘秀。建武九年(33),隗嚣失败,羌人表示归附东汉皇朝。这时,班彪适时提出沿袭西汉旧制,设立护羌校尉对羌人进行管理的建议:

> 今凉州部皆有降羌,羌胡被发左衽,而与汉人杂处,习俗既异,言语不通,数为小吏黠人所见侵夺,穷恚无聊,故致反叛。夫蛮夷寇乱,皆为此也。旧制益州部置蛮夷骑都尉,幽州部置领乌桓校尉,凉州部置护羌校尉,皆持节领护,理其怨结,岁时循行,问所疾苦。又数遣使驿通动静,使塞外羌夷为吏耳目,州郡因此可得儆备。今宜复如旧,

① 《后汉书·班彪列传》,中华书局1965年版,第1327—1328页。

以明威防。①

班彪提出的以怀柔之策处理汉羌关系的方针无疑是正确的，刘秀当时也接受这一建议并任命牛邯为护羌校尉。然而，刘秀和其他当朝大臣没有估计到羌人问题的严重性，对班彪建议的深远意义认识不足，因而在牛邯死后即撤销了护羌校尉一职。东汉朝廷在处理羌人问题上屡屡失误，结果导致羌患与东汉皇朝相始终，是东汉皇朝最后走向衰败和灭亡的重要原因之一。

班彪也对东汉皇朝处理与乌桓的关系提出了较好的建议。乌桓是生活在今之东北三省与内蒙古接壤地区的一个古老民族，西汉以前称东胡。西汉初年，匈奴冒顿单于吞灭东胡，一部分残余势力遐保乌桓山，此后即以乌桓为号。东汉初年，乌桓依附匈奴，屡次南下袭扰。建武二十二年(46)匈奴分裂后，乌桓摆脱对匈奴的依附关系，转而依附东汉，与东汉一起参与讨伐匈奴和鲜卑的军事行动。刘秀让他们居于塞内沿边各郡，作为防御匈奴和鲜卑的屏障。这时，班彪就处理乌桓问题上书刘秀：

乌桓天性轻黠，好为寇贼，若久放纵而无总领者，必复侵掠居人，但委主降掾史，恐非所能制。臣愚以为宜复置乌桓校尉，诚有益于附集，省国家之边虑。②

这里，班彪对乌桓的看法虽然摆脱不了华夷的传统偏见，但对

---

① 《后汉书·西羌传》，中华书局1965年版，第2878页。
② 《后汉书·乌桓传》，中华书局1965年版，第2982页。

刘秀对乌桓毫无防范之心的举措提出警示,要求设置专门官吏管理内附的乌桓人,还是颇有见地的。刘秀采纳了他的建议,重新设置护乌桓校尉,在上谷宁城(今河北张家口)开营府,担负起管理乌桓的重任,同时兼领鲜卑,每年在固定时间开放互市,使汉人与乌桓进行贸易。光武、明帝、章帝时期,政治清明,国力强盛,加上朝廷处理乌桓事务比较得体,东汉皇朝与乌桓之间维持了较长时期的和平与合作的局面。

班彪还对东汉处理与匈奴的关系提出过较好的建议。匈奴是长期生活在中国北方草原地区的一个游牧民族,西汉前期曾与中原地区发生过激烈的冲突。汉武帝时期,汉匈间进行过大规模的战争。元帝时,以昭君出塞为标志,汉匈间进入了和平的经济文化交流时期。王莽新朝破坏了汉匈间由“和亲”相联系的友好关系,匈奴再度南侵,汉匈间又出现了怒气冲冲的对峙和血雨腥风的战争。建武二十二年(46),匈奴分裂为南北两部,互相攻伐,势力大大削弱。南匈奴归附东汉朝廷,东汉政府设使匈奴中郎将护领南匈奴,双方联合戍守北部边陲。北匈奴势单力薄,也愿归附东汉朝廷,遂于建武二十七年(51)派使者至武威郡求“和亲”。刘秀采纳太子刘庄的意见加以拒绝。第二年,北匈奴使者来洛阳,再次乞求“和亲”,化干戈为玉帛。刘秀要求三府官员讨论,研究一个比较得体的对策。时任司徒掾的班彪提出了自己的建议:

臣闻孝宣皇帝敕边守尉曰:“匈奴大国,多变诈。交接得其情,则却敌折冲;应对入其数,则反为轻欺。”今北匈奴见南单于来附,惧谋其国,故数乞和亲,又远驱牛马与汉合市,重遣名王,多所贡献,斯皆外示富强,以相欺诞也。

> 臣见其献益重,知其国益虚,归亲愈数,为惧愈多。然今既未获助南,则亦不宜绝北,羁縻之义,礼无不答。谓可颇加赏赐,略与所献相当,明加晓告以前世呼韩邪、郅支行事。①

班彪对北匈奴情况的分析,尽管显露了传统的夷夏观念,但大体还是准确的。既然北匈奴一再对东汉皇朝示以友好之态,为了边疆的和平安宁,实在也不应该加以拒绝。刘秀采纳班彪的建议,对北匈奴由拒绝交往而转为开始礼尚往来。不过,因为过于迁就与南匈奴的关系,刘秀一朝对南北匈奴没有实行等距离政策,而是拉南拒北,对北匈奴屡屡发出的亲善信号不予积极回应,因而使东汉与北匈奴始终存在隔膜和相互不信任,加上南匈奴从中挑拨作梗,终于导致东汉与北匈奴之间连绵不断的战争。这一结局的出现,责任当然不全在东汉朝廷一方,但其政策的失误也是显而易见的。其实,顺着班彪的思路,东汉皇朝完全可以也能够对南北匈奴实施等距离政策。如此,东汉在南北匈奴关系上就不会付出后来那么大的代价。

班彪在司徒府服务多年,“后察司徒廉”,被外放为望都(今河北唐县东北)长,仍然是秩级很低的小官。但他依然是勤勤恳恳、兢兢业业地履行职责,“吏民爱之”。建武三十年(54)卒于任上,享年52岁。在他身后留下的除《汉书》中的大量篇章外,再就是赋、论、书、记、奏事9篇。

班彪生当两汉之际由动乱转向和平的特殊岁月。从20岁起,以做隗嚣和窦融的幕僚开始了自己的政治生涯。30岁后

---

① 《后汉书·南匈奴列传》,中华书局1965年版,第2946页。

入仕东汉朝廷，从徐县令始，以望都长终，大部分时间是在司徒掾的位子上服务国家和社会，始终是一个秩级不足千石的小官。他才华灼灼而不刻意张扬，识见卓异而不追逐高官显爵，贡献嘉谋良策而不求高额回报。一生甘于寂寞，安于清贫，既不露丝毫愤懑之情，亦不发半点怀才不遇之意。平平淡淡而生，平平淡淡而逝。在人人争名于朝、人人争利于市的社会大环境中，班彪的行状实在给人以另类的印象。对此，为他作传的范晔也感到困惑不解：

> 班彪以通儒上才，倾侧危乱之间，行不逾方，言不失正，仕不急进，贞不违人，敷文华以纬国典，守贱薄而无闷容。彼将以世运未弘，非所谓贱焉耻乎？何其守道恬淡之笃也。①

其实，班彪做人行事的表现并非太难解读。他生当社会极端混乱的年代，改易皇统，无穷政争，连绵战祸，割据称雄，众多的历史事变纷至沓来，使他目睹了无数生死祸福、富贵贫贱迅速转化的悲喜剧。作为那个时代顶尖的历史学家，他对世事变迁、人生价值有着比常人更深的感悟。特别是他笃信孔子“死生有命，富贵在天”的理念，为国家为百姓做事尽自己的努力，但求无愧我心；对个人出处、富贵利禄，则以一颗平常心坦然面对。来时不拒，不像某些儒生隐士故作清高。但决不蝇营苟取，丧失人格尊严。尤其重要的是，班彪一生的大部分时间都埋首于古代历史文化特别是西汉历史的研究，沉潜于往日的时

---

① 《后汉书 · 班彪列传》，中华书局 1965 年版，第 1329—1330 页。

代风云中,与形形色色的亡魂进行心灵的对话,探索国家民族的命运,诠释千奇百怪的人生。在这里他找到了自己的用武之地和价值领地,找到了能够充分展示自己舞步的“罗格斯”。他安于斯,迷于斯,乐于斯,当然也就视官位利禄为身外之物,虽然还不能如道家隐士那样弃之如敝屣,但绝不会舍命去追求。这种淡泊的人生态度恰恰成就了班彪。他一生尽管与高官厚禄无缘,却也没有遭遇任何凶险,官小事简而有闲,又不卷入政治斗争的旋涡,这就使他能够在朝政的重大问题上屡屡建言而不招妒,更能够营造一个安定的环境完成《汉书》的奠基工作。班彪平平淡淡的人生步履中透出的何尝不是绝顶的深谋远虑、睿智神明!

论张俭其人*

“望门投止思张俭，忍死须臾待杜根。我自横刀向天笑，去留肝胆两昆仑。”戊戌六君子之一的谭嗣同这首绝命词，慷慨悲壮，充分表现了一个伟大爱国者忠于信仰，勇于担待，视死如归的牺牲精神。诗中提到东汉“党锢之祸”中一个著名的人物张俭，坚决否定了他的“望门投止”。戊戌政变发生时，谭嗣同本有时间从容逃逸，但他故意不走，静候缇骑，最后义无反顾地走向刑场。谭嗣同与张俭，在大难临头时一死一逃，在人格上分出了轩轾。对张俭这个名震一时，得寿八十有四的历史人物，究竟应该如何评价呢？

张俭因“党锢之祸”而名扬天下。发生在东汉末年桓帝和灵帝时期的“党锢之祸”是以太学生与州郡诸生为代表的儒生和一部分耿直派的官僚相结合，同以宦官为代表的当权集团进行的一场殊死斗争。他们被挟持皇帝的宦官诬为“共为部党，诽讪朝廷，疑乱风俗”的党人，遭遇死、徙、废、禁者六七百人，“党锢之祸”实际上是不同统治集团对政治权力的争夺，但因为太学生官僚集团中有诸如李膺之类的清正廉明之士，他们对宦官集团黑暗腐败统治的揭露和斗争在一定程度上又反映了

---

* 本文原载于《齐鲁学刊》2006 年第 5 期。

百姓的愿望与要求,加之他们在舆论上的优势,当时和后世的人们自然将同情的目光投向了他们。

张俭还是“党人”中有广泛社会影响的一个人物。

张俭,字元节,山阳高平(今山东邹城西南)人,他是西汉初年刘邦分封的赵王张耳之后,其父张成曾任江夏(以今之武汉为中心的豫鄂一带)太守。张俭青年时期被举为茂才,本有机会在兖州所属的郡县任官,但感到与兖州刺史的关系不易协调,就以生病为由加以拒绝。东汉后期社会上形成这样一种风气,有名望的知识分子往往以拒绝官府征召显示清高,抬高身价。“党人”中的不少在野之人几乎都有拒绝朝廷或下级官府征召的经历,有的甚至屡征屡拒,终身不仕。在朝的官僚和在野的儒生在反对宦官的总目标下互相标榜,激浊扬清,在士林的名气越来越大,与宦官的斗争也达到白热化程度。延熹八年(165年),以河南尹李膺捕杀以“方技交通宦官”的杀人犯张成之子为导火线,宦官怂恿桓帝下达了惩办“党人”的诏令,“班下郡国,逮捕党人,布告天下”,以李膺、陈寔为代表的200多人都榜上有名,列入逮捕之列。第二年,因窦武等人为之说情,桓帝将党人免去死罪,“赦归田里,禁锢终身”①,这就是第一次党锢之祸。张俭在第一次党锢之祸中没有受到追捕,因为延熹九年(166年)第一次党锢之祸中被捕囚的人都被“赦归田里”,党人受到的还不是致命的一击。而且,由于党锢之祸在社会上引起的“逆反”心理,党人的声誉反而上了一个新的台阶。“自是正直废放,邪枉炽结,海内希风之流,遂共相标榜,指天下名士,为之称号。”张俭于是成为“导人追踪”的“八及”

① 《后汉书·党锢列传》,中华书局1965年版,第2187页。

之首。早在延熹八年(165),同为“八及”之一的翟超正任山阳太守,显然是因为“同声相求”,他就请张俭做了该郡的东部督邮。督邮是秩低权重的监察官员。当时每郡大都设东、西、南、北四个督邮,分部对所属的县乡官吏和地方豪强进行监察。也是冤家路窄,宦官侯览正是山阳防东(今山东单县北)人,其家正在张俭的监察区。此时的侯览正做着中常侍,特受桓帝的信任与赏识,被封为高乡侯。他“以佞猾进,倚势贪放,受纳货遗以巨万计”。其兄侯参依仗他的势力,当上了益州(辖区囊括今四川、云南、贵州大部分)刺史,此人贪残成性,辖区内百姓“凡丰富者”,即“诬以大逆”加以诛灭,将其财产没为己有,“前后累亿计”。后被太尉杨秉参奏,桓帝下令槛车征京师治罪。大概他感到罪孽深重,在途中自杀了。“京兆尹袁迟于旅舍阅参车三百余两,皆金银锦帛珍玩,不可胜数。”①为此,侯览一度免官,但不久又官复原职。

永康元年(167),桓帝死去,灵帝继位。他与桓帝一样是昏庸无道之君,被宦官玩弄于股掌之中。建宁元年(168),大将军窦武、太傅陈蕃与重新被起用的李膺等合谋诛杀宦官,因计事不密,为宦官侦知,宦官挟持灵帝,疯狂反噬,窦武、陈蕃反而死于非命。形势急转直下,对党人的杀伐已是箭在弦上。这时,张俭正在督邮任上,他可能已经感到危险正向自己逼近。建宁二年,侯览母亲死去,侯览返家,大事张扬地为母亲办丧事,修起高大的茔冢。侯览离家赴京师,张俭即刻上奏章,揭发他“贪侈奢纵,前后请夺人宅三百八十一所,田百一十八顷,起立第宅十有六区,皆有高楼池苑,堂阁相望,饰以绮画丹漆之

① 《后汉书·宦者列传》,中华书局1965年版,第2523页。

属，制度重深，僭类宫省。又豫作寿冢，石椁双阙，高庑百尺，破人居室，发掘坟墓，虏夺良人，妻略妇子”①，再加上其他罪行，请皇帝将其诛死。谁知奏章被任中常侍的侯览截于手中，没有到达皇帝手里。其实，即使到达灵帝那里，也不可能对侯览构成威胁。张俭知道奏章没能“上达天听”，干脆一不做，二不休，带人捣毁侯览家宅，没收其资财，再上奏章，揭露侯览之母“生时交通宾客，干乱郡国”。由于侯览从中作梗，奏书还是送不到灵帝那里。侯览决定对张俭进行反击，于是指使张俭同乡朱并上书，诬告张俭。这位朱并“素性佞邪”，属乡间流氓无赖者之流。他曾想攀结张俭，为其所拒，因而怀恨在心。经侯览点拨，立即上书，诬告“张俭与同乡二十四人别相署号，共为部党，图危社稷”。朱并罗织的二十四人如下：张俭、檀彬、褚凤、张肃、薛兰、冯禧、魏玄、徐干，八人为“八俊”；田林、张隐、刘表、薛郁、王访、刘祗、宣靖、公绪恭，八人为“八顾”；朱楷、田槃、疏耽、薛敦、宋布、唐龙、嬴咨、宣褒，八人为“八及”。在侯览、曹节等宦官的谋划下，以灵帝名义下达了逮捕张俭等人的诏令。时任大长秋的曹节又借机“讽有司”，列入第一次党锢之祸逮捕名单的党人故司空虞放、太仆杜密、长乐少府李膺、司隶校尉朱寓、颍川太守巴肃、沛相荀翌、河内太守魏朗、山阳太守翟超、任城相刘儒，太尉掾范滂等百余人，最后都毙死狱中。“自此诸为怨隙者，因相陷害，睚眦之忿，滥入党中。又州郡承旨，或有未尝交关，亦离祸毒，其死徙废禁者，六七百人。”这就是第二次党锢之祸。官僚集团和太学生诸生中的许多精英人物，几乎被一网打尽了。党锢之祸虽然是统治集团的内部斗

① 《后汉书·宦者列传》，中华书局1965年版，第2523页。

争，但在一定意义上又是其中健康力量与腐败势力的斗争。这场斗争以健康力量的失败而告终，它预示着东汉皇朝距其末日已经越来越近了。

第二次党锢之祸的导火线是张俭对宦官侯览家族势力的惩罚，因而张俭也就作为第一号要犯被追捕。面对死亡的威胁，张俭的求生本能主宰了自己的行动，他“困迫遁走，望门投止”，由于他名重一时，特别由于朝廷制造的党锢之祸不得人心，所以张俭所到之处，人们都是“破家相容”，以能为他提供救助而自豪。他曾逃到孔融家，当时与之有旧的孔融之兄孔褒不在家，但孔融还是不避凶险毅然收留了他。后事泄，张俭逃走，孔融兄弟双双被捕入狱。官吏讯问时，兄弟二人与其母争着承担藏匿张俭之责。后来张俭流转至东莱（今山东龙口），投奔李笃家。跟踪而至的外黄（今河南兰考东南）令毛钦带兵将张俭堵在李笃之家。李笃明白张俭已无法逃掉，于是干脆将毛钦也引入家门，挑明说：“张俭知名天下，而亡非其罪。纵俭可得，宁忍执之乎？”李笃的义气感动了毛钦，他站起来，抚慰李笃说：“蘧伯玉耻独为君子，足下如何自专仁义？”李笃立即巧妙地将仁义的高帽送给毛钦：“笃虽好义，明廷今日载其半矣。”毛钦只得放张俭一马，叹息而去。李笃认为张俭留在内地很难脱离危险，就辗转将他送到塞外，从此逃脱了官府的追捕。张俭为逃避官府的追捕，东躲西藏，冒险为之提供方便的不下数十家，“其所经历，伏重诛者以十数，宗亲并皆殄灭，郡县为之残破”。中平元年（184），黄巾起义爆发，灵帝为缓和统治集团内部矛盾，宣布解除对党人的禁锢，张俭平安返回故里，此时他已是望七之年，由于他是党人中硕果仅存的大名人之一，所以大将军、三公争着征辟他出来做官，“又举敦朴，公车特征,起家拜少府”,许给的已是二千石的高官,但张俭一一加以拒绝。献帝初年,其故乡发生饥荒,张俭“倾竭财产,与邑里共之,赖其存者以百数”,算是为桑梓办了件好事。建安初年,被朝廷征为卫尉,张俭勉强赴任。这时的张俭已是年过八旬的耄耋老人,年老力衰,眼见曹操家族完全控制了东汉朝廷,他既不愿党附曹氏,又无力与曹氏进行抗争,只有采取明哲保身一法,“乃阖门悬车,不豫政事”。他以卫尉的官衔在许都(今河南许昌)闭门休息一年多,以84岁高龄辞世。

张俭一生的活动,以第二次党锢之祸为分水岭,前后判若两人。前期,他以在野之身奔走呼号,不遗余力地抨击宦官擅权下东汉政治的黑暗与腐败,当上小小的督邮后,即运用手中的权力对宦官进行毫不妥协的斗争。他两次上书朝廷,参奏已获得高位的侯览,揭露他本人及其家族罪恶昭彰的行径。在未获得朝廷批准的情况下,他毅然出手,毁掉侯览的家园,籍没其财产。这是何等的大义凛然、刚毅果决,显示出顶天立地的大丈夫品格。为自己赢得了光荣,也使自己的声名进一步远播朝野。然而,由他同侯览的斗争引发了第二次党锢之祸以后,面对牢狱和死亡,他却失去了往日的勇敢、坚毅和豪情,失魂落魄地选择了逃命。不管多少人为掩护他破家舍业,甚至牺牲亲人的生命,他仍然是不停地从这一家逃到那一家,毁掉这一家,再毁掉那一家。在别人为自己付出的鲜血和生命面前,他无动于衷,似乎这一切为他的付出都是应该的。其实,张俭的逃逸表明他对自己应负的责任采取了可耻的逃脱的态度。在为救他而牺牲的志士仁人绽放人格光辉的时候,张俭极端自私的品格毫发毕现地暴露出来。而与他同时的不少党人在面临生死抉择的时候,显得那么坚定镇静,义薄云天,不逃避,自请入狱,含笑赴刑场,充分展示了他们君子人格的光彩和魅力。如李膺,第一次党锢之祸中被执入狱,后赦出狱,陈蕃与窦武秉政时又任长乐少府,不久又随陈、窦之败去职。第二年第二次党锢之祸事起,朝廷大肆收捕党人。李膺的乡人都劝他逃走,他较张俭更有时间和条件逃脱被拘捕的命运,但他却说:“事不辞难,罪不逃刑,臣之节也。吾年已六十,死生有命,去将安之?”之后坦然自投牢狱,被判死刑,妻子徙边,门生、故吏及其父兄并被禁锢。又如范滂,在第一次党锢之祸时即被系黄门北寺狱。狱吏在对同狱囚犯进行刑讯时,范滂因同狱囚犯大多有病,主动请求先对自己刑讯,与同郡的另一囚犯“争受楚毒”。桓帝使中常侍王甫主持审讯,范滂等人“皆三木囊头,暴于阶下”。王甫诘问范滂:“君为人臣,不惟忠国,而共造部党,自相褒举,评论朝廷,虚构无端,诸所谋结,并欲何为?皆以情对,不得隐饰。”范滂侃侃而谈:“臣闻仲尼之言,‘见善如不及,见恶如探汤’。欲使善善同其清,恶恶同其污,谓王政之所愿闻,不悟更以为党。”王甫进而追问:“卿更相拔举,迭为唇齿,有不合者,见则排斥,其意如何?”范滂昂首仰天,慷慨陈词:“古之循善,自求多福;今之循善,身陷大戮。身死之日,愿埋滂于首阳山侧,上不负皇天,下不愧夷齐。”由于范滂的回答义理昭然,连王甫这样的宦官也被感动,不仅“愍然为之改容”,还为他们解除了刑具。第二年,范滂获释,返回故乡汝南征羌(今安徽阜阳北)家居。建宁二年(169),第二次党锢之祸事发,朝廷下诏大捕党人,范滂自然名列其中。奉命前来执行拘捕任务的督邮吴导到了范滂家乡,住进传舍,怀抱诏书“伏床而泣”,他实在不忍心前去逮捕范滂。范滂听到消息,说:“他必然为我而来。”遂即自动投案。县令郭揖知道后,大吃一惊。立即抛却县令印绶,劝范滂与他一同逃亡。范滂坚决谢绝郭揖的好意,说:“滂死则祸塞,何敢以罪累君,又令老母流离乎!”说完,转身与老母诀别:我弟仲博孝顺,足以为老母养老送终,儿从先父龙舒君归黄泉,存亡各得其所。唯大人您须割舍对儿子难以割舍的恩义,请不要过于悲伤。范滂的母亲是深明大义之人,她反过来安慰儿子说:你今天能与李膺、杜密齐名,死了又有什么遗憾!既有美好的名声,又要求能够长寿,二者可以兼得吗?范滂跪着聆听了母亲的教诲,“再拜而辞”。她最后对儿子说:“吾欲使汝为恶,则恶不可为;使汝为善,则我不为恶。”范滂诀别母亲和儿子的情景,使所有看到和听到的人都感动得泪流不止。就这样,年仅32岁的范滂心地坦然地接受了死亡。李膺和范滂的死何等悲壮!他们二人对人生价值的理解,不仅表现在生时的作为,更表现在对死亡的选择上。范晔对二人送上了由衷的赞誉:

> 李膺振拔汙险之中,蕴义生风,以鼓动流俗,激素行以耻威权,立廉尚以振贵势,使天下之士奋迅感慨,波荡而从之,幽深牢破室族而不顾,至于子伏死而母欢其义!壮矣哉!①

党锢之祸解除以后,张俭在为他牺牲的人墓木已拱的时候,安然返回故乡。这时,他当年同恶势力斗争的勇气和豪情已经被岁月的风霜消磨殆尽。尽管此时与他不共戴天的宦竖们依然存在,朝廷又给了他少府的高官,他同恶势力斗争的环

① 《后汉书·党锢列传》,中华书局1965年版,第2207—2208页。

境条件比往昔改善了许多，他满可以再一次写壮志、抒豪情，然而，他却仿佛对政治完全丧失了兴趣，就连在卫尉的位子上等因奉此也不愿为之了，只求不再面对凶险，不再目睹鲜血，平平安安度过余生。如何诠释张俭前后如此之大的反差呢？可否这样认识：第二次党锢之祸发生前的张俭之所以意气风发，疾恶如仇，敢作敢为，不计成败，是因为名士的桂冠使他名扬四海，极尽风光。并且，第一次党锢之祸中不仅无一党人丢掉性命，而且一年后被捕者又都被免除了牢狱之灾，"党人"们进一步成为全社会颂扬的对象。这就使张俭产生了一种错觉：可以尽情地玩政治并享受它带来的荣光，但又不必为之付出生命的代价。既然如此，何不使出浑身解数玩上一把呢！然而，正在他玩得如醉如痴名满天下时，第二次党锢之祸从天而降，一霎时，党人的头颅被抛在洛阳街头，党人的鲜血洒在城乡的刑场。张俭喜欢玩政治却没有坚定的政治信仰，贪恋政治的荣光却不愿为政治付出生命的代价，所以在大难临头时他只能选择逃遁一途。在目睹了无数"党人"的牺牲，经历了无数不眠之夜的痛苦思索之后，他终于认定，生命最重要，没有什么东西值得以生命为之牺牲，个人生命之外的一切都不值得关注。基于以上的感悟，回到故乡的张俭，既不因自己连累致死了那么多人而感到愧疚，也不敢投入新的政治斗争。因为在他的视野里，信仰已经消失，正义与邪恶的界限已经泯灭。对于张俭，为他作传的范晔也没有吃透，他评论说：

昔魏齐违死，虞卿解印；季布逃亡，朱家甘罪。而张俭见怒时王，颠沛假命，天下闻其风者，莫不怜其壮志，而争为之主。至乃捐城委爵，破族屠身，盖数十百所，岂不贤哉！然俭以区区一掌，而欲独堙江河，终婴疾甚之乱，多见其不知量也。①

其实，张俭之贤不过徒有虚名，如果施救者知道他以后的表现，还会相救吗？他与宦官侯览的斗争也不存在自量与否，关键在于对斗争的后果取何种态度。总起来看，张俭是不值得肯定和表彰的人物。与李膺和范滂相比，张俭不过是一抔黄土，而后者却是耸入云霄的高峰。

---

① 《后汉书·党锢列传》，中华书局1965年版，第2211页。

曹丕代汉："禅让"戏的一次经典演出*

公元220年(汉献帝建康元年,魏文帝黄初元年)十月,继承父亲曹操魏王之爵、丞相之位的曹丕,自编、自导、自演了一出精彩纷呈的"禅让"戏,将汉朝的刘氏皇统变成了魏朝的曹氏皇统,从而将中国历史上传说的尧、舜、禹的还有些模糊不清的依次"禅让"的戏码,进行一次精心谋划的复排,给后世野心家们篡改皇统留下了一个经典的样本。今日还原这场喜剧,仍然令人忍俊不禁。

一

东汉最后一位君王汉献帝刘协(181—234年)是灵帝的中子,中平六年(189)被即位的少帝刘辩封为勃海王,继而改封陈留王。第二年,带兵进京的并州牧董卓废少帝,刘协被立为帝,时年9岁。当时,朝廷孱弱,地方军阀势力坐大,献帝被董卓控制。由于关东地方军阀联合讨伐董卓,关东地区一时烽烟

---

* 本文原载于拙著《秦汉人物散论续集》,山东大学出版社2019年版。

滚滚,首都洛阳周围更是战乱频仍,血雨腥风。董卓在战场失利后,一怒而焚烧洛阳,进而胁迫献帝迁都长安。初平三年(192),董卓被王允、吕布合谋诛杀,长安刀兵又起,陷入一片混乱。献帝在杨定、杨奉、董承等将军保护下,借机逃出长安,辗转东归,于建安元年(196)返回洛阳。然而,此时的洛阳已是断壁残垣,几乎不具备生存的条件。已在北中国站稳脚跟的曹操看中献帝的价值,就将其接至许城(今河南许昌)安顿。献帝从此成为曹操“挟天子令诸侯”的工具,进退出处,一切由曹操摆布。延康元年(220)正月庚子,曹操死去,继承曹操爵位和权力的曹丕立即启动酝酿已久的“禅让”程序。献帝作为这出戏的被动主角,按照曹丕编撰的脚本,尽管痛苦无奈却又装得诚心诚意、急不可耐地将帝位“禅让”给了曹丕,宣告了东汉王朝的灭亡。之后,他被曹丕封为山阳公,守着山阳(今河南焦作东)一县之地,享受着一万户百姓提供的衣食租税,又度过了14年的凄苦岁月,于青龙二年(234)病逝。这一年,他54岁。

平心而论,在东汉历史上,献帝并不是最差劲的皇帝,就抱负和智商而言,他决不在桓帝、灵帝和少帝之下。然而,当他被推上帝位的时候,时代条件却注定了他只能扮演亲手结束刘氏皇朝的悲剧角色。因为不仅他的帝位是由别人授予,而且他的活动也一直由别人操控。他虽有皇帝之名,且在位31个年头,但他在龙座上享有的仅仅是皇帝的形式上也残缺不全的一点尊严,而实际上,他不过是一个地道的傀儡,一切听命于他的监护人,先是凶悍残暴的董卓,后是雄猜而又无情的曹操。但是,作为刘氏皇统的继承人,他骨子里又不甘于傀儡的地位,一刻也没有忘记恢复皇帝应该享有的真正的尊严和权力,也试图为他的子民做一些恤灾救穷的好事。兴平元年(194),他14岁,就惩罚了一个贪污救灾粮米的侍御史。

> 秋七月……三辅大旱,自四月至于是月。帝避正殿请雨,遣使者洗囚徒,原轻系。是时谷一斛五十万,豆麦一斛二十万,人相食啖,白骨委积。帝使侍御史侯汶出太仓米豆,为饥人作糜粥,经日而死者无降。帝疑赋恤有虚,乃亲于御坐前量试作糜,乃知非实。使侍中刘艾出让有司。于是尚书令以下皆诣省阁谢,奏收侯汶考实。诏曰:"未忍致汶于理,可杖五十。"自是之后,多得全济。①

这是他作为皇帝唯一一次自主行使权力的记载,由于无关军国大政,董卓乐得让他体味一下行使权力的乐趣,寻觅一点做皇帝的感觉,没有出手干预。献帝进入曹操彀中后,也不时希冀突破樊笼。建安五年(200),他就冒险策划了一次诛除曹操的密谋,结果却以失败告终。

> 五年春正月,车骑将军董承、偏将军王服、越骑校尉种辑受密诏诛曹操,事泄。壬午,曹操杀董承等,夷三族。②

这一年,他19岁,策划这次冒险行动,目的显然是夺回本来属于自己的权力。事后曹操尽管没有追究他的责任,但对其他参与者进行了最严厉的惩罚,意在警告他小心自己的脑袋。然

---

① 《后汉书·孝献帝纪》,中华书局1965年版,第376页。
② 《后汉书·孝献帝纪》,中华书局1965年版,第381页。

而,由于皇帝的实权实在太具诱惑力,献帝后来仍然又冒着生命危险策划了两次诛杀曹操的密谋:一次是建安十九年(214)十一月,他与伏皇后及伏后的父亲伏完密谋除掉曹操,结果事泄,付出了伏后父女和伏后所生两个皇子命丧黄泉的代价,同时曹操的女儿被硬送进宫做了他的皇后,成为安插在他身边的监护人;一次是建安二十三年(218),他与少府耿纪、丞相司直韦晃密谋起兵诛杀曹操,结果被打垮,耿纪和韦晃遭到“夷三族”的惩罚。此后,他的胆子大概已经被彻底吓破,在曹操严密而有效的监控下,献帝只能守住苟全性命的底线,再也不敢向曹操集团叫板了。

二

延康元年(220)正月曹操病逝,到十月,曹氏集团精心策划的“禅让”戏就敲起了开台锣鼓并迅速演完了全部内容:

> 汉帝以众望在魏,乃召群公卿士,告祠高庙。使兼御史大夫张音持节奉玺绶禅位,册曰:“咨尔魏王:昔者帝尧禅位于虞舜,舜亦以命禹,天命不于常,惟归有德。汉道陵迟,世失其序,降及朕躬,大乱兹昏,群凶肆逆,宇内颠覆。赖武王神武,拯兹难于四方,惟清区夏,以保绥我宗庙,岂予一人获乂,俾九服实受其赐。今王钦承前绪,光于乃德,恢文武之大业,昭尔考之弘烈。皇灵降瑞,人神告征,诞惟亮采,师锡朕命,佥曰尔度克协于虞舜,用率我唐典,敬逊尔位。於戏!天之历数在尔躬,允执其中,天禄永终;君其

祇顺大礼，飨兹万国，以肃承天命。”①

由曹氏集团导演的这场“禅让”戏，是中国自夏朝以来的第二次演出。第一次是王莽代汉立新，以“禅让”的形式完成统治权的转移，向全国臣民昭示新朝取得统治权的合法性。不过，王莽这次“禅让”戏演得太过生硬：他不断地用自己制造的“符瑞”说话，以“天命”做工具，生生将他立的汉朝皇位继承人孺子婴拉下龙座，而没有在“让”字上做足功夫，所以引来一片反对的声浪，而王莽自己最终也没有逃脱这一声浪，在登上皇位的第十五个年头身首异处。与之形成鲜明对比，这次汉魏禅代，曹丕的“禅让”戏就演得比王莽高明多了。你看，尽管献帝完全出于胁迫和无奈，但曹丕让人为他起草的诏书却以极端“自愿”的形式昭告天下，心悦诚服地拱手将刘氏汉家江山变成曹氏魏家江山，从而创建了朝代“禅让”的最标准的模式。据《三国志·魏书·文帝纪》注引《献帝传》记载，这出“禅让”戏实在是跌宕起伏，峰回路转，酣畅淋漓，引人入胜。先是，左中郎将李伏上书魏王曹丕，以符瑞屡见为据，吹捧道：“殿下即位初年，祯祥众瑞，日月而至，有命自天，昭然著见。然圣德洞达，符表豫明，实乾坤挺庆，万国作孚。”“今洪泽被四表，灵恩格天地，海内翕习，殊方归服，兆应并集，以扬休命，始终允臧。”曹丕心知肚明，下令说：“以示外。薄德之人，何能致此，未敢当也；斯诚先王至德通于神明，固非人力也。”这表明，曹丕对这种为自己制造的“禅代”舆论是无任欢迎的。一犬吠形，百犬吠声。接着，侍中刘廙、辛毗、刘晔、尚书令桓階、尚书

① 《三国志·魏书·文帝纪》，中华书局1959年版，第62页。

陈娇、陈群、给事黄门侍郎王毖、童遇等,一同借李伏上书对曹丕进谏,认定其言不虚,恳请曹丕俯顺天命:“自汉德之衰,渐染数世,桓、灵之末,皇极不建,暨于大乱,二十余年。天之不泯,诞生明圣,以济其难,是以符谶先著,以彰至德。殿下践阼未期,而灵象变于上,群瑞应于下,四方不羁之民,归心向义,唯惧在后,虽典籍所传,未若今之盛也。臣妾远近,莫不凫藻。”曹丕故意表示谦虚,有点嗔怪地发话说:“犁牛之驳似虎,莠之幼似禾,事有似是而非者,今日是已。睹斯言事,良重吾不德。”但他还是令尚书仆射将这份“重吾不德”的上言宣告天下,使臣民周知,这实际上是曹丕准备篡汉的舆论动员。这一层,被太史丞许芝窥透。他紧接着上书曹丕,将所谓昭示魏代汉的谶纬做了进一步系统详细的梳理,最后说:“伏惟殿下,体尧舜之盛明,膺七百之禅代,当汤武之期运,值天命之移授,河洛所表,图谶所载,昭然明白,天下学士所共见也。臣职在史官,考符察征,图谶效见,际会之期,谨以上闻。”对于这一进一步的舆论动员,曹丕自然是心知肚明,但他仍然要表现自己谦恭有加,于是对许芝的上书做了如下回应:

昔周文三分天下有其二,以服事殷,仲尼叹其至德;公旦履天子之籍,听天下之断,终然复子明辟,书美其人。吾虽德不及二圣,敢忘高山景行之义哉?若夫唐尧、舜、禹之迹,皆以圣质茂德处之,故能上和灵祇,下宁万姓,流称今日。今吾德至薄也,人至鄙也,遭遇际会,幸承先王余业,恩未被四海,泽未及天下,虽倾仓竭府以振魏国百姓,犹寒者未尽暖,饥者未尽饱。夙夜忧惧,弗敢遑宁,庶欲保全发齿,长守今日,以没于地,以全魏国,下见先王,以塞负荷之

> 责。望狭志局，守此而已；虽屡蒙祥瑞，当之战惶，五色无主。若芝之言，岂所闻乎？心栗手悼，书不成字，辞不宣口。吾闲作诗曰："丧乱悠悠过纪，白骨从横万里，哀哀下民靡恃，吾将佐时整理，复子明辟致仕。"庶欲守此辞以自终，卒不虚言也。宜宣示远近，使昭赤心。①

由于曹丕自谦功业卑微，德行薄鄙，并表明了仿周公"复子明辟"的志向，侍中辛毗、刘晔，散骑常侍傅巽、卫臻、尚书令桓階，尚书陈矫、陈群，给事中博士、骑都尉苏林、董巴等再一次上奏，历历陈述曹丕代汉的理由，认定"汉室衰替，帝纲隳坠，天子之诏，歇灭无闻，皇天将舍旧而命新，百姓既去汉而为魏，昭然著明"，谏议曹丕"览图籍之明文，急天下之公义，辄宣令外内，布告州郡，使知符命著明，而殿下谦虚之意"。曹丕大概认为自己的"谦让"戏刚刚开始，所以还必须继续装模作样地做下去，做更广泛的舆论动员，于是令臣下"止息此议"：

> 下四方以明孤款心，是也。至于览余辞，岂余所谓哉？宁所堪哉？诸卿指论，未若孤自料之审也。夫虚谈谬称，鄙薄所弗当也。且闻比来东征，经郡县，历屯田，百姓面有饥色，衣或裋褐不完，罪皆在孤；是以上惭众瑞，下愧士民。由斯言之，德尚未堪偏王，何言帝者也！宜止息此议，无重吾不德，使逝之后，不愧后之君子。②

---

① 《三国志·魏书·文帝纪》裴松之注，中华书局 1959 年版，第 65 页。

② 《三国志·魏书·文帝纪》裴松之注，中华书局 1959 年版，第 66 页。

臣子们知道曹丕是在演戏,所以他越是谦虚,臣子劝进的劲头也越足。就在许芝所上符瑞向全国臣民百姓公布后,督军御史中丞司马懿、侍御史郑浑、羊祕、鲍勋、武周等进而抱团上言,祈求曹丕顺应皇天眷顾,无违"八方颙颙",毅然迈出代汉的最后一步:

伏读太史丞许芝上符命事,臣等闻有唐世衰,天命在虞,虞氏世衰,天命在夏;然则天地之灵,历数之运,去就之符,惟德所在。故孔子曰:"凤鸟不至,河不出图,吾已矣夫!"今汉室衰,自安、和、冲、质以来,国统屡绝,桓、灵荒淫,禄去公室,此乃天命去就,非一朝一夕,其所由来久矣。殿下践阼,至德广被,格于上下,天人感应,符瑞并臻,考之旧史,未有若今日之盛。夫大人者,先天而天弗违,后天而奉天时,天时已至而犹谦让者,舜、禹所不为也,故生民蒙救济之惠,群类受育长之施。今八方颙颙,大小注望,皇天乃眷,神人同谋,十分而九以委质,义过周文,所谓过恭也。臣妾上下,伏所不安。①

然而,面对臣子的耿耿忠心和披肝沥胆的劝进,曹丕仍然是"心如铁石",坚决不答应:"吾德非周武而义惭夷、齐,庶欲远苟妄之失道,立丹石之不夺,迈於陵之所富,蹈柏成之所贵,执鲍焦之贞至,遵薪者之清节,故曰:'三军可夺帅,匹夫不可夺

① 《三国志·魏书·文帝纪》裴松之注,中华书局 1959 年版,第66 页。

志。’吾之斯志，岂可夺哉？”戏演至此，群臣的第一轮劝进节目结束。接着就让献帝出场，发布“禅位诏书”，恳请曹丕接受帝位，“永君万国，敬御天威，允执其中，天禄永终”。但曹丕认为第一次接到“禅位诏书”就立即接受帝位有损自己的谦恭形象，于是轻描淡写地回应道：“当议孤不当承之意而已。犹猎，还方有令。”我正兴趣盎然地打猎呢，你们还是议一议我不当应承的理由吧。臣子们当然知道他们进一步议的恰恰是曹丕“当承”的大义。所以，紧接着是他们的第二轮劝进。先是尚书令奏请，曹丕不允。稍后是侍中刘廙、常侍卫臻等奏议劝进，曹丕还是不答应。再后是辅国将军清苑侯等120人再上书劝进，曹丕还是“上还玺绶”，严词拒绝。再后是侍中刘廙等再奏劝进，曹丕不仅再次拒绝，还上献帝一书，表明心迹，信誓旦旦地表示自己决心“守节以当大命”。然而，这出“禅让”戏一定要有声有色地演下去，所以接着就有给事中、博士苏林、董巴的上表劝进，而曹丕仍然以自己“德薄”回应。于是，献帝再来一次“册诏”，命御史大夫张音奉玺绶呈曹丕，再次恳请他接受帝位。紧跟其后，尚书令桓阶等再奏，“死请”曹丕“敕有司修治壇场，择吉日，受禅命，发玺绶”。可是曹丕依然表示不能接受，还不耐烦地斥责说：“冀三让而不见听，何汲汲于斯乎？”为了表示自己不接帝位的至诚，曹丕又上书献帝，假惺惺地做了一番披肝沥胆的表白：“敢守微节，归志箕山，不胜大愿。”侍中刘廙于是再上书苦劝，曹丕再加以拒绝，并煞有介事地说：“天下重器，王者正统，以圣德当之，犹有惧心，吾何人哉？且公卿未至乏主，斯岂小事，且宜以待固让之后，乃当更议其可耳。”面对曹丕的谦让，献帝再次册诏说：

> 天讫汉祚，辰象著明，朕祇天命，致位于王，仍陈历数于诏册，喻符运于翰墨；神器不可以辞拒，皇位不可以谦让，稽于天命，至于再三。且四海不可以一日旷主，万机不可以斯须无统，故建大业者不拘小节，知天命者不系细物，是以舜受大业之命而无逊让之辞，圣人达节，不亦远乎！今使音奉皇帝玺绶，王其钦承，以答天下响应之望焉。①

紧接着，相国华歆、太尉贾诩、御史大夫王朗及九卿再次联合上言，在历数应该禅汉的百般理由之后恳求说："天命不可久稽，民望不可久违，臣等悽悽，不胜大愿。伏请陛下割㧑之志，修受禅之礼，副人神之意，慰外内之愿。"然而，曹丕认为自己的谦之德让还有表演的空间，于是再次婉拒：

> 以德则孤不足，以时则戎虏未灭。若以群贤之灵，得保首领，终君魏国，于孤足矣。若孤者，胡足以辱四海？至乎天瑞人事，皆先王圣德遗庆，孤何有焉？是以未敢闻命。②

与此同时，曹丕又上书献帝，恳请他收回"禅让"的成命。至此，大概按照原来设定的脚本，"禅让"戏应该达到高潮了，于是相国华歆、太尉贾诩、御史大夫王朗及九卿等再次上奏，将曹丕吹捧成空前绝后的圣君，"死请"他立即受禅：

---

① 《三国志·魏书·文帝纪》裴松之注，中华书局 1959 年版，第 72 页。

② 《三国志·魏书·文帝纪》裴松之注，中华书局 1959 年版，第 73 页。

陛下即位，光昭文德，以翊武功，勤恤民隐，视之如伤，惧者宁之，劳者息之，寒者以暖，饥者以充，远人以恩服，寇敌以恩降，迈恩种德，光被四表；稽古笃睦，茂于放勋，网漏吞舟，弘乎周文。是以布政未期，人神并和，皇天则降甘露而臻四灵，后土则挺芝草而吐醴泉，虎豹鹿兔，皆素其色，雉鸠燕雀，亦白其羽，连理之木，同心之瓜，五采之鱼，珍祥瑞物，杂沓于其间者，无不毕备……微大魏，则臣等之白骨交横于旷野矣。伏省群臣外内前后章奏，所以陈叙陛下之符命者，莫不条《河》《洛》之图书，据天地之瑞应，因汉朝之款诚，宣万方之景附，可谓信矣著矣；三王无以及，五帝无以加。民命之悬于魏政，三十有余年矣，此乃千世时至之会，万载一遇之秋；达节广度，宜昭于斯际，拘牵小节，不施于此时。久稽天命，罪在臣等。辄营坛场，具礼仪，择吉日，昭告昊天上帝，秩群神之礼，须禋祭毕，会群寮于朝堂，议年号、正朔、服色当施行，上。①

至此，这出“禅让”戏已经演得差不多了，曹丕才认为自己的谦让之态已经做足，也就毫不客气地接受帝位：“群公卿士诚以天命不可拒，民望不可违，孤亦曷以辞焉?”接着，献帝发出了最后一道诏书，按预定程序完成了最后一个动作：

昔尧以配天之德，秉六合之重，犹睹历运之数，移于有

① 《三国志·魏书·文帝纪》裴松之注，中华书局1959年版，第74页。

虞,委让帝位,忽如遗迹。今天既讫我汉命,乃眷北顾,帝皇之业,实在大魏。朕守空名以窃古义,顾视前事,犹有惭德,而王逊让至于三四,朕用惧焉。夫不辞万乘之位者,知命达节之数也,虞、夏之君,处之不疑,故勋烈垂于万载,美名传于无穷。今遣守尚书令侍中觊喻,王其速陟帝位,以顺天人之心,副朕之大愿。①

紧接着,在繁阳搭建了一个高大宏伟的“受禅台”,并在其上举行了隆重的受禅仪式,完成了“禅让”戏的最后一幕,据《魏氏春秋》记载,曹丕在完成受禅礼之后,才讲了一句真心话:“舜、禹之事,吾知之矣。”其实,曹丕对原始社会部落联盟首领通过“禅让”这种形式更替的理解是完全错误的。那时的“禅让”是军事民主的一种实施形式,而王莽和他所导演的“禅让”则是权臣篡政借用的一种皇统转移的形式而已,其形式和内容都已经发生了根本性的变化。这正应了马克思的一句名言:所有历史事件都发生过两次,不过第一次是悲剧,第二次是喜剧。

这里,我们之所以比较详细地叙述了汉、魏“禅让”的全过程,原因就在于这幕“禅让”戏之精彩绝伦和经典无匹,实在是空前绝后。因为自从秦汉以降,特别是王莽篡汉落得身首异处以后,统治权的合法性问题就受到当权者的极度重视。即使具有操废立之权的重臣,一般也不敢觊觎皇位,改变皇统,而仅仅是选取能够听命于自己的傀儡占据皇位,如霍光、梁冀、董卓之所为。因为皇统已经确立,其合法性就不容置疑,觊觎皇统就

① 《三国志·魏书·文帝纪》裴松之注,中华书局1959年版,第74—75页。

成为臣子的大忌。你看，曹操尽管完全掌控了东汉朝廷的统治权，一言九鼎，人莫予毒，但终其一生，也没有窃据龙座。而当孙权劝他做皇帝时，他还怒斥孙权心术不正，要把自己放在炉火上炙烤。有鉴于此，所以曹丕及其亲信党徒才精心编排了这样一出假戏真唱的“禅让”戏。在这出戏中，操权的曹丕成竹在胸，面对献帝的一再“主动”禅位，一让再让，做足了谦让的姿态。被动的献帝如木偶般一再下诏，将禅让帝位的急迫和诚意一表再表。急切的臣子一奏再奏，将曹丕的功业和“圣德”吹上九天。所有这一切，无非给曹魏的篡汉之举披上合法的外衣。而其背后，真正起作用的不过是权力。显然，皇权的合法性如果离开了权力，也就没有了依恃。这时，另外的权力核心就会寻一个合法性的理由，改变皇统，易姓而治。而在所有的理由中，“禅让”这个古老的模式最能文饰篡政者道德的亏欠。由于魏代汉的“禅让”戏创造了一个经典模式，所以以后西晋代曹魏、南朝宋代晋、齐代宋、梁代齐、陈代梁、隋代北周、北宋代后周，都几乎无一例外地沿用了这个模式。就是近代袁世凯主导的“洪宪帝制”丑剧，也是从这里获得灵感，将一幕篡国的戏演得有声有色，极尽扑朔迷离。

杂论

李煜终局:才位错置的悲剧*

一

南唐后主李煜(937—978),是五代十国时期南唐最后一位国君。他的祖父李昪是原吴国主杨行密部将徐温的养子,随徐温在军中任职。后唐天成二年(927)徐温死后,他得以执掌吴国政柄,不久逼迫吴国主"禅让"帝位,改国号为大齐。再后自认定为唐宗室建王李恪之后,恢复李姓,改国号为唐,史称南唐。李昪在位七年后病逝,他的儿子李璟(916—961年)继位。建国后的南唐,在十国中虽然是疆域较大的割据王国,但所控地区也仅及今之安徽、江西大部和江苏、福建、湖北的一部分。其北面以淮河为界,先与控制中原的后周王朝,继而与代周而起的宋王朝对峙;东南方向与据有今之浙江、福建大部分的吴越和闽两个政权为邻;南方与控制今之两广地区的南汉相接;西部则是占据今之湖北沙市和宜昌的南平以及控有今之湖南全部和广西北部、贵州东部的楚国。而对其威胁最大的则是后周和北宋。显德二年(955),周世宗南征,率军渡过淮河,在正阳(今安徽阜阳东南)大破南唐军,进围寿州(今安徽寿县)。

---

* 本文原载于《济南大学学报》(社会科学版)2017年第5期。

当时的后周禁军统帅赵匡胤指挥周军与南唐军战于涡口(今安徽蚌埠北)和滁州(今属安徽),取得重大胜利。李璟明白难与之抗衡,只得派出使者,向周称臣,愿为附庸。接着又献出濠(今安徽蚌埠东)、寿、泗(今江苏盱眙)、楚(今江苏淮安)、光(今河南潢川)、海(今江苏连云港)六州之地求和,但未获首肯。显德四年(957),周世宗继续进兵,大破南唐军于紫金山,攻克寿州,当年冬,又克濠、泗二州。第二年春,再克楚州,进围扬州(今属江苏),摆出渡江南下的架势。此时的李璟恐慌万分,自动提出割让江北的土地,称臣纳贡,禀周之正朔,"上表称唐国主",将自己降至诸侯王的地位。

建隆元年(960),赵匡胤取代后周,建立北宋。李璟不断纳银输绢,贡献乘舆服御物,不仅庆贺北宋王朝在统一战争中取得的每一个胜利,而且在每一个节日前必定送上一份祝嘏的厚礼。但面对北宋王朝咄咄逼人的统一之势,李璟还是终日处于惶恐不安之中。他一面秘密做些战守的准备,以防不测;另一方面更小心翼翼地讨赵匡胤的欢心,以延宕宋军征伐的步伐。建隆二年(961),李璟在迁都洪州(今江西南昌)后不久病逝,将一个风雨飘摇的割据政权交给了儿子李煜。平心而论,李璟实在也不是一个做国君的人选,但却不能不接下父亲留下的基业。当他接手南唐的时候,这个政权正处在最兴旺发达的岁月,"跨据江、淮三十余州,擅鱼盐之利,即山铸钱,物力富盛"。他开始也颇想振作一番,"尝试贡士《高祖入关诗》,颇有窥觎中土之意"①。然而,他这点豪气很快就消失净尽,因为中原王朝不久即陈兵长江,形成泰山压顶之势,他咸鱼翻身的希

① 《宋史·世家一·南唐李氏》,中华书局1995年版,第13856页。

冀已经完全破灭了。在这种情况下,他只能于步步退让中打发日子,最后在45岁之年撒手人寰。不过,李璟在文诗词创作方面表现出过人的才情,他也有意将一批文学家吸引在自己周围,形成了一个以宰相冯延巳为首的创作群体,留下了一批有价值的诗词作品,构成唐诗向宋词过渡的桥梁。他本人流传至今的词作只有五首,描绘了重楼、落花、青鸟、绿波、翠叶、细雨、微风、玉笙、鸿雁、鹧鸪,还有柳堤芳草、辘轳金井,抒发着贵族青年男女细腻而凄婉的思绪,完全看不到君王的气势和豪情,但创作技巧已臻成熟,遣词造句颇见功力,例如他的《浣溪沙》:

> 菡萏香销翠叶残,西风愁起绿波间。还与韶光共憔悴,不堪看。细雨梦回鸡塞远,小楼吹彻玉笙寒。多少泪珠何限恨,倚阑干。①

这首词写出了深秋时节贵族少妇对远戍边塞丈夫的怀念,墨与泪俱,情深而意切,受到冯延巳、王安石赞誉,王国维在《人间词话》中也给予极高的评价,认为“大有众芳荒芜,美人迟暮之感”。

李璟这位南唐中主,政治上虽然毫无建树,但他传给儿子的文学基因却得到发扬光大。

二

在李煜出场之前,我们之所以比较详细地交代他的祖父和

---

① 《御选历代诗余》卷一八,影印版文渊阁四库全书。这阕词也有著作记在李煜名下。

父亲，目的是展示他作为一个割据的小国之君是在何种条件下继续自己的生命途程的。

李煜字重光，本名从嘉，是李璟的第六个儿子，“少聪悟，喜读书属文，工书画，知音律”。虽然他与五个兄长一起不断被父亲加官晋爵，累迁诸卫大将军、副元帅，封郑王，但由于隔着五位兄长，看来他继承君位的可能性微乎其微。然而，人算不如天算。他的五位兄长排着队般地一个个走向死亡，继位的历史重任就自然地落到了他的肩上。当立为太子的李冀寿终正寝，李煜就被改封吴王，立为太子监国。建隆二年（961），代死去的李璟做了南唐国主。此时的南唐已经失去江北的大片土地，局促于江南一隅。李煜袭位后，急忙派自己的户部尚书冯谧出使宋朝，献上金器两千两、银器两万两、纱罗缯綵三万匹，同时“奉表陈绍袭之意”。这份表文是这样写的：

臣本于诸子，实愧非才，自出胶庠，心疏利禄。被父兄之荫育，乐日月以优游，思追巢、许之余尘，远慕夷、齐之高义。继倾恳悃，上告先君，固匪虚词，人多知者。徒以伯仲继没，次第推迁，先世谓臣克习义方，既长且嫡，俾司国事，遽易年华。及乎暂赴豫章，留居建业，正储副之位，分监抚之权，惧弗克堪，常深自励。不谓掩丁艰罚，遂玷缵承，因顾肯堂，不敢灭性。然念先世君临江表垂二十年，中间务在倦勤，将思释负。臣亡兄文献太子从冀将从内禅，已决宿心，而世宗敦劝既深，议言因息。及陛下显膺帝箓，弥笃睿情，方誓子孙，仰酬临照。则臣向于脱屣，亦匪邀名，既嗣宗枋，敢忘负荷。唯坚臣节，上奉天朝。若曰稍易初心，辄萌异志，岂独不遵于祖祢，实当受谴于神明。方主一国之生灵,遐赖九天之覆焘。况陛下怀柔义广,煦妪仁深,必假清光,更逾曩日。远凭帝力,下抚旧邦,克获晏安,得从康泰。然所虑者,吴越国邻于敝土,近似深仇,犹恐辄向封疆,或生纷扰。臣即自严部曲,终不先有侵渔,免结衅嫌,扰干旒扆。仍虑巧肆如簧之舌,仰成投杼之疑,曲构异端,潜行诡道,愿回鉴烛,显谕是非,庶使远臣得安危恳。①

李煜这个表文,写得词气卑恭,字里行间充满孤苦哀告之意,冀望宋廷承认南唐作为附属国的地位而苟延残喘。此后,李煜在处理与宋朝的关系时更是陪着十二分的小心,“煜每闻朝廷出师克捷及嘉庆之事,必遣使犒师修贡。其大庆,即更以买宴为名,别奉珍玩为献。吉凶大礼,皆别修贡助”。乾德元年(963),他再次放低身段,“上表乞呼名”。乾德三年(965),“献银二万两、金银龙凤茶酒器数百事”。开宝四年(971),“又以占城、阇婆、大食国所送礼物来上,又遣弟从谦奉珍宝器用金帛为贡,且买宴,其数皆倍于前”②。对李煜刻意屈尊而示好的行动,赵匡胤也给予相应的回应。然而,随着宋朝统一步伐的加速,李煜感受到的威胁却一天天加重,他也以不断地放低身段的行动巩固宋廷对自己的信任。

会岭南平,煜惧,上表,遂改唐国主为江南国主,唐国印为江南国印。又上表请所赐诏呼名,许之。煜又贬损制

① 《宋史·世家一·南唐李氏》,中华书局1995年版,第13857—13858页。

② 《宋史·世家一·南唐李氏》,中华书局1995年版,第13858页。

> 度，下书称教；改中书门下省为左右内史府，尚书省为司会府，御史台为司宪府，翰林为文馆，枢密院为光政院；降封诸王为国公，官号多所改易。五年，长春节，别贡钱三十万，遂以为常。①

李煜的这一系列行动，无非是大幅度减少自己政权的独立色彩，使之愈来愈像宋王朝辖下的一个诸侯国，以便最大限度地消除赵匡胤的疑忌，冀以最大限度地延宕自己政权存在的时日。而赵匡胤尽管表面上对他示以优容，但实际上对他的监视和限制却与日俱增。赵匡胤为了进一步控制他，在开宝五年(972)任命李煜弟从善为泰宁军节度，赐第留京师，实际上是作为人质监控起来。这使李煜更加恐慌不安，于是以表面顺从为掩护，暗地里进行军事抵抗的准备，“虽外示畏服，修藩臣之礼，而内实缮甲募兵，潜为战备”。如此一来，他与宋朝的军事冲突就是不可避免的了。

李煜的行动自然逃不过赵匡胤鹰隼般的眼睛。在赵匡胤统一南唐的谋划中，显然是和平和战争手段并用。他先选择和平统一的道路，要求李煜来首都汴京，“太祖虑其难制，令从善谕旨于煜，使来朝”，打算将其变为阶下囚以后再和平接收南唐。李煜觉察赵匡胤的企图，“但奉方物为贡”，却拒绝赴汴京。他的举动，使赵匡胤明白表面顺从的李煜实际上是首鼠两端，心怀异志，这自然是不可接受的，于是在开宝七年(974)毅然下诏命令李煜“赴阙”，李煜的牛劲也上来了，干脆来了个

① 《宋史·世家一·南唐李氏》，中华书局 1995 年版，第 13858—13859 页。

"称疾不奉诏"。这恰恰给赵匡胤的兴师讨伐制造了借口。试想,一个属下的地方政权的主官怎么能够拒绝皇帝的征召呢?这年冬天,赵匡胤任命两位节度使曹彬、潘美为正副统帅,统领大军浩浩荡荡杀奔江南。这时,李煜才明白自己打错了算盘。惶惧之中,赶快派遣其弟从镒和潘慎修急匆匆赶到汴京买宴,并送上绢二十万匹、茶二十万斤以及大量金银器用和乘舆服物,希望缓和关系,使形势有所转圜。然而,赵匡胤丝毫不为所动,礼物照收,来使扣留,讨伐大军进兵的步伐依然没有停止,很快攻克池州(今安徽贵池),接着在采石矶(今安徽马鞍山西南)大破两万南唐军。其实,赵匡胤对武力征伐南唐早就预作准备,命人在荆湖造作战舰数千艘,这时顺流而下,从西面发动攻势,同时接受南唐进士樊若水的献策,命八作使郝守濬督率工匠兵丁在江上建造浮桥,仅三日,一座浮桥即横卧在采石的江面上。此前,当宋军造浮桥的消息传到南唐小朝廷时,李煜问他的宠臣张洎如何看,张洎不屑一顾,回答说:"载籍已来,长江无为梁之事。"李煜同样不屑:"吾亦以为儿戏耳。"

正在李煜君臣以为高枕无忧时,数万宋军如履平地般地从浮桥上渡过长江。李煜如梦初醒,急忙任命皇甫继勋主持军事,陈乔、张洎掌管机事,徐元槁传达诏书和报告军情。无奈李煜任命的这个战时工作班子低能而又粗梳,极其不负责任,连瞬息万变的军情也不及时报告。开宝八年(975)春,当宋军进围西都金陵(今南京)的时候,李煜还蒙在鼓里。一日登城,发现"列栅于外,旌旗遍野",始知自己被近习蒙蔽,一怒而诛杀皇甫继勋,继而作困兽之斗,命将军朱令赟连巨筏载甲士数万人自上游顺流而下,希图将浮桥冲断,但还未至浮桥,即被宋军刘遇部击破。气急败坏的李煜又临时招募五千所谓勇士偷袭宋军，但这些没有经过军事训练的匹夫之勇在举火突袭宋军营垒时被全部歼灭，这孤注一掷的绝望抵抗注定是要失败的。就在金陵指日可下的时候，赵匡胤命其知制诰李穆送从镒带着自己的手诏返回金陵，晓以大义，促李煜出降。正在这时，宋军又攻克润州（今江苏镇江），彻底断绝了南唐军队突围的路径。此时的李煜，犹存幻想，急忙派出徐铉、周惟简向宋廷贡献方物，恳请罢兵。赵匡胤自然加以拒绝。至此，李煜的出路只剩下投诚一途，而他仍然不能立马决断。赵匡胤觉得李煜不可理喻，遂下诏攻城。

开宝八年冬，金陵被攻破。李煜只得率其近臣迎拜宋军统帅曹彬等于宫门，宣告了南唐小朝廷的覆灭。很快，李煜同他的主要臣子四十五人作为俘虏被押解汴京，在赵匡胤的明德楼前听任惩罚。不过，此时的赵匡胤还是显示了统一帝王的大度，不仅没有对李煜君臣治罪，而且还封赏给他们显赫的官位，实际上是以囚禁的方式放在汴京养了起来。赵匡胤的诏书是这样写的：

上天之德本于好生，为君之心贵乎含垢。自乱离之云瘼，致跨据之相承，谕文告而弗宾，申吊伐而斯在。庆兹混一，加以宠绥。

江南伪主李煜，承奕世之遗基，据偏方而窃号。惟乃先父早荷朝恩，当尔袭位之初，未尝禀命。朕方示以宽大，每为含容。虽陈内附之言，罔效骏奔之礼，聚兵峻垒，包蓄日彰。朕欲全彼始终。去其疑间，虽颁召节，亦冀来朝，庶成玉帛之仪，岂愿干戈之役。蹇然弗顾，潜蓄阴谋。劳锐旅以徂征，傅孤城而问罪。洎闻危迫，累示招携，何迷复之不悛,果覆亡之自掇。

昔者唐尧光宅,非无丹浦之师;夏禹泣辜,不赦防风之罪。稽诸古典,谅有明刑。朕以道在包荒,恩推恶杀。在昔骡车出蜀,青盖辞吴,彼皆闰位之降君,不预中朝之正朔,及颁爵命,方列公侯。尔实为外臣,戾我恩德,比禅与皓,又非其伦。特升拱极之班,赐以列侯之号,式优待遇,尽舍尤违。可光禄大夫、检校太傅、右千牛卫上将军,仍封违命侯。①

在这份诏书中,赵匡胤屡述对李煜的“宽大”与“含容”,谴责他“虽陈内附之言,罔效骏奔之礼,聚兵峻垒,包蓄日彰”的“潜蓄阴谋”,指出正是他“迷复之不悛”,才招致了“覆亡之自掇”,所以最后作为俘虏“楼下待罪”实在是咎由自取。以李煜的表现,本应严惩不贷,但还是“式优待遇”,给予高官和带有侮辱性的“违命侯”的封号。其他随李煜被俘的高官也都给予相应的官位和封赏。这使他们不仅保存了生命,而且能够在良好的物质条件下优游岁月。

开宝八年(975),李煜的政治生命结束了。此前,他在南唐国主的位子上整整待了十五个年头。检视他作为一个小国之君的岁月,他只能算一介平庸之辈,连“中主”的水平也达不到,因为他既在政治、经济、军事等方面毫无作为,致使南唐国势日蹙,又在应对宋朝的策略上屡屡出错,错过了归顺的最佳时机。最后只能以俘虏之身在赵匡胤面前自取其辱。不过,实在说来,李煜基本上不应该承担“亡国”的责任,谁放在他的位

---

① 《宋史·南唐李氏》,中华书局 1995 年版,第 13860—13861 页。

置上也没有使南唐起死回生的本领,因为当时宋朝统一中国之势已经形成,赵匡胤将南唐纳入自己治下的决策已经底定,无论李煜使出什么招数,在赵匡胤面前表现得如何驯顺,赵匡胤也不会允许他保留半独立的封国。下面这段记载似乎可以回答这个问题:

> 铉等至京师,见太祖,言曰:"李煜何罪,而陛下伐之?且煜事陛下如子事父。"其说累数百言。太祖曰:"尔谓父子为两家,可乎?"铉不能对。铉等既还,煜复遣入奏。铉言李煜事大之礼甚恭,以病未任朝谒,非敢拒诏,乞缓兵以全一邦之命。太祖怒,按剑谓铉曰:"不须多言,江南亦有何罪?但天下一家,卧榻之侧岂容他人鼾睡?"铉皇恐而退。①

三

李煜在汴京的俘虏生涯只有短暂的三年,然而,就是这三年成就了他作为一个文学家和优秀词人的辉煌。本来,李煜就不具备做国君的资质,他之登上南唐小朝廷的宝座,完全是因为父兄辈在短时间内接二连三地离世,他是在几乎没有任何思想准备的情况下于父亲丧礼的哀乐声中被群臣推上君位的。由于他不具备君王的资质和才干,遇到的又是南唐历史上越来

---

① 王偁:《东都事略》卷二十三,影印版文渊阁四库全书。

越险恶的形势,他也只能在处处被动的情势下接受亡国之君的命运。

作为亡国的小国之君的李煜尽管乏善可陈,但作为文学家和艺术家的李煜却有着可圈可点的实绩。五代时期的南唐地处长江下游,肥田沃野,气候温湿,物产丰富,又基本上未受兵燹之灾,与烽火遍地的中原相比,实在是不可多得的和平富足的绿洲。南唐君臣以及麇集在他们周围的文士,在日日饮宴、夜夜笙歌的醉生梦死的奢靡生活中,也不忘追求文学艺术的享受,于是形成了浓烈而高雅的文化氛围。正是在这种条件下,李煜身上的文学艺术潜质得到了充分发展,使他不仅成为一个自成一格的书法家和画家,而且更是一个在诗词方面留下不朽之作的文学家。无论是时人还是后来者,都对他书画和诗词的成就发出由衷的赞誉。明朝的王世贞就慨叹他的文艺才能成为"君才"之累:"无君才而好文多艺者,李煜也。文艺为累不为益。"①乾隆皇帝也叹息他的"绝艺"难补政治才能的短板:"风虎云龙图霸略,见称所作过常流。可怜绝艺高谈者,无救俘为违命侯。"②显然,李煜是一个政治上的矮子,同时是一个文艺上的巨人。在中国数以百计的帝王中,在文艺上能够与他比肩者,一个也找不出来:精于绘画的宋徽宗在诗词创作上远逊于他,而在乾隆皇帝五万多首诗作中也找不出能够与他的词不分伯仲的名句。

李煜是一个书法家和画家。他不仅有着高超的鉴赏力,而且更创作了许多可入稀世珍宝之列的书画作品。请看他对历

① 王世贞:《弇州四部稿》卷一百四十,影印版文渊阁四库全书。

② 《御制诗》四集卷九十《李煜壶中仙客》,影印版文渊阁四库全书。

代书法家的评判：

> 善法书者，各得右军之一体。若虞世南得其美韵而失其俊迈，欧阳询得其力而失其温秀，褚遂良得其意而失其变化，薛稷得其清而失于拘鲁，颜真卿得其筋而失于粗鲁，柳公权得其骨而失于生犷，徐浩得其肉而失于俗，李邕得其气而失于体格，张旭得其法而失于狂。献之俱得而失于惊急，无蕴藉态度。①

如此鉴赏水平，揆诸当时之人，能望其项背者寥寥无几。

再看当时之人和后世行家对他书画的评价。宋朝朱长文说他“颇尚儒雅，工笔札，遗迹甚劲锐”②。宋朝郭若虚赞誉他“才识清赡，书画兼精（书名金错刀）。尝观所画林石飞鸟，远过常流，高出意外。金陵王相家有杂禽花木，李忠武家有竹枝图，皆希世之玩”③。

《宣和画谱·江南后主李煜书述》更对他的书画进行了全面品评：

> 壮岁书亦壮，犹嫖姚十八从军，初拥千骑，凭陵沙漠，而目全无勍敌。又如夏云奇峰，畏日烈景，纵横炎炎，不可向迩。其任势也如此。老来书亦老，如诸葛亮董戎，朱睿接敌，举板舆自随。以白羽麾军，不见其风骨，而毫素相

---

① 《御定佩文斋书画谱》卷十《南唐后主李煜评书》，影印版文渊阁四库全书。

② 朱长文：《墨池编》卷三，影印版文渊阁四库全书。

③ 郭若虚：《图画见闻志》卷三，影印版文渊阁四库全书。

适,笔无全锋。噫,壮老不同,功用则异,唯所能者可与言之。

江南伪主李煜,字重光。政事之暇,寓意于丹青,……能文善书画,书作颤笔樛曲之状,遒劲如寒松霜竹,谓之金错刀。画亦清爽不凡,别为一格。

李煜金错书有一笔三过之法,虽若甚瘦而风神有余。晚年变而为画,故颤掣三过处,书法存焉。喜作荆榎林棘荒野幽寻之趣,气韵萧疏,非画家之绳墨所能拘也。徐铉亦谓羽毛虽未至,而精神过之。其确论欤。

更难能可贵的是,李煜的诗词创作达到了五代时期的顶峰。他的诗词作品,以亡国为分界,分前后两期。前期的词作是对小皇帝温柔乡生活的描绘。如《渔父》写垂钓者的闲适和自由,实际上是作者自况:

(一)浪花有意千重雪,桃李无言一对春。一壶酒,一竿身,世上如侬有几人?

(二)一棹春风一叶舟,一纶茧缕一轻钩。花满渚,酒满瓯,万顷波中得自由。①

《长相思》写长夜绵绵中的深沉思念,美人罗衫,秋风凄雨,重山烟水,芭蕉菊花,枫叶飞雁,哀愁淡淡,构成了一幅唯美的相思画图:

① 所有李煜词均引自钟叔河主编:《唐宋词百家全集》第一册,广州出版社 1994 年版。

(一)云一涡,玉一梭,澹澹衫儿薄薄罗。轻颦双黛螺。秋风多,雨相和,帘外芭蕉三两窝。夜长人奈何?

(二)一重山,两重山,山远天高烟水寒。相思枫叶丹。菊花开,菊花残,塞雁高飞人未还。一帘风月闲。

此时期更多的词作是写歌舞酒食征逐中的宫廷生活,踏月的马蹄,轻盈的舞步,曼妙的音乐,婉转的歌喉,笑语盈盈的佳人,更有那令人心颤魂销的幽会、偷情……都在李煜的笔端作美的呈现。

《浣溪沙》:红日已高三长透,金炉次第添香兽,红锦地衣随步皱。佳人舞点金钗溜,酒恶时拈花蕊嗅,别殿遥闻萧鼓奏。

《采桑子》:(一)亭前春逐红英尽,舞态徘徊。细雨霏微,不放双眉时暂开。绿窗冷静芳音断,香印成灰。可奈情怀,欲睡朦胧入梦来。

(二)辘轳金井梧桐晚,几树惊秋。昼雨新愁,百尺虾须在玉钩。琼窗春断双蛾皱,回首边头。欲寄鳞游,九曲寒波不溯流。

《菩萨蛮》:(一)花落月暗笼轻雾,今宵好向郎边去。刬袜步香阶,手提金缕鞋。画堂南畔见,一向偎人颤,奴为出来难,教郎恣意怜。

(二)蓬莱院闭天台女,画堂昼寝人无语。抛枕翠云光,绣衣闻异香。潜来珠锁动,惊觉银屏梦。脸慢笑盈盈,相看无限情。

《玉楼春》:晚妆初了明肌雪,春殿嫔娥鱼贯列。笙箫吹断水云开,重按霓裳歌遍彻。临风谁更飘香屑,醉拍阑干情味切。归时休放烛花红,待踏马蹄清夜月。

《一斛珠》:晓妆初过,沉檀轻注些儿个。向人微露丁香颗,一曲清歌,暂引樱桃破。罗袖裛残殷色可,杯深旋被香醪涴。绣床斜凭娇无那,烂嚼红茸,笑向檀郎唾。

《阮郎归》:东风吹水日衔山,春来长是闲。落花狼藉酒阑珊,笙歌醉梦间。佩声悄,晚妆残,凭谁整翠鬟。流连光景惜朱颜,黄昏独倚阑。

《喜迁莺》:晓月堕,宿云微,无语枕凭猗。梦回芳草思依依,天远雁声稀。啼莺散,余花乱,寂寞画堂深院。片红休归尽从伊,留待舞人归。

《南歌子》:云鬓裁新绿,霞衣曳晓红。待歌凝立翠筵中,一朵彩云何事下巫峰。趁拍鸾飞镜,回身燕飏空。莫翻红袖过帘栊,怕被杨花勾引嫁东风。

然而,这种让他无限迷醉、无限留恋的生活在开宝八年戛然而止。作为一个亡国的小国之君,被迫辞别他熟悉的宫室苑囿和如花似玉的宫娥美女,离开了那颐指气使、予取予求、为所欲为、极端富足、无限惬意的日子,骤然堕入“终日以泪洗面”的囚徒生涯,这个反差实在是太大了。但是,正是这种巨大的冰火两重天的生活的转化,使他的诗词来了一次质的升华,展现了与前期截然不同的风貌。真是“文章憎命达”。如果说亡国之前他还有很多国事需要处理,那么,亡国后他唯一可做的事情就是诗词创作。这样诗词就是他的最爱,诗词就是他的生命的寄托。此后他的诗词越写越好。他不断用自己的笔触描绘囚徒的心境,展示甜蜜而又痛苦的回忆。梦中屡屡再现的昔日繁华，眼前时时困扰的现实窘迫，面对春花秋月、夏雷冬雪的絮语，一一呈现笔端，那么真切细腻，那么思绪万千，那么痛彻心扉，那么情意绵绵，读后不能不令人洒下一掬同情之泪。

他用词状写自己和一群高级官员泪洒宫阙、离开金陵的情景：

《破阵子》：四十年来家国，三千里地山河。凤阁龙楼连霄汉，玉树琼枝作烟萝，几曾识干戈？一旦归为臣虏，沈腰潘鬓消磨。最是仓皇辞庙日，教坊犹奏别离歌，垂泪对宫娥。

他用诗篇记述他们这个俘虏团队渡过长江北上时黯然悲戚的心境：

《归宋渡江作》：江南江北旧家乡，三十年来梦一场。吴苑宫闱今冷落，广陵台殿已荒凉。云笼远岫愁千片，雨打归舟泪万行。兄弟四人三百口，不堪闲坐细思量。①

他更用诗词不断抒发自己对故国的无限思念和与日俱增的离情别绪：

《清平乐》：别来春半，触目柔肠断。砌下落梅如雪乱，拂了一身还满。雁来音信无凭，路遥归梦难成。离恨

① 《宋诗纪事》卷八六，影印版文渊阁四库全书。

恰如春草,更行更远还生。

《乌夜啼》:昨夜风兼雨,帘帏飒飒秋声。烛残漏滴频猗枕,起坐不能平。世事漫随流水,算来一梦浮生。醉乡路稳宜频到,此外不堪行。

《相见欢》:(一)林花谢了春红,太匆匆。无奈朝来寒雨,晚来风。胭脂泪,留人醉,几时重。自是人生长恨、水长东。

(二)无言独上高楼,月如钩。寂寞梧桐深院,锁深秋。剪不断,理还乱,是离愁。别是一般滋味、在心头。

《浪淘沙》:(一)往事只堪哀,对景难排。秋风庭院藓侵阶。一任珠帘闲不卷,终日谁来?尽锁已沉埋,壮气蒿莱。晚凉天净月华开。想得玉楼瑶殿影,空照秦淮。

(二)帘外雨潺潺,春意阑珊。罗衾不耐五更寒。梦里不知身是客,一晌贪欢。独自莫凭栏,无限江山。别时容易见时难。流水落花春去也,天上人间。

《虞美人》:(一)春花秋叶何时了,往事知多少。小楼昨夜又东风,故国不堪回首月明中。雕栏玉砌应犹在,只是朱颜改。问君能有几多愁,恰似一江春水向东流。

(二)风回小院庭芜绿,柳眼春相续。凭栏半日独无言,依旧竹声新月似当年。笙歌未散尊前在,池面冰初解。烛明香暗画楼深,满鬓清霜残雪思难任。

做了俘虏的李煜,住在赵匡胤指定的由禁卫军严密守护的汴京的庭院里,过着时时被监视的日子。虽然给了高官显爵——光禄大夫、检校太傅、右千牛卫上将军、违命侯,宋太宗赵光义即位后,又加特进,以陇西郡公替代违命侯,实际上一点权力也没有,并且由于不会勤俭度日,日常生活所需的物资也时有短缺。太平兴国二年(977),李煜不得不厚着脸皮向赵光义告穷,总算求得赵光义开恩,“诏增给月奉,仍赐钱三百万”①。大概到汴京不久,李煜最小的儿子夭折。这使他悲痛莫名,但只能写《悼幼子瑞保》一诗寄托自己的哀思:“永念难消释,孤怀痛自嗟。雨深秋寂寞,愁引病增加。咽绝风前思,昏朦眼上花。空王应念我,穷子正迷家。”②丧子的哀痛还没有平息,与他相濡以沫的被赵匡胤封为郑国夫人的周后又莫名其妙地死去,他也只能再以一首《悼周后》抒发自己的悼念之情:

> 又见桐花发旧枝,一楼烟雨暮凄凄。凭栏惆怅人谁会,不觉潸然泪眼低。层城无复见娇姿,佳节缠哀不自持。空有当年旧烟月,芙蓉池上哭蛾眉。③

接二连三的打击使李煜病倒了,他仍然只能以诗篇记述自己的感怀:

> 憔悴年来甚,萧条益自伤。风威侵病骨,雨气咽愁肠。夜鼎惟煎药,朝髭半染霜。前缘竟何似,谁与问空王?④

---

① 《宋史·世家一·南唐李氏》,中华书局1995年版,第13861—13862页。

② 《宋诗纪事》卷八六,影印版文渊阁四库全书。

③ 《宋诗纪事》卷八六,影印版文渊阁四库全书。

④ 《宋诗纪事》卷八六,影印版文渊阁四库全书。

鬓从今日添新白,菊是去年依旧黄。①

一个刚过40岁、正值盛年的男人,竟然"朝髭半染霜"了,这显然是愁苦病痛催人老呀。然而,宋廷却一刻也没有放松对他的监视,他的一举一动,说的每一句话,写的每一首诗词都被汇报到皇帝那里。赵匡胤有时也亲自到他的住处,借聊天之机观察他的动向。面对他写的那些才华灼灼、激情洒溢的诗词,不由赞赏"好个翰林学士",但背地里却认为他是将才智用错了地方,慨叹说:"李煜若以作诗工夫治国事,岂为吾虏也?"②《古今说海》讲了这样一个故事:

太祖一日小宴,顾李煜曰:"闻卿能诗,可举一首?"煜思久之,乃举《咏扇诗》云:"揖让月在手,动摇风满怀。"太祖曰:"满怀之风何足尚?"侍臣莫不叹服。③

这里赵匡胤显然忌讳李煜的"揖让",对他做了俘虏还要"风满怀"甚不苟同。不过,他对待李煜总体还算大度。赵光义登基以后,进一步加紧了对李煜的监视和迫害。他一面假惺惺地为他增奉赐钱,一面暗地里密谋置他于死地的办法。太平兴国三年七月,他指使秦王赵延美设计毒死了这位傲世的天才词人。

李煜根本不具备做皇帝的资质和才干,但他又阴差阳错地

---

① 《诗话总龟》卷一二,影印版文渊阁四库全书。

② 陆楫编:《古今说海》卷一二六,影印版文渊阁四库全书。

③ 陶宗仪:《说郛》卷三九上,影印版文渊阁四库全书。

做了15年南唐小朝廷的皇帝。就他的资质和才干而论,如果他生在宋朝统一天下的岁月,能与欧阳修、苏东坡等同台竞技,他肯定不输于这两大文豪,至少可与之鼎足而三,当个翰林学士,实在是绰绰有余,定能得心应手,胜任愉快。可惜历史没有给他提供这样一个舞台,而是在他的诗词艺术达到顶峰的时候让他从皇帝变成了比寄人篱下更痛苦百倍的俘虏。他虽然意识到这个转变,却又不适应这个转变,特别不善于保护自己,因为他时时处于监视下,保命的最好办法就是厉行韬晦之计:低眉顺眼,卑躬屈膝,深藏才情,装憨卖傻,闭门读书,与诗词书画绝缘,绝口不谈昔日故事。每逢节庆,及时向大宋皇帝送上贺词,颂扬他是空前绝后的伟大圣主。不仅使他确认你不是威胁,而且要使他认为你是他需要的开心果式的侏儒。这样,他就会逐渐放松对你的警惕和监视,让你淡出所有人的视线,你也就能够苟全性命了。然而,这个李煜无论是做皇帝还是做俘虏,都保持了一个天才艺术家和诗词巨匠的本色。诗词是他的生命,诗词是他的身心。他不可能离开诗词保存自己的生命,而宁愿以自己的生命为诗词殉葬。正是在做俘虏以后,他的创作欲望才如汹涌的大海波涛日夜澎湃,他的才情才如乍裂的火山热石竟飞天外,他终日处于创作的亢奋中,如醉人痴,如梦如幻,如疯如癫,不能自已。他同时是一个情感外露的人,毫不避讳地随时将自己的所思所想所感所怒倾泻在诗词创作中,由此惹下了杀身之祸:"李煜归朝后,郁郁不乐,见于词语。在赐第七夕,命故妓作乐,闻于外,太宗怒。又传'小楼昨夜又东风',并坐之,遂被祸。"①李煜暮岁乘醉,书牖云:"万古到头归

① 陶宗仪:《说郛》卷三九上,影印版文渊阁四库全书。

一死,醉乡葬地有高原。醒而见之,大悔,不久谢世。"[1]显然,李煜是宁鸣而死,不默而生。当他的诗词创作如奔腾的烈火不可阻挡地熊熊燃烧时,他的生命之火却悄然熄灭。

历史无限惋惜李煜的死于非命,但更赞誉他的生命之火在熄灭前夕于文学上留下的璀璨的永恒的光波!

---

① 《诗话总龟》卷三一,影印版文渊阁四库全书。

权力任性与思想韧劲的较量*

——从秦始皇"焚书坑儒"和朱元璋诏令刘三吾删削《孟子》成《孟子节文》说起

历史上,行政权力从出生那天起,就开始了自己的任性而为。为了确立有利于自己统治的思想特别是意识形态,它总是千方百计禁锢不合己意的思想,屡屡大兴"文字狱",杀戮和打压持不同意见的知识分子,不时禁书焚书,任意篡改和删削他们认定有违"圣治"的出版物。秦始皇的"焚书坑儒"和明朝初年朱元璋诏令刘三吾删削《孟子》一书成《孟子节文》,通令以此书作为官定教科书和科举考试的标准,就是权力任性而为的两个典型事例。而农民战争中的焚书和污圣行为,也是权力任性的一种低俗的表现形式。

一

战国晚期,铿锵激越的"百家争鸣"已经接近尾声,为这个争鸣作总结的是两部百科全书式著作的出现。一部是集儒家

* 本文原载于《衡水学院学报》2020 年第 2 期。

和百家之大成的《荀子》，此书“援法入儒”，大讲礼法并用、德刑互补，为后世中国古代社会奠定了谭嗣同认定的“二千年之学”。一部是集杂家之大成的《吕氏春秋》，为秦王嬴政的“仲父”吕不韦邀集众多学者集体创作，目的是为即将统一六国的秦皇朝损益出一个最适宜的意识形态和国家社会的指导思想。尽管它百家杂凑，但其基本倾向也是礼法并用、德刑互补。然而，在讲求耕战的法家思想指导下完成翦灭六国、建立统一皇朝的秦始皇，陶醉于具有立竿见影效应的法家思想带来的成功，对这两部书却不屑一顾。在与这两部千年宝典失之交臂的同时，迅速滑向了权力任性的快车道。

本来，秦国在向六国进军的时候，兵锋所及，还注意收罗和吸纳各地有名望的知识分子为自己服务。所以，统一之初的秦朝宫廷集合了70多位博士和2000多位诸生，他们中汇集了六国各学派的知名人物，这些人都诚心诚意地愿为秦朝的政治、经济和文化教育建设贡献自己的智慧和专长。其中，不少人以博士的头衔随时备秦朝皇帝顾问。由于他们各自有着不同的学派背景，所以在顾问时自然会提出不同的意见和建议。如果能够宽容对待，择善而从，这些不同的建议和意见对秦朝的决策肯定能够起到集思广益、优长互补的作用。然而，这些意见和建议却与秦朝皇帝集权的政治体制和专制主义的思想文化政策产生不可调和的矛盾。实际上，秦始皇将这些人搜罗进自己宫廷的初衷，就不是从战略的高度重视思想文化教育建设，而是要他们以御用文人的身份为自己歌功颂德。特别是秦始皇在全国一统、万民共戴的大好形势下已经飘飘然、昏昏然、懵懵然，听不进任何不同的意见和建议，只是完全听信李斯之流的谬论，依据申、韩的法家理念，极力弘扬商鞅变法后在秦国形成的"以法为教,以吏为师"的传统,迅速强化了专制主义的思想文化政策,从而不可避免地激化了与广大知识分子特别是儒生的矛盾,最后导致了"焚书坑儒"的惨剧。

公元前221年(秦始皇二十六年),秦朝建国伊始,朝堂上就发生了全国实行何种政治体制的辩论。丞相王绾提出在新征服的燕、齐、荆设立诸侯王国的建议,得到"群臣皆以为便"的呼应,这说明封秦始皇兄弟子侄为诸侯王的建议是得到秦朝多数臣子认同的。只有廷尉李斯力排众议,要求在全国一律实行纯而又纯的郡县制:

> 周文武所封子弟同姓甚众,然后属疏远,相攻击如仇雠,诸侯更相诛伐,周天子弗能禁止。今海内赖陛下神灵一统,皆为郡县,诸子功臣以公赋税重赏赐之,甚足易制。天下无异意,则安宁之术也。置诸侯不便。①

这里李斯所表述的主导思想是如何制约"诸子功臣",防止他们反叛,根本就没有想到怎样发挥他们的力量使之成为稳固秦皇朝的积极因素。而这一点恰恰是王绾立论的核心所在。由于李斯窥透了秦始皇要求实行皇帝专制和中央集权的愿望,因而得到他的肯定:"天下共苦战斗不休,以有侯王,赖宗庙,天下初定,又复立国,是树兵也,而求其宁息,岂不难哉!廷尉议是。"②这场辩论的结果,是地方行政体制上纯粹的郡县制的建立。从后来的效果看,防范诸侯王反叛的目的确实达到了,但

---

① 《史记·秦始皇本纪》,中华书局1959年版,第239页。

② 《史记·秦始皇本纪》,中华书局1959年版,第239页。

当秦末农民战争的烈火燃起之时,秦朝中央政府就缺失了本来应该分布于地方的诸侯王的奥援,只能单打独斗地对付起义军,秦朝灭亡的速度反而大大加快了。

公元前213年(秦始皇三十四年),“始皇置酒咸阳宫”,大宴群臣,“博士七十人前为寿”。在仆射周青臣献上对秦始皇阿谀谄媚的颂词之后,博士淳于越站出来,重提封子弟功臣的旧话:

> 臣闻殷周之王千余岁,封子弟功臣,自为枝辅。今陛下有海内,而子弟为匹夫,卒有田常、六卿之臣,无辅拂,何以相救哉?事不师古而能长久者,非所闻也。今青臣又面谀以重陛下之过,非忠臣。①

淳于越在这里虽然激烈批评了纯粹郡县制的弊端,但却没有丝毫恶意。他关注的是皇族子弟财产、权力的再分配,希望通过封王子弟使之各得其所,进而实现皇族的大团结,共同维护秦朝的长治久安。其“师古”的说辞也不是“复古倒退”,而是提醒秦始皇接受历史教训。然而,此时的秦始皇和李斯已经听不进半点不同声音,深谙秦始皇意图的李斯于是提出了“罢黜百家,独尊法术”以及为达此目的而“焚书”的主张:

> 五帝不相复,三代不相袭,各以治,非其相反,时变异也。今陛下创大业,建万世之功,固非愚儒所知。且越言乃三代之事,何足法也。异时诸侯并争,厚招游学。今天

---

① 《史记·秦始皇本纪》,中华书局1959年版,第254页。

> 下已定，法令出一，百姓当家则力农工，士则学习法令辟禁。今诸生不师今而学古，以非当世，惑乱黔首。丞相臣斯昧死言：古者天下散乱，莫之能一，是以诸侯并作，语皆道古以害今，饰虚言以乱实，人善其所私学，以非上之所建立。今皇帝并有天下，别黑白而定一尊。私学而相与非法教，人闻令下，则各以其学议之，入则心非，出则巷议，夸主以为名，异取以为高，率群下以造谤。如此弗禁，则主势降乎上，党与成乎下。禁之便。臣请史官非秦记皆烧之。非博士官所职，天下敢有藏《诗》《书》、百家语者，悉诣守、尉杂烧之。有敢偶语《诗》《书》者弃市。以古非今者族。吏见知不举者与同罪。令下三十日不烧，黥为城旦。所不去者，医药卜筮种树之书。若欲有学法令，以吏为师。①

李斯的这段话不能说没有一点道理。他认定应该随着时代的变化采取不同的治国方略当然是正确的，这也正是法家进行变法的理论根据。但是，李斯这里重点论述的是现行制度永恒论和不容怀疑论。在他看来，今皇帝“并有天下，别黑白而定一尊”之后，现行的一切制度和思想都是最好的，也是永恒的。所以社会上所有的人包括士农工商都必须“思不出位”，都必须对现行的制度和思想持绝对认同的态度。反之，所有妨碍现行制度和思想的言行都在取缔之列：各国史记容易引起六国原来臣民的故国之思，儒家《诗》《书》及百家语与申、韩之法家理论不是一个话语系统，自然必须烧掉！以《诗》《书》非议今法，以古事讽喻现实者，自然必须杀掉！李斯的这个充溢着残忍、

① 《史记·秦始皇本纪》，中华书局1959年版，第254—255页。

荡漾着杀气、散发着血腥、让人不寒而栗的建议,居然得到了秦始皇的首肯。原因就在于李斯这个为了统一思想而焚书、为了舆论一律而禁止言论自由的提议,正契合了秦始皇在政治和思想上加强专制主义的需要。这一举措窒息了战国以来百家争鸣的政治生态,不可避免地激化了与广大知识分子的矛盾。第二年,答应为秦始皇寻找"仙药"的侯生和卢生对他的议论,反映出当时绝大多数知识分子的心态:

> 始皇为人,天性刚戾自用,起诸侯,并天下,意得欲从,以为自古莫及己。专任狱吏,狱吏得亲幸。博士虽七十人,特备员弗用。丞相诸大臣皆受成事,倚辨于上。上乐以刑杀为威,天下畏罪持禄,莫敢尽忠。上不闻过而日骄,下慑伏谩欺以取容。秦法,不得兼方,不验,辄死。然候星气者至三百人,皆良士,畏忌讳谀,不敢端言其过。天下之事无小大皆决于上,上至以衡石量书,日夜有呈,不中呈,不得休息。贪于权势至如此,未可为求仙药。①

侯生、卢生两个方士虽与儒生不同,他们为秦始皇寻找长生不死"仙药"的骗术也令人不齿,但他们上面对秦朝政治和思想专制的批评却基本是切中肯綮的。在他们看来,当时的秦朝,上面是"乐以刑杀为威""不闻过而日骄"的专制皇帝,下面是一群"谩欺以取容"的臣子,朝廷上下,只准歌功颂德,容不得半点杂音,这样的政权实在不值得为之卖力。侯生和卢生在对秦始皇及其专制政策进行了一番猛烈攻击逃逸后,秦始皇在震

① 《史记·秦始皇本纪》,中华书局1959年版,第258页。

怒之中下达了“坑儒”的命令,460多名儒生被坑杀于咸阳以东的渭水河畔。“焚书坑儒”是以秦始皇为代表的中国封建帝王厉行思想文化专制的第一个“杰作”。无论从什么角度看都是一次权力任性的空前野蛮和愚蠢的暴行。它是对春秋战国时期思想言论自由和“礼贤下士”之风的反动,更是对“百家争鸣”思想学术思潮的扼杀,是思想文化史上的一次大倒退。焚书毁掉了大批珍贵的文化典籍,是中国文化史上一场空前的浩劫,造成永远无法弥补的损失。坑儒毁掉了一批优秀知识分子,使他们的创造活力在激情浩荡的岁月戛然而止。当时,秦始皇与李斯肯定为他们权力任性取得的胜利洋洋自得,欢呼权力为所欲为的神力和思想的不堪一击。然而,与秦始皇和李斯的愿望相反,焚书坑儒非但未能阻止人们自由思考,反而一举打掉了儒生们对秦朝的最后一点幻想,使他们不能不对这个皇朝产生不共戴天的仇恨。那些劫后余生者,有的逃出咸阳,有的暂时隐藏,在朝者则虚与委蛇,伺机遁逸。公元前209年(秦二世元年),当陈胜、吴广在大泽乡振臂一呼之时,儒生们纷纷投入造反者的队伍,变成了反秦的重要力量。孔子的八世孙孔鲋怀抱礼器,毅然投奔起义军,被任为博士,最后与陈胜一起殉难于下城父。叔孙通、张苍等人也由秦朝的官吏归降起义军,后来成为汉朝的开国功臣。显然,秦始皇君臣为他们的权力任性付出了最高昂的代价,这就是秦朝的二世而亡和嬴氏宗族的覆社灭宗。而被他们禁绝的儒家思想,非但没有被消灭,反而在汉朝成为“罢黜百家,独尊儒术”中的胜利者。“焚书坑儒”事件表明,权力作为一种硬实力,的确威力无比。它能够在它认为适当的时机,将自己认定不合胃口的思想及作为其载体的思想家扼杀和肉体消灭,更能卵翼一批知识分子为自己最荒唐的思想大吹法螺,极尽歌功颂德之能事。然而,历史也表明,思想作为一种软实力,其坚韧性却是权力这种硬实力所不可比拟的。秦始皇和他的皇朝只经历了15个年头就灰飞烟灭,而儒学在西汉之后的两千多年间一直作为中国传统文化的核心与历史和人民同在,历久而不衰,不断展现出持久的生命力和荡魄摄魂的魅力。

二

西汉以后,儒学的发展并非一帆风顺。在魏晋南北朝时期,它遇到玄学和佛学的挑战,但它积极迎接和应对这种挑战,在辩诘中吸纳佛学和玄学的积极因素而继续发展创新,使儒学即便在思想多元的情况下也不失盟主的地位。隋唐以后,吸纳玄佛精华的儒学与时俱进,开拓创新,以理学的形式再度辉煌。但到明朝开国皇帝朱元璋当国时,儒学却遭遇这位草莽出身皇帝的一度权力任性:一是废除对孔子的全国通祀,二是罢孟子配享孔庙和命刘三吾删削《孟子》成《孟子节文》。这两件事在《明史·钱唐传》中均有记载。

钱唐是浙江象山人,"博学敦行"。从其在洪武元年(1368)能够"举明经,对策称旨,特授刑部尚书"的情况看,他显然是当时极具名望的一位饱学之士。洪武二年,朱元璋下诏"孔庙春秋释典,止行于曲阜,天下不必通祀"。这改变了宋元以来对孔子天下通祀的传统,明显是对孔子尊崇的降格。钱唐于是伏阙上疏,提出抗争:"孔子垂教万世,天下共尊其教,故天下得通祀孔子,报本之礼不可废。"侍郎程徐也上疏附和钱唐，陈述了一通更为充分的理由：

> 古今祀典，独社稷、三皇与孔子通祀。天下民非社稷、三皇则无以生，非孔子之道则无以立。尧、舜、禹、汤、文、武、周公，皆圣人也，然发挥三纲五常之道，载之于经，仪范百王，师表万世，使世愈降而人极不坠者，孔子之力也。孔子以道设教，天下祀之，非祀其人，祀其教也，祀其道也。今使天下之人，读其书，由其教，行其道，而不得举其祀，非所以维人心扶世教也。①

他们的抗疏没有改变朱元璋的决定。但"久之，乃用其言"，说明朱元璋最后还是明白了天下通祀孔子的意义。对孟子，朱元璋似乎就没有对孔子那么客气了：

> 帝尝览《孟子》，至"草芥""寇仇"语，谓非臣子所宜言，议罢其配享，诏有谏者以大不敬论。唐抗疏入谏曰："臣为孟轲死，死有余荣。"时廷臣无不为唐危。帝鉴其诚恳，不之罪。孟子配享亦旋复。然命儒臣修《孟子节文》云。②

这位担当修《孟子节文》的儒臣就是当时已经70多岁的刘三吾（1313—?）。刘三吾是江西茶陵（今属湖南）人，出身儒学世家。他们兄弟三人都曾在元朝做官，他的官职是广西静江路儒

---

① 《明史·钱唐传》，中华书局1995年版，第3981—3982页。

② 《明史·钱唐传》，中华书局1995年版，第3982页。

学副提举，元朝灭亡前因避战乱回乡蛰居。洪武十八年（1385），经茹瑺推荐，他作为儒学名士被朱元璋召见，因“奏对称旨”做了左赞善，“累迁翰林学士”，为明朝的礼制建设和许多重要文献的撰写贡献了自己晚年的智慧和学识：

> 时天下初平，典章阙略。帝锐意制作，宿儒凋谢，得三吾晚，悦之。一切礼制及三场取士法多所刊定。三吾博学善属文。帝制《大诰》及《〈洪范〉注》成，皆命为序。敕修《省躬录》《书传会选》《寰宇通志》《礼制集要》诸书，皆总其事，赐赉甚厚。……帝制诗，时令属和，尝赐以朝鲜玳瑁笔。朝参，命列侍卫前。燕享，赐坐殿中。与汪叡、朱善称“三老”。①

由于刘三吾的年资、所处官位和学识在当时儒臣中堪比者不多，所以被朱元璋遴选为《孟子节文》的斫轮手也是顺理成章的。不过，这位饱读诗书的刘三吾肯定明白，皇帝交给他的这个任务却是一个费力难讨好的工作。但作为一个曾仕于前朝的儒臣，面对专权自恣的皇帝，无论他愿意与否，只要他还不想以老命相拼，他都必须乖乖地接受这个任务并勉力完成，同时，还必须给这种删削圣典的作为杜撰出充分的理由。为此，他留下一篇《孟子节文题辞》，作为自己对这个问题的全面申述：

> 《孟子》七篇，圣贤扶持名教之书。但其生于战国之

① 《明史·刘三吾传》，中华书局1995年版，第3942页。

世，其时诸侯方务合纵连横，以功利为尚，不复知有仁义，唯魏惠王首以礼聘至其国。彼其介于齐、秦、楚三大国之间，事多龃龉，故一见孟子，即问何以利便其国，非财利之利也。孟子恐利源一开，非但有害仁义，且将有弑夺之祸。仁义，正论也。所答非所问矣，是以所如不合，终莫能听纳其说。及其欲为死者雪耻，非兵连祸结不可也。乃谓能行仁政，可使制梃以樾秦、楚之坚甲利兵，则益迂且远矣。"台池鸟兽之乐"，引文王灵台之事，善矣。《汤誓》"时日害丧"之喻，岂不太甚哉！"雪宫之乐"，谓贤者有此乐宜矣，谓人不得即有非议其上之心，又岂不太甚哉！其他或将朝而闻命中止，或相待如草芥，而见报施以仇雠，或以谏大过不听而易位，或以诸侯危社稷，则变置其君，或所就三，所去三，而不轻其去就于时君，固其崇高节、抗浮云之素志。抑斯类也，在当时列国诸侯可也。若夫天下一家，四海一国，人人同一尊君亲上之心，学者或不得其扶持名教之本意。于所不当言不当施者，既以言焉，既以施焉，则学非所学，而用非所用矣。今翰林儒臣三吾等，既请旨，与征来天下耆儒，同校蔡氏《书传》，蒙赐其名曰《书传会选》。又《孟子》一书，中间词气之间，抑扬太过者八十五条，其余一百七十余条，悉颁之中外校官，俾读是书者，知所本旨。自今八十五条之内，课试不以命题，科举不以取士，壹以圣贤中正之学为本，则高不至于抗，卑不至于谄矣。抑《孟子》一书，其有关于名教之大，如"孔子贤于尧舜"，后人因其推尊尧舜，而益知尊孔子之道，"诸侯之礼，吾未之学"，而知其所学者周天子盛时之礼，非列国诸侯

> 所僭之礼，皆所谓扩前圣所未发者。其关世教，讵小补哉！①

这里刘三吾申明：孟子当年在列国纷争之时可以放言高论，说出许多过激和过头的“不当言不当施”的话，但“若夫天下一家，四海一国，人人同一尊君亲上之心，学者或不得其扶持名教之本意。于所不当言不当施者，既以言焉，既以施焉，则学非所学，而用非所用矣”，所以对那些容易产生偏激不当之论的言辞文句加以删削就是必要的了。而刘三吾没有说出的理由是：列国纷争时期是一个言论绝对自由的年代，所有人都可以肆无忌惮地高谈阔论，谁也不会害怕因言获罪，因为那时没有一个以垄断真理自居的绝对权威，特别是没有一个一言既出即为“圣旨”而所有臣民都必须遵循的统一帝国的君王。现在时过境迁，统一帝国的君王已经是言出法随、人莫予毒的天下唯一共主，与他绝对保持一致是每个臣民必须履行的义务，所以一切有违“圣治”“圣言”或与“圣治”“圣言”产生歧义的言行都必须在禁止之列。即使伟大如孟子的“圣人”，其一千多年前的言论也得服从当今君王的需要加以删削。他这里说出了历代专制君王的共同心声：所有历史上和现今的言论思想，特别是意识形态，都必须与当今政治保持绝对一致。如果发现不一致，也一定要强制使之完全一致。刘三吾究竟删削掉了《孟子》一书的哪些内容呢？他自己说是85条，而据杨海文和王其俊统计，都是89条，即《梁惠王章句》17条，《公孙丑章句》11

① 刘三吾辑：《孟子节文》，转引自王其俊主编：《中国孟学史》，山东教育出版社2012年版，第458—459页。

条,《滕文公章句》7条,《离娄章句》21条,《万章章句》11条,《告子章句》11条,《尽心章句》17条。[①] 由于刘三吾秉承朱元璋极力强化专制主义的"圣意"进行删削,所以这些被删条目涉及的内容,一言以蔽之,全是《孟子》书中带有"民主性"的精华。容肇祖将其准确地概括为十一个"不许说":

> 就是不许说人民有尊贵的地位和权利,不许说人民对于暴君污吏报复的话,不许说人民应有革命和反抗暴君的权利,不许说人民应有生存的权利,不许说统治者的坏话,不许说反对征兵征实同时并举,不许说反对捐税的话,不许说反对内战,不许说官僚黑暗的统治,不许说行仁政救人民,不许说君主要负善良或败坏风俗的责任。[②]

著名明史专家黄云眉教授在其所著的《明史考证》一书中也慨叹:"所节者,自土芥寇仇外,凡不以尊君为主,如谏不听则易位,及君为轻之类,皆删去,则《孟子》一书之真精神,存于《节文》者尚余几!"[③]

由于删削后的《孟子节文》准确体现了朱元璋的意图,所以获得他的首肯,即时下诏颁布各级学校作为钦定教科书,"颁之中外教官,俾读是书者知所本旨",同时也作为科举考试的依据。而被删削的内容,"课试不以命题,科举不以取士",

---

① 杨海文:《〈孟子节文〉是怎么一回事?》,《中华读书报》2011年6月15日。

② 容肇祖:《明太祖的〈孟子节文〉》,《读书与出版》第4期,1947年。

③ 黄云眉:《明史考证》第四册,中华书局1994年版,第1192页。

即切断其与富贵利禄的关系。朱元璋做完了这件大事不久,就放心地寿终正寝了。然而,他却不知道,他的这个杰作只在历史上存在了17个年头,即从洪武二十七年(1394)至永乐九年(1411)勉强实行。之后完整的《孟子》又成为各级学校的法定教科书和科举考试的权威文本。删削《孟子》成《孟子节文》一事,与秦始皇"焚书坑儒"一样是一次典型的权力任性之作。在朱元璋看来,他作为皇帝是可以为所欲为的,既然他能够对当今的臣民生杀予夺,那么,对一千多年前孟子的著作任意删削更是不在话下。果然,对他的施为,天下臣民尤其是读书人虽然没有发出欢呼,但谁也没有提出疑义,而是采取了默认的态度。即便敢于抗疏的钱唐对此也未置一词。这说明,他们纵有不同意见,也只能沉默应对。然而,使朱元璋难以预料的是,他钦命刘三吾精心打造的这个《孟子节文》只推行17年便无疾而终。任性的权力还是在韧性的思想面前败下阵来。其后代悄无声息地改变了他的决定,承认了权力在思想面前的无奈与颓丧。

三

权力的任性无远弗届,只要可能,它就会毫无顾忌地在其力所能及的范围内滥施淫威。这也同样突出表现在农民起义军的作为上。他们对思想文化尤其是对儒家思想的蔑视和破坏,有时表现为野蛮地对孔孟纪念物的毁坏和对经书的亵渎,如明朝刘六、刘七领导的起义军,在打进曲阜后,就曾"秣马于庭,污书于池",表现出对孔圣人和儒家思想的极端仇视。也是发生于明天启年间的山东鲁西南的徐鸿儒领导的“闻香教”起义，他们攻克邹城，攻入孟府，杀死孟子第60代孙孟承光及其母亲与儿子，捣毁孟庙，焚烧孟府，连带子思书院、子思祠、子张祠、断机处等古建筑一并焚毁。这些“壮举”在当年“批林批孔”“评法批儒”运动中曾被大肆宣扬为“革命行动”，实际上不过是最下层民众利用手中的武力进行的“反智”的野蛮蠢行，同美妙的“革命”是不沾边的。太平天国的创始人洪秀全是一个乡村塾师，多次赴广州参加科举考试，却屡屡名落孙山，由此逐渐萌生了对儒学的叛逆意识。在得到宣扬基督教教义的小册子《劝世良言》后，他由信奉皇上帝发起了对中国传统思想文化的猛烈攻击，将主要攻击矛头对准儒家思想。最先是砸了他做塾师的乡村学校的孔子牌位，继而在率领太平军进军途中大肆毁坏一切传统文化的标志性遗迹，广泛焚毁儒家经典。正如曾国藩在《讨粤匪檄》中所说：“粤匪焚郴州之学宫，毁宣圣之木主，十哲两庑，狼藉满地，所过州县，先毁庙宇，即忠臣义士如关帝岳王之凛凛，亦皆污其宫室，残其身首。”在洪秀全眼里，孔子是“阎罗妖”，一切儒家典籍和其他书籍都是“妖书”，都在焚毁之列。太平军所到之处，几乎所有典籍都被投入熊熊大火。四库全书存放在江南三阁（扬州大观园文汇阁、镇江金山寺文宗阁和杭州圣因寺文澜阁）的珍本，被焚毁的只剩下杭州的半阁。当代一些历史学家囿于对太平天国革命性质的认定，在普遍谴责秦始皇的“焚书坑儒”的同时却对太平军破坏文化的行为不置一词，甚至赞扬这种行为是“革命行动”。由于参加太平军的绝大多数士卒和低级军官都是贫困农民和手工业者，基本上都是目不识丁的文盲，他们根本不需要读书。他们需要知道的只不过是宣扬天王“圣谕”“圣训”和有关太平天国制度政策以及组织纪律的图书与文件,这些书籍文件只要少数政务官员和军事官员能够读懂并加以传达就可以了。洪秀全知道太平天国的高层人士除了读他的“圣谕”“圣训”外,还需要另外读一些书籍,而这些书籍只能从他钦定为“妖书”的中国传统的古籍中选取。为了消除这些“妖书”中的“妖气妖毒”等消极有害因素,他特设删书衙从事这一工作。当时被太平军裹挟的知识分子如曾钊扬、何震川以及其国舅爷赖汉英等就曾在此机构从事领导工作。他们任意删削“四书五经”等典籍,对最紧迫需要的兵书《孙子兵法》《吴子兵法》《司马法》也在删削 289 处后以《武略》的书名出版,供高级将领学习。洪秀全在他权力所及的地方和领域,将权力对儒家思想的任性胡为发挥到了极致。然而,这些活动不仅没有给太平天国带来节节胜利的捷报,而最后迎来的是天京的陷落和运动的彻底失败,因为他们这类活动激起的不只是知识阶层的激烈反对,也引起一般农民和手工业者的反感。他们对待思想文化的任性胡为,最后留下的只是笑柄:一群反智者的近于野蛮的可恶、可恨、可悲和可笑的蠢行。

四

中外历史上的许多事例一再证明,权力是任性的。只要权力存在的地方,只要权力醒着的时候,它就总是任性而为。对于权力的这种特性,许多古代和近现代思想家都有大量精准的论述。亚里士多德在《政治学》中说:“把权力赋予人,等于引狼入室。因为欲望具有兽性,纵使最优秀者,一旦大权在握,总倾向被欲望的激情所腐蚀。”这种被激情“腐蚀”的欲望总是期望社会的运行按照自己的意志发展,所有人的思想都要统一到自己所预设的轨道上来。对于所有它认定的不合于自己意志的思想和行动,它都要用权力去进行干预和规范。这就必然在很多时候造成权力的滥用。孟德斯鸠在《论法的精神》中对这种权力的滥用有一针见血的评论:“任何拥有权力的人,都易滥用权力,这是万古不易的一条经验。有权力的人使用权力一直到遇有界限的地方才休止。”不论是秦始皇的“焚书坑儒”,还是朱元璋的驱孟子出孔庙和删削《孟子》成《孟子节文》,抑或是刘六、刘七在孔府孔庙的作为,以及洪秀全的焚毁学宫、砸烂宣圣木主、焚烧珍贵的四库全书、删改“四书五经”等,在在展示的都是权力滥用的最令历史伤心的角落——对思想的杀伐和打压。而滥用权力的并不总是历史上的邪恶小人,不少是历史肯定的伟大人物,如秦始皇、朱元璋就是对历史做出极大贡献的人物。权力在做这些打压思想、诛除异端事情的时候,展现的是无比得意的神色和高傲的狞笑。然而,历史却也证明,它狞笑的时间是短暂的,因为具有无比韧劲的思想总是杀而不绝、打而不死、压而不服,很快以自己的存在傲视权力的无奈和短命。然而,权力似乎很少有觉悟的时候,旧的权力死亡了,新生的权力照样任性,照样按照既定的老谱对思想进行杀伐和打压。它们始终没有悟透一个一再被历史确证了的规律:思想的火炬从来就不能被权力扑灭,不仅包含着真理的思想不能被权力扑灭,就是谬论也不能被权力扑灭,而只能在真理的烛照下逐渐被逐出思想的场域。所以,黑格尔在1918年荣膺柏林大学讲席时的开讲辞中底气十足地说道:“精神的伟大力量是不可以低估和小视的。那隐闭着的宇宙本质自身并没有力量足以抵抗求知的勇气。对于勇毅的求知者它只能揭开它的秘密,将它的财富和奥妙公开给他,让他享受。”思想一旦被思想者发现并表述出来,它包含的真理就会被人们认可并成为信仰,而且能够一代一代地传下去,流风所及,融会在民族的血液里,渗透到人民的骨髓中,任凭权力如何杀伐和打压,也无法彻底消灭。你看,儒学自产生以来两千多年间就经历过权力的多次杀伐、打压,但它依然存在和发展,原因就在于思想的韧性远远超过权力的任性。作为一种软实力,远远胜过权力的硬实力,儒学存在和发展的历史证明:思想优于权力!因为思想是永久的,而权力的施为则只能在特定的时空内彰显。历史老人当然也记载权力的辉煌,但那只是历史;而思想却是永久的存在,时时能激动人的心灵并促成新的思想的产生和闪现。真理是时间的儿子,时间证明真理是永恒的胜利者,而任性的权力在与真理对战时最后总是一败涂地,因为时间迟早一定给它送上追悼的花圈。

论刘基的悲剧*

刘基(1311—1375),字伯温,元朝江浙行省处州青田(今属浙江)人,元末明初杰出的政治家、谋略家、思想家和文学家,不仅在中国政治史上是不可或缺的人物,而且在思想史和文学史上也占有重要的地位。相当多的中国思想史、哲学史和文学史著作,都列出专门的章节对他进行论述。他为明朝的建立做出了不可磨灭的贡献,但却悲惨地死于当朝丞相胡惟庸策划的一次政治谋杀。他的死给后人留下许多可悲可哀可感可慨的浩叹,更多的是值得深入探究的思索。

一

刘基是一个早熟的天才,"年十四即领《春秋》大义",至顺二年(1333),"以明经举进士"①的时候年仅 22 岁。他"博通经史,于书无不窥,尤精象纬之学"②。他同时代的西蜀人赵天

---

* 本文原载于《东岳论丛》2014 年第 2 期。

① 廖道南:《殿阁词林记》卷六《馆学 · 文馆学士封诚意伯刘基》,影印版文渊阁四库全书。

② 《明史 · 刘基传》,中华书局 1995 年版,第 3777 页。

泽誉其为江左人物之首,可与诸葛孔明相比肩。他先做高安县丞,后为江浙儒学副提举,再后辟行省元帅府都事,参与谋划围剿起事于浙东的方国珍和所谓"山寇",虽有功但屡遭压抑,愤而弃官家居,"著《郁离子》以见志"。至正二十一年(1360),朱元璋大军攻取金华,刘基和宋濂等作为江南文人的领袖被征聘。他晋见朱元璋,立即"陈时务十八策"和"天命所在",这正与朱元璋的心思相契合。朱元璋问他夺取天下大计,他为之献出眼光宏远而又切实可行的战略规划:

> 士诚自守虏,不足虑。友谅劫主胁下,名号不正,地据上流,其心无日忘我,宜先图之。陈氏灭,张氏势孤,一举可定。然后北向中原,王业可成也。①

以后朱元璋实施的统一全国的军事部署,基本上就是按照这一战略规划进行的。1361—1362 年,刘基跟随朱元璋,运筹帷幄,精心谋划,打垮了对朱元璋威胁最大的雄踞长江中游的陈友谅集团。1364 年,他被任命为太史令,随即献上《戊申大统历》,为新朝的历法建设立下首功。不久,升任御史中丞、太子赞善大夫,仍兼太史令。这表明他已经进入了新朝的政治核心圈子。洪武元年(1368),大明皇朝正式开启了自己的编年史,刘基又"奏立军卫法",为新朝的制度建设尽了心力。

如果说从 1360 年至 1368 年的八年间刘基在朱元璋幕中诸事顺利的话,那么,自朱元璋登上皇帝的宝座以后,他就交了华盖运。这一年,朱元璋亲至汴梁(今河南开封),谋划明军北

---

① 《明史·刘基传》,中华书局 1995 年版,第 3778 页。

伐蒙古的军事行动，命刘基与左丞相李善长留守京师，全权处理后方的军国大事。职任御史中丞的刘基自然负起整肃纪纲、纠劾违法的重任。由于他认为元朝“宽纵失天下”，因而在执法时偏于严酷，“令御史纠劾无所避”，不少犯禁的宿卫宦侍者被绳之以法，搞得不少人对他侧目而视。如果事情仅做到这一步，后果还不会太严重，因为被处罚者只不过是些低级的郎吏贱役之人，在当时的情况下，他们很难翻起大的风浪。然而，这时的刘基偏偏查出了“中书省都事李彬坐贪纵抵罪”，而这个李彬又恰恰是李善长的亲信。李善长于是要求刘基予以通融，缓治其罪。但刘基铁面无私，坚持上报朱元璋，经批准后处决了李彬，由此同李善长结下梁子。不久，朱元璋回到南京，听到的是对刘基的一片非议。正巧碰上久旱不雨，朱元璋就听信谗言，迁怒于刘基。恰在此时，刘基妻子病逝，朱元璋就借故让他回青田奔丧了。刘基临行，还不忘上书，就两件大事提醒朱元璋：“凤阳固帝乡，非天子所都之地，虽置中都，不宜居也。库库特穆尔虽可取，然未易轻视，愿留意。”①这两件大事，还都让刘基说准了，这使朱元璋觉得有他在身边可以使自己减少失误，于是在当年冬天下诏将他召回。那份诏书将刘基的功劳大大表彰了一番，其中似乎充溢着皇帝对他无限的眷恋之情：

> 尔从朕于群雄未定之秋，居则匡辅治道，动则仰观天象，察列宿之罗布，验日月之光华，发踪指示，无征弗克，攻皖城，拔九江，抚饶郡，降洪都，取武昌，平处州，尔多力焉。

---

① 廖道南：《殿阁词林记》卷六《馆学·文馆学士封诚意伯刘基》，影印版文渊阁四库全书。

> 至于彭蠡鏖战,炮声如雷,鬼神悲号,星日晦冥,自旦至暮,如是者四,尔时在舟中,备尝患难。今久而未至,朕心慊焉。命驾一来,朕心良慰。①

这位朱皇帝,用时将你捧上九天,不用时将你弃之如敝屣,甚至置之于死地。这次刘基被召回京,"赏赉甚厚,追赠基祖、父皆永嘉郡公。累欲进基爵,基固辞不受"②。这时的朱元璋已经对丞相李善长产生疑忌,决心换马,于是君臣有一段似乎推心置腹的谈话:

> 上以事诘责丞相善长,基曰:"善长勋旧,且能辑和诸将。"上曰:"是数欲害汝者,汝反为之地耶?汝之忠勋,足以任此。"基曰:"譬如易柱,必得大木,若用小木为之,将速颠覆。如臣驽钝,尤不可尔。"上欲相杨宪,基与宪素厚,乃直言曰:"宪有相才无相器,夫宰相者,持心如水,以义理为权衡而已,无与焉者也。今宪不然,能无败乎?"上曰:"汪广洋何如?"基曰:"器局偏浅,观之可知。"上曰:"胡惟庸何如?"基曰:"彼小犊尔,将偾辕而败犁矣。"上曰:"吾之相,无踰于先生。"基曰:"臣非不自知,但臣疾恶太深,不任繁剧,为之且孤厚恩,天下何患无才,愿明主悉心求之。如目前诸人,臣诚未见其可。"③

① 廖道南:《殿阁词林记》卷六《馆学·文馆学士封诚意伯刘基》,影印版文渊阁四库全书。

② 《明史·刘基传》,中华书局1995年版,第3780页。

③ 《殿阁词林记》卷六《馆学·文馆学士封诚意伯刘基》,影印版文渊阁四库全书。

这段对话,一方面显示了刘基的知人之明和自知之明,另一方面也显示了他对皇帝的耿耿忠心,因为他直言不讳地臧否当朝重臣实在是犯忌之事。不过此时的刘基可能认为,因为自己淡然面对富贵利禄,没有丝毫野心,皇帝对他应该是放心的,自己对皇帝知无不言,至少不会引起皇帝的疑忌。

洪武三年(1370)十一月,北伐成功,环宇一统。朱元璋于是按公、侯、伯、子、男的序列大封功臣,李善长、徐达等创业功臣 6 人被封为公爵,汤和等 28 人被封为侯爵,胡惟庸、汪广洋、刘基被封为伯爵。显然,在明初开国功臣的序列中,如果以封爵的等级作为标准,封为诚意伯的刘基是排在前 30 名以外的。然而,由于刘基才华出众,智谋超群,又是文化水准最高的江南文人集团的领袖人物,在李善长被免去丞相之职以后,他就有点鹤立鸡群之嫌了。这时已任职中枢的胡惟庸、汪广洋极力在朱元璋面前对他加以诋毁,大概朱元璋也怕他在朝中与胡惟庸、汪广洋为难,就让他回乡颐养天年了,以皇帝的名义发出的《赐诚意伯刘基还乡》是这样写的:

> 朕闻古人有云,君子绝交,恶言不出。忠臣去国,不洁其名尔。刘基,括苍之士,少有英名,海内闻之。及元末群雄鼎峙,孰辨真伪者谁?岁在戊戌,天下正当扰乱之秋,朕亲帅六军,下双溪而有浙左,独尔括苍未附,惟知尔名耳,吾将谓白面书生,不识时务。不久而括苍附,朕已还京,何期仰观俯察,独断无疑,千里之余兼程而至,谒朕陈情,百无不当,至如用征四方,摧坚抚顺,尔亦助焉。不数年间,天下一统,当定功行赏之时,朕不忘尔从未定之秋。是用

> 加以显爵,特使垂名于千万年之不朽,敕归老于桑梓以尽天年,何期祸生于有隙,至是不安。若明以宪章,则轻重有不可恕;若论相从之始,则国有八议,故不夺其名而夺其禄,此国之大体也。若愚蠢之徒,必不克己,将谓已是而国非,卿善为忠者,所以不辨而趋朝,一则释他人之余论,况亲君之心甚切,此可谓不洁其名者欤?恶言不出者欤?卿今年迈,居京数载,近闻老病日侵,不以筋力自强,朕甚悯之。於戏!禽鸟生于丛木,翎翅干而飏去,恋巢之情时时而复顾,禽鸟如是,况人者乎?若商不亡于道,官终老于家,世人之万幸也。今也老病未笃,可速往括苍,共语儿孙,以尽考终之道,岂不君臣两全者欤!①

尽管文中为刘基说了些好话,但还是指明他犯有不可宽宥的罪过,“不夺其名而夺其禄”,打发你回乡养老那就是天大的恩典了。其实这时的刘基实在没有什么过错,但在皇帝说你有错就是有错的时代,个人是没有辩护权的。刘基知道朱元璋对自己产生了信任危机,只有逆来顺受,静等命运的回黄转绿。回家之后,忙遣儿子李琏“赴阙谢恩”,并献上《平西蜀颂》,为朱元璋极尽歌功颂德之能事。刘基知道朱元璋对深居崇山峻岭中的自己并不放心,就大行韬晦之计,低调再低调,“惟饮酒弈棋,口不言功”,拒绝青田县令造访,千方百计给人以甘于寂寞的印象。朱元璋写信给他,“问以天象”,其实是试探他的忠诚。刘基只得硬着头皮在回书中讲了心里话:“霜雪之后,必有阳春。今国威已立,宜济以宽。”大概朱元璋感到刘基的话

---

① 姚士观等编:《明太祖文集》卷六,影印版文渊阁四库全书。

出于至诚意，也就没有怪罪他。

刘基在家闲居三年，发生了谈洋事件，由是他被朱元璋和胡惟庸联手送上不归路。

原来，在瓯、括之间有一块隙地叫谈洋，南抵闽界，是一个三不管地区，常有盐盗出没其间。为了监管这一地区，刘基建议在此设一巡检司，朝廷批准了。这自然限制了盐盗的活动。后来，发生了茗洋逃军造反事件，当地县令“匿不以闻”。刘基感到自己不能知情不报，就让其长子刘琏绕开中书省直接上奏朱元璋。时任中书左丞的胡惟庸知悉此事后，一则以怒，一则以喜，感到抓住了一个参倒刘基的好题目，立即指使手下官吏上书弹劾刘基，“谓谈洋地有王气，基图为墓，民弗与，则请立巡检逐民”①。这可是牵动朱元璋神经的要害问题，他宁信其有，不信其无，于是下令给予刘基“夺禄”的惩罚。刘基明白事态严重，赶忙入京到朱元璋面前谢罪，之后就在京师住下来，不敢回家。不久，刘基最不愿看到的事情发生了，胡惟庸被任命为左丞相。刘基顿感大祸临头，痛心疾首地说：“使吾言不验，苍生福也；如其验诸，其如苍生何？”②大权在握的胡惟庸想起刘基在朱元璋面前对自己的褒贬，就策划了一个置刘基于死地的谋杀案。洪武八年（1375）一月，他密遣中丞涂节从中操控，假惺惺地派出医生，上门为刘基治病。刘基服下送来的两服药，病况不仅没有减轻，而是迅速加重，增添了新的病症，“有

---

①　《明史·刘基传》，中华书局1995年版，第3781页。

②　廖道南：《殿阁词林记》卷六《馆学·文馆学士封诚意伯刘基》，影印版文渊阁四库全书。

物积腹中如石”①。三月,朱元璋知道刘基不久于人世,即“亲制文赐之,遣使护归”。回家仅一个月,刘基就命归西天了。临终前,他还不忘写下最后的奏章,对国政提出自己的建议。他谆谆告诫次子李璟:“夫为政,宽猛如循环。当今之务在修德省刑,祈天永命。诸形胜要害之地,宜与京师声势连络。我欲为遗表,惟庸在,无益也。惟庸败后,上必思我,有所问,以是密奏之。”②刘基对朱元璋,可谓鞠躬尽瘁,死而后已。

二

纵观刘基一生,可以说他是书生从政的典型。他之参加元朝的科举考试,显然是以之作为进身之阶,希望进入官场施展自己的抱负,成就一番事业。这时,他是将元朝作为自己的“国朝”,在他心中,是没有民族畛域的。因为他出生于元朝统治比较稳定的时期,元初汉族知识分子强烈的民族意识至此已经淡薄。为当朝服务以实现自己的人生价值是当时绝大多数知识分子的选择。然而,刘基一经投身元朝官场,却发现这是一个黑暗腐败、压抑人才的地方。失望之余,他只能家居读书,冷眼向洋,等待机会。朱元璋和他领导的军事集团的崛起,使他看到了改朝换代的希望。在被征聘之后,他就决心为这个“明主”贡献自己的一生。与朱元璋一

---

① 廖道南:《殿阁词林记》卷六《馆学·文馆学士封诚意伯刘基》,影印版文渊阁四库全书。

② 《明史·刘基传》,中华书局 1995 年版,第 3781 页。

样，他对自己跟随朱元璋所从事的反元斗争，并没有过分强调民族斗争的意义。他之从曾经的元朝官吏转而变成反元的坚定分子，支配自己行动的是“良禽择木而栖”的古训。而这个古训却与“为一君尽忠到底”的伦理观念相矛盾。对于刘基的由仕元转而反元，社会上肯定有人提出非议。在刘基自己，这大概也是一个挥之不去的心结，以致后来为他写《敕建诚意伯刘公祠堂记》的礼部尚书姚夔，也不得不就此为他精心杜撰如下的辩护词：

……独出处之节，或者以尝仕元为疑，则不可不为先生白其心也。先生负豪杰之才，当元之季，以春秋之学登进士第，累仕累发，其奇辄不合而去，则先生非无意于用世，而世不能用，遂归隐括苍山中，以耕食为乐。盖元氏一遗民耳。及王师下浙西，搜罗人才，先生坚卧不出，亦岂无所见耶。既而吴汉角立东南，中原割据如蜂蚁，然天下非元有矣。先生之心，诚不忍天下之棼棼也。矧高皇帝握真符而定金陵，先生固预占于十年之前矣。于是慨然以天下为己任，束帛朝临而夕起，一见之顷，首陈天命有在，高皇帝敬而信之，自谓吾之子房，谋无不用，用无不效，卒成天下大业，厥功伟哉。夫元运去矣，为元氏遗民，犹迟迟不肯轻于他就，及不得已必择真主自辅，运筹决策，取天下于群雄之手，非取于元氏也。先生于此，盖亦审之熟矣。昔伊尹五就桀不用，退而耕于有莘之野，及遇成汤，翻然起而成佐商之功。圣贤所以汲汲于斯世者，岂有他哉？诚以畏天命悲人穷不得已而然也。先生之心，其即伊尹之心欤。伊尹无愧于桀，先生无愧于元氏。无愧于元氏，则无愧于出处之节，夫何疑哉？①

其实，无论从民族斗争的角度，还是从反暴政斗争的角度，刘基的“叛元”都不应该受到谴责，而应该得到褒扬。刘基跟定朱元璋以后，即献出自己的全部才智和忠诚。他出奇谋，定筹策，多次协助朱元璋取得军事斗争的胜利；他参与历法和各种礼乐法规的制定，为新朝的制度建设做出了不可替代的贡献；他对朱元璋在人事方面的垂询，知无不言，言无不尽，事后也证明他的知人之明。直到临终还不忘对自己的皇帝尽上最后的忠告。他的谋国之诚，虑事之密，临机之智，运筹之精准，在明初文臣中几乎无出其右者。然而，他最后的结局却是悲剧性的：以被谋杀而寿终正寝。原因何在？

刘基之悲剧结局，既有他自身的失误，更多的是制度所造成，其中包括朱元璋的思想和性格。

刘基尽管是江南文人集团的领袖，才华横溢，足智多谋，多年为两个皇朝服务，在官场摸爬滚打数十年，但终其一生也没有脱尽书生气质，对官场的黑暗凶险既缺乏透底的认知，也没有清醒的防范意识，因而对许多问题的处理就显出书呆子习气。你看，在朱元璋征召他的时候，一开始他故意拿架子，没有立即响应。这显然不是明智之举。既然在十年前你就算准了“金陵有王者起”，而今王者已经站在面前，你就应该立即毫不犹豫地趋前礼敬才是，你的矜持在朱元璋那里留下的肯定不是好印象：“我征召你出来做官，那是看得起你！一个无拳无勇

① 《诚意伯文集》卷二十《敕建诚意伯刘公祠堂记》，影印版文渊阁四库全书。

的臭老九,你摆什么架子?"因为出身草莽的朱元璋本来就与知识分子在感情上有一定距离,刘基的作为就不能不在朱元璋心底播下不信任的种子。这一层,刘基大概至死也没有认识到。到了朱元璋幕中,刘基自然是毫无保留地献出了自己的赤诚,同时也想当然地认为,他自己也同时取得了皇帝的绝对信任,所以敢于在皇帝面前和盘托出心里话,任意臧否人物,不计后果。例如,当朱元璋问他对李善长、杨宪、汪广洋、胡惟庸等的看法时,他完全可以耍个滑头,说一句"知臣莫如君"搪塞过去,没有必要那么认真。要知道,在用人问题上,朱元璋有自己的考虑,处在刘基的地位,他能对朱元璋施加的影响是十分有限的。更重要的是,你没法保证你对皇帝说的话不传到被评判者耳朵里。果然,他与胡惟庸结怨与此不无关系。

刘基文名籍籍,被江南文人视为当之无愧的领袖。他洁身自好,从来不搞个人的小圈子,更不去结党营私,这一方面自然释去朱元璋的许多疑忌,不会对他施以杀头问罪的过激惩罚;另一方面也使他在朝中缺少知心朋友,没有任何奥援,一旦身陷危局,也就没有人挺身而出为之辩冤讲情。在他遇到两次被冤枉的危难时,竟没有一个人站出来为他说一句公道话。其实,当时只要有人出来说明事实真相,危难是不难化除的。这种情况之于刘基,难道还不是一种深深的悲哀嘛!

刘基的最大失误在于,在他服务明朝的15年中,他始终对自己的身份定位没有清醒的认识。朱元璋起事取天下,主要靠的是徐达、蓝玉之类曾经一起光着屁股放牛割草的淮西老将,以及李善长之类最早投靠的淮西文人集团。作为后来入围的江南文人领袖,刘基始终处于一种"客卿"的地位。朱元璋对他以及和他同样地位的人物,可以尊敬有加,可以虚心垂询,可以任命为御史中丞之类的高官,也可以得到诚意伯之类的显爵,但却很难进入朱元璋“自己人”的行列。刘基没有认识到这一点,他甫入朱元璋幕中,就毫无保留地将自己视为朱元璋的“自己人”,说话行事,毫不避讳。他不明白,自己不仅没有淮西老将与朱元璋之间那份心贴心的感情,更没有淮西老将那些攻城略地、出生入死的功劳,也就没有了朱元璋对淮西老将的那份担待。只要他犯了一点看起来微不足道的小过错,朱元璋处理起来也会毫不手软。然而,对于自己在明朝的身份地位,刘基却至死不悟,临终还不忘让儿子在他死后献上那份展示自己矢志忠贞的“密奏”。由于刘基自视为朱元璋“自己人”,他也就对来自周围的明枪暗箭疏于防范。他深知元朝官场的黑暗与凶险,因而以辞官家居躲避之。然而,当他身居新朝时,却基本上解除了对官场黑暗与凶险的警觉。大概在他心目中,这个新朝肯定是一片光明吧。他意识不到这个新朝的专制程度绝不亚于旧朝,而官场的钩心斗角、尔虞我诈也比旧朝有过之而无不及。身处如此险境而浑然不觉,他的悲剧也就不可避免了。朱元璋将刘基比作汉朝的张良,时人也将他等同于张良,大概他自己也以此而自鸣得意,但说实在的,他的自我保护意识却远逊于张良。试想,当他视之不屑而对自己又忌恨的胡惟庸送药上门的时候,怎么能够放心大胆地连着饮下这两服来路不明的药物呢?俗话说,“害人之心不可有,防人之心不可无”。刘基丢弃了防人之心,成为“不设防的城市”,自然也就被宵小之徒轻而易举地攻破了。明朝人廖道南已经认识到这一点,他在对刘基和张良进行比较时,说了这样一段很有见地的话:

> 予观诚意伯集，慨然激叹，以为有子房之风，及诵我圣祖之言，亦曰吾子房也。夫子房椎击沙中，何异于伯温之愤方氏也。伯温受天文于邓祥甫，又何异于圯上老人之三略哉。汉之元功大封，子房愿封留足矣，乃辟穀导引，明哲保身，始神黄石之术，终从赤松之游。易曰“介如石，不终日”，贞吉何其智也。而伯温乃徘徊容与，雉罹于罗，象以齿焚，岂其忠于国而弗智于身耶？①

刘基地下有知，实在应该将这段话作为“知音”而赏吧。

---

① 廖道南：《殿阁词林记》卷六《馆学·文馆学士封诚意伯刘基》，影印版文渊阁四库全书。

太平天国败亡的兵学考量*

1851年1月11日，如狂飚自九天而落，在广西桂平县偏远的紫荆山下的金田村，爆发了中国近代史上规模最大的农民起义。数以万计的拜上帝信徒，呼啸着经永安冲向广西省会桂林，然后沿着奔流北上的湘江，冲过湖南省会长沙，直下岳阳。1852年1月，顺利攻占湖北省会、号称"九省通衢"的武昌，再后水陆并进，沿长江东下，一路势如破竹，所向披靡，犹入无人之境，当年3月即占领东南重镇、清朝两江总督驻节地南京，改名天京，安放下这个政权的首都。至此，仅仅经过一年零三个月，太平军就纵横广西、湖南、湖北、江西、安徽、江苏六省，发展成超百万的大军，建立起与清朝对峙的政权，使朝野惊诧，令世界刮目。

一个由不第秀才领导，由一群名不见经传、几乎都是文盲组成的队伍，何以在如此短的时间内创造了如此惊人的奇迹，让清帝国二百余年的看似铁打的江山震颤不已？原因说来极其简单，一是太平军领袖关于"天国"的许诺使在死亡线上挣扎的劳苦大众看到了翻身的希望，纷纷加入起义队伍并冒死拼杀；二是承平岁月养尊处优造成的清朝各级官吏及其军队八旗、绿营腐败无能，难以抵御太平军勇猛的重击。彼时清朝各

---

* 本文原载于《孙子研究》2020年第1期。

级官员和军队不仅无统一指挥和调度，而且几乎个个贪生怕死，愚蠢愚昧，最典型的例子是两江总督陆建瀛居然在太平军围攻南京的危急时刻躲进总督衙门，诵经拜佛，祈求神灵的佑护渡过难关。显然，面对太平军的拼死冲杀，清朝从皇帝到各级官吏、将帅兵丁，全都懵懵然、讶讶然，惊吓得目瞪口呆，手足无措。待到少数清醒者如曾国藩组织团练以谋对策的时候，太平天国的军旗已经猎猎飘扬在南京城头。

然而，进入南京的太平天国尽管在此后三年还能扩大战果，但在 1856 年 9 月天京事变发生后却基本上终止了前期顺利发展的势头。它日日陷于同清军尤其是其中的劲敌湘军和淮军的苦战中。当年 12 月武昌失守。自此，太平军开始走下坡路。战场上败多胜少，属地得少失多。1864 年 7 月天京陷落。四年以后，太平军余部最后被扑灭。当太平军的各路领袖和将帅一一走上断头台的时候，清朝皇帝和各级官吏也伴着自我标榜的"同治中兴"弹冠相庆，误以为清帝国夕阳的余晖是又一次壮丽的日出。

太平天国面对的是一个历时两百余年、内忧外患、腐败腐朽、暮气沉沉、病入膏肓的封建政权，它为什么在与之激烈较量十四年后最终败亡，奏出了《薤露行》的哀哀悲歌？其实，尽管太平天国败亡的原因十分复杂，但只要从兵学上认真加以解读，其败亡之必然性也就显现无遗了。

一

《孙子·计篇》曰：

故经之以五事,校之以计,而索其情:一曰道,二曰天,三曰地,四曰将,五曰法。道者,令民与上同意也,故可与之死,可与之生,而不畏危。天者,阴阳、寒暑、时制也。地者,远近、险易、广狭、死生也。将者,智、信、仁、勇、严也。法者,曲制、官道、主用者。凡此五者,将莫不闻,知之者胜,不知者不胜。

故较之以计而索其情,曰:主孰有道?将孰有能?天地孰得?法令孰行?兵众孰强?士卒孰练?赏罚孰明?吾以此知胜负矣。

撇开自然环境方面的天、地因素,我们分析太平军在“道”“将”“法”等方面的局限和失误,对比敌方的相应之策,基本上能够找到它败亡的必然之因。

我们姑且将太平天国的“道”扩而大之为政治理想、制度设计、政策的制定和实施等方面,看它究竟较之清朝优长了多少?

太平天国是以拜上帝的宗教信仰武装群众,以地上“天国”的许诺引领群众对未来的期望。而这两者,在实质上,一是麻醉民众的鸦片,二是不可能实现的空想,都经不住时间的考验。请看经常被学者引用的洪秀全的两篇“革命理论”文献:

《原道救世歌》

天父上帝人人共,天下一家自古传。

积善之家有余庆,积恶之家必余殃。

顺天者存逆天亡，尊崇上帝得荣光。①

《原道醒世训》

天下多男人，尽是兄弟之辈，天下多女人，尽是姐妹之群，何得存此疆彼界之私，何可起尔吞我并之念？是故孔丘曰："大道之行也……"②

前者仅仅是摭拾西方基督教义的余唾，后者不过是中国古代传统文化中"四海之内皆兄弟"和"大同"理想的表述，根本谈不到什么创造性。这些理论和理想绝对敌不过中国传统文化多年凝结的忠、孝、节、义、仁、礼、智、信的价值观和民本、仁政、好皇帝、清官等的政治理念。特别是太平军一路上毁庙破寺，砸孔子牌位，焚烧经书，将江南储藏《四库全书》的三大阁（扬州大观园文汇阁、镇江金山寺文宗阁和杭州圣因寺文澜阁）烧得只剩下杭州圣因寺文澜阁的半阁，又将历代典籍篡改得面目全非，这不仅引起广大知识分子的忌恨，而且也难以为多数民众所接受。它举行的开科取士应者寥寥就是明证。曾国藩看准了这一点，在《讨粤匪檄》中大肆渲染：

自唐虞三代以来，历世圣人扶持名教，敦叙人伦，君臣、父子、上下、尊卑，秩然如冠履之不可倒置。粤匪窃外夷之绪，崇天主之教。自其伪君伪相，下逮兵卒贱役，皆以兄弟称之，谓惟天可称父，此外凡民之父皆兄弟也，凡民之

---

① 《太平天国印书》第1册，江苏人民出版社1961年版，第6页。

② 《太平天国印书》第1册，江苏人民出版社1961年版，第9页。

母皆姊妹也。农不能自耕以纳赋，而谓田皆天王之田；商不能自买以取息，而谓货皆天王之货；士不能诵孔子之经，而别有所谓耶稣之说、《新约》之书，举中国数千年礼义人伦诗书典则，一旦扫地荡尽。此岂独我大清之变，乃开辟以来名教之奇变，我孔子孟子之所痛哭于九原，凡读书识字者，又乌可袖手安坐，不思一为之所也。自古生有功德，没则为神，王道治明，神道治幽，虽乱臣贼子穷凶极丑亦往往敬畏神祇。李自成至曲阜不犯圣庙，张献忠至梓潼亦祭文昌。粤匪焚郴州之学官，毁宣圣之木主，十哲两庑，狼藉满地。嗣是所过郡县，先毁庙宇，即忠臣义士如关帝岳王之凛凛，亦皆污其宫室，残其身首。以至佛寺、道院、城隍、社坛，无朝不焚，无像不灭。斯又鬼神所共愤怒，欲一雪此憾于冥冥之中者也。[①]

显然，曾国藩瞄准了太平天国的软肋，其义正词严的封建卫道宣示，更能契合广大民众的心理。而中国传统文化中宗教意识的淡薄使广大民众很难坚定对上帝的信仰。特别是洪秀全宣扬的天国理想与他实际上的制度设计完全相反，被裹挟的民众很快就会产生上当受骗的感觉。太平天国的政治理想突出体现在《天朝田亩制度》和后来洪仁玕撰写的《资政新篇》中，但两者都不具备实践的品格，始终停留在纸面上。而太平天国实际上实行的却是比清朝有过之而无不及的封建的政治制度、经济制度。参加太平军的农民和手工业者很快发现，所谓"天国"只不过是洪秀全等一小撮特权阶层奢侈享受的安乐国，作

① 《曾国藩全集·诗文》，岳麓书社 2012 年版，第 140 页。

为在社会财富分配中最吃亏的成员，他们的命运在太平天国并没有真正改变。

太平天国自永安建国起，即对《周礼》加以损益建立起自己的政治体制。定都南京后，进而扩充整备为更为庞大复杂的官僚机构。据记载，仅仅是天王府的属官即多达 1600 余人，属官之下又有属吏达万人，且级别都很高。一个为天王捧茶打杂的童子担任的侍臣，竟相当于军中统帅万人的检点。其他王府也都建立起具体而微的机构。最盛时，整个中央机构的官员多达 300 万人，是天京居民的 10 倍。同时，它建立起最严格的等级制度。颁发给全体军民周知的《朝天朝主图》中明确规定统治集团分三圈：一是里圈超等者：天王、王长兄次兄、子侄、驸马、幼东王、幼西王。洪秀全九岁的儿子封幼天王，称"天孙"，配四个幼娘娘。洪仁发、仁达的儿子都封王，有的刚生下来，如洪仁发的儿子垌元即封王。二是中圈二等称"胞们"的一群人：洪仁玕、石达开、陈玉成、李秀成等"特爵"。三是外圈的"列爵王"。再后是两档，一是参加金田起义的"开朝王宗"，二是最初跟随洪秀全进入天京十年间的"开朝勋臣"。花县同乡凡洪氏族人来天京投奔者，一律封王。到后来，为了满足将士升官发财的欲望，不断胡封滥赏，最后封到 2700 多个王爵，造成官多民少、将多兵少。例如，广西人、为洪看门的吉有余，年过七十，被封为"梦王"；一字不识的宰杀鸡鸭的厨师安庆人董金泉，也被封为"梦王"。最后天京被湘军攻破时没有出来的王爷就有上千人。而每个王府都设一套六部办事机构，有数以千百计的人为之服务。例如陈坤书在常州做护王，属于最低级的列王，其王府就设有六部，有数以百计的官员为之服务，出门即乘 8 人抬大轿，由正典锣鸣锣开道。于是，官越设越多，任命越来越滥。丞相开始是高官,后来在其上新设的官职越来越多,各王府的丞相就降为如后世连排级的小官了。在太平天国统治区,等级最末端的依然是农民,他们成为只有义务没有权利的被统治者。所以它对官员的重要惩罚手段之一就是"黜为农"。

不同的等级有法定不同的权利和义务,高等级王爷的奢侈享受绝不亚于清朝皇帝和其他达官贵人,最基层小吏的享受也不比清朝的乡村小吏差。你看,自永安起,洪秀全与各级官员开始坐轿,王府均设典舆衙,轿头是指挥级官员。只管 25 户的两司马也乘坐四人抬的小轿。凡参加永安建国的各类人员均获得"世食"的功勋,可以世袭官位。天王和其他诸王属于"国宗",享受特殊待遇。天王在永安时已经有了 36 个妻子,进入武昌,又选了 60 名绝色女子为妻,再后各路将领不时进献,达到南京后即数以百计,统称"月亮",为了便于管理,就编号以示区别。这种配备已经远远超过清朝皇帝。别以为洪秀全说过"天下多女人,尽是姐妹之群",天国女人就能获得与男人平等的地位。在天王府里,月亮们只能是绝对服从他的性奴和玩物。他给小月亮定下的杖责戒律就使人大开眼界:

> 服事不虔诚一该打,硬颈不听教二该打,起眼看夫主三该打,问主不虔诚四该打,躁气不纯净五该打,说话极大声六该打,有嘴不应声七该打,面情不欢喜八该打,眼左望右望九该打,讲话不悠然十该打。①

---

① 转引自盛巽昌:《实说太平天国》,上海书店出版社 2017 年版,第 239 页。

其他封王的高级官吏与天王一样拥有数以十计的妻妾，而在太平天国的基层实行的却是严格禁欲的男女分营的制度。

洪秀全的饮食起居从永安建国起就有了帝王的气派。在进军南京的船上，他每饭十簋，山珍海味，样样俱全。进馔时有8个鼓手奏乐，两人站船头敲大锣百响。到了南京，天王礼拜及上食，鸣钲64声，奏乐三次。侯、丞相鸣锣48声，检点、指挥36声，总制、监军24声，军帅20声，师帅16声，旅帅12声，卒长10声，两司马8声。为此，天王府设典天乐300员，典天锣48员，东王府设典东乐240员，典东锣32员，其他依次减少。天王府前建有两座黄琉璃瓦的鼓吹亭，其他王府亦有此类建筑。天王及各级地方官员“每餐必鼓吹”“食必用乐”。

与洪秀全和其他高级官吏奢侈生活形成鲜明对比的是，太平天国的基层士卒是在“圣库制度”下过着有时甚至连温饱都难以为继的生活。

太平天国一开始通过没收清朝府库和富人财产，也包括劫掠一般百姓的家资维持“圣库制度”，解决经济问题。但这种办法只是实现财产转移而不能创造财富，所以后来它在自己较稳固的统治区就推行与清朝基本相同的税收制度，在农村也基本维持原有的经济关系，如地主和佃户的租地交租制度。被史学界刻意宣扬的“我交长毛租不交地主租”似乎是废除了封建剥削，其实充其量也只是将地主置换成了太平天国的官府，并且不久又将已有的租佃关系视为合理合法，甚至派军队下乡帮助地主催逼佃农交租。太平天国晚期，属地苛捐杂税众多，据《避寇日记》记载，嘉兴地区就有房捐、火药捐、柴捐。海宁百姓外出经商需剃头，要交剃头费，还有礼拜捐、海塘费等。《难中记》记载，杭州市民还要交“出灰捐”（造火药用的草木灰费)。另外,建造王府也要百姓捐钱,官员生日、晋升、赴任都要百姓交钱。这表明,太平天国所到之处,并没有改变封建的经济制度。

太平天国的腐败比之清政府有过之而无不及。一方面是制度腐败,规定它的官僚群体有奢侈享受的权利;另一方面是各级将领和官员利用特权肆意掠夺、贪污受贿,在极短时间内积聚起巨量财富。洪秀全在天京十多年,已经积聚了数不清的金银财宝,但他永无厌足,1863 年,当苏州危急,李秀成要求前往救援时,他竟要求李交出 10 万两银子作为离开天京的条件,李在凑足 7 万两并保证欠款以后补齐后才得以出京。1864 年,天京饥荒,要求离开的百姓每人须交 5 两银子才能放行。天京其他王府,星罗棋布,同样积聚了大量钱财,湘军攻入后,肆意抢劫,得银 10 万两以上者达百余人。像提督萧孚泗带着劫掠的巨额财物辞官回家享福。曾国荃将所劫掠财物用几十条大船运送回乡,受到沈葆祯弹劾,他也索性辞官回家。就是被史家倍加赞誉的李秀成,在苏州也是纸醉金迷,花天酒地,忠王府造了三年尚未完工。李鸿章评价这座王府:“琼楼玉宇,曲栏洞房,真如神仙窟宅。”李秀成在天京和苏州的王府皆蓄有众多妻妾。每逢生日,属下必进金银财宝和漂亮女人。他还索贿受贿,永昌劣绅徐佩瑗一次就向他献白银 6 万两和两个漂亮女人。苏州城破,淮军看到的忠王府库金银财宝无算,还有藏书 10 万余卷,多属稀世珍本。另有名砚 300 余方,其中就有颜真卿的歙砚“卿云捧日砚”。李鸿章得到李秀成的象牙床和沉香木床,对其珍贵奢华也惊异不已。太平军所有王爷和各路将领根本无视“圣库制度”,纷纷私设小金库,积聚金银财宝。1863 年 12 月 17 日,湖州守将陈殿选开城纳降,小金库竟有 60

多万两银子。不能要求太平天国的领袖和将帅个个都是苦行僧,也不能要求他们的物质待遇绝对与士卒保持一致。但是,他们一开始就如此追求物质享受,如此奢侈腐败,如此展示暴发户的贪欲,较之历史上的其他农民起义军领袖和将帅们显得特别突出和另类。在他们身上,根本看不到一般贫苦农民勤劳节俭的生活作风,更多显现的是流氓无产者"今日有酒今日醉,何惧明天就断头"的心态和行事风格。

以往的不少历史著作,都赞扬太平天国在外国侵略者面前保持了民族尊严,似乎与清朝的屈辱妥协形成鲜明对比。这也是一种刻意美化。其实,太平天国从上到下,几乎所有人对外国侵略者都缺乏明确的认识,且充满不切实际的幻想。1858年11月,英国特使额尔金乘军舰进入长江,溯流而上,造访太平天国统治区,希图从那里获得中英《天津条约》攫取的权益。太平军安徽太平守将熊光明写信给他,"请求洋兄弟给予全力协助,消灭妖船妖军"。芜湖守将侯裕田照会说:"弟与麾下原系天父上帝之子,均是天兄耶稣之弟,彼此情同手足,谊切同胞。"英舰经浦口时遭到太平军炮击,洪秀全给额诏书,承认失误,并称"已将全部无知歹徒斩首"。诏书中有如下内容:

天父上帝真上帝,天兄耶稣真天兄,爷哥带朕坐天国,扫灭邪神赐光荣,西洋番弟听朕诏,同顶爷哥灭臭虫。

天国尔来今既来,西洋番弟把心开,朕前上天见爷排,万国扶朕上天台。爷排定定今来到,替天出力该又该。替爷替哥杀妖魔,报爷生养战胜回。

西洋番弟朝上帝,爷哥带朕坐山河。朕今实情诏弟等,欢喜来朝报爷哥。朕据众臣本章奏,方知弟等到天都,朕诏众臣礼相待，兄弟团圆莫疑狐。①

真实的历史昭示，如果说清政府对外国侵略者是仇视、屈辱、妥协甚至是卖国的，那么，太平天国则将外国侵略者当成了具有一致信仰的志同道合的亲兄弟，说它的认识比清王朝更糊涂应该符合事实吧？

二

太平天国与清王朝的军事斗争坚持了14年，其间曾经打了不少漂亮仗：顺利进据长江南北，扫荡清军江南江北大营，几次打败湘军的精锐之师，逼得老谋深算的曾国藩三次羞愧自杀，取得了一系列耀眼的胜利，同时锻炼出杨秀清、石达开、陈玉成、李秀成等一批出类拔萃的将帅。然而，通观整个争战进程，以《孙子兵法》的“将”“法”和各种战术原则盱衡，再对比湘军、淮军的战略谋划、情报收集和战场指挥艺术，不能不说太平军从头至尾都存在致命的缺陷。

太平军仅用一年的时间即拿下武昌、安庆、南京，占据了中国东南半壁的财富之区。轻易获得的胜利使它的领袖们产生了严重的轻敌麻痹思想，从而引致一系列战略决策和战术指导的严重失误。首先，太平军最大的失误，是它从头至尾没有一个明确的战略规划，没有一个彻底推翻清王朝、夺取全国政权

① 太平天国历史博物馆编：《太平天国文书汇编》卷一《赐英国全权特使额尔金诏》，中华书局1979年版，第44页。

的顶层战略设计。在仅仅占领长江流域少数城市乡村、还没有大面积巩固根据地的情况下，就贸然派兵北伐，而后又未能全力以赴支持北伐军作战，致使北伐军在冀、鲁、津、晋等清朝统治最牢固的地区艰难转战，招致全军覆没，大大消耗了力量，严重影响了士气。中后期，尽管局势变得越来越对太平军不利，但却仍有挽回的余地。这时的关键是确保武昌、安庆不落于敌手，确保长江中下游连成一片，为日益残酷的争战保有稳固的人、财、物供应基地。可是在武昌、安庆形势危殆的时刻，太平军却忙于扫荡清军的江南江北大营。他们根本没有意识到，自己最凶悍的敌人是湘军和淮军，而不是战斗力日趋弱化的江南江北大营。更认识不到，江南江北大营的存在恰恰能够导致清军内部八旗、绿营和团练之间互相牵制，频繁扯皮，指挥不一，可以给自己造成许多制胜空间。而江南江北大营的扫荡，正好帮了曾国藩的大忙，使他得以拿到梦寐以求的两江总督的位子，统一清军的指挥和后勤供应系统，大大增强了力量。最后，当天京被湘军长期围困，城破指日可待的情况下，洪秀全断然拒绝李秀成“让城别走”的战略转移计划，失掉了最后一线转危为安的生机，败亡的时日也就大大提前了。正因为缺乏整体的战略规划，数支太平军各自为战，一直没有主攻方向，缺乏战略和战术上的协同，有些战役，往往胜利之门已经开启，却功亏一篑。

太平军第二个最大的失误是始终没有明确建立根据地的思想。它从广西出发，边打边走，夺取的地方随占随丢。两湖、皖、赣、苏、浙人口密集，生产发展，商贸活跃，经济繁荣，税赋几乎占全国之半。身处如此得天独厚的财富之区，太平军却没有在占领之后迅速建立地方政权，恢复秩序，以求牢固掌控，而是每经一个地方,随即大肆劫掠,然后裹挟部分人口离开,致使尾随的清军能够迅速重建政权,恢复秩序,训练民众,增强军事力量,导致太平军回攻时付出更惨重的代价。如武昌、九江、南昌、安庆、庐州、芜湖等沿江重镇,都是先占后弃,然后再花重大代价回攻。北伐进军更是孤军深入,边占边丢,后援不继,陷于四面皆敌的困境。没有建立巩固根据地的最大危害是没有稳固的战略后方,也就难以保证源源不绝的支持战争的资源,“圣库制度”也就难以为继。到了晚期,太平军的根据地意识虽然有所增强。但时不我待,面对猛扑过来的湘军、淮军和外国侵略者组织的多支洋枪队,夺一城,守一地,都要付出血的代价。当最后根据地一点点丧失净尽的时候,天京沦陷的时日也就届临了。

第三,太平天国的领袖们文化素养都不高,军事素养更低,他们指挥作战,全凭悟性和耳食的那点《三国演义》《水浒传》中的军事知识,盲目冲动,歪打正着,全仗血气之勇和人海战术拼杀。尽管在对付腐败的八旗和绿营时还能够较多取胜,但在对付精于治军和战略战术的曾国藩、左宗棠、胡林翼等指挥的湘军和李鸿章等指挥的淮军时,就只能是捉襟见肘、胜少败多了。洪秀全根本不懂军事,也没有到前线指挥过任何一场战役,但他掌控全局,随意发出许多昏妄愚蠢的指令。如天京保卫战的关键时刻,他自作聪明,制定“围魏救赵”之策,命令李秀成进军皖北和湖北,走了一步攸关天京存亡的臭棋。因为皖北和湖北经过兵燹之后,经济凋敝,人口锐减,根本不是敌军必争之地,只能徒然增加出征太平军的消耗。结果是李出兵三月,内外交迫,一事无成,三月后只得悻悻撤回。而湘军正是乘此时机攻下维持天京对外联系的唯一支点——长江江心岛九湫洲，彻底切断了天京与外界的一切联络。进入南京后，洪秀全倒是意识到将领们需要提高军事素养，于是在1857年指示删书衙将《孙子兵法》《吴子兵法》《司马法》编为《武略》，在删改289处后颁发给各级将领学习之用。按照洪秀全的原则，凡他认定妨碍自己专断集权的内容一律删掉。如将《孙子兵法》“九变”改为“八变”，删掉“将在外，君命有所不受”。在《地形篇》中，删去“故战道必胜，主曰无战，必战可也；战道不胜，主曰必战，无战可也。故进不求名，退不避罪，唯民是保，而利于主，国之宝也”。这样删削后的兵书究竟能够提高将领们多少军事素养，只有天晓得。再说，太平军的将领们几乎日日苦战，时时面对生死抉择，同时受到文化程度的限制，那里还有工夫学习古代兵书呢！可以说，太平军的将领们一直没有达到自觉学习和运用中国古代兵学遗产的水准，也就一直无法改变他们用兵作战的盲目性。他们“勇”则勇矣，但多数是匹夫之勇和血气之勇。如果照真正“智”的要求他们恐怕至多是入门而已。这样的一群将领，在一个专断的领袖掌控下，盲目决策，胡乱决策，率领着一批今日入伍、明晨作战、缺乏严格军事训练的士卒，面对熟读兵书的曾国藩和训练有素的湘军淮军，能够取得一点胜利已属侥幸，遑论彻底战胜？太平军将领军事素养之差还表现在对军队合理结构和情报工作的忽视。太平军一直在长江流域作战，这里水网纵横，江河湖泊相连，没有一支强大的水师，军队的调动和作战必然处处受限，不仅难以取得战场上的胜利，而且也难以保证后勤供应线的畅通。太平军却始终没有意识到建立水师的重要性，他们的水师只是改装获得的民船稍加武装而已，根本不敌湘军刻意建立和训练的水师，作战中屡屡吃亏受损。当曾国荃打下安庆率水师利用长江水道直抵天京城下时,没有强大水师的太平军却束手无策。与此同时,太平军对武器装备的革新,特别对新式武器的装备和应用也缺乏自觉。鸦片战争之后,清朝洋务派目睹外国侵略军的船坚炮利,开始筹办洋务,购买和制造新式军舰和热兵器。太平军的领袖和将帅却没有及时认识到新式兵器的重要性,直到最后,除了李秀成的麾下装备了一点洋枪洋炮外,其余太平军基本上还是使用冷兵器作战。面对湘军,尤其是淮军和洋枪队的后膛炮和来福枪,只能以血肉之躯抵挡,能够有多少胜算呢?太平军一直对情报工作的重要意义认识不足,始终没有建立起准确窥探破解敌情的情报网络,对敌军、敌占区缺乏准确细密的了解。如北伐军进入冀、鲁、津、晋时,派出的情报人员都是南方人,文盲居多,语言不通,所到之处,连清朝官府公开张贴的布告文书都看不懂,只能将得到的一些道听途说的信息作为情报汇报,这就使得太平军在作战时很难准确掌握敌情,虽知己却严重不知彼,这必然增加决策的盲目性,使自己经常处于"盲人骑瞎马,夜半临深池"的状态。这样一来,作战的胜负就只能靠运气了。

自天京事变后,太平天国内部裂痕不仅始终没有愈合,而且有愈演愈烈之势。洪秀全只信洪家帮,大权独揽,不时发出昏妄的诏令,却再也没有建立起一个有效的能够令行禁止的指挥中心。胡封滥赏的结果,更是制造出越来越多的互相掣肘的权力中心。本来,太平天国初起之时,就存在严重的宗族团伙,到后期这种宗族团伙更进一步强化。李秀成、陈玉成等各路将领都自组团伙,领有一支武装,视自己占据的一块地盘为禁脔,反对他人染指。他们的小金库已经积聚了可观的财富,形成强固的局部利益。他们只想维护自己小团体的利益,不服从调动，对援助其他将领和地区作战缺乏积极性。对上级的指令阳奉阴违，消极怠工。李秀成后期援助陈玉成不力，一心进攻和经营江、浙和上海的财富之区。他们贪恋已有的享受，害怕打仗，更不愿打硬仗，暮气沉沉，贪生怕死。1856 年底的二郎河之战，陈玉成、李秀成指挥的 20 万太平军竟败于鲍超指挥的三千湘军。1862 年 10 月 13 日开始的天京保卫战，李秀成指挥的 30 万大军竟不敌湘军三万疲惫之师。原因在于，他害怕自己指挥的军队遭受损失，他身在天京前线，心在自己的老巢苏州，所以在湘军几乎陷于全军覆灭之时撤围而走，使湘军得以获喘息之机，绝处逢生。而其他参加援救天京的太平军也都是各打自己的小算盘，不愿冒死拼杀。曾国藩一针见血地评论道："城寇与援寇相环伺，士卒相死劳敝，然罕搏战，率恃炮者相震骇。盖寇将骄佚，亦自重其死。"①因为只重视自己团伙的利益，所以任人唯亲、赏罚不明的情况会经常发生。还在天京事变前，全盘主持天国军政事务的杨秀清已是如此。1854 年 10 月武昌被湘军攻克，责任全在草包统帅、石达开的族兄石凤魁。而杨秀清竟然将此时主持湖北民政事务、在武昌城破时有条不紊撤退有功的黄再兴一同处死。晚年的洪秀全更是刚愎自用，事事专断，将军事上的失误一一诿过下属。如安庆失守，他将责任完全推给在第一线指挥的陈玉成。天京未能解围，他就严责李秀成指挥失当，措置不力，多次革除他的爵位。李秀成也任人唯亲，包庇汪有为苏州叛乱集团和通敌有据的内奸钱桂仁、徐佩瑗等，使太平军蒙受巨大损失。

太平军的将领和士卒参加起义队伍的目的很明确，就是改

---

① 王闿运：《湘军水陆战纪》卷五。

变自己的命运,起码能够获得衣食之资,免除冻馁;进一步是向高处攀登,升官发财,得到荣华富贵。一批升至高位的将领的确积聚了大量财富,享受到他们梦寐以求的锦衣玉食的生活。但军旅是一种时时刀口舔血的危险职业,待到面对生死存亡时,他们就不得不思考自己的未来。除一些忠义思想牢固者为太平天国拼死殉节外,也有相当多的高官显爵者选择投诚清朝,以求保住自己的生命和既得利益。太平天国后期,数以十计的具有王爵和掌管一方军政大权的高官投降了清军。如1855 年在连镇降清的北伐军将领詹启纶,1859 年 10 月在安徽池州降清的韦志俊,1862 年降清的童容海,同年投入清营的周兴隆,1864 年在江西金溪降清的陈炳文等,都做到了总兵官。1861 年在安庆降清的程学启,也官至总兵,成为李鸿章淮军麾下第一大将。1858 年投降胜保的李昭寿官至江南提督。1863 年以后,降官降兵如潮。1863 年 6 月,常熟守将骆国忠投降淮军,使苏州门户洞开。10 月,奉王古隆贤以皖南石埭、太平、旌德三县降。同年天将杨英清以江苏溧水降。1863 年 12 月,纳王部永宽、宁王周文嘉、天将汪有为以苏州降;12 月 17 日,平湖守将陈殿选降,12 月 22 日,乍浦守将熊建勋降。1864 年 2 月,比王钱桂仁以杭州降,同年听王陈炳文在金溪降。1864 年 8 月,祐王蓝成春在黑石渡降,同年 11 月天将倪隆淮以黑石降。1865 年 8 月,天将林正扬在广东长乐降,同年列王黄朋厚在江西降。高官如此,士卒投降者更多。据记载,苏州被围困时,李鸿章一纸招降的大字布告贴出后,每天出城投降的太平军士卒就达 300 多人。降兵降将之多而成潮,表明其内部已经分崩离析,走向败亡顺理成章。

《孙子兵法》强调“法”的重要意义,其中特别强调军队必须有严明的纪律。太平军的纪律有其严明的一面，对各色人等的衣食住行都有严格规定，如废除“王”姓，不准穿红色衣服，不准戴帽，不准剃发，不准喝酒，不准伤害百姓等。进入武昌后，杨秀清就下令“官兵不留，百姓勿伤”。太平军分设男女营，实行严格的禁欲主义，即使夫妻也不准过夫妻生活。进入永安后，西王萧朝贵的母亲和继父萧玉胜就因为违规偷偷凑到一起过夫妻生活被处决。1854 年 3 月，太平军进入南京已经一年有余，又发生了东王府右正丞相陈宗扬和东王府首席尚书、镇国侯、东王表兄卢贤拔私下违规过夫妻生活的案件，结果是陈宗扬夫妇被斩首，卢贤拔被革爵。这尽管可视为严肃纪纲的典型案例，但也展示了太平军禁欲主义非人道的一面。太平军的领袖没有阶级观点，圣库主要通过劫掠官府和富人的财产维持。进入武昌后，虽然颁布了不可伤及无辜的纪律，但实际上不仅大小官员被杀尽，家财被没收，一般百姓的财产也同样遭受劫掠。特别是太平军规定凡加入其队伍者财产交公、房屋焚烧，这必然伤及一大批被裹挟的无辜者。而故意杀人放火的情况也一再出现。如李开芳、林凤祥的北伐军在山西平阳府（今临汾）和沧州因遇到激烈抵抗，就曾下令屠城，仅沧州就杀死汉回民万余人。1853 年 9 月，胡以晃进攻安徽桐城，遇到在籍工部侍郎吕贤基所组织团练的顽强抵抗，进城后严令搜杀“吕妖”，士卒误听为“女妖”，于是从早晨至中午，就杀了 3500 多名无辜妇女！滥杀无辜的现象后期愈来愈严重，这势必引起广大百姓的反感，促使他们或固寨自保，或投靠清军与太平军为敌，如浙江诸暨的包村，是一个只有百余户人家的小山村，他们就自动组织团练拼死抵抗太平军。太平军前后投入十万人，经过八个月的反复冲杀，在牺牲数千人后才将这个小村踏平。

面对被越来越多百姓敌视的困境，李世贤在致东阳佐将陈荣（或陈寿）的信中也不得不承认："自我思之，皆因众兄弟杀人放火，势逼使然，非尽关百姓之无良。"①在战争中，由于枪炮不长眼睛，难免伤及无辜，但视生命如草芥，并且有意识地将枪刀对准无辜的百姓，就是不可原谅的。逐渐失掉民心，这恐怕是导致太平军最后败亡的根本原因。

在对清军作战的过程中，太平军将帅们有时也能运用"出其不意，攻其不备""避实击虚""以少胜多"等战术原则，展现出卓越的指挥艺术。如 1852 年 1 月进攻武昌时，陈玉成窥破敌人的薄弱环节，率五百勇士缒城而上，守军即一哄而散，顺利夺取该城。同年，石达开封锁湖口，将湘军水师拦腰截断，使之遭受重大损失。1856 年 11 月，陈玉成利用曾国藩悍将李续宾骄横轻敌的错误，引诱其督率湘军七营进入三河镇，成为一支远离湘军主力的孤军。之后，太平军先挖开河坝，使三河镇周围形成一片汪洋，断绝其退路。接着在李秀成的配合下，陈玉成指挥五路大军猛攻敌营，将被围湘军全部歼灭，李续宾也成了太平军的刀下鬼。李秀成也指挥太平军运用诱敌深入、以多胜少的战术，打了一些致敌于死命的漂亮仗。如以"围魏救赵"之策攻破江南大营，在青浦两次击败淮军和洋枪队。然而，从总体看，太平军将帅们的战场指挥艺术并不高明，自觉的战术意识差。尤其在后期屡屡犯兵家之大忌，失误连连。如李秀成的部将陆顺德占领松江后，孤军深入，在敌情不明的情况下进攻上海，结果是一败涂地，松江也被华尔的洋枪队攻陷。

---

① 转引自盛巽昌：《实说太平天国》，上海书店出版社 2017 年版，第 369 页。

李秀成亲往前线指挥,他对上海的敌情也根本不了解,还受骗认定外国侵略者这些洋兄弟会帮助他夺取这个商贸中心,结果遇到的是外国侵略者密集炮火的迎击,座轿被炮弹击中,他也被弹片击伤。1860年底,为解安庆之围,太平军派出两路大军救援。江北一路由陈玉成统率,经安徽直趋湖北,江南一路由李秀成统率,经皖南、江西向武昌进击,约定三月会师武昌。但是双方不久就失去联系,只能各自为战,无法进行战略战术上的协同。当时武昌空虚,守军仅两千余人,已经占领黄州(今湖北黄冈)的陈玉成只要西向进攻即可拿下该城。可他在关键时刻听信了英国参赞官巴夏礼的劝告,以妨碍英国商贸利益为由停止了进攻。李秀成一军也很快进至鄂东,但由于双方信息不通,他在得到李世贤在江西吃败仗的消息后也撤军东返。武昌未能打下来,救安庆的战略目标也就难以实现。安庆失守,太平军面临的形势进一步恶化。1861年,李秀成进军浙江,前敌指挥陆顺德统率的十万大军竟然为弹丸之地的包村民团阻击达八个月,不仅延误了夺取浙江的时日,给左宗棠的湘军创造了充分反击的机会,而且牺牲了太平军的有生力量,实在得不偿失。其实,太平军完全可以置包村于不顾,全力进攻杭州,实现自己既定的战略目标。但激于义愤,走出了这样一步错棋。

中国是一个儒学传统深厚悠长的国家,自秦朝之后,即崇尚中庸理性,鄙薄怪异鬼神。统治者虽然也不时利用宗教,但宗教向来只能作为儒学的补充而存在。历史上,以宗教信仰为旗帜的农民起义没有一个成功创建新王朝。《孙子兵法》更是坚持实践理性，倡导“不可取于鬼神”①。洪秀全创建拜上帝教，装神弄鬼，一再使用“天父下凡”的骗术欺蒙他的属下和将士，最后竟违背基本常识要求天京围城中饥饿的将士和百姓以天降的“甜露”（野草）充饥，还吹嘘说他将上天领来天兵天将保卫天京。一用再用的骗术败露后，虚幻的信仰必然破产。太平天国后来政治、经济、军事的迅速崩溃，显然与信仰的破产息息相关的。一定意义说，太平天国是成也拜上帝会，亡也拜上帝会。取于鬼神者，绝对与最后的成功绝缘。

三

反观太平天国的对立面清政府及其军队，尤其是曾国藩、左宗棠和李鸿章统帅的湘军和淮军，后者在战略战术上比太平军就高了不止一个层次。你看，清朝的八旗和绿营尽管腐败已极，几乎丧失战斗力，但它却一直粘住太平军不放，步步紧随，监视其一举一动。太平军进入南京，它即在与南京近在咫尺的雨花台建立江南大营，又在扬州建立江北大营，对太平军形成高压态势。湘军训练成军后即从湖北沿长江由西向东推进，既不断歼灭太平军的有生力量，更夺取太平军占据的城镇乡村，尤其是武昌、安庆等战略要地，切断天京与外界的联系，特别是粮食运输通道，使天京军民因饥饿损失战斗力。淮军勾结外国侵略者，通过上海扼守长江出海口，由东向西进击，攻取镇江、常熟、无锡、苏州等中心城市，与湘军形成对南京的东西夹攻之

① 《孙子·用间》，续古逸丛书景宋刻武经七书本。

势。左宗棠统帅的湘军则深入浙江，在太平天国的东南方向堵住其向沪、杭、甬地区的发展之路。三者互为犄角，将太平军牢牢围困在以天京为中心的苏、皖、浙交界地区，使之陷入首尾难顾、四面受限的被动境地。曾国藩更高明的一着棋是谋求整个围剿军队指挥权的统一。他知道皇帝及其周围的满族臣僚对汉臣掌兵心存疑忌，不到万不得已是不会授予汉臣指挥军队全权的。所以只要江南江北大营存在，皇帝就不会让他执掌围剿军队的指挥全权，他的行动就会处处掣肘，整个战略意图也难以实现。有鉴于此，他多次冒着抗命不遵的罪名拒绝执行皇帝救援江南江北大营的诏令，幸灾乐祸地看着江南江北大营被太平军围歼。借太平军之手消除了这两个障碍之后，逼使清朝皇帝将两江总督的大印交到他的手上，由此取得了苏、浙、皖、赣四省军政事务的最高指挥权，也就使清军取得了对太平军绝对的战略优势，加速了太平军末日的到来。曾国藩深得理学动心忍性之精髓，他稳如泰山的战略定力、屡败屡战的坚韧精神、百折不挠的顽强意志、知人善任的驭将统兵能力，都是太平天国领袖们难以企及的。如太平军为解安庆之围两路猛攻江西、湖北，破城以十计，威胁武昌，逼其回军。但他丝毫不为所动，揪住安庆不放，加大围攻力度，破解了太平军的“围魏救赵”之策，最终拿下安庆，取得了战略上的重大突破。在他给儿子曾纪泽的信中，对这一战略决策做了简洁的概述：

> 此次贼救安庆，取势乃在千里之外，如湖北则破黄州，破德安，破孝感，破随州、云梦、黄梅、蕲州等属，江西则破吉安，破瑞州、吉水、新淦、永丰等属，皆所以分我兵力。亟肆以疲我，多方以误我。贼之善于用兵，似较昔年更狡更

悍。吾但力求破安庆一关,此外皆不遽与之争得失。①

湘军、淮军陆师水师齐备,训练有素,武器装备优良,后勤供应充足,道路交通顺畅,情报收集、用间策反、战役组织、战场指挥艺术都较太平军优长得多。就是军队纪律,也不比太平军差。请看曾国藩为湘军写的《爱民歌》:

三军个个仔细听:行军先要爱百姓。第一扎营不偷懒,莫走人家偷门板。莫拆民房搬砖头,莫踹禾苗坏田产。莫打民间鸭和鸡,莫借民间锅和碗。莫派民夫来挖壕,莫到民间去打馆。筑墙莫拦街前路,砍柴莫砍坟上树。挑水莫挑有鱼塘,凡事都要让一步。无钱莫扯道边菜,无钱莫吃鞭宜茶。更有一句紧要书,切莫掳人当长夫。一个被掳挑担去,一进吓哭不安居。娘哭子来眼也肿,妻哭夫来泪也枯……军士与民如一家,千记不可欺负他。日日熟唱《爱民歌》,天和地和人又和。②

《爱民歌》显然不能以"欺骗"解读,它至少反映了曾国藩主观的真诚。这里规定的纪律虽然湘军不见得完全遵守,但总是对湘军的一种约束,而在相当程度上,湘军的军纪是优于其他清军和太平军的。这就使它在很大程度上得到了一般百姓的拥护。当然,湘军攻入天京后肆无忌惮地劫掠是不容掩盖的事实,但它劫掠的主要是太平天国的府库及其王爷等达官显贵的

① 《曾国藩全集》,岳麓书社 2012 年版,第 612 页。
② 《曾国藩全集》,岳麓书社 2012 年版,第 398—399 页。

府第，这与太平军劫掠清朝官府有何不同呢？

以往的历史著作，包括一些戏曲和电视连续剧，论述太平天国历史时最大的失误是先将它置于“革命”的祭坛上，作为历史发展的唯一动力予以浓墨重彩的歌颂，然后寻找能够够得上“革命”的资料，或能够解释为“革命”的资料，加以精心铺排。对有悖革命的资料则故意隐蔽，或谥之为“敌人的诬蔑不实之词”予以否定。这都不是严肃科学的唯物史观的态度。我们应该如实地将太平天国放到与清王朝对等的同为封建政治军事集团的位置上进行观察和论列，只有如此才能展现太平天国的历史真相，让太平天国史研究在更宏阔的视野下健康前进。

山东大学儒学高等研究院教授自选集

◎王绍曾　《文献学与学术史》

◎吉常宏　《古汉语研究丛稿》

◎龚克昌　《中国辞赋学论集》

◎董治安　《先秦两汉文献与文学论集》

◎孟祥才　《学史集》

◎张忠纲　《耘斋古典文学论丛》

◎徐传武　《古代文学、文化与文献》

◎马来平　《追问科学究竟是什么》

◎郑杰文　《墨家与纵横家论丛》

◎冯春田　《〈文心雕龙〉研究》

◎孙剑艺　《里仁居语言论丛》

◎王学典　《史料、史观与史学》

◎黄玉顺　《生活儒学与现象学》

◎张其成　《国学之心与国医之魂》

◎杨朝明　《洙泗文献征信》

◎戚良德　《〈文心雕龙〉与中国文论话语》

◎李平生　《中国近现代史研习录》

◎赵睿才　《唐诗纵横》

◎杜泽逊　《文献探微》

◎叶　涛　《民俗文化与民间信仰》

◎张士闪　《民俗之学:有温度的田野》

◎宋开玉　《语文丛考》

◎徐庆文　《儒学的现代化路径》
◎王承略　《古典文献与学术史论丛》
◎刘　培　《思想、历史与文学》
◎聂济冬　《汉唐文史论集》
◎周纪文　《和谐美散论》
◎赵卫东　《道教历史与文献研究》
◎何朝晖　《书与史》
◎孙　微　《杜诗的阐释与接受》
◎陈　峰　《重访中国现代史学》
◎王加华　《农耕文明与中国乡村社会》
◎龙　圣　《山河之间：明清社会史论集》